KB074945

유한계급론

소스타인 베블런

박홍규 옮김

The Theory of the Leisure Class

An Economic Study in the Evolution of Institutions

Thorstein Bunde Veblen

The Theory of the Leisure Class

■ ● 문예인문클래식

유한계급론
제도 진화의 경제적 연구

소스타인 베블런

박홍규 옮김

꿈 문예출판사

일러두기

본문의 각주는 모두 옮긴이 주다.

옮긴이 머리말

이 책은 Thorstein Veblen, *The Theory of the leisure Class*, 1899의 번역이다. 이 책의 명성은 이미 우리에게도 널리 알려져 고전으로서 가치를 인정받고 있으며, 그 번역본도 이미 몇 종류나 출간되었다. 그런데도 다시 이 책을 번역하는 이유는 지금 나와 있는 번역본들이 문제(가령 man을 '사람'이 아니라 '남자'로 번역하는 등)가 많고, 이 책의 가치도 충분히 설명하지 않고 있다고 느낀 탓이다. 같은 번역자로서 다른 사람들의 번역을 시비하는 것은 참으로 어려운 일이지만, (나의 번역도 그런 시비의 대상이 되는 것을 당연한 전제로 하여) 더 나은 번역을 위해서는 누구나 숙명처럼 감수해야 할 일이기도 하다. 나는 직역을 포함하여 읽기 힘든 번역에 대해서는 문제 삼지 않았으나, 번역의 결정적 오류에 대해서는 해당 부분에서 언급했다.

번역 문제보다도 다시금 이 책을 내게 된 더 중요한 이유는 이 책의 가치 때문이다. 나는 이 책을 읽어온 지난 반세기 동안 이 책의 가치에 대해 여러 번 생각을 바꾸었지만, 지금은 이 책이 마르크스를 비롯한 어떤 사회주의자의 책보다 훌륭한 자본주의 비판 책이

라고 생각한다. 특히 젊은 시절 한때 사회주의자였다가 나이 들면
서 유한계급으로 바뀐 인간들이 들끓는 이 나라 정신의 타락을 이
미 1899년에 분석한 베블런의 혜안에 감동한다. 물론 처음부터 유
한계급에 들려고 야단인 이 나라 사람들 대부분에 대해서는 두말
할 필요도 없다. 흔히 선비니 사대부니 하면서 미화되는 우리 양반
들에 대해서도 유한계급 이상의 정확한 이름은 없다고 생각한다.
왕이나 그 주변은 더더욱 말할 것도 없다. 모두 금전 문화의 노예
들이다. 과거에는 그나마 체면이라는 허위의 이데올로기 같은 것
이라도 있었지만 지금은 그것조차 없다. 모두가 오로지 돈으로 집
약되는 물질주의의 노예들이다. 빈부나 남북한이나 남녀나 노소나
가릴 것도 없다. 무식하든 유식하든 차이가 없다. 태어나면서 죽을
때까지 모두가 돈의 노예일 뿐이다.

　왕이 먹던 궁중 요리가 대중 요리가 되고, 왕비가 입던 궁중 의상
이 대중 의상이 되며, 왕이 살던 궁전이 대중의 집이 되는 시대다.
그것을 민주주의니 평등이니 자유니 하는 사람들도 있지만, 옛날
부터 내려오던 물질만능주의의 현상에 지나지 않는다. 모든 사람
이 왕처럼 살고 양반으로 행세한다고 해서 민주주의가 아니다. 의
식주는 물론 취미나 기호라는 미명으로 스포츠니 사냥이니 관광이
니 식도락이니 인터넷이니 스마트폰이니 뭐니 하지만 모두 물질만
능주의의 현상일 뿐이다. 그러나 우리의 물질주의는 베블런이 비
판한 19세기 서양 유한계급의 그것보다 더욱 심각하다. 이른바 재
벌 기업 총수의 가족이 벌이는 반인간적 '갑질' 행세는 봉건주의 시
대 노예에 대한 주인의 횡포를 연상케 한다. 그러나 그것이 그런 특

6

수한 국면만의 문제일까? 기업 전반, 가정 전반, 학교 전반, 사회 전반의 문제는 아닐까?

부자를 비난하는 베블런의 이 책이 부자에게 비싼 물건 팔기 전략의 원리인 '베블런 효과'라는 말로 불리는 현실이야말로 아이러니의 극치라고 하지 않을 수 없다. 우파가 지배하던 시절 '새는 좌우 날개로 난다'고 하며 자신의 존재를 인정해달라는 좌파를 억압하던 우파가, 이제는 같은 말로 좌파에게 자신의 존재 인정을 요구하는 웃기는 꼴을 보는 것과 다름이 없다. 그러나 문제는 좌우 모두 물질만능주의라는 것이다. 따라서 그 어느 것이나 모두 가짜다. 언제부터인가 우리를 지배하는 것은 일기예보가 아니라 주식예보가 되었다. 날씨는 자연의 변화이지만 주식은 도박 같은 난장판인데도 엄연히 합법적인 것으로 우리를 지배하고, 그것이 만드는 부정과 사기와 투기와 술수와 헛소문에 모두가 일희일비한다. 물질주의 문명을 이끄는 유한계급에 분노하여 19세기 말에 베블런이 쓴 이 책은 그런 물질주의가 더욱더 판치는 21세기 대한민국의 타락에 분노하기 위해 다시 읽힐 필요가 있다. 그래서 좀 더 읽기 쉬운 번역본을 내놓는다.

박홍규

이 연구의 목적은 현대 생활의 경제적 요소 중 하나인 유한계급의 지위와 가치를 설명하는 데 있다. 그러나 설명 범위를 이렇게 엄격히 한정하는 것은 비현실적이라는 것을 알았다. 유한계급의 기원 및 파생과 사회생활의 특징같이 보통은 경제학 범주로 인정되지 않는 것에도 관심을 가져야 했기 때문이다.

이 책의 설명은 어떤 점에서 그리 친숙하지 않은 경제 이론이나 인류학 일반 이론에 근거하기도 한다. 그러한 이론적 근거에 대해서는 1장 서론에서 애매한 점이 없도록 충분히 설명하는데, 독자에게 도움이 되기 바란다. 더욱더 상세한 해설은 《미국 사회학 저널*American Journal of Sociology*》 4권에 발표한 일련의 논문인 〈일하기[1] 본능과 노동 혐오*The Instinct of Workmanship and the Irksomeness of Labor*〉, 〈소유권의 기원*The Beginnings of Ownership*〉, 〈야만 시대 여성의 신분*The Barbarian Status of Women*〉에 포함되어 있다. 그러나 이 책의 주장은 어떤 의미에서는 새로운, 이러한 일반화에 과도하게 의거하지 않는다. 따라서 독자들에게는 근거로 다루어야 할 자료가 불충분하다고 느껴지는 경우가 있다고 해도, 경제 이론 서술로서의 가치를 완전히 상실하지는 않을 것이다.

이 책에서 제기하는 주장의 근거를 명확하게 밝히기 위해 사용한 자료는 직접 관찰한 것이나 누구라도 알 수 있는 것을 일상생활에서 의도적으로 뽑은 것이고, 친숙하지 않은 추상적 자료는 사용하지 않았다. 첫째는 편의 때문에, 둘째는 누구나 아는 것이라면 오해의 여지가 적기 때문에 그렇게 했다. 그 결과 지극히 비근한 현상을 끌어온다든가, 경제적 설명에서 제외된 일상생활의 사적인 것을 함부로 사용하는 것처럼 보일지도 모른다. 이 점에 관해 문학적으로나 학문적으로 소양이 높은 독자가 불쾌해하지 않기를 바란다.

위에서 말한 것 외의 보완적 자료나 민족학 분야에서 빌려 온 이론 등도 잘 알려진 친숙한 것들뿐이고, 현명한 독자는 그 전거를 쉽

---

1 베블런 사상의 핵심 개념이라고 할 수 있는 workmanship이나 workman은 종래 '제작'으로 번역되었다. 그러나 이 책의 11장에서 보듯이 그 말은 농업에도 사용되며, '제작'은 도리어 본문에 나오는 handicraftsman(수공업자), artisan(장인), mechanician(기술자)과 가까우므로 적절한 번역어라고 볼 수 없어서 보다 광범위한 뜻을 갖는 '일하기'로 번역했다. 이 말은 1장에서 "목적에 적합하게 일하기를 좋아하고 무모한 노력을 혐오한다. 편의나 능력을 좋다고 느끼고 무모, 낭비, 무능력을 나쁘다고 느낀다"로, 2장에서 "더욱 좋은 성과를 추구하는 생래적 경향"으로, 4장에서 "이 본능에 의해 인간은 사정이 허락하는 한 생산적 능력이나 인간에게 유용한 것을 좋게 보고, 사물이나 노력의 낭비를 나쁘게 본다. 이러한 일하기 본능은 누구에게나 있고, 어떤 부조리한 상황에서도 스스로 나타난다"로, 10장에서 "인간의 행동을 이끄는 궁극적 요소", "일하기 본능은 약탈 본능보다 오래된 본질적 본능이다. 약탈 본능은 일하기에서 파생된 특수한 발전 형태에 불과"하다로 각각 나타난다.

게 알 수 있을 것이다. 따라서 출전이나 정보 근거를 일부러 명기하지 않았다. 마찬가지로 주로 보충 설명을 위해 실은 약간의 인용도 모두 널리 알려진 것이어서 출전을 밝힐 필요가 없다고 생각했다.

차례

• 유한계급의 역사적 기원을 설명하는 장이다.

유한계급 제도[1]는 야만시대[2] 문화의 고도 단계에서 최고로 발달했다. 가령 유럽과 일본의 봉건시대에서다. 그런 공동체[3]에서는 계급 사이의 구분이 매우 엄격하게 지켜졌다. 이러한 계급 차이 중에서

---

1   베블런이 말하는 제도institution란 우리가 보통 사용하는 제도라는 말과 다른 뜻이다. 8장에서 베블런은 제도를 "본질적으로 개인과 사회의 특정한 관계나 기능에 관련하여 정착된 사고 습관"이라고 한다. 따라서 이를 문화라고 보는 견해(원용찬, 30)에는 문제가 있다. 베블런은 제도와 문화culture를 명백히 구별하고, 문화를 제도보다 넓은 개념으로 보기 때문이다.

2   베블런이 말하는 야만시대barbarism는 그가 구분하는 네 개 시대 가운데 원시시대 primitive savagery(이 말을 정확히 번역하자면 '원시미개'라고 할 수 있으나, 그 말에 문제가 있는 '미개'라는 말을 사용해야 할 특별한 경우가 아닌 한 '원시시대'로 번역했다) 다음의 것이다. 원시시대는 모성적이고 평화로우며 근면하고 평등한 시대이지만, 이와 반대로 약탈적이고 불평등한 야만시대는 약탈적인 전기와 준평화의 후기로 다시 구분된다. 그리고 나머지 두 개는 수공업시대와 기계생산시대이지만, 야만시대 이후 지금까지는 약탈적이고 불평등한 시대라는 점에서 다르지 않다고 보았다. 그는 미래에 합리적이고 공정하며 상호 부조적인 기술자의 시대가 오리라고 예상했다.

3   community는 종래 '사회'로 번역되어왔으나, 나는 그것을 society와 구별할 필요가 있다고 생각하여 '공동체'로 번역한다.

경제적으로 특히 중요한 의미를 갖는 것은 여러 계급에 고유한 직업이 구별되었다는 점이다. 상류 계급은 관습적으로 생산 활동에서 면제되거나 제외되었고, 명예가 수반되는 직업을 차지했다.

모든 봉건 공동체에서 가장 명예로운 직업은 전사였다. 그리고 일반적으로 성직자가 그 뒤를 이었다. 전쟁을 많이 하지 않는 야만 공동체라면, 성직자가 전사를 누르고 상위에 자리한 경우도 있었다. 그러나 전사든 성직자든 상위 계급이 생산적 노동을 면제받는다는 법칙은 거의 예외 없이 지켜졌다. 노동의 면제야말로 상위 계급에 속한다는 것의 경제적 표상이었다.

인도의 브라만[4] 계급은 그 두 계급의 노동 면제에 대한 대표적인 보기라고 할 수 있다. 야만시대 문화가 발달하면 한마디로 유한계급이라고 부르는 계급 중에서도 현저한 차별화가 나타나고, 이에 따른 직업의 차별도 출현한다. 전체로서의 유한계급에는 귀족계급과 성직자 계급에다가 그 많은 부하들이 포함된다. 따라서 그 계급의 직업은 다양하지만, 생산에 종사하지 않는다는 경제적 특징은 공통된다. 이러한 비생산적 상위 계급은 대체로 통치[5], 전쟁, 종교의식, 사냥[6]에 종사한다.

---

4   인도의 카스트 제도에서 가장 높은 성직자 계급을 말한다.

5   이를 '행정'으로 번역하는 입장(홍훈, 262)도 있으나 행정은 물론 입법, 사법 등 모든 통치 행위를 포함하는 것으로 생각한다.

6   sports는 기존 번역본에서 모두 '스포츠'라고 번역됐지만, 이는 지금 우리가 말하는 스포츠가 아니라 사냥을 의미한다. 이 책 13장에서는 "스포츠맨이라고 하는 사냥꾼이나 낚시꾼"이라고 한다. 그러나 뒤에서는 문맥에 따라 스포츠로 번역하기도 했다.

야만시대의 비교적 이른 단계에서는 유한계급이 분명한 모습을 보이지 않았고, 유한계급의 구별이나 그 계급 내의 직업 구별도 그다지 치밀하거나 복잡하지 않았다. 폴리네시아 제도에서는 지금도 이러한 단계를 잘 관찰할 수 있다.[7] 그러나 거대한 사냥감이 없기 때문에 사냥은 통상적으로 주어지는 명예로운 지위를 차지하지 못한다. 신화시대의 아이슬란드도 이러한 단계를 잘 보여준다고 할 수 있다.[8]

이러한 공동체에서는 계급 사이, 그리고 각 계급의 고유한 직업 사이에 엄밀한 구분이 존재한다. 육체노동이든 생산 활동[9]이든 생존을 위한 나날의 노동과 직접 연결되는 것은 모두 하위 계급만의 일이다. 하위 계급에는 노예나 하인, 그리고 보통은 모든 여성이 포함된다.

귀족 사이에 구별이 존재하는 경우, 지위가 높은 여성 귀족은 생산 활동을 면제받는 것이 보통이고, 적어도 비천한 육체노동은 면제받는다. 지위가 높은 남성 귀족은 단순히 면제될 뿐 아니라 관습의 정함에 의해 생산 활동에 종사하는 것이 완전히 금지된다. 그들에게 적합한 일은 엄밀하게 정해지고, 앞에서 말했듯이 통치, 전쟁,

---

7 폴리네시아의 마오리족 사회는 매우 엄격한 신분 질서로 움직였다. 상위 계급에는 족장과 전사가 있었으며, 여자와 노예는 하위 계급에 머물렀다.

8 중세 아이슬란드의 문학인 사가에서 볼 수 있는 북유럽신화에서 가장 강력한 신인 최고 연장자 오딘은 귀족계급의 수호신이자 바이킹의 신 중 최고신으로 폭력을 정당화해주는 전쟁의 신이다.

9 베블런이 industry라고 하는 것은 시대 구분에 따라 '생산 활동'이나 '산업'으로 번역했다.

종교의식, 사냥에 한정된다. 이 네 가지가 상위 계급의 생활양식[10]
을 결정하고, 왕족이나 족장 같은 최상위 귀족에게는 공동체 관습
이나 상식에 의해 그 밖의 활동을 하는 것이 허용되지 않는다. 생활
양식이 고도화된 공동체에서는 사냥도 최상위 사람들에게 적합하
지 않게 된다.

유한계급이라도 지위가 낮은 사람들은 다른 직업에 종사하는 것
이 불가능하지 않지만, 유한계급의 대표적 직업에 부수하는 일에
한정된다. 가령 무기나 장비나 전투용 카누의 제조 및 수리, 말이
나 개나 독수리의 훈련 및 조련, 종교의식 용품의 준비 등이다. 하
위 계급은 이처럼 부수적으로 명예가 수반되는 직업을 가질 수 없
다. 그들에게 허용되는 것은 명백히 생산적인 활동이고, 유한계급
의 직업과는 거의 관련되지 않는 직업뿐이다.

앞에서 말한 전형적인 야만시대 문화보다 앞선 시대로 거슬러
올라가 덜 발달된 야만시대에 이르면, 완전하게 발달된 유한계급
을 볼 수 없다. 그러나 이 단계도 유한계급 제도를 낳은 관습과 동
기와 환경, 그리고 그 초기의 발달 단계를 보여준다고 할 수 있다.
세계 각지의 유목 수렵민은 계급 분화의 원시적 단계를 보여준다.

북아메리카 수렵민은 우리 가까이에서 볼 수 있는 예다. 그 부족
이 분명한 형태의 유한계급을 보여준다고는 할 수 없다. 역할 분담
이 있고 그런 역할의 차이에 근거한 계급의 구분도 있지만, 상위 계

---

10 scheme of life는 8장에서 "그 시점에서 주류의 정신적 태도나 인생관"으로 정의되
고 9장에서는 기질 특성으로 이해되듯이, 정신적 의미를 포함하는 때도 있다.

급의 노동 면제는 진전되지 않아 '유한계급'이라는 이름을 완전히 적용하기 어렵다. 그러나 경제가 이런 수준에 머물고 있는 부족이라고 해도, 남녀의 일을 명확히 구별하는 정도로는 경제적 분화가 진전되어 있다. 그리고 이러한 구별은 상하 관계를 낳는 차별적 성격의 것이다. 이러한 부족에서 여성은 거의 예외 없이 관습의 정함에 의해 이후 생산적 작업의 원형에 해당하는 활동에 종사한다. 남자는 이러한 비천한 일을 면제받고 전쟁, 사냥, 종교의식을 행한다. 이러한 엄밀한 차별은 매우 일반적인 것으로 보인다.[11]

이러한 남녀의 분업은 야만시대 문화가 발달되었을 때 나타나는 노동계급과 유한계급 사이의 구별과 완전히 일치한다. 직업이 분화되고 전문화됨에 따라 생산적 직업과 비생산적 직업 사이에 경계선이 그어졌다. 그 뒤에 많은 분야의 산업이 나타난 것은 야만시대 전기에 보이는 남자의 직업에서가 아니다. 야만시대가 발달된 뒤에도 존속한 남자의 직업은 생산 활동이 아니라 전쟁, 통치, 수렵, 학문, 종교 같은 것뿐이었다. 예외는 어업의 일부, 그리고 무기와 장난감과 사냥 용품 제조였으며 산업이라고 할 수 없을 정도로 작은 규모였다. 생산적 직업의 대부분은 야만시대 전기 여성의 일에서 발전했다.

야만시대 전기 남성의 일은 여성의 일 못지않게 집단의 생활에 불가결했다. 심지어 식량 공급에도, 집단이 필요로 하는 다른 소비

---

11 여기까지가 유한계급의 기원에 대한 일반론이다. 이어 유한계급이 출현하기 위한 필요조건이 설명된다.

재 공급에도 공헌했다고 할 수 있다. 이처럼 남자의 일이 분명히 '생산적' 성질을 갖기 때문에 종래의 경제학 서적에서는 사냥을 원시적 산업의 전형으로 보아왔다. 그러나 야만시대 사람들은 그렇게 느끼지 않았다. 당시 남자의 눈에 사냥은 노동이 아니었고, 따라서 그런 의미에서 여자와 함께 분류될 수 없었다. 남자의 일과 여자가 하는 단조로운 일을 혼동하는 감각으로 전자를 후자와 동일한 일로 분류하지도 않았다. 야만시대 공동체에서는 남녀의 일 사이에 뿌리 깊은 차별이 언제나 존재했다. 남자의 일이 집단 유지에 도움이 되었다고 해도, 그것은 탁월한 기량이나 능력의 결과에 의한 것으로서, 여자의 단조로운 노역과 비교해 가치를 손상당하는 것을 허용하지 않았다.

문화사를 원시시대까지 거슬러 올라가 보면, 직업은 그다지 세분되지 않았고 계급이나 직업의 상하 관계도 엄격하거나 철저하지 않았다는 것을 알 수 있다. 원시시대 문화의 예를 보기란 쉽지 않다. '원시'로 분류되는 집단이나 공동체는 대부분 진보된 단계에서 퇴행한 흔적을 보여준다. 그러나 그중에는 원시성을 분명히 보여주는 집단도 있는데, 적어도 그 일부는 퇴행의 결과가 아닌 것으로 보인다. 그러한 문화는 유한계급이 존재하지 않는다는 점과 유한계급 제도의 특징인 의지와 정신성이 결여되어 있다는 점에서 야만시대 사회와 다르다.

경제적 차원의 계급 서열이 전혀 존재하지 않는 이러한 원시사회는 인류의 극히 일부를 차지하므로 거의 눈에 띄지도 않는다. 이러한 문화 단계를 보여주는 좋은 사례는 안다만족Andamans[12]이나 인도 남부 닐기리 고원Nilgiri Hills의 토다족Todas[13]이다. 그들이 유럽인과 처음으로 접촉했을 때의 생활양식은 그곳에 유한계급이 없었다는 점에서 이 단계의 전형이었다고 할 수 있다. 다른 보기는 일본의 에조 아이누족[14]일 것이다. 의문의 여지는 있지만 부시먼족[15]이나 에스키모족[16]도 일부 포함될 수 있다. 더욱 믿기 어렵지만 멕시코 북부의 푸에블로족[17] 일부도 같은 부류로 볼 수 있다.

지금 말한 집단의 전부는 아니라도 대부분은 현재의 문화 수준에서 더는 발전하지 못하고 정체된 경우라기보다도, 야만시대 후기 수준까지 발달하다 퇴행했을 가능성이 크다. 만일 그렇다고 한다면, 현재의 목적을 위해 그들을 신중하게 다루어야 한다. 그러나

---

12 안다만은 벵골만의 섬이다.

13 토다족은 인도 남부 고지대의 토착 원주민으로, 지리적으로 다른 종족들과 멀리 격리되고 외부와의 문화적 접촉이 오랫동안 없었으므로 그들 나름의 독특한 사회 풍속이 형성되었다.

14 에미시蝦夷 또는 에비스えびす 또는 에조えぞ는 일본 혼슈의 간토 지방, 도호쿠 지방, 홋카이도 지역에 살면서 일본인(야마토 민족)에게 이민족 취급받던 민족 집단을 일컫는 말이다. 시대에 따라 그 지칭 범위가 다른데, 일반적으로 근세의 에조는 특히 아이누 민족을 일컫는다. 아이누족은 일본의 주를 이루는 야마토 민족과는 다른 북방 몽골리안의 한 민족으로, 역사적으로 개별적인 부족 국가 형태를 지녔으며 독자적 언어인 아이누어를 가졌다.

15 부시먼족 또는 산족은 남아프리카 보츠와나와 나미비아에 걸쳐 있는 칼라하리 사막에 사는 민족이다. 산족은 아프리카 남부에서 대대로 살아온 '세계에서 가장 오래된 인류'로 '수풀bush 속에 사는 사람'이라는 뜻의 부시먼으로 더 잘 알려져 있다.

16 에스키모는 북극 지방 중에서 스칸디나비아를 제외한, 러시아 동쪽 지방에 사는 민족들을 일컫는 말이다.

17 푸에블로는 뉴멕시코주와 애리조나주, 텍사스주에 부락을 이루어 사는 미국 원주민 부족들을 말한다. 푸에블로pueblo는 스페인어로 부락village이란 뜻이다.

참으로 '원시적'이었던 경우와 동등한 효과를 갖는 증거로서는 유용하다고 생각된다.

이러한 집단은 명확한 유한계급이 없는 점 이외에 사회구조나 생활양식 같은 다른 면에서도 서로 유사하다. 규모가 작으며 그 구조는 단순하고 고대풍이다. 대체로 평화를 좋아하고 정주하는 경향이 있다. 그리고 가난하다. 경제적으로는 사유재산이 일반적이지 않다. 그렇다고 이러한 사회가 기존 사회 중에서 가장 작은 것은 아니고, 그 사회구조가 모든 점에서 가장 분화되지 않았다고 할 수도 없다. 또 명확한 사유재산을 갖지 않은 원시사회가 여기에 포함된다고 생각된다. 그러나 평화 지향을 특징으로 하는 모든 원시 집단이 포함되는 점은 주목할 가치가 있다. 이러한 사회의 구성원의 가장 뚜렷한 공통적 특징은 폭력이나 불의에 직면했을 때에도 너무나 우호적인 무능력을 보여준다는 점이다.

발전 단계가 낮은 사회의 관습이나 문화적 특징을 통해, 유한계급 제도가 원시시대에서 야만시대로 가는 과도기에 서서히 출현했다는 것을 짐작할 수 있다. 더 정확히 말하자면, 유한계급 제도는 평화를 좋아하는 습성에서 호전적 습성으로 나아가는 과도기에 등장했다. 유한계급이 계속성 있는 형태로 나타나려면 다음 조건이 필요하다고 여겨진다.

첫째, 약탈(전쟁이나 대형 짐승의 사냥 또는 그 양자)이 일상적인 사회가 존재해야 한다. 달리 말하자면 이런 사회에서 맹아기의 유한계급을 형성한 남자들은 힘과 꾀를 이용해 살상 행위에 익숙해져야 한다. 둘째, 필요 최저한의 식량을 쉽게 확보할 수 있고, 그 결과 사회 구성원의 상당수가 일상적인 노동에서 면제될 수 있어야 한다. 유한계급 제도는 옛날부터 직업의 차별, 즉 어떤 직업은 가치 있고 어떤 직업은 무가치하다는 차별에서 생겨났다. 이런 낡은 차별에서 가치 있는 직업이란 영웅적인 것[18]으로 불렸고, 무가치한 직업은 매일 필요한 노동으로 영웅적이라고 불릴 요소와는 무관한 일이었다.

이러한 직업의 구별은 현대 산업사회에서 이렇다 할 의미를 거의 갖지 못하기 때문에, 경제학자들은 그다지 주의를 기울이지 않았다. 경제적 설명을 이끌어온 현대의 상식에서 본다면, 이는 형식적 구별이지 본질적 구별은 아니다. 그러나 현대 생활에서도 이러한 직업의 차별은 여전히 끈질기게 존속하고 진부한 선입관이 되어 있다. 가령 하인이라는 직업을 혐오하는 경향이 있다. 이는 인간에게 우열을 매기는 인격적 차별이다. 개인의 인격적 힘이 역사의 진행 방향을 지금보다 더욱 직접적이고 분명하게 정한 초기 문화에서는 영웅적 행위가 일상생활에서 중요한 지위를 차지했고, 이에 대한 관심도 강했다. 그 결과 영웅적 요소를 근거로 하는 구별은 지금보다 필연적이고 중요한 의미가 있었다고 생각된다. 따라서 문화 발전 과정의 한 현상으로 볼 때 이러한 직업의 구별은 본질적인 것이며, 충분히 유효하고 설득력이 있는 근거에 의한다고 할 수 있다.

18　exploit는 종래 '공훈'이나 '명예로운 일' 등으로 번역되었다. 그러나 전쟁 등에서 공을 세우는 일이 중심이므로 '영웅적인 것'이라고 번역한다.

사실을 바라보는 일상적 관심이 변하면 사실을 일상적으로 차별하는 근거도 변한다. 익숙한 것 가운데 시대의 관심이 특히 집중되는 것이 분명하고 중요한 의미를 갖는다. 그러나 다른 관점에서 보아 다른 목적을 위해 평가하는 것이 습관인 사람에게는 그 차별화의 근거가 빈약하게 느껴질 것이다. 인간의 활동을 목적이나 경향으로 구별하여 분류하는 습관이 동서고금에서 행해져온 것은 이론과 생활양식을 도출하기 위해 필요했기 때문이다. 그러나 생활의 여러 가지를 분류하는 경우 결정적인 것은 분류를 행하는 동기 자체에 의해 좌우된다. 따라서 분류의 근거나 기준은 문화 발전에 따라 서서히 변한다. 평가의 목적이 달라지면 사물을 보는 방식도 변하기 때문이다. 그러므로 문화의 어느 단계에서 어떤 활동이나 계급에 뚜렷이 중요하게 인정되는 특징이, 그 뒤 단계의 분류 목적에도 마찬가지로 상대적 중요성을 갖는다고는 할 수 없다.

그러나 사물을 보는 방식의 변화는 오로지 점진적이므로, 일단 정착한 관점이 완전히 뒤집어지거나 배제되는 경우는 거의 없다. 따라서 생산적이라거나 비생산적이라는 직업의 구별은 지금도 습관적으로 행해지고 있다. 현대의 이러한 구별은 야만시대에 만들어진 화려한 영웅적 행위와 단조로운 일이라는 구별이 그 형태를 바꾼 것이다. 일반적으로 전쟁, 정치, 공적 종교의식, 공적 제사에 종사하는 직업은 생활 물질의 생산에 종사하는 노동과 본질적으로 다르다고 이해된다. 직업 사이의 엄밀한 구분은 야만시대 전기와 같지는 않지만, 전반적인 구별은 여전히 없어지지 않았다.[19]

오늘날 암묵적 상식의 구별에 의하면, 인간 이외의 사물을 이용하는 것을 궁극적 목적으로 삼는 모든 활동은 생산적인 것으로 인정되어야 한다. 인간이 인간을 강제적으로 사용하는 활동은 생산적이라고 할 수 없다. 그러나 인간 이외 생물의 생존 환경을 이용하여 인간의 생활을 더욱 좋게 하려는 활동은 모두 생산적이다. 지금 고전학파 경제학을 계승한 학자들은 인간의 '자연을 지배하는 힘'을 생산 활동의 특징이라고 주장한다. 생산 활동이 자연에 대해 갖는 힘에는 인간이 야생동물의 생명이나 자연의 여러 가지 에너지를 지배하는 힘이 포함된다고 보고, 여기에 인간과 야생동물을 구분하는 선을 긋고 있다.

그러나 시대가 다르고 사람들의 선입견이 다르면, 그 선은 지금처럼 그어질 수 없다. 원시시대와 야만시대의 생활환경에서는 지금과 다른 장소에 다른 방식으로 그 선이 그어졌다. 야만시대 문화를 갖는 사회에서는 예외 없이 한쪽에 인간을, 다른 쪽에 식량을 포함하는 두 거대 집합의 대립 관계가 강하게 의식되고 널리 행해졌다. 경제적 현상과 그 외 현상의 대립 관계도 의식되었으나 현대의 관점과는 달랐다. 그 사회에서는 인간과 야생동물 사이가 아니라, 생기 있는 것animate과 생기 없는 것inert 사이에 선이 그어졌다.

여기서 '생기 있는'이라는 말을 사용하여 나타내고자 한 야만시대의 관념은 '살아 있다living'는 말이 보여주는 것과 다르다는 설명이 불필요할지 모른다. '생기 있는' 것에는 모든 생물이 포함되지

---

19 여기까지가 유한계급 출현의 필요조건에 대한 설명이다. 이어 영웅적이지 못한 일은 무가치한 일이 되었다는 것이 설명된다.

않으며, 생물이 아닌 것도 많이 포함된다. 폭풍우, 질병, 폭포 같은 경이로운 자연현상은 '생기 있는' 것으로 인식되는 반면, 과일이나 초목은 '생기 있는' 것이 아니다. 파리, 구더기, 쥐, 양 같은 눈에 잘 띄지 않는 생물도 마찬가지다(무리를 짓는 경우는 다르지만). 이러한 설명으로 알 수 있듯이, 생기는 반드시 내적 영혼이나 정신을 뜻하지 않는다. 애니미즘을 믿는 원시시대나 야만시대 사람들의 생각으로 보면, 생기 있는 범주에 속하는 것은 스스로 움직임을 일으키는 습성을 갖는다는 (또는 갖는다고 보는) 점에서 두려움을 야기한다. 여기에는 광범위한 다수의 자연물이나 현상이 포함된다. 생기 있는 것과 생기 없는 것의 이러한 구별은 생각 없는 사람들의 사고방식에 지금도 남아 있고, 인간의 생명이나 자연의 영위에 관한 일반적 이론에도 여전히 깊은 영향을 미치고 있다. 그렇지만 문화나 신앙의 초기 단계에서 볼 수 있는 정도로는 일상생활에 침투하지 않았고, 광범위한 실제적 의미를 갖지도 않는다.

야만시대 사람들이 생각하기에, 생기 없는 자연물에서 주어지는 것에 대한 가공이나 활용은 생기 있는 것이나 힘에 대처하는 일과 차원이 다른 활동이다. 양자를 구분하는 선은 애매하고 유동적이지만, 그 대체적 구별에는 충분한 현실감이 있고 야만시대 생활양식에 영향을 주는 정도의 효과가 있었다. 그 시대 사람들은 생기 있는 것으로 분류한 것이 어떤 목적을 향하여 행동을 시작한다고 생각했다. 어떤 대상이나 현상을 '생기 있는' 것으로 보게 하는 근거는 바로 이 목적을 향한 행동에 있다. 원시시대나 야만시대의 순수한 사람들이 놀라운 행동에 부딪히는 경우에는 친숙한 말, 즉 자신의 행동을 의식할 때 즉각 생각나는 말로 해석할 수밖에 없다. 따라서 이들은 무엇이든 그 행동을 인간의 행동과 비교하여 스스로 움직이는 것을 행동 주체로서의 인간과 동일시한다. 이러한 종류의 것과 마주친 경우, 특히 매우 두려운 행동이나 이해할 수 없는 행동에 대해서는 생기 없는 것에 대응할 때와 다른 정신이나 수완으로 대처해야 한다. 이러한 사태에 잘 대처하는 것은 생산적 일이 아니라 영웅적 행위이고, 근면이 아니라 용맹prowess[20], 즉 힘과 꾀다.

생기 있는 것과 없는 것이라고 하는 소박한 구별에 근거하여 원시사회 집단의 활동은 크게 양분되는 경향이 있다. 현대 언어로 말하자면, 영웅적 행위와 생산적 활동이다. 생산이란 무저항의 (이른바 생명이 없는) 재료에서 새로운 것을 만들어내는 일이다. 그것은 그 만드는 손에 의해 새로운 목적을 부여받는다. 지금도 '생명이 없는 물질'이라고 말할 때에는 야만시대 사람들이 느낀, 우리가 모르는 깊은 의미가 내포되어 있다. 이에 반해 영웅적 행위는 행위자에게 유익한 결과를 초래하도록, 다른 행위자가 다른 목적에 사용한 에너지를 자신의 목적으로 돌린다.

영웅적 행위와 일상적 노역drudgery의 구별은 남녀의 구별과 일치한다. 남녀는 단순히 몸의 크기나 힘만 다른 것이 아니다. 더 결정적인 차이는 기질에 있을 텐데, 이것이 이른 단계부터 남녀의 분

---

20 베블런이 prowess에 힘뿐만 아니라 모략이나 교지狡智를 포함한다는 점에 주의해야 한다. 11장에서는 이를 "약탈적이고 경쟁적인 사고방식"으로 정의하고, 이는 일하기 본능이 "타인과 비교하여 차이를 두고자 하는 습관에서 … 변"하는 것으로 서술된다.

업을 초래했다고 생각된다. 영웅적이라고 형용할 수 있는 광범위한 활동이 남자의 일이 된 것은 남자 쪽이 튼튼하고 체격이 좋으며 급격하고 폭력적인 신체적 부담을 잘 이겨낼 뿐만 아니라, 공격적이고 자기주장이 강하며 경쟁을 좋아하기 때문이다. 원시시대 사회에서 체격, 신체적 특징, 기질 차이는 그다지 크지 않았을 것이다. 사실 잘 알려진 안다만족 같은 일부 원시사회에서는 그러한 남녀 차이가 지극히 작고 거의 무의미하다. 그러나 그런 신체적, 정신적 차이에 따른 역할 분화가 시작되면 바로 본래 있던 남녀 차이가 더욱 확대된다. 그리고 새로운 직업 구분에 대한 선택적 적응 과정이 시작되고, 그 차이는 더욱 커져간다. 그 집단의 거주지나 주위 동물로부터 엄청난 완력의 행사가 필요한 경우에 특히 그렇게 되기 쉽다. 커다란 먹잇감을 일상적으로 사냥하는 경우 완력과 기민함이나 공격성은 더욱 중요해진다. 따라서 남녀의 역할 분화는 더욱 촉진되고 확대된다. 또한 다른 집단과의 적대적 접촉이 시작되면 그 역할 분화는 즉각 영웅적 행위와 생산적 활동의 구분으로 발전한다.

이처럼 공격적인 사냥꾼 집단에서 전투와 사냥은 강인한 몸을 가진 남자의 일이 된다. 그 밖의 일은 여자가 한다. 이 집단 구성원으로서 남자의 일에 적합하지 않은 자는 그 점에 관한 한 여자와 동류가 된다. 그러나 남자의 일인 사냥과 전투는 약탈적이라는 점에서 공통점이 있다. 사냥꾼도 전사도 스스로 씨앗을 뿌리지 않고 수확한다. 이러한 힘과 두뇌의 강인한 발휘가 강한 인내력으로 물건을 만들어내는 여자의 일과 다른 것은 분명하다. 남자의 일은 포획에 의한 획득이지, 생산적인 노동에 들지 않는다. 이러한 야만시대 남자의 일이 고도로 발달하고 여자의 일과 크게 달라지면, 용맹의 과시를 포함하지 않는 활동은 남자에게 무가치한 것으로 여겨진다. 이러한 전통이 정착하고 사회의 상식이 되면, 그 역할 분담이 행동 규범으로 되어간다. 그리고 이러한 단계의 문화에서는 용맹, 즉 힘과 꾀를 요구하는 것 외에는 일이든 포획이든 자부심 강한 남자에게는 심정적으로 받아들이기 어려워진다. 일상생활에서 약탈 행위가 반복되어 장기간 습관화되고 집단에 정착하면, 생존경쟁에서 자기에게 반항하거나 도망치려는 상대를 살상하거나, 반항적 태도를 보이는 주위의 외적을 정복하고 복종시키는 것이 강인한 육체를 갖는 남자의 일로 인정된다. 영웅적 행위와 일상적 노역에 대한 이러한 이론적 구별은 완고하고 엄격하게 지켜졌다. 따라서 많은 수렵 민족에서는 남자가 스스로 잡은 먹잇감을 집으로 들고 오는 것이 허용되지 않았고, 그런 천한 일에는 여자를 보내야 했다.[21]

앞에서 말했듯이, 영웅적 행위와 일상적 노역 사이의 구별은 직업 사이에 설정된 일종의 상하 관계다. 영웅적 행위에 속하는 직업은 가치 있고 명예로우며 고귀하다. 영웅적 요소를 포함하지 않는 다른 직업, 특히 복종이나 예속이 수반되는 직업은 무가치하고 비천하며 품위가 없다. 품위, 가치, 명예 같은 개념은 이들이 인간이나 행위의 어딘가에 적용되는 경우에도 계급이나 계급 차별의 발전에 매우 중요하기 때문에, 이들 개념의 기원과 의미를 설명할 필

---

21 여기까지가 남녀 일의 구분에 대한 설명이다. 이어 인간의 일하기 본능이 설명된다.

요가 있다. 이들 개념의 심리적 근거는 대체로 다음과 같다.

자연선택의 결과로 인간[22]은 행동의 주체다. 인간이 스스로 드러내는 충동적 활동인 '합목적적' 행동의 주체는 인간뿐이라고 인간은 생각한다. 인간은 모든 행위에서 구체적이고 객관적이며 집단적인 목적의 달성을 추구하는 주체이기 때문에, 목적에 적합하게 일하기를 좋아하고 무모한 노력을 혐오한다. 편의나 능력을 좋다고 느끼고 무모, 낭비, 무능력을 나쁘다고 느낀다. 이러한 경향을 일하기 본능이라고 부를 수 있다. 인간의 능력이 일상적으로 비교되는 환경이나 관습에서 일하기 본능은 경쟁이나 격차를 만들고자 하는 감각으로 연결되고, 그 정도는 사람들의 기질에 크게 좌우된다. 끊임없이 비교하고 차별화하는 사회에서는 눈에 보이는 성공이 존경을 확보하는 근거로서의 효용을 갖기 때문에 모두 그것을 목표로 삼는다. 능력을 증명하면 존경받고 경멸을 피할 수 있으므로 일하기 본능은 능력의 과시에 의한 경쟁을 초래한다.

공동체가 아직 원시적 단계에 있고 평화를 좋아하는 습성이 있으며 정주는 하지만 사유재산제가 발달하지 않은 경우, 개인의 능력은 주로 집단의 생활 개선과 관련되는 일에 일관하여 나타난다. 따라서 그러한 집단 구성원 사이의 경제적 경쟁은 주로 각자 생산 활동에 얼마나 도움이 되는지를 경쟁하는 것이다. 그러나 경쟁을 불러일으키는 요인은 강력하지 않고, 그 규범도 한정된다.

---

22 원서의 man을 종래 번역에서는 '남자'로 번역하기도 했으나 베블런은 남녀를 포괄하여 '인간'이라는 뜻으로 이 말을 사용했다.

공동체가 평화를 좋아하는 원시 상태에서 약탈을 좋아하는 생활로 이행하면 구성원 사이의 경쟁 조건이 변화한다. 서로 경쟁하는 기회와 유인이 크게 증가하는 동시에 그 규모도 커지고 절박해진다. 남자의 활동은 더욱더 영웅적인 성격을 띠게 되고, 사냥이나 전투의 성과를 비교하여 차별하는 것이 더 쉬워짐에 따라 더 빈번하게 행해진다. 전리품 형태로 용맹을 증명하는 것이 남자의 사고방식에서 중요한 지위를 차지하게 되고, 전리품은 생활에 불가결한 것이 된다.

　　수렵이나 습격의 약탈품 또는 전리품은 탁월한 힘의 증거로 존경받는다. 침략은 공인되고, 약탈품은 침략의 성공을 보여주는 확실한 증거가 된다. 이러한 문화적 단계에서는 힘의 과시로서 존경할 만한 것은 무력 항쟁으로 인식되고, 약탈과 협박에 의해 유용한 물품이나 봉사를 확보하는 것이 무력 항쟁의 승리를 보여주는 증거로 널리 인정된다. 그러므로 약탈 이외의 방법으로 물건을 손에 넣는 것은 절정기의 남자[23]에게는 무가치한 것으로 여겨진다. 바로 그 이유로 생산적 노동이나 사람들에게 봉사하는 일은 마찬가지로 멸시받았다. 이런 식으로 한편으로는 영웅적 행위와 약탈에 의한 재물의 취득, 다른 한편으로는 생산적 노동 사이에 귀천의 구별이 생겨났다. 그리하여 노동은 멸시되고 따분한 것이 되었다.

　　원시시대 사람들에게 '존경스러운' 것이란 우월한 힘의 발휘 이

23　his best estate는 종래 '가장 훌륭한 신분'으로 번역되기도 했으나 여기서 estate는 '시기'를 뜻한다.

외의 다른 것이 아니었다. 당시에는 아직 그 말의 의미가 단순 명쾌했고, 다의적 용법이나 파생어의 출현으로 의미가 애매해지지 않았다. 그래서 '존경스러운'이란 '두려워해야 하는' 것이고, '가치가 있다'는 것은 '힘이 세다'는 것이었다. 존경스러운 행위란 결국 승리로 끝났다고 인정되는 침략 행위였다. 그리고 침략이 남자와 짐승의 대결을 뜻하는 경우, 무엇보다도 존경할 가치가 있는 것은 강한 완력의 발휘였다. 모든 힘의 과시를 인격이나 '의지력'과 연결하여 해석하는 오래되고 소박한 관습에서는 힘을 찬양하는 경향이 더욱 강력했다.

원시시대 부족이나 그들보다 조금 진보한 문화의 사람들 사이에서 자주 사용된 존칭에는 일반적으로 이런 소박한 경의가 포함되었다. 족장을 부를 때나 왕 또는 신을 숭배할 때 사용하는 존칭이나 칭호는 이러한 인물에게 압도적 폭력이나 저항할 수 없는 파괴력이 있다는 사실을 일상적으로 일깨웠다. 이는 문명화가 진전된 오늘의 공동체에서도 어느 정도 진실이다. 가령 문장紋章의 도안으로 맹수나 맹금을 즐겨 사용하는 일이 이를 증명한다.

존경이나 가치에 관하여 야만시대 사람들이 가졌던 이런 상식에 따를 때 생명을 뺏는 것, 특히 짐승이든 인간이든 두려운 적을 죽이는 것은 가장 존경할 가치가 있는 행위였다. 여기서 살육이라는 고귀한 일은 살육자의 힘을 표현하는 것으로, 살육 행위 그 자체에도, 그 행위에 사용되는 도구나 수단에도 최고의 가치를 부여했다. 무기는 명예로운 것이고, 설령 전장이나 들판에서 지극히 시시한 먹잇감을 쫓을 때도 무기 사용은 명예로운 일이었다. 반대로 생산에 사용되는 것들은 천시되었다. 이 시대의 상식에서 생산의 도구나 수단을 다루는 것은 강인한 육체를 가진 남자의 존엄을 해치는 일이었다. 그리하여 노동은 기피되었다.

여기서는 문화가 진화하는 과정에서 처음에는 평화를 좋아한 원시 집단이 전투를 집단의 공공연한 일로 삼는 단계로 이행한다고 가정한다. 그렇다고 해서 완전한 평화와 선의의 시대에서 전투가 일상화되는 단계로 별안간 이행하는 것은 아니다. 또 약탈적 문화로의 이행과 동시에 평화로운 생산 활동이 모두 없어지는 것도 아니다. 사회 발전의 초기 단계에도 다소의 싸움은 반드시 있었고, 여자를 둘러싼 싸움도 상당히 많았을 것이다. 잘 알려진 원시 집단의 관습이나 유인원류의 습성도 이를 증명하고, 주지하듯이 인간의 출생과 관련한 성적 충동도 그 좋은 보기다.

그러므로 여기서 가정한 평화 애호기란 없다고 하는 반론도 제기될 수 있다. 확실히 문화 진화 과정에서는 어느 정도 거슬러 올라가도 반드시 싸움이 생기는 것을 알 수 있다. 그러나 여기서 문제는 전투가 부정기적이고 산발적인 것이었는가, 아니면 빈도가 높고 일상적이었는가 하는 것이 아니다. 도리어 문제는 호전적 심리 상태가, 즉 무슨 일이든 다투는 것을 전제로 하여 판단하는 습관이 널리 뿌리내린 것이 아닌가 하는 점이다. 약탈적 문화의 단계에 이르렀다고 말할 수 있는 때는 다음과 같다. 즉 약탈 지향이 뿌리내려 이를 집단 구성원의 정신적 특징으로 보게 되었을 때, 전투가 사람들의 생활관에서 지배적 지위를 차지하게 되었을 때, 집단의 상식으로서 전투 능력을 기준으로 하여 남자나 사물을 평가하게 되었을 때 말이다.

이상과 같이 평화 애호 단계와 약탈 애호 단계의 본질적 차이는 정신적인 것이지 물리적인 것이 아니다. 정신적 특징의 변화는 집단생활의 물질적 조건이 변화하면서 생겨나고, 약탈 지향에 유리한 물질적 조건의 출현에 뒤이어 서서히 나타난다. 약탈 문화의 출현 여하는 생산의 상한에 따른다. 생산수단이 발달하여 생산 종사자의 생계유지에 더하여 전투를 할 여유가 생길 때까지, 어떤 집단이나 계급에서도 약탈이 습관화하고 정착하지 않는다. 따라서 평화에서 약탈로 이행하는 것은 생산에 대한 기술적 지식과 도구의 활용에 의존한다고 할 수 있다. 마찬가지로 무기가 발달하여 인간이 맹수를 죽일 수 있게 될 때까지 약탈은 실행될 수 없다. 두말할 필요도 없이, 도구의 발달이나 무기의 발달은 같은 것을 다른 시점에서 서술한 것에 불과하다.

무엇에 관하여 힘에 호소하는 습관의 결과로 전투가 사고의 중심을 차지하고 생산의 지배적 특징이 되면 그 집단생활은 약탈 지향이라고 할 수 있지만, 그렇지 않다면 평화 지향이라고 할 수 있다. 하나의 집단은 정도의 차이가 있지만 그러한 약탈 지향에 물들 수 있고, 그렇게 되면 생활양식이나 행동 규범은 다소간의 약탈적 의사에 의해 통제될 수 있다. 이처럼 약탈 지향이나 관습, 전통이 중복되어 발전하는 가운데 약탈적 문화의 단계에 서서히 이른다고 짐작된다. 약탈 지향이나 관습이 발전하는 것은 평화보다도 약탈에 적합한 성질, 전통, 행동 규범을 출현시키고 유지시키는 집단생활의 환경 변화에 의한 것이다.

원시적 문화에 평화 애호 단계가 있었다고 하는 가설의 증거는 대부분 민족학이 아니라 심리학에 의거한다. 여기서는 상세하게 설명할 여유가 없으므로 이 문제는 현대 문화에 남아 있는 인간의 원시적 성질에 대해 논하는 뒷장에서 다루도록 하겠다.

문화 진화의 과정에서 유한계급은 사유재산제와 같은 시기에 출현
했다. 그 두 가지 제도는 동일한 경제적 요인의 산물이기 때문에 동
일한 시기에 나타난 것은 필연적이었다. 초기 단계에서 두 제도는
사회구조의 동일한 요소를 다른 관점에서 본 것에 지나지 않았다.

　우리의 목적과 관련하여 유한계급과 사유재산제가 관심의 대상
이 되는 것은 어디까지나 사회구조의 구성 요소, 달리 말하면 하나
의 습속이나 관습으로서다. 노동을 게을리하는 습관이 있다고 해
서 유한계급이 생기는 것이 아니고, 물건의 사용이나 소비라는 물
리적 행위가 사유재산제를 형성하는 것도 아니다. 따라서 게으름
이 언제 시작되는가 또는 소비 목적으로 실용품을 점유하는 습관
이 언제 시작되는가 하는 것은 이 책의 논의 대상이 아니다. 이 책
은 유한계급이 하나의 습속으로서 언제 시작되고 어떤 성질을 갖
는가, 그리고 소유권 내지 사유재산제가 하나의 관습이나 요구로
서 언제 시작되는가에 초점을 맞춘다.

　유한계급과 노동계급working class[1]의 구별은 야만시대 전기의 남

녀 분업에서 시작되었다. 마찬가지로 사유재산제의 가장 오래된 형태는 그 공동체에서 강인한 육체를 가진 남자가 여자를 소유한 것이었다. 일반적으로 여자를 남자의 것이라고 하는 말에 나타난 소유권은 당시 사람들의 생활 감각에 맞았다.

여자를 소유하는 관습이 나타나기 전부터 유용한 물건의 점유가 행해졌다는 데는 의문이 없다. 현존하는 원시 공동체에 여자를 소유하는 관습은 없어도 물건을 소유하는 관습이 있다는 것이 그 증거다. 어떤 사회에서도 다양한 실용품을 개인적으로 사용하기 위해 소유하는 데는 남녀의 구별이 없다. 그러나 이러한 실용품은 점유하여 소비하는 사람에 의해 소유된다고 생각되지 않았다. 지극히 사소한 것을 일상적으로 점유하여 소비하는 것은 소유권 운운할 것 없이 행해졌고, 외래 사물에 대한 관습적 권리의 정당성이라는 문제를 일으키지 않았다.

여자를 소유하는 관습이 야만시대 전기에 여자를 포로로 잡은 데서 시작된 것은 분명한 사실이다. 여자를 포로로 잡아 점유한 본래의 이유는 전리품으로서의 효용에 있었다. 적에게 여자를 빼앗아 전리품으로 삼는 행위가 여자를 소유하는 형태의 결혼으로 이어지고, 나아가 남자를 가장으로 하는 가족제도를 출현시켰다. 그 뒤 노예의 범위는 여자뿐 아니라 포로나 천민으로 확대되었고, 소유권의 상대도 포로뿐 아니라 일반 여자로 확대되었다. 그리하여

---

1   work와 labor를 구별하는 경우 전자를 '노동'이라고 번역하면 후자와 혼동될 수 있지만, 여기서 노동계급이란 '일하는 계급'이라는 넓은 의미로 사용한다.

약탈적 생활환경에서 벌어지는 남성들의 경쟁이 한편으로는 힘이 지배하는 결혼 형태로, 다른 한편으로는 사유재산제로 연결되었다. 발전의 초기 단계에서 그 두 제도는 분화되지 않았다. 자신의 영웅적 행위를 어떤 계속적 효과로 과시하여 자신의 용맹을 증명하고자 하는, 승리한 남자의 욕망에서 비롯된 두 제도에는 약탈적 공동체에 흘러넘치는 정복욕을 만족시키는 효과가 있었다. 그리하여 소유라는 개념은 여자에 대한 소유에서 발전하여 여자의 노동 산물에 대한 소유를 포함하게 되고, 사람뿐 아니라 물건에 대한 소유권도 생겨났다.

이런 식으로 재산의 소유권 제도가 서서히 갖추어졌다. 그 발전의 최종 단계에서는 소비재로서의 유용성이 가장 중요한 가치를 지녔지만, 그래도 여전히 부는 소유자의 우월성을 보여주는 명예로운 증거로서의 효용을 잃지 않았다.

설령 미발달된 형태라도 사유재산제를 볼 수 있는 곳에서는 경제 활동이 재산 소유를 목표로 하는 사람들의 투쟁이라는 성격을 갖는다. 이러한 투쟁을 본질적으로 생존경쟁이라고 해석하는 것이 경제학의 일반적 경향이다. 특히 현대의 고전파 경제학 이론을 고집하는 학자들에게 이러한 경향이 강력하게 나타난다. 생산 활동의 효율이 낮았던 시기에는 대부분 생존경쟁의 성격이 뚜렷했다. 또 '자연 혜택의 빈약'이 극심하여 부단한 과로의 대가로 지극히 작은 재화밖에 얻지 못한 곳에서도 그러했다. 그러나 발전한 공동체에서는 기술 진보가 다음 단계에 이르러 생산 효율이 향상되어 생산 활동에 종사하는 사람들이 필요 최저한을 훌쩍 넘는 재화를 얻는다. 경제학에서는 대부분 생산 활동이 이러한 단계에 이른 때에 더욱 커지는 재산 획득의 경쟁을 재산의 소비를 통한 생활의 쾌적성 증진, 더 정확하게 말하면 육체적 쾌적성의 증진을 추구하는 경쟁이라고 해석한다.

재산을 획득하여 축적하는 것의 목적은 그 축적된 재산을 소비하는 데 있다고 해석되어왔다. 여기서 소비하는 것이 소유자 본인인지, 소유자와 생활을 함께하는 세대(이 부분에서는 이론상 소비자와 동일시된다)인지 묻지 않는다. 이것이 적어도 경제학의 관점에서 보아 재산 획득의 합리적 목적으로 생각되었고, 최소한 이를 고려하는 것이 경제학의 임무라고 여겨졌다. 이러한 소비는 물론 소비자의 육체적 욕구, 즉 육체적 쾌락의 욕구를 만족시키고, 나아가 좀 더 고급의 욕구, 즉 정신적·미적·지적 욕구를 만족시키는 데 도움이 된다고 생각할 수 있다. 후자는 재산의 지출을 통한 간접적 만족으로, 경제학 독자라면 잘 알 것이다.

그러나 소비가 계속적인 재산의 축적을 촉진한다고 말하는 것은 재산 소유를 과거의 소박한 의미와는 다른 의미에서 해석한 경우에 한정된다. 소유의 근원적 동기는 타인에게 지지 않으려는 경쟁심이다. 그리고 이 동기는 사유재산제의 발전 과정에도, 이 제도에 관한 사회구조의 모든 측면의 발전 과정에도 계속 작용한다. 부의 소유는 명예를 초래하고, 그 상하의 차별을 수반한다. 재산의 소비와 획득에 아무리 다양한 유인이 있다고 해도 그 이상의 정확한 설명은 없다. 특히 부의 축적에 대해 그렇게 말할 수 있다.

두말할 필요도 없이, 거의 모든 재산이 사유재산인 공동체에서 빈민은 재화를 확보할 필요가 있고, 이것이 부 획득의 강력한 유인이라는 점을 간과해서는 안 된다. 나날의 육체노동에 종사하고 생활 기반이 불완전하며 재산을 거의 갖지 못하고 재산 축적도 없는 것이 보통인 계급에게는 생활을 유지하고 육체를 즐겁게 할 필요성이 당분간 재산 획득의 강력한 동기가 될 것이다. 그러나 여기서 설명하듯이, 이러한 빈곤 계급에게도 육체적 욕구에 근거한 동기가 자주 말해지는 정도로 지배적이라고는 할 수 없다. 한편 그 공동체에서 부의 축적을 주로 담당하는 계급에게 생계유지나 육체적 안락은 전혀 중요한 유인이 아니다. 즉 사유재산제는 생활필수품과는 무관하게 시작되어 제도화되었다. 재산 획득을 촉진한 지배적 유인은 본래 처음부터 부를 얻어 차이를 만드는 데 있었다. 그리고 일시적 예외를 제외하면 그 뒤의 발전 과정에서 다른 동기가 우위를 차지한 적은 없었다.

재산은 전승의 기념으로 가지고 돌아온 전리품에서 비롯되었다. 집단이 원시 공동체를 막 벗어난 상태에서 적대적 집단과의 접촉이 아직 빈번하면, 소유된 물건이나 포로의 주된 효용은 빼앗은 자와 빼앗긴 자의 차이를 뚜렷하게 차별하는 데 있다. 개인의 이해관계와 그 개인이 속한 집단의 이해관계를 나누어 생각하는 습관은 훨씬 뒤에 생긴 것이 분명하다. 훌륭한 전리품을 가지고 돌아온 자와 그렇지 못한 자를 집단 안에서 비교하여 차별하는 것은 일찍부터 행해졌고, 비교나 차별이 물건 소유의 효용을 형성하는 하나의 요소가 되었다는 점도 명백하다. 그러나 처음부터 그것이 결정적 요소였던 것은 아니다. 남자의 용맹함은 역시 주로 집단의 용맹함이었고, 전리품 소유자는 집단의 명예 유지에 공헌했다고 여겨졌다. 이처럼 집단의 관점에서 영웅적 행위를 평가하는 것은 그 뒤의 발전 단계에서도 볼 수 있다. 특히 전장에서의 명예로운 행위에 대해 그렇게 말할 수 있다.

그러나 사유재산 관습이 정착하기 시작하면 사적 소유의 동기가 된 비교나 차별의 관점도 변한다. 도리어 한쪽의 변화는 다른 쪽의 변화를 반영한 것이라고 할 수 있다. 단순한 포획이나 강탈로 재산을 획득한 사유재산의 초기 단계에서 사유재산(노예)에 의존한 조직적 생산의 맹아기로 이행하기 시작하면, 집단은 정도의 차이가 있지만 자급자족하는 생산 공동체로 발전한다. 그러면 소유는 더 이상 전승의 증거가 아니라, 공동체 내에서 소유자가 비소유자보다 우월하다는 증거가 된다. 즉 비교하여 차별하는 것이 주로 소유자와 비소유자 사이에서 이루어진다. 재산은 여전히 전리품이라는 성격을 띠지만, 문화가 진보함에 따라 공동체 내의 획득 경쟁에서 성공한 증거가 된다. 그리고 그 경쟁은 유목 생활의 거의 평화로운 방식에 의한 것이 된다.

공동체의 일상생활에서 사람들의 사고방식 가운데 생산 활동이 약탈 행위보다도 더 중요해지면, 부는 더욱 영웅적인 약탈 행위를 자랑하지 않게 되고 일반적인 우월과 성공을 상징하게 된다. 따라서 부의 소유는 정주에 의한 생산 활동의 발전과 함께 명성과 존경을 약속하는 것으로 상대적 중요성과 효력을 확보한다. 용맹의 직접적 증거라는 것에 더 이상 경의를 보내지 않게 되는 것은 아니다. 약탈 행위의 성공이나 전쟁에서의 영웅적 행위가 승인이나 칭찬을 얻지 못하는 것도 아니고, 별로 수훈을 쌓지 못한 경쟁 상대에게 질투를 받는 일이 없어지지도 않는다. 단지 힘의 우월을 직접 과시하면서 타인과 차이를 두는 기회 자체의 범위나 빈도가 감소될 뿐이다. 동시에 생산 활동을 적극 확대하고 유목 생활의 거의 평화로운 방법으로 축재할 기회는 증가하고 범위도 넓어진다. 더욱 중요한 것은 이른바 재산이 영웅적이거나 상징적인 위업과는 별종의 특별한 성공을 보여주는, 알기 쉬운 증거가 되는 점이다. 따라서 재산은 존경을 확실히 약속하는 것이 된다. 공동체 안에서 나름의 지위를 유지하려면 어느 정도의 재산을 가질 필요가 생기고, 명성을 확보하려면 반드시 재산을 획득하고 축적해야 한다.

이러한 방식으로 재산 축적이 능력의 증거로 인정되면, 부의 소유는 존경을 확보하는 유일한 결정 요인이라는 성격을 갖는다. 당사자의 노력에 의해 스스로 확보한 것이든 상속으로 받은 것에 불과하든, 재산 소유는 명성을 약속하는 요인이 된다. 처음에는 단순히 능력의 증거로 평가된 부의 소유가 사람들의 찬양을 받게 되고, 그 자체로 명예로운 것으로 인정되며, 부 자체가 본래 존경받을 만한 것이 되어 그 소유자에게 명예를 부여한다. 나아가 문화가 성숙하면 부모나 선조에게 받은 부가 노력으로 확보한 부보다도 명예로운 것으로 여겨진다. 그러나 이러한 구별이 나타나는 것은 금전 문화가 고도로 발전된 이후다. 이에 대해서는 뒤에서 다루도록 하겠다.

그러나 부의 소유가 나름의 명성이나 비난의 여지가 없는 사회적 지위의 근거로 정착해도, 많은 사람에게서 최고의 존경을 받는 것은 역시 용맹과 영웅적 행위일 것이다. 오랫동안 약탈 문화의 규율에서 살아온 사람들의 사고방식에는 약탈 본능이 뚜렷이 반영되고, 그 결과로 약탈 능력을 찬양하는 관습도 침투한다. 그들이 생각하기에 인간이 만드는 최고의 명예를 얻도록 하는 것은 무엇보다도 전장에서 발휘되는 탁월한 능력 또는 통치에서 발휘되는 약탈에 가까운 능력이다. 그러나 공동체 내에서 높은 지위를 더욱더 확보하기 위해서라면 약탈 능력 대신 재산의 획득과 축적으로도 충분하다. 사회적으로 상당한 지위를 얻으려면, 명확한 기준은 없어도 어느 정도의 부를 확보할 필요가 있다. 약탈 문화의 초기 단계와 마찬가지로 야만시대 남자들도 자신이 속한 부족의 표준적인 육체적 능력과 꾀와 무기 조작 기술을 갖추어야 했다. 평판을 얻는 조건은 상황에 따른 부의 경우에도, 용맹의 경우에도 모두 표준을 넘어야 가치가 있었다.

공동체 구성원이 용맹이나 부의 상당히 애매한 기준에 이르지 못하면 동료의 존경을 받을 수 없다. 또 자존심의 근거가 되는 것은 일반적으로 동료의 존경이므로 자기평가에서도 상처를 입는다. 동료의 존경을 받지 못하고도 자존심을 오래 유지할 수 있는 자는 정신 이상자뿐이다. 명백한 예외라고 할 수 있는 것은 강력한 신앙심을 가진 자들인데, 그들은 자신의 행위를 모두 내려다보는 초자연적 존재에게서 받는 가상의 칭찬에 의존하므로 참된 의미의 예외라고 할 수 없다.

따라서 재산 소유는 세간의 존경을 확보하는 요인인 동시에 자존이라고 하는 자기만족을 확보하는 필수 조건이 된다. 각자가 개별적으로 재산을 소유하는 공동체에서는 자신과 같은 계급에 속한다고 생각되는 사람들에 못지않은 재산을 갖는 것이 마음의 평안을 유지하는 데 필요하다. 그러나 새로운 부를 획득하고 그 새로운 부의 수준에 익숙해지면 바로 종전의 기준에 비해 큰 만족을 얻지 못하게 된다. 확보한 재산이 어느 정도라고 해도, 언제나 현재의 재산 수준이 새로운 부의 출발점이 되기 쉽다. 그리고 새로운 부를 확보하면 그것이 새로운 만족의 기준을 형성하면서 이웃과 비교한 자기 재산의 새로운 금전적 차이를 만들게 된다. 이 점에 관한 한, 재산 축적의 목적은 재산 면에서 타인보다 높은 지위를 부여하는 데 있다. 비교 결과 자신의 격이 낮아지면, 보통의 일반인은 자신의 운명을 끝없이 불평하면서 산다. 그러나 그 사회에서나 자신이 속한 계급에서 표준적인 재산 수준이라고 하는 정도에 이르면 이러한 만성적 불만이 사라지는 대신, 이번에는 자신과 평균 사이의 재산 격차를 더욱더 벌리려고 노력한다. 재산에 의한 비교와 차별이 행해지는 한 사람들은 재산을 경쟁하고, 재력에 대한 평판을 끝없이 추구하며, 경쟁 상대보다 평판을 더 높이는 데서 무한한 기쁨을 발견한다.

부를 추구하는 욕망의 성질상 어느 하나의 항목도 충분히 만족될 수 없고, 모든 종류의 부에 관하여 욕망을 만족시킬 수도 없다. 부가 아무리 널리 또는 균등하게 또는 '공평하게' 분배되더라도, 공동체의 부가 전반적으로 늘어가는 것만으로는 이 문제를 해결할 수 없다. 왜냐하면 사람들의 욕망은 재산 축적에서 타인을 능가하는 데 있기 때문이다.

때때로 주장되듯이 재산 축적을 촉진하는 요인이 생활필수품이나 육체적 안락의 결여라고 한다면, 생산 효율이 향상되는 어느 시점에서 그 사회의 경제적 욕구는 전반적으로 충족된다고 가정된다. 그러나 재산 축적의 경쟁은 본질적으로 타인과의 비교에 근거하여 평판을 얻으려는 것이므로 최종의 도달점은 없다고 할 수 있다.

그렇다고 하여 타인을 재력으로 능가하고 이로써 동료의 존경과 선망을 얻는다는 욕망 이외에 재산 확보와 축적의 다른 유인이 없다고는 할 수 없다. 현대 산업사회에서는 부를 축적하는 과정의 어느 단계에서도 더욱 쾌적한 생활이나 결핍의 회피를 추구하는 욕망이 동기로 존재한다. 그러나 이러한 욕망의 충족 여부는 재력을 경쟁하는 습관에 크게 의존한다. 육체적 안락이나 멋진 생활을 실현하는 방법과 지출 대상을 상당 정도 결정하는 것은 타인에게 지지 않는다고 하는 이러한 경쟁심이다.

또한 부가 초래하는 권력의 추구도 재산의 축적을 촉진하는 동기가 된다. 행위 주체로서의 인간에게는 목적에 적합한 행동을 좋아하고 무익한 노력을 싫어하는 경향이 있다. 이러한 경향은 귀속 집단과의 무조건적이고 무차별적인 연대감을 기조로 하는 소박한 공동체 문화를 벗어나서도 없어지지 않는다. 이러한 경향은 협의의 자기중심성이 뚜렷한 약탈 단계로 이행되어도 여전히 유지되고, 생활양식을 결정하는 특징이 된다. 경제적 동기의 근본에는 성취를 기뻐하고 무익함을 혐오하는 경향이 언제나 존재한다. 이러한 경향은 그 표현 형태와 행동의 직접적 대상을 변화시킬 뿐이다.

사유재산제에서 목적을 달성하는 가장 손쉬운 수단은 재산의 획득과 축적에 의해 확보된다. 사람들 사이의 이기적 대립이 분명하게 의식되면, 더욱 좋은 성과를 추구하는 생래적 경향인 일하기 본능은 재산의 축적으로 타인을 이기고자 하는 방향으로 기울기 마련이다. 타인의 재산과 비교하여 상대적으로 성공하는 것이 지극히 당연한 행동의 목적이 된다. 타인과의 비교로 우위에 서는 것이 일반적으로 인정되는 정당한 노력의 결과다. 따라서 무익한 노력을 혐오하는 경향은 재력을 경쟁하는 동기와 깊이 연결된다고 할 수 있다. 그리하여 경쟁 상대가 금전적 성공을 거두면, 상대의 흠을 들추어내어 비난하고, 그 성공에 문제가 되는 증거를 제시하여, 재력으로 평판을 얻고자 하는 다툼은 더욱더 과열된다. 부의 축적을 누구나 납득할 수 있는 형태로 과시하는 것, 적어도 그것을 추구하는 것이 훌륭한 노력으로 간주된다. 이와 같이 재력을 다투는 경쟁심은 사람들을 부의 축적으로 이끄는 동기 중에서도 영향력이 가장 크고 그 범위도 넓다.

사족이지만, 형용 대상이 무엇이든 간에 '차별'이라는 말로 그 현상을 격찬하거나 훼손하거나 찬양하거나 개탄하는 것이 아니라는 점을 강조한다. 이 말은 어디까지나 기술적 의미에서 인간들의 비교를 서술하기 위해 사용되었다. 비교의 목적은 외견적이거나 내면적인 어떤 상대적 가치에 대해 인간을 평가하고 서열화하거나 자타를 가리지 않고 정당하다고 인정하는 정도로 평가를 확정하는 것이다. 여기서는 어떤 가치 기준에 관해서만 비교하는 것이라는 점을 이해해주기 바란다.

앞 장에서 대략 서술한 재산 획득과 축적의 경쟁은 다른 경제적 요인이나 경쟁 과정의 다른 측면에 의해 방해받지 않는 한 인간을 근면과 절약으로 이끄는 직접적 효과가 있다. 하층계급, 즉 재산을 획득하는 통상의 수단이 생산적 노동인 계급에 관한 한 지금까지 그런 결과가 초래되었다. 이는 정주 농경 공동체의 노동계급에게 특히 타당하다. 그러한 공동체에서는 재산이 상당한 정도로 분할되고, 법이나 관습에 의해 노동계급에게도 노동 성과의 몫이 다소 확보되기 때문이다. 하층계급은 어떤 경우에도 일하지 않을 수 없다. 따라서 노동에 종사하는 것은 적어도 그들 사이에서는 결코 체면이 크게 손상되는 일이 아니다. 도리어 노동은 생계 수단으로 널리 인정되어서, 일솜씨가 좋다고 평가되면 일종의 경쟁적 자존심을 만족시킨다. 그러나 그들이 경쟁하는 것은 이뿐인 경우가 많다. 생산 효율이나 절약 면에서만 경쟁하는 사람들이 축재로 명성을 얻고자 하면 근면과 절약의 증대와 상당히 관련될 것이다. 그러나 뒤에 말하는 경쟁 과정이라고 하는 이차적 요인이 개입되면, 부유한계급은 물론이고 빈곤한 계급에서도 근면이나 절약을 향하는 경향이 약해지거나 역전되기도 한다.

그렇지만 우리가 여기서 관심을 갖는 부유한 계급은 이러한 경향을 보이지 않는다. 왜냐하면 이러한 계급에도 근면이나 절약을 촉진하는 유인이 없지 않기 때문이다. 그러나 그 작용은 재력 경쟁에 따르는 이차적 욕구에 의해 대폭 억제되어 효과가 거의 없어지고, 이러한 계급의 사람 대부분이 근면이나 절약할 의향을 갖지 않게 한다. 그중에서도 특히 대부분 사람들에게 강력하게 작동하는 것은 생산적 노동을 거부하는 욕구다. 야만시대에는 특히 그 경향이 강하다. 약탈 문화의 단계에서 사람들은 노동을 약자가 하는 것이라거나 주인에게 복종하는 것이라고 생각한다. 그리하여 노동은 열등한 자의 상징이 되고, 지위가 높은 사람에게는 적합하지 않은 것으로 여겨진다. 노동을 천박하게 여기는 이러한 전통은 결코 사라지지 않았다. 반대로 오랫동안 무조건 수용된 결과, 사회 차별화의 진행과 함께 절대적 힘을 갖게 되었다.

사람들의 존경을 받고 또 유지하려면 부나 권력을 갖는 것만으로 충분하지 않다. 이른바 존경은 오로지 증거에 의해 받는 것이므로 부나 권력을 증명할 수 있어야 한다. 부의 증거는 그 사람의 중요성을 타인에게 선명하게 인상 지우고 잊지 않도록 하는 동시에, 자기만족을 형성하고 유지하는 데도 크게 기여한다. 가장 원시적인 단계를 제외한 모든 문화에서, 보통 사람은 '좋은 환경'의 유지나 '천박한 일'의 면제가 확보되면 만족하고 자존심을 가질 수 있다. 그러나 생활환경이나 일상적 일의 종류나 양이 그 좋다는 표준에서 벗어나면, 동료들의 평가를 특히 의식하지 않는다고 해도 인간으로서의 존엄을 손상당했다고 느끼게 된다.

이처럼 인간의 생활에 귀천을 설정하는 오래된 이론상의 구별은 지금도 여전히 그 힘을 잃지 않고 있다. 따라서 상류계급에는 천박한 노동에 대해 본능적으로 혐오감을 품지 않는 사람이 없다. 우리는 비천한 노동과 관련된다고 습관적으로 생각하는 직업에 대해 더럽다는 느낌을 강하게 갖는다. 고상한 감각을 갖는 사람이라면 누구나 종래 하인이 하도록 되어 있는 일이 정신을 오염시키는 일이라고 느낀다. 형편없는 환경, 싸구려(즉 값싼) 주거, 비천한 생산적 직업은 처음부터 거부되고 기피된다. 그런 것은 정신적으로 만족할 수 있는 생활, 즉 '고상한 사색'을 하는 생활에는 결코 받아들여질 수 없다. 그리스 철학 시대부터 오늘까지 훌륭하고 아름다우며 품위 있는 인간적 생활을 보내기 위한 필수 조건은 어느 정도의 유한과 일상생활의 목적에 직접 기여하는 생산적 노동으로부터의 단절이라고 현자들은 생각했다. 문명화된 인간의 눈으로 볼 때 유한 생활은 그 자체로도, 그것이 초래하는 결과로도 아름답고 고귀하다.

유한을 비롯한 부의 증거의 이러한 주관적이고 알기 쉬운 가치는 대부분 이차적으로 파생한 것이다. 이러한 가치의 일부는 타인의 존경을 얻는 수단으로서의 효용으로 성립한다. 그리고 나머지 일부는 정신적인 대용의 결과다. 노동에 종사하는 것은 능력이 열등한 증거라고 오랫동안 생각되어왔으므로 정신적인 첩경에 의해 노동 그 자체가 본질적으로 천박하게 여겨졌다.

엄밀한 의미에서의 약탈 단계에서, 특히 그 뒤의 준평화적인 초기 산업 발전 단계에서 유한 생활은 금전적 재력이나 우월한 권력을 보여주는 가장 손쉽고 결정적인 증거가 된다. 물론 그런 유한 신사가 언제나 확실하게 안락한 생활을 보낼 수 있다면 그렇다는 말이다. 이러한 단계에서의 부는 주로 노예로 성립하고, 부와 권력의 소유가 초래하는 편익은 오로지 노예에 의한 개인적 노무와 그 직접적 산물이라는 형태로 나타난다. 그러므로 노동으로부터의 명백한 면제를 보여주는 것이 금전적 성공의 증거로 인정되고, 평판을 얻는 근거가 된다. 이와 반대로 생산적 노동에의 종사는 빈곤과 복종의 상징이기 때문에 그 사회에서 평판을 받을 근거가 되지 못한다. 그러므로 근면과 절약의 습관은 재력의 경쟁이 확대되어도 일관하여 촉진되지 않는다. 도리어 반대로 이러한 종류의 경쟁은 간접적으로 생산적 노동에의 종사를 혐오하는 방향으로 작용한다. 비록 초기 문화 단계에서 계수된 낡은 전통에서는 노동이 아직 비천하게 여겨지지 않는다고 해도, 노동은 빈곤의 증거로 명예롭지 못하게 되는 것을 피할 수 없다. 그리하여 약탈 문화의 전통에서 생산적 노동은 완강한 육체를 갖는 남자에게 무가치한 것이므로 피해야 할 일이 된다. 그리고 이러한 전통은 약탈적 생활양식으로부터 준평화기로 이행하는 과정에서 없어지기는커녕 더욱 강화된다.

유한계급 제도가 사유재산제의 최초 발생과 동시에 나타난 것은 아니라고 해도, 생산적 직업이 명예롭지 못하게 된 결과 사유재산제의 초기 산물로 생겨난 것은 틀림없다. 유한계급이 이론상으로는 약탈 문화의 초기에 발생했지만, 약탈 문화에서 다음의 금전 문화로 이행하면서 새롭고도 더욱 완전한 의미를 갖게 된 점은 주목할 가치가 있다. 이론상으로뿐만 아니라 실제로 '유한계급'이 등장하는 것이 바로 이 시점부터다. 이때부터 유한계급 제도는 완전한 형태를 갖추게 된다.

엄밀한 의미에서의 약탈 문화 시기에 유한계급과 노동계급 사이의 구별은 어느 정도 형식적인 구별에 불과했다. 완강한 육체의 소유자인 남성은 비천한 노동이라고 여겨지는 것이라면 그것으로부터 조금이라도 멀어지고자 하지만, 실제로 사냥 등의 활동은 집단의 생존에 크게 공헌했다. 이어 준평화적 시기에 이르면 유체 재산으로서의 노예, 가축, 소몰이나 양몰이 같은 하인 계급이 출현한다. 이렇게 생산 활동이 활발해지면, 사냥같이 영웅적 행위로 분류되는 활동에 의존하지 않아도 사회가 존속할 수 있다. 이때부터 유한계급 생활의 특징은 모든 유용한 노동으로부터의 명백한 면제가된다.

이렇게 문화가 성숙 단계에 이를 때 유한계급을 특징짓는 표준적 직업은 실제로 문화의 초기 단계와 전혀 달라지지 않는다. 즉 정치, 전쟁, 사냥, 종교의식이다. 골치 아픈 이론적 세부 사항에 얽매인 사람들은 이러한 직업도 부수적이고 간접적으로는 '생산적인 것'이라고 말할지 모른다. 그러나 더욱 중요한 것은, 유한계급의 인간이 그러한 직업에 종사할 때 일반적으로 품게 되는 표면적 동기는 생산적 노동을 통해 부를 증가시키는 것이 절대로 아니라는 점이다. 문화가 이러한 단계이든 다른 단계이든, 적어도 정치와 전쟁의 일부는 그 종사자들의 금전적 이득을 위해 행해진다. 그러나 그 이득은 점령이나 강탈 같은 명예로운 방법으로 얻어지는 것이다. 이러한 직업은 본질적으로 생산이 아니라 약탈이다. 사냥에 대해서도 마찬가지로 말할 수 있지만, 약간의 차이는 있다. 사회가 엄밀한 의미에서 사냥 단계를 벗어나면 사냥은 점차 두 가지의 상이한 직업으로 분화한다. 그 하나는 영리 목적의 상행위다. 이 경우에는 영웅적 요소가 거의 존재하지 않거나 오로지 영리를 위해 일한다는 비난을 받기에 충분하다. 다른 하나는 스포츠다. 이는 단순히 약탈 본능을 발휘하는 행위다. 스포츠에는 금전적 유인이 없지만, 그것과 확실하게 구분되는 영웅적 행위의 요소를 조금이라도 가지고 있다. 오로지 그 자체로 찬양할 가치가 있는 것으로, 발달된 유한계급의 생활양식에 훌륭하게 속하는 것은 생산적 노동의 요소를 전혀 포함하지 않는 후자 쪽이다.

노동할 필요가 없다는 것은 명예와 찬양의 대상이 될 뿐만 아니라, 나중에는 품위를 갖는 데 필수적인 조건이 되었다. 부의 축적이 처음으로 이루어지는 초기 단계에서, 재산을 소유한 사람들은 그 평판을 얻은 근거로 매우 오만하고 노골적으로 금력을 과시했다. 뒤이어 노동의 면제가 부의 표준적 증거가 되었고, 나아가 사회적 지위의 표준적 증거가 되면 부의 과시는 유한의 가치를 더욱더 강조하게 된다. 현저한 표징은 존재 그 자체의 표징이다Nota notae est nota rei ipsius.[1] 이러한 불변적인 인간성의 법칙에 따라, 오랫동안 이 전통적인 부의 증거를 포착하여 그것이 스스로 찬양을 야기하고

---

[1]   아리스토텔레스의 말이다.

품위를 높여주는 것이라고 사람들에게 각인시켰다. 생산적 노동은 동시에 마찬가지 과정을 거쳐 이중의 의미에서 본질적으로 무가치한 것이 되었다. 그 결과 오랜 세월에 걸쳐 노동은 공동체의 눈에 무가치할 뿐만 아니라, 자유민으로 태어난 높은 지위의 남자에게 도덕적으로 금지되고 훌륭한 생활과는 양립할 수 없는 것이 되었다.

이러한 노동에 대한 기피는 생산 활동의 출현에 따른 계급 분화에 강력한 영향을 미쳤다. 인구밀도가 높아지고 약탈자 집단이 정주하여 생산 활동을 시작하면, 소유권을 다스리는 지배층이나 관습의 힘도 증대되고 그 범위도 확대된다. 그러면 단순히 약탈로 부를 축적하지 않게 된다. 그러나 노동이 금기라고 하는 것의 논리적 귀결로서, 고귀한 출신이지만 부를 축적하지 못한 남자들은 생산적 노동으로 재산을 얻지도 못하게 된다. 결국 그들에게 남겨지는 길은 구걸이나 궁핍밖에 없다. 그리하여 과시적 여가, 즉 유한을 과시하는 것을 좋다고 하는 행동 규범이 아무런 방해도 없이 세상에 침투하면 이류라기보다 허위의 유한계급이 나타난다. 다시 말해 유한계급은 지극히 가난하고 불안정하며 열악한 궁핍 생활을 하면서도 부끄러움을 참고 수입을 얻으려고 일에 종사하는 것이 사실상 불가능하다. 영광의 나날로부터 퇴락한 신사숙녀는 지금도 곧잘 볼 수 있다. 최소한의 육체노동조차 경멸하는 감각은 널리 퍼져 있고, 문명화된 사람들 사이에서는 물론 금전 문화가 그리 발달하지 않은 사람들 사이에서도 이를 볼 수 있다. 감수성이 예민한 사람들이 오랫동안 상류계급의 습관에 젖으면, 육체노동을 부끄러워하는 감각이 더욱 강해져서 생사가 걸려 있는 장면에서조차 자기보존의 본능을 억누르게 된다. 가령 체면을 지키고자 한 나머지 자신의 입에 자신의 손으로 음식을 넣기보다 차라리 굶어 죽는 길을 택한 폴리네시아 추장의 에피소드가 그렇다. 이러한 행위를 야기하는 하나의 원인이 적어도 부분적으로 추장의 인격이 과도하게 신성시되거나 금기가 너무 엄격한 점에 있다고 하는 것은 사실이다. 금기는 추장의 손과 접촉함으로써 생겨났을 것이고, 그에 따라 그 손이 닿는 것은 모두 먹으면 안 되는 것이 되었다. 그러나 이 금기 자체는 노동을 비천하게 보고 품위와 양립할 수 없는 것이라고 생각하는 관습에서 파생한 것이다. 따라서 이러한 의미로 해석한다면, 폴리네시아 추장의 행위는 우리 눈에 보이는 것 이상으로 유한을 존중하는 규범에 적합한 것이라고 할 수 있다. 그보다 적절한, 적어도 의문의 여지가 크게 없는 하나의 보기로 어느 프랑스 왕의 에피소드를 들 수 있다. 그 왕은 품위를 지키고자 하는 정신력이 너무나 강하여 생명을 잃었다고 전해진다. 그의 좌석 이동을 맡은 시종이 자리를 비운 동안 불 앞에 참고 앉아 있었기 때문에 그의 옥체가 치료할 수 없을 정도로 엄청난 화상을 입었다. 그러나 이 행위를 통해 왕은 기독교도로서의 최고 존엄을 비천한 오염으로부터 지켜냈다.

명예보다 생명을 중시하고 살기 위해 삶의 의미를 잃는 것이 최대의 죄임을 마음에 새겨라.[2]

앞에서 말했듯이, 이 책에서 사용하는 '유한'이라는 말은 태만이나 무위를 의미하지 않는다. 이 말이 뜻하는 바는 시간의 비생산적 소비다. 첫째, 생산적 노동은 비천하다는 생각에서, 둘째, 태만한 생활을 할 만큼의 재력이 있다는 것을 과시하기 위해 시간은 비생산적으로 낭비된다. 유한 신사의 생활을 목격한 사람들은 신사의 생활을 채색하는 화려한 유한을 보고 감탄할 것이다. 그러나 유한 신사의 생활이 언제나 구경꾼 앞에서 반복되는 것은 아니다. 생활의 일부는 사람들이 보지 않는 곳에서 행해진다. 그렇게 되면 유한 신사로서는 명예를 지키기 위해서도 사람들 눈에 띄지 않는 시간에 대해 설득력 있는 설명을 준비하고, 비생산적으로 보낸다는 것을 증명해야 한다. 비생산적으로 사용된 유한의 유형적이고 지속적인 결과를 보여준다면, 간접적으로 증명될 수 있다. 이는 유한 신사에게 봉사하는 기술자나 피고용인의 노동을 지속적 유형의 성과로 보여준다고 하는, 매우 친숙한 방식으로서 변함이 없는 것이다.

생산적 노동의 지속적 성과란 물질적 생산물이고, 그 상당수는 소비재다. 영웅적 행위는 전리품이나 약탈품이라고 하는 알기 쉬운 형태로 유형의 결과를 과시할 수 있는데, 이는 자주 행해지고 있다. 문화가 발달하면 훈장 같은 명예의 상징을 몸에 붙이는 습관이 등장한다. 그러한 휘장류는 영웅적 행위를 공식적으로 인정하는

---

2   데키무스 유니우스 유베날리스Decimus Junius Juvenalis의《풍자시집》에 나오는 시. 유베날리스는 1세기 후반에서 2세기 초반에 활동한 고대 로마의 시인으로, 그의 시는 모두 당시의 부패한 사회상에 대하여 격렬한 분노를 보인다.

증거인 동시에, 그 횟수나 명예의 정도를 명시하는 역할을 한다. 인구밀도가 높아지고 인간관계가 복잡하게 다중화함에 따라 생활의 모든 측면이 세련되고 음미되어간다. 그리고 이 과정에서 전리품도 체계화되어 계급, 칭호, 지위, 훈위勳位를 표시하게 된다. 그 대표적인 보기가 문장紋章이나 훈장이다.

경제적 관점에서 유한을 하나의 직업으로 보면, 유한 생활과 영웅적 행위를 하는 생활 사이에는 공통점이 많다. 또 전자의 특징인 그 품위를 기준으로 하는 성과는 영웅적 행위에 의한 전리품과 공통점이 많다. 그러나 직업으로서의 유한을 엄격히 정의하고, 영웅적 행위로부터, 그리고 본질적으로 유용한 목적을 갖지 않는 생산적 직업으로부터도 준별할 때 이 좁은 의미에서의 유한은 보통 물질적 산물을 낳지 않는다. 그래서 유한의 성과는 '비물질적인' 무엇으로 측정하는 것이 된다. 그 비물질적인 무엇은 사이비 학문 또는 사이비 예술이거나 인간의 생활 향상과 직접 관련되지 않는 사항에 관한 지식이다. 오늘날에는 가령 고대어, 신비학, 정확한 철자법, 수사법syntax[3], 운율론prosody[4], 가정 음악과 가정 예술, 의복이나 가구나 장신구의 최신 유행, 오락, 스포츠, 투견이나 경주마 등 경기용으로 사육되는 동물에 대한 지식 등이 있다. 이 모든 지식의 가지를 파생시키고 일반화시키는 최초의 동인은 시간을 생산적 노동에 소비하지 않는다는 것을 증명하고자 하는 바람과 너무나 다른

3   어떤 언어에서 명확한 표현이나 문장 구성에 필요한 일련의 규칙을 말한다.
4   시형론, 운율학, 작시법을 말한다.

무엇이었을지 모른다. 그러나 시간을 비생산적으로 소비한 증거로 도움이 된다고 인정되지 않았다면, 이들은 유한계급의 표준적 교양으로서 존속하고 그 지위를 보장할 수 없었을 것이다.

이러한 교양은 어떤 의미에서 학문의 일부로 인정될지도 모른다. 그 밖에 학문과 육체적 단련 또는 기량 사이에 위치하는 것으로서 사교적인 것들이 있다. 가령 예의, 범절, 품위 있는 어법, 행실, 공식의 의식 전례에 관한 지식같이 일반적으로 예절로 알려진 것들 말이다. 이러한 종류의 것들은 앞에서 말한 지식 이상으로 명백하고, 많은 사람의 눈에 직접 보인다. 그 결과 평판 근거로서의 유한을 증명하는 것으로 널리 요구되었다. 주목해야 할 점은, 예절의 일부인 공식 의례의 지식이 남성의 평가에서 특히 중시된 것은 문화가 발전한 최근 단계보다도 과시적 여가가 명예의 증거로서 엄청나게 유행한 시기였다는 점이다. 준평화적 문화 단계의 야만인들은 예의에 관한 한, 후대의 최고도로 세련된 남자들을 제외하면, 분명히 너무나도 잘 교육받은 신사들이다. 사회가 가부장제 시대로부터 멀어짐에 따라 예의가 점차 타락했다는 것은 잘 알려진 사실이고, 적어도 지금은 그렇게 생각되고 있다. 많은 구식 신사가 현대 산업사회의 상류계급도 예의가 없다는 데 개탄해왔다. 엄밀한 의미에서의 노동자 계급에서 발견되는 예절 규칙의 타락, 즉 생활이 조잡하고 저속해진 것은 감수성이 예민한 사람들에게 문명의 발전이 초래한 최대 해악의 하나가 되었다. 바쁘게 일하는 사람들 사이에서 이러한 지식이 상실된 것은, 비난은 둘째치고 어떤 하나의 사실을 말해준다. 즉 예의라는 것은 유한계급의 산물인 동시에 그 상징으로서 신분제도에서만 발달한다는 사실 말이다.

예의의 발생보다 그 파생 이유를 찾는다면, 필경 다른 무엇보다도 엄청난 시간을 들여 예의를 습득했는지를 과시하려고 잘 교육된 인간들이 의식적으로 노력한 것과 다른 점에서 구해야 한다. 예의를 쇄신하고 세련하는 것은 미적 표현의 측면에서 새로운 계급을 인상 지우는 데 그 직접적인 목적이 있다. 대체로 기품 있는 관습의 예의 규범은, 인류학자나 사회학자가 자주 말하듯이, 상대의 적대감을 제거하거나 자신의 선의를 보여주고자 하는 희망에서 비롯되어 발달한다. 그리고 이러한 최초의 동기는 뒤에 문화가 발달해도 잘 교육된 인간의 행동에서 예의를 없애지 않는다. 예의는 세련된 행동이면서, 우월성이나 종속성이나 관계성을 나타낸 낡은 행동 습관이 상징적으로 존속한 것이라고 일컬어진다. 요컨대 예의의 대부분은 신분 관계의 표현으로, 일방이 주이고 다른 일방은 종이라고 하는 것을 상징적으로 보여주는 무언극이다. 약탈적 사고방식과 그 결과인 주종 관계가 현재 널리 생활양식의 특징이 되고 있는 지역에서는 행동의 모든 세부 사항이 매우 중시되어 계급과 칭호를 의례적으로 수호하는 데 정열을 쏟는데, 이는 야만시대 후기의 준평화기에 유목민이 이상으로 삼은 것에 가깝다. 유럽 대륙의 일부는 당시의 정신이 잔존하고 있다는 것을 보여준다. 그러한 사회에서 예의는 그 자체가 가치 있는 것으로 존중되고 있는 점이 역시 과거의 이상에 가깝다고 할 수 있다.

예의는 상징이나 무언의 동작으로 시작되어, 어떤 사실이나 속성을 상징적으로 전달하는 효용밖에 갖지 못했다. 그러나 인간관계의 표현에서 흔히 볼 수 있듯이 조만간 변용되어 예의 그 자체가 실질적 효용을 갖는다고 일반적으로 이해되었다. 예의는 그것이 본래 상징한 내용으로부터 단절되어 그 자체가 신성시되었다. 예의를 파괴하는 것을 누구나 두려워하게 되었다. 그리고 예의를 몸에 익히는 것은 인간의 우월성을 외부적으로 증명하는 것이자, 뛰어난 정신의 소유자임을 완전히 증명하는 것으로 보게 되었다. 예의를 상실하는 것만큼 본능적인 혐오감을 불러일으키는 것은 없었다. 예의 규칙을 수호하는 것에 본질적 효용을 인정한 결과, 단순한 예의 위배를 위배자의 본질적 가치와 분리해 생각하는 사람은 거의 없었다. 종교 교의에 대한 위반은 용서할 수 있어도 예의에 대한 위반은 용서될 수 없었다. "예의가 인간을 만든다."[5]

이러한 예의는 분명 그것을 실행하는 측에게나 구경하는 측에게나 본질적 효용이 있다. 그러나 예의의 내재적 가치를 인정하는 감각만이 예의 유행의 참된 근거라고는 할 수 없다. 그 궁극의 경제적 근거는 유한, 더욱 정확하게 말하면 시간과 노력을 비생산적으로 사용하는 데 명예가 부여되는 점에서 구해야 한다. 예의라는 것은 유한 없이 발달할 수 없기 때문이다. 예의의 지식이나 습관은 오랜 시간을 들여 몸에 익히는 것이고, 세련된 취미나 예의나 생활 습관은 훌륭한 교육을 보여주는 증거가 된다. 왜냐하면 그런 것을 몸에

---

5 중세 잉글랜드의 신학자이자 정치가이자 교육가인 위컴의 윌리엄William of Wykham(1320?~1404)이 한 말로, 윈체스터 대주교와 잉글랜드 상원의장을 지낸 그가 1379년에 창설한 옥스퍼드대학교 뉴칼리지와 1382년에 창설한 윈체스터 칼리지의 모토가 되었다.

익히기에는 시간과 노력과 돈이 필요하다는 점에서 시간과 에너지를 노동에 쏟는 사람들과는 무관한 것이기 때문이다. 예의에 관한 지식을 갖추는 것은 상류계급의 생활 중 세상 사람들이 모르는 시간도 금전적 이익과는 무관한 학예의 습득에 사용한다는 것을 보여주는 명백한 증거가 된다. 즉 예의의 가치는 유한 생활을 증명하는 데 있다. 따라서 거꾸로 말하면, 유한이 재력의 평판을 얻는 표준적 수단이기 때문에 그 나름대로 유복한 모습을 갖추고자 하는 자는 예의에 정통해야 한다.

명예로운 유한 생활 가운데 구경꾼들이 보지 않는 곳에서 보내는 시간이 평판의 확보로 이어지는 것은 같은 계급의 유사한 경쟁 상대가 보여주는 성장과 비교나 측정이 가능하고 실제로 검증할 수 있는 유형의 결과가 제시된 경우에 한정된다. 유한 생활의 적합한 방식으로 나타나는 그러한 효과는 오로지 오랫동안 일을 하지 않음으로써 가능하다. 심지어 그 사람이 아무런 생각이 없고 유한 계급다운 태도를 특별히 몸에 익히지 않아도, 일과 무관하다면 스스로 그 효과를 나타내기 마련이다. 특히 이러한 유한 생활이 여러 세대에 걸쳐 계속되면, 인격 형성은 물론 일상의 태도에도 분명히 그것과 같은 영향을 항구적으로 초래한다고 말할 수 있다. 그러나 이처럼 대대로 이어지는 유한 생활의 특징이나 수동적 관습에 의해 몸에 익히는 예의의 정통이라는 것은 더욱더 발전시킬 수 있다고 생각된다. 조직적이고 엄격한 규율로 명예로운 유한의 증거가 될 수 있는 것에 더욱 주의를 기울이고 정력적으로 모아 노동하지 않는다는 것을 과시한다면, 유한 생활을 더욱 강조할 수 있다. 또 열심히 노력하고 나름의 투자를 한다면, 유한계급의 예의에 관하여 숙달될 수도 있다. 거꾸로 말하자면 숙달될수록, 그리고 금전적이익 같은 유용한 목적에는 직접적으로 어떤 도움도 되지 않는 예의에 정통하다는 증거가 명백할수록, 그것을 위해 드는 시간과 물질이 크기 때문에 그것에 의해 얻어지는 평판도 크다. 그리하여 좋은 예의의 경합에서는 예의의 습관을 몸에 익히는 데 엄청난 노력이 든다. 그 결과 상세한 예의 규범이 포괄적 규율로 발전하고, 평판을 잃고 싶지 않은 사람들은 그에 따를 것이 요구된다. 이와 함께한편으로는 예의의 근원이 된 과시적 여가는 수련이나 소비재의음미나 고급의 소비 방법 같은 심미적 교육으로 발전한다.

이와 관련하여 재치 있는 모방과 체계적 단련으로 상류의 인격이나 예절의 독특한 특징을 그대로 몸에 익힐 수 있기 때문에 교양있는 계급이 의도적으로 탄생하고, 게다가 많은 경우 그것이 매우행복한 결과를 낳는다는 점은 주목할 가치가 있다. 그리하여 상당수의 가족이나 가계가 소위 속물근성으로 널리 알려진 과정에 의해 훌륭하게 태어나 잘 자라나는 즉석의 명문으로 변모했다. 이처럼 간단하게 탄생한 즉석의 명가는 예절을 수련하는 데 오랜 세월을 보내지만, 그다지 수고하지 않고 자연스럽게 익혀온 대대의 유한계급 가문보다 유한계급의 구성 요소로서는 결코 못하지 않은지위를 차지하고 있다.

나아가 품위 있는 소비 방법에는 시대마다 널리 인정된 예의의기준이 있고, 어느 정도 그것과 일치하는지를 판단할 수 있다. 따라서 이상으로부터 벗어나 있는 정도에서 사람들을 비교할 수도 있고, 태도나 교육의 척도에서 누군가에 대해 대체로 정확히 판단하고 등급을 부여할 수도 있다. 그리고 이에 관한 한, 유한의 사용 방법과 특별히 관련 없이, 기준에 적합한 정도에만 근거하여 대체로 타당하다고 평가할 수 있다. 그러나 품격을 판단하는 미의식 쪽은 과시적 여가의 법칙에 언제나 지배되고, 그 요구에 더욱더 맞게 끊임없이 변화한다. 이와 같이 사람의 지위를 결정하는 직접적 근거는 다르지만, 교육의 훌륭함을 판단하는 기준은 역시 대량의 특별한 시간 낭비에 있다. 이러한 원칙의 범위 내에서 세부적으로 약간의 차이가 있을 수 있지만, 그것은 어디까지나 형식과 표현의 문제이지 본질적인 것은 아니다.

일상의 접촉에서 나타나는 정중한 행동 대부분은 당연히 배려나 호의를 직접 표현하는 것이다. 그리고 이러한 행동의 대부분은 왜 그렇게 하고, 왜 칭찬의 대상이 되는지를 설명할 수 있는 어떤 근거를 따질 필요가 없는 것이다. 그러나 예의의 규범은 그렇지 않다. 예의는 신분의 표현이다. 하인이나 피고용인처럼 금전적으로 종속된 아랫사람에 대한 우리의 태도가 상당히 바뀌어 과거의 노골적인 지배자로서 행한 것보다 부드러워졌다고 해도, 역시 신분 관계에서 우월자의 태도인 점은 주의 깊은 관찰자에게 당연하고도 명백하게 보인다. 마찬가지로 윗사람, 그리고 동등한 사람에 대해서도 우리는 대체로 추종의 태도를 취한다. 자신들의 지위가 상위라는 것을 보여주는 신사숙녀의 당당한 행동이야말로 그 증거라고 할 수 있다. 그들의 행동은 그 권위와 경제적 자립을 말하는 동시에, 우월함과 우미함에 대한 우리의 감각에 매우 설득력 있게 호소한다. 예의가 가장 완전하고 성숙된 모습으로 나타나는 것은 자신들보다 상위자가 없고 동등한 자도 거의 없는 최상위 유한계급에서다. 또 하위 계급에게 행동의 규범이 되는 최종적인 예의의 형식을 정하는 것도 이러한 최상위 유한계급이다. 그리고 여기에서 마찬가지로 그들의 약속은 무엇보다 먼저 신분의 약속이고, 모든 비천한 생산적 노동과는 양립할 수 없다는 것을 분명히 보여주고 있다. 복종을 요구하는 데 익숙해지고 내일의 걱정 따위는 전혀 하지 않는 사람들의 매우 자신 있는 모습이나 무례한 행동이야말로 신사의 천부적 권리인 동시에 신사를 신사답게 만드는 기준이다. 게다가 대중은 그것에 대해 매우 감사해한다. 그러한 명예를 우월적 가치에 속하는 것으로 인정하고, 비천하게 태어난 평민은 즐겁게 그것을 추종하기 때문이다.

앞서 2장에서 지적했듯이, 사유재산제가 인간의 소유, 주로 여성에 대한 소유에서 시작되었다고 믿을 만한 이유가 있다. 이처럼 재산으로서 인간을 확보하도록 조장하는 요인은 첫째, 지배하고 강제하는 성향, 둘째, 소유자가 가진 용맹의 증거로서 예속된 인간의 효용, 셋째, 그 재산이 제공하는 노역의 효용에 있다.

대인 봉사personal service는 경제 발전의 과정에서 특수한 지위를 차지한다. 준평화기, 그중에서도 특히 산업의 초기 단계에서 인간을 재산으로 소유하는 주된 동기는 일반적으로 대인 봉사의 효용에 있었다고 생각된다. 즉 노역에 가치가 있었다. 그렇다고 하여 소유된 인간이 갖는 다른 두 가지 효용의 절대적 중요성은 감소되지 않는다. 도리어 생산 활동이 활발해진 데 따른 생산 환경의 변화로 대인 봉사의 효용이 커졌다고 보는 것이 옳다. 여성이나 노예는 부의 증거로서도, 부를 축적하는 수단으로서도 엄청난 가치가 있다. 유목민에게 가축과 함께 이익을 목적으로 하는 투자 대상으로서의 노예는 매우 일반적이다. 그런 정도로 여성 노예의 존재는 준평화기 문화에서 영위된 경제생활의 특징이 되었고, 그 문화 단계에 있는 동안에는 여성이 가치를 나타내는 하나의 단위가 된다. 가령 호메로스[6]의 시대가 그러하다. 이러한 상황에서는 생산 체제가 유체재산으로서의 노예에 의존하고, 여성이 일반적으로 노예라는 점에 의문의 여지가 거의 없다. 이러한 체제에서 널리 받아들여진 중요한 인간관계는 주종 관계다. 많은 여성을 소유하는 것, 나아가 주인의 신변 시중이나 주인을 위한 재산 생산에 종사하는 노예를 소유하는 것이 부의 증거로 인정된다.

곧이어 분업이 시작되고, 주인에 대한 봉사나 시중이 일부 피고용자의 전임 업무가 되는 한편, 엄밀한 의미에서의 생산 활동에만 종사하는 자는 자기를 소유한 자와의 직접적인 인적 관계가 차차 소원해진다. 동시에 가축을 포함한 인적 봉사를 주로 하는 피고용인은 영리 목적의 생산 활동을 점차 면제받게 된다.

평범한 생산적 노동에서 점차 면제되는 과정은 대부분 아내, 더

---

6 호메로스Homer는 고대 그리스 암흑기 말기에 활동한 유랑 시인이다. 현존하는 그리스 최고最古의 서사시 《일리아스》와 《오디세이아》의 작가이며, 맹인 시인으로 알려졌다.

정확히 말하면 본처의 면제로부터 시작한다. 사회가 발전하여 정주 단계에 이르면, 여성의 항구적 공급원을 적대적 부족에 대한 약탈에 의존하는 것은 현실적이지 않게 된다. 문화가 이 단계까지 발전하면 본처는 일반적으로 혈통이 좋은 여성이기 때문에, 그만큼 더욱더 비천한 노동을 면제받는 경향이 커진다. 좋은 혈통이라는 개념이 어떻게 생겼는지, 그것이 혼인의 역사에서 어떤 지위를 차지했는지 여기서 설명할 수는 없다. 여기서는 좋은 혈통이란 축적된 부나 부동의 특권에 오랫동안 친숙한 끝에 고귀해진 혈통이라고 말하는 것으로 충분하다. 그러한 조상을 둔 여성을 결혼 상대자로 선호하는 것은 유력한 친족과 혼인 관계를 맺는 것에 더하여 부유한 재산이나 거대한 권력과 결부된 가계 그 자체에 높은 가치가 있다고 생각되기 때문이다. 양가 출신의 아내는 남편에게 팔리기 전에는 아버지의 유체 재산이고 팔린 뒤에는 남편의 유체 재산이 되지만, 그래도 아버지에게서 좋은 혈통을 물려받은 점은 변함이 없다. 따라서 그녀를 실제로 동류인 피고용인의 비천한 노동에 종사하게 하는 것은 심정적으로 받아들이기 어렵다. 그러나 그녀가 아무리 전면적으로 주인에게 예속된다고 해도, 아무리 동일하게 태어난 남자들에 비해 열등한 위치에 있다고 해도, 혈통이 이어졌다는 이유에서 아내는 노예보다 상위에 위치한다. 그리고 그러한 위치가 인정되어 권위를 갖게 되는 것은 상류계급의 특징인 유한의 특권을 아내에게도 어느 정도 부여해야 한다는 것이다. 좋은 혈통은 유전된다는 원리를 배경으로 하여, 소유자의 부가 허용하는 한도에서 아내가 노동을 면제받는 범위는 확대되고, 이어 생산적 노동뿐 아니라 비천한 가사노동도 면제받게 된다. 산업이 계속 발전하여 재산이 비교적 소수의 손에 집중되면 상류계급이 가진 부의 표준적 수준이 상승한다. 생산적 노동, 나아가 가사노동의 면제를 촉진하는 동일한 경향이 더욱 강화되고, 본처 이외의 아내가 있으면 그 여성들에게도, 또 주인의 주위에서 일하는 피고용인에게도 적용된다. 주인의 주위에서 멀어진 피고용인은 주인에게서 멀어진 만큼 이러한 노동을 면제받기 어렵다.

주인의 재력이 허용하는 경우, 시종이나 호위라고 하는 특별한 피고용인 계급이 발달한다. 이러한 종류의 인적 봉사가 엄청난 중요성을 갖게 되기 때문이다. 무엇보다 중요한 것은 가치와 명예를 체현하는 주인의 신체다. 존경받아야 할 사회적 지위를 위해서도, 본인의 자존심을 위해서도 유능한 전임의 시종을 두어야 한다. 이러한 피고용인은 그밖에 어떤 일이 있다고 해도 주인의 곁에서 시중드는 것이 언제나 주된 임무다. 전임의 피고용인은 실제 업무 이상으로 과시에 도움이 된다. 또 단지 과시를 위한 경우가 아니라도 주인에게 지배욕을 발휘할 기회를 주어 만족시키는 역할을 수행한다. 부의 증대에 수반하여 집에 가재도구가 늘어남에 따라 일이 증가하는 것은 사실이다. 그러나 본래 도구가 늘어나는 것은 쾌적하게 살기 위해서라기보다 평판을 얻기 위해서기 때문에 그런 이유는 별로 중요하지 않다. 이러한 종류의 일은 각각에 특화된 피고용인의 수를 증가시키는 데에 따라 훌륭하게 수행된다. 그 결과 가사를 하거나 신변의 시중을 드는 피고용인은 계속 늘어나고, 그 일은 더욱더 분화됨과 동시에 그들을 생산적 노동에서 면제시키는 경향도 강화된다. 이러한 신변의 피고용인은 주인의 재력을 증명하는 것으로 가치가 있기 때문에 그 일은 더욱더 감소되고 결국 명목상 일만 하게 된다. 끊임없이 주인의 신변에서 일하며 사람들 눈에 띄기 쉬운 피고용인이 특히 그러하다. 그리하여 피고용인의 효용은 생산적 노동에서의 과시적 면제와 그 면제에 의해 주인이 갖게 되는 부와 권력의 과시가 대부분을 차지한다.

이처럼 과시적 여가를 연출하려는 목적으로 특별한 피고용인을 부리는 관행이 대폭 발전한 끝에 그 봉사를 다시금 과시하기 위해 여성보다도 남성 쪽을 선호하게 된다. 특히 마부나 급사의 경우 용모가 수려하고 체격이 좋은 남자를 고용하면 더욱 효과적이고, 여자보다 돈이 더 든다는 것도 잘 알게 된다. 따라서 시간과 노력을 더욱 많이 낭비하고 있다는 것을 과시하기에는 남자 쪽이 더 적절해진다. 그리하여 유한계급의 경제에서는 과거 가부장제 시대의 분주하던 주부와 일을 잘하는 하녀의 조합 대신 귀부인과 남성 하인의 조합이 등장한다.

계층과 직업을 불문하고, 또 경제 발전이 어느 단계에 있어도 귀부인과 남성 하인의 유한은 표면적으로 근로라는 점에서 신사의 당연한 권리인 유한과 다르다. 그 일의 대부분은 주인을 보살피거나 신변의 여러 가지 가재도구에 세밀하게 주의를 기울이는 것이다. 그래서 귀부인과 남성 하인의 유한은 생산적 노동을 거의 하지 않는다고 하는 의미의 유한이지, 모든 형태의 노동을 회피하고 있다는 의미가 아니다. 귀부인이나 가정부의 일은 상당한 노력을 요하는 경우가 많고, 일가의 쾌적한 생활에 불가결한 경우도 적지 않다. 그들의 노동은 주인이나 가족의 물리적이고 정신적인 쾌적함을 초래하는 한 생산적 노동으로 보아야 한다. 따라서 이러한 유익한 노동을 제외한 뒤에 남는 부분이 유한으로 사용된다고 말해야 할 것이다.

그러나 현대의 일상생활에서 가사로 분류되는 일의 대부분, 그리고 문명화된 사람들이 요구하는 쾌적한 생활의 '효용'의 대부분도 이른바 의례 같은 것으로 형식에 지나지 않는다. 따라서 그것들은 이 책에서 사용하는 의미의 유한 행위로 분류해야 한다. 형식상의 의미밖에 없다고 해도 체면을 고치기 위해 반드시 필요하다든가, 즐겁게 생활하기 위해 필요하다고 하는 것은 있을지 모른다. 그러나 사실은 형식적이라고 하는 시점에 이미 불가피한 필수물인 것이다. 왜냐하면 우리는 그러한 노동이 없는 형식상의 아름다움이나 가치는 정돈된 것이 아니라는 가르침에 젖어왔기 때문이다. 노동이 행해지지 않는다고 불쾌하게 느끼는 것은 노동이 없으면 직접적으로 육체적 불편을 느끼기 때문이 아니라 훈련받지 않은 의례적 선악의 미적 감각에 장애가 되기 때문이다. 이러한 추론이 옳다고 한다면, 가내 서비스에 소비되는 노동은 유한으로 분류되어야 한다. 그리고 경제적으로 자립하여 결정권을 갖는 가장 이외의 자가 행하는 경우는 유한을 대행하는 것vicarious leisure이 된다.

가사라는 명목 아래 주부나 피고용인이 행하는 대행적 유한은 단조롭고 시시한 노역이 되는 경향이 있다. 평판을 확보하기 위한 경쟁이 치열해질 때 특히 그러한데, 현대는 바로 그런 상황에 빠지기 쉽다. 그렇게 되면 이러한 종류의 피고용인 계급이 행하는 업무를 포함한 가사는 유한의 대행이라기보다 도리어 헛된 노역이라고 하는 쪽이 더 적절할 것이다. 그러나 대행적 유한이라는 말을 사용하면, 이러한 종류의 가사가 유래하는 경로를 보여주는 것 말고도 그 효용의 중요한 근거를 명시할 수 있다는 장점이 있다. 이러한 가사는 일정량의 시간과 노력을 과시적으로 낭비한다는 사실로서 주인이나 일가에게 재력의 평판을 초래하는 수단이 된다.

그리하여 대행 여가를 행하며 정통의 주된 유한계급의 평판을 높이는 역할을 담당하는, 파생적인 준유한계급이 생겨난다. 이러한 준유한계급은 일상 생활양식의 특징에 의해 본래의 유한계급과 구별된다. 주인 계급의 유한은 적어도 표면상으로 노동을 혐오하는 성벽을 발휘하는 것으로, 이러한 유한은 주인의 행복과 생활 만족도를 높이는 것으로 생각된다. 이에 대해 생산적 노동을 면제받은 피고용인 계급의 유한은 어떤 의미에서는 주인에게 강요당한 연기이고 통상의 유한처럼 주로 자기 자신의 쾌락을 향한 것이 아니다. 피고용인의 유한은 그 자신의 유한이 아닌 것이다. 그가 완전한 의미의 하인인 동시에 본래 유한계급의 하위층이 아닌 한, 그의 유한은 대체로 주인의 완벽한 생활을 증진하기 위한 전문화된 직무라는 미명하에 행해지는 것이다. 그리고 이러한 종속 관계를 피고용인은 태도와 생활양식에서 여실히 보여주게 된다. 이는 아내가 아직 남편의 노예이던 시대, 즉 가부장제가 견고하게 유지되던 시대의 아내에게도 대체로 해당된다. 유한계급의 생활양식에 적합한 요건을 만족시키기 위해서 피고용인은 종속 관계에 있다는 사실을 단지 태도로 보여줄 뿐만 아니라, 어떻게 주인에게 복종하는지를 잘 보여주어 그 특별한 훈련과 관습의 효과를 나타내야 한다. 피고용인도 아내도 자신의 역할을 수행하고 복종의 태도를 보여주어야 함은 물론, 종속자로서의 기교를 습득하고 사람들의 눈에 들도록 효과적으로 종속 관계를 보여주어야 한다는 요건을 교묘하게 충족시켜야 한다. 오늘날에도 종속 관계를 적절히 표현하는 능력과 기술은 높은 임금을 받는 피고용인의 중요한 효용이고, 혈통이 좋은 아내의 중요한 장점이기도 하다.

훌륭한 피고용인의 첫째 요건은 자신의 입장을 분명히 한다는 점이다. 그에게 요구된 기계적 결과를 내는 방법만 아는 것으로는 불충분하고, 그러한 결과를 격식에 맞추어 표현하는 방법을 알아야 한다. 주인에게 봉사한다는 것은 물리적인 일이 아니라 정신적인 일이라고 해도 좋다. 그리하여 피고용인의 대행 여가 방법을 규정한 치밀한 행위 체계가 만들어진다. 그러한 행위에서의 일탈은 아무리 사소한 것이라고 해도 비난의 대상이 된다. 이는 결코 주인이 물리적으로 어려운 처지에 놓이기 때문이 아니고, 또 피고용인의 복종심이 결여되었다는 것을 보여주기 때문도 아니다. 비난의 대상이 되는 것은 결국 피고용인이 충분히 훈련받지 않았다는 사실을 드러내기 때문이다. 주인에게 봉사하는 행위에 익숙해지려면 시간과 노력이 필요하고, 따라서 피고용인이 고도의 훈련을 받은 것이 확실하다면 생산적 노동을 일상적으로 행하지 않고 과거에도 행한 적이 없었다고 할 수 있다. 즉 이러한 피고용인의 존재는 유한 대행을 과거까지 소급하여 명백히 증명하는 것이 된다. 그러므로 잘 훈련받은 업무는 뛰어난 기량을 좋아하는 주인의 본능적 욕구를 만족시키고, 그것에 따라 생계를 자신에게 의존하는 자에게 우월성을 과시하는 성벽을 만족시킨다. 효용은 그뿐만이 아니다. 훈련받지 못한 자가 현시점에서 유한의 과시에 그치는 것에 비해, 더욱더 훈련된 피고용인의 봉사는 과거에 많은 시간과 노력을 소비한 것을 증명한다는 효용을 갖는다. 만약 신사의 급사장이나 마부가 주인의 식탁이나 마차에서 봉사하며 밭일이나 양치기를 하듯이 격식에 맞지 않는 방식을 보인다면, 그야말로 중대한 불만을 낳게 된다. 그러한 조잡한 솜씨는 그 집 주인에게 잘 훈련된 피고용인의 봉사를 확보할 능력이 없다는 것을 뜻한다. 즉 피고용인을 치밀한 행위 체계에 따라 봉사하게 하는 데 필요한 시간과 노력의 낭비와 훈련에 비용을 부담할 능력이 없다는 것을 의미한다. 피고용인의 주된 효용이 주인의 재력을 증명하는 데 있는 이상, 그 솜씨로 주인의 재력이 없다는 것을 보여주는 피고용인은 그 본래의 존재 이유를 완전히 없앤다고 할 수 있다.

이와 같이 말하면, 훈련이 안 된 피고용인은 돈이 들지 않는다든가 도움이 되지 않는다고 해석될지도 모른다. 그러나 물론 그런 뜻은 아니다. 양자의 관계는 간접적이다. 여기서 말하는 것은 일반적으로 인정되는 일이다. 처음에는 어떤 이유가 있어서 인정된 것도, 나중에는 그 자체가 본질적으로 좋은 것으로 보이고 그렇게 사고방식에 자리를 잡는다. 그러나 모든 처신에 대한 특정한 규범이 호평을 유지하고자 하면, 그 규범을 발전시킨 습관이나 기질과 조화되거나 최소한 그것들과 모순되지는 않아야 한다. 피고용인을 두는 것은 어디까지나 대행 여가를 행하고 대인 봉사의 과시적 소비를 하기 위해서다. 이것이 사실이라면 피고용인의 봉사 수련 기간을 단축하려는 것같이 공인된 관습에서 벗어나는 일이 견딜 수 없는 일임은 더 이상 거론할 필요가 없이 명백하다. 대행 여가에는 돈이 들어야 한다는 인식에서 그에 관한 사람들의 호의나 가치 기준이 형성되고, 대행 여가가 간접적이고 선택적으로 작용한 결과 관행에서의 보기 흉한 일탈은 용인되지 못하고 배제된다.

일반적으로 평가되는 부의 기준이 차차 높아지면, 재력을 과시하는 수단으로서 피고용인을 소유하고 활용하는 방식도 더욱 세련되어진다. 재산 생산에 종사하는 노예를 소유하고 유지하는 것은 부와 용맹의 증거가 되지만, 아무것도 생산하지 않는 하인을 계속 고용하는 것은 더욱 강고한 부와 지위의 증거가 된다. 이러한 원리에서 아무 일도 하지 않고 언제나 주인의 신변에서 대기하는 하인이라는 계급이 출현한다. 그들의 유일한 일은 그러한 봉사를 통하여 주인에게 그 정도로 장시간의 비생산적인 봉사를 소비할 재력이 있다는 사실을 증명하는 것이다. 따라서 그런 하인은 많으면 많을수록 좋다. 그리하여 주인의 명예를 유지하기 위해 시간을 소비하는 피고용인들 사이에 분업이 발생한다. 주인을 위해 재산을 생산하는 집단과 주인을 위해 과시적 여가를 소비하는 집단으로 말이다. 후자는 대부분 아내, 특히 본처가 중심이 되고, 그들이 소비하는 정도를 통해 우월한 재력이 손상되지 않고 많은 금전적 손해를 견딜 수 있는 주인의 능력을 증명하는 역할을 수행한다.

이상과 같은 가사의 성질과 발전 경위에 대한 어느 정도의 이상화되고 도식적인 묘사는 이 책에서 '준평화기'라고 부른 산업과 문화의 발전 단계에 가장 적합하다. 이 단계에서 대인 봉사는 처음으로 하나의 경제 제도로 위치하게 되고, 사회의 생활양식 중에서 커다란 역할을 수행하게 된다. 문화의 발전 단계에서는 엄밀한 의미의 약탈기 이후에 준평화기가 출현하고, 연속하는 그 두 단계가 야만시대를 형성한다. 준평화기의 특징은 평화와 질서의 형식적 준수이지만, 그 단계의 생활은 아직 억압과 계급 대립이 너무 심하기 때문에 참된 의미의 평화라고 말할 수 없다. 경제적 시점을 떠나 여러 가지 목적을 위해서라면 신분제도기stage of status라고 부르는 것이 좋을지도 모른다. 이 단계의 인간관계 방식이나 이 단계의 문화에서 보이는 남자들의 정신성은 신분이라는 말로 잘 요약될 수 있기 때문이다. 그러나 경제 발전의 관점에서 산업의 동향이나 그 특징을 서술하려면 '준평화'라는 말이 적합하다고 생각된다. 서양 문화에 속하는 사회에 관한 한 경제 발전의 이 단계는 이미 지나갔다. 그러나 예외도 있고, 소수이지만 매우 특징적인 일부 사회에서는 야만시대 문화에 특유한 사고방식이 크게 변하지 않고 남아 있다.

대인 봉사는 특히 재산의 분배와 소비에 관련하여 지금도 여전히 중요한 경제적 의의를 갖는다. 그러나 그 방면도 상대적 중요성은 분명히 과거와 같지는 않다. 대행 여가가 가장 크게 발달한 것은 과거이고, 오늘날에는 상류 유한계급의 생활양식에서 볼 수 있을 것이다. 현대 문화는 고대 문화의 전통과 관습과 사고방식의 보존이라는 점에서 이 계급에 빚진 바가 크다.

현대 산업사회에서는 일상생활을 더욱 쾌적하고 편리하게 해주는 기계적 장치가 고도로 발전하고 있다. 그래서 신변 봉사를 하는 하인을 비롯한 모든 종류의 가사 사용인은 과거부터 전통적으로 사용되어온, 평판의 규범이라고 하는 근거에서가 아닌 한 결코 고용되지 않는다. 유일한 예외는 신체나 정신이 병든 사람을 돌보기 위해 고용된 사람들일 것이다. 그러나 그들은 가사 사용인이 아니라 전문적 훈련을 받은 간호인으로 분류되어야 한다. 따라서 예외라고 해도 표면상의 예외에 지나지 않는다.

가령 오늘날의 유복한 가정이 가사 사용인을 계속 고용한다면, 그 직접적 이유는 적어도(표면상으로) 현대적 가구나 설비를 유지하는 데 필요한 업무를 하는 것이 가장에게는 참기 어렵다는 점에 있다. 왜냐하면 첫째, 유복한 가정의 사람들에게는 많은 '사회적 의무'가 있어서 바쁘고, 둘째, 해야 할 가정 내 일이 너무 많고 과중하기 때문이다. 이 두 가지 이유는 다음과 같이 말할 수 있다. 첫째, 체면을 지키라는 지상명령에 따라 유복한 가정의 사람들은 표면적으로 모든 시간과 노력을 유한을 과시하는 데 소비해야 한다. 이를 위해 방문, 드라이브, 클럽, 재봉 봉사단, 스포츠, 자선단체 등의 사교를 해야 한다. 이러한 일에 시간과 에너지를 쏟는 사람들은 그 의무를 수행하기 위해 의상 같은 과시적 소비에 관심을 기울여야 하고, 매우 귀찮지만 하지 않을 수 없다고 개인적으로 말한다. 둘째, 재산의 과시적 소비라는 필요에 따라 주택, 가구, 장식품, 의상, 식사같이 생활을 꾸미는 다양한 물품이 정교해지고, 다른 사람의 손을 빌리지 않는 한 옳은 격식에 따라 다루기가 어려워진다. 체면을 보존하기 위하여 잡다한 일을 하는 피고용인에게 끊임없이 접촉하는 것은 유복한 가정의 사람들에게 보통은 결코 유쾌한 일이 아니다.

그래도 일용품의 소비라고 하는 귀찮은 일의 일부를 처리하기 위해 그들의 존재는 받아들여지고 급료도 지불된다. 가사 사용인이나 상당한 지위에 있는 특수층 하인이 존재하는 것은 다소의 쾌적함을 희생해서라도 나름의 재력을 과시하는 정신적 필요성이 우선되기 때문이다.

현대 생활에서 대행 여가는 이른바 가사에서 최대한 표현된다. 가사는 가장 한 사람을 위해 행해지는 일이 아니라 도리어 하나의 조직으로서의 가정, 즉 표면적으로는 주부가 가장과 대등하게 보이는 조직의 평판을 위해 행해지는 업무로 급격히 변모하고 있다. 그러나 가사를 행하는 장소인 가정이 고대의 소유 혼인에서 벗어나자 가사도 당연히 본래적 의미의 대행 여가 범주에 포함되지 않게 되었다. (피고용인에 의한 대행은 제외한다.) 대행 여가는 신분제나 주종 관계에서만 성립하므로 어떤 시점이든 신분 관계가 소멸하면 생활의 대부분에서 대행 여가도 소멸하기 때문이다. 그러나 이 점에, 나아가 다음의 단서를 더하고 싶다. 설령 가장을 남편과 주부가 담당하게 되어도, 가정이 존속하는 한 가정의 평판을 위해서 행해지는 비생산적 노동은 역시 대행 여가로 분류되어야 한다는 점이다. 단 대행 여가의 의미가 이전과는 조금 변하여, 과거처럼 가정의 소유자인 가장을 위해서가 아니라 의인적 조직으로서의 가정을 위해 행해진다.

3장에서는 대행 여가를 행하는 준유한계급의 발전과 노동계급이라는 거대한 집단의 분화를 설명하는 동시에 피고용인 사이에서 생긴 분업에 대해 언급했다. 유한의 대행을 주된 임무로 하는 일부 피고용인은 새로운 일을 겸하게 된다. 바로 재화의 대행적 소비 말이다. 그 대표적 보기는 피고용인의 제복 착용이나 넓은 방이다. 이에 못지않게 효과적이고 보편적인 대행 소비는 유한 신사의 아내 같은 가족에 의한 의식주와 가구 등 가정 비품의 소비다.

그러나 경제 발전 과정에서 이러한 상류 여성이 나타나기 훨씬 전부터, 재력을 증명하기 위한 소비가 나름으로 고도화되고 조직적으로 행해졌다. 이러한 소비의 분화가 시작된 것은 재력이라고 정당하게 부를 수 있는 것이 출현하기 전이었을 가능성도 있다. 이러한 현상은 약탈 문화의 초기 단계까지 소급될 수 있다. 그 맹아는 약탈기 이전이었다고도 생각된다. 이러한 재화 소비의 가장 원시적인 분화는 대체로 형식적 성질을 띤다는 점에서 그 뒤에 나오는 분화와 유사하지만, 축적된 부의 차이에 근거하지 않는다는 점이

다르다. 부의 증거로서의 소비가 갖는 효용은 파생적으로 생긴 것이므로, 사고방식에는 그전부터 뿌리 깊게 존재했지만 새로운 목적에 따른 형태로 나타났다고 생각된다.

약탈 문화의 초기 단계에서 유일한 경제적 분화는 강인한 육체의 소유자인 남성으로 구성된 상위 계급과 노동에 종사하는 여성으로 구성된 하위 계급 사이의 확실한 구별이다. 당시에 이상화된 생활양식에서는 여성이 생산한 것을 소비하는 것이 남성의 일이었다. 여성에게 할당된 소비는 노동에 따른 것에 불과했고, 노동을 계속하기 위한 수단이었을 뿐 쾌락이나 만족을 위한 것이 아니었다. 재화의 비생산적 소비는 첫째, 용맹의 증거 또는 고위 인간의 특권으로서 명예가 되었고, 둘째, 그 자체가 본질적으로 명예로운 것이 되었다. 특히 대부분이 욕구하는 소비가 그것이었다. 가령 훌륭한 음식물 소비, 그리고 많은 경우 희귀한 장식품 소비가 여성이나 아이에게는 금지되었다. 또 비천한 남성 계급(노예)이 존재했다면 그들에게도 마찬가지로 금지되었다. 이러한 소비의 금기는 문화가 더욱 발전하면서 더욱 엄격하고 명백한 관습으로 변질되기도 했다. 그러나 소비의 차별이 유지되는 근거가 금기이든 관습이든 일단 뿌리내린 소비 양식의 특징은 쉽게 변하지 않는다. 준평화기에 이르러 유체 재산으로서의 노예가 그 기본적 생산을 뒷받침하면, 비천한 노동계급은 생존에 필요한 것만 소비해야 한다는 약속이 생겨나고 엄격하게 적용된다. 사치품이나 쾌락은 그 성질상 유한계급의 차지가 되고 어떤 종류의 식품, 특히 어떤 종류의 음료는 오직 상류계급에서만 소비할 수 있었다.

식품에 관한 의례적 차별은 술이나 마약같이 중독성 있는 식품의 소비에서 가장 현저하게 나타난다. 그런 소비품들의 값이 비싸면 고귀하고 명예롭게 여겨진다. 따라서 이러한 것들이 너무 값싸게 확보되는 나라가 아닌 한 비천한 계급, 특히 여성은 이러한 자극물을 섭취해서는 안 되었다. 고대부터 가부장 시대까지 계속하여 이러한 사치품을 준비하고 관리하는 것은 여성의 일이고, 이를 소비하는 것은 출신이나 배경이 좋은 남성의 특권이 되어왔다. 이러한 종류의 자극물을 마음껏 섭취하여 주정을 하거나 병을 얻는 것조차 존경스러운 일로 받아들여졌다. 그러한 증상은 그가 고가의 사치품에 탐닉할 수 있는 신분이라는 거을 간접적으로 증명하기 때문이다. 자극물에 과도하게 탐닉하여 허탈 상태에 빠지는 것도 일부 사람들 사이에서는 남성다운 것으로 너그럽게 용인되었다. 그뿐만 아니라 그러한 과잉 섭취에 따른 일종의 병적 상태를 일컫는 용어가 일상 회화에서 '고귀'라거나 '좋은 혈통'과 동의어로 사용되는 현상도 생겨났다. 돈이 드는 악습이 관습적으로 높은 신분의 상징으로 받아들여지고 미덕으로 인정되어 사회의 존경을 받게 된 것은 비교적 초기 단계의 문화에 한정된다. 그러나 그러한 값비싼 악습을 좋다고 하는 풍조는 오랫동안 뿌리 깊게 남았고, 그래서 부유하거나 고귀한 남성은 술이나 마약에 탐닉해도 그다지 비난받지 않았다. 여성이나 미성년자나 비천한 신분에 속하는 자들이 술이나 마약 같은 종류의 방종에 탐닉할 때 더욱 강력하게 비난받는 현상은 차별인 것이다. 옛날부터 있어온 이러한 차별 취급은 오늘날 선진적인 사람들 사이에서도 효력을 잃지 않고 있다. 유한계급이 만들어낸 선례가 관례화하여 강제력을 갖는 곳에서는 여전히 자극물에 대한 이러한 인습적 절제가 잘 지켜지고 있다.

상류 여성들이 오랫동안 자극물을 절제해온 것을 이와 같이 해석하는 것은 상식을 버린 지나친 논리의 순화라고 생각할지도 모른다. 그러나 조금이라도 조사해보면 쉽게 알 수 있지만, 여성들이 절제를 특히 엄수한 경우 그 하나의 요인이 관습에 있다는 것은 분명하다. 이러한 관습의 힘은 일반적으로 가부장제 전통이 위력을 발휘하고 여성이 유체 재산으로 간주되는 지역에서 가장 강력하다. 이러한 전통은 상당히 완화되고 그 영향의 범위도 좁아졌지만, 지금도 여전히 중요성을 잃지 않고 있다. 그러한 전통에서 유체 재산인 여성은 생존에 필요한 것만을 소비해야 하고, 그 이상으로 소비해도 좋은 것은 주인의 쾌락이나 평판에 공헌하는 경우뿐이다. 참된 의미의 사치품 소비란 소비하는 당사자의 쾌락이 되는 소비로, 그것은 주인이라는 증거가 된다. 주인 이외의 자가 그러한 소비를 하는 것은 주인이 용인하는 경우에 한정된다. 사람들의 사고방식이 가부장제 전통에서 형성되어 뿌리내린 사회에서는 사치품 소비에 관한 금기가 살아남고, 자유를 갖지 못한 예속 계급에 의한 사치품 사용은 비난의 대상이 된다. 예속 계급이 사용하는 것으로 주인의 쾌락이 엄청나게 훼손되는 등 그 사용이 도저히 정당화될 수 없는 사치품이라면 더욱더 그렇다. 서양 문명에서 대집단을 형성하는 보수적 중류계급은 앞에서 말한 이유로 예속 계급의 자극물 사용을 혐오한다. 그리고 가부장제가 뿌리 깊게 남아 있는 게르만 문화의 중류계급의 여성이 술이나 마약에 관한 금기를 매우 충실하게 지킨다는 사실을 간과해서는 안 된다. 그곳에서는 가부장제 전통의 쇠퇴에 따르는 조건이 여기저기에 붙어 있어도 여성의 소비는 주인에게 이로운 경우에 한정된다는 원칙이 정당하고 구속력이 있는 것으로 간주된다. 여성의 의상이나 가재도구에 대한 지출은 원칙에서 벗어난다는 반론이 있을지도 모른다. 그러나 잘 조사해보면 그 예외는 본질적인 것이 아니라 표면적이라는 것을 알 수 있다.

경제 발전의 초기 단계에서는 과도한 소비가 유한계급에 한정되었다. 특히 고급품, 이상적으로는 필요 최저한의 재화를 넘는 모든 소비가 그 계급에 한정되었다. 이어 평화기에 이르러 사유재산제가 등장하고 임금노동자나 소규모 가내수공업에 근거한 생산 체제가 나타나면, 이와 같이 소비를 제한하는 전통은 적어도 형식상으로는 차차 소멸되어간다. 그러나 그전의 준평화기는 후대의 생산 활동에 영향을 미치는 유한계급 전통의 상당수가 형성되어 정비되는 시기이기도 했으므로, 소비를 제한하는 이러한 전통은 관습법과 같은 효과를 가졌다. 그리고 소비 규범으로 군림하고, 위반하면 비상식적이라고 간주되어 조만간 배제되었다.

그리하여 준평화기의 유한 신사는 최소한의 생존과 건강 유지에 필요한 물품 이상을 소비하는 것은 물론이고, 소비하는 물품 자체의 질에 대해서도 조건을 붙이게 된다. 신사는 최고의 음식물, 마약, 주거, 봉사, 장식품, 의상, 무기 장구, 오락, 부적, 우상, 신상을 마음대로 소비한다. 이러한 물품은 차차 개량되지만, 더욱 세련된 상급 물품으로 구입자의 쾌락이나 만족도가 높아지는 것이 주된 동기나 목적이라는 것은 두말할 필요도 없다. 그러나 그것이 신사가 하는 소비의 유일한 목적은 아니다. 세상의 평판이 무엇보다 중요하기 때문에 평판이 될 수 있는 개선이나 개량만이 살아남을 수 있게 된다. 더욱 훌륭한 물품을 소비하는 것은 부의 증거로서 명예로운 일이 된다. 반대로 이러한 우수 물품을 제대로 소비할 수 없다는 것은 재력이나 심미안을 결여한 증거가 된다.

이러한 음식물을 비롯한 질적 우열에 대한 까다로운 차별의 발달은 유한 신사의 생활양식은 물론이고 미의식의 수련이나 지적 활동에도 영향을 미친다. 이미 신사는 단순히 성공한 진취적 남성이 아니다. 즉 권력과 재력과 용기를 갖추는 것만으로는 불충분하다. 세상에 바보처럼 보이지 않으려면 심미안을 길러야 한다. 왜냐하면 소비하는 물품을 선택할 때 고귀한 것과 그렇지 않은 것의 미묘한 차이를 아는 것이 요구되기 때문이다. 그리하여 유한 신사는 식재, 술, 장신구, 고급 의상, 건축물, 무기, 유희, 춤, 마약의 감식가가 된다. 이러한 미적 감각을 함양하는 데 시간과 노력이 필요하기 때문에, 그러한 노력이 필요해진 시점부터 유한 신사의 생활은 바빠진다. 표면상의 유한 생활을 그렇게 보이게 하는 기술을 익히는데도 다소간의 에너지를 소비해야 한다. 신사란 적당한 물품을 충분히 소비하는 동시에 잘 소비하는 기술을 알고 있어야 한다. 요컨대 신사의 유한 생활은 그럴듯한 모습으로 영위되어야 한다. 앞 장에서 서술한 예절이 그것으로부터 발전한 것으로서 말이다. 혈통이 좋은 사람들의 예절이나 생활양식은 과시적 여가나 과시적 소비라는 조건을 갖춘 품목이다.

귀중한 물품을 과시적으로 소비하는 것은 유한 신사가 평판을 얻는 수단이다. 그러나 부가 증대함에 따라 타인의 도움 없이 혼자서 노력하는 것만으로는 부를 충분히 과시할 수 없다. 그래서 호화로운 선물을 하거나 돈이 드는 향연이나 오락에 초대하는 형태로 친구나 경쟁 상대의 도움을 빌리게 된다. 선물이나 향응은 원래 소박한 겉치레와는 전혀 다른 이유로 시작되었으나 매우 이른 시기부터 이러한 목적에 유용했고, 지금까지 그 성격이 유지되고 있다. 이렇게 선물이나 향응의 효용에는 오랜 역사가 있고, 그렇기 때문에 습관이 되었다고 할 수 있다. 포틀래치라고 부르는 연회나 무도회같이 돈이 많이 드는 향응은 특히 과시적 소비의 목적에 적합하도록 고안되었다. 연회의 접대자는 이러한 방법을 경쟁 상대와 비교하려는 목적의 수단으로 삼는다. 경쟁 상대는 접대자를 대신해 소비하는 동시에, 접대자가 혼자서는 처분할 수 없을 정도로 과도한 사치품을 소비했다는 것의 증인이 된다. 그리고 접대자가 예절에 정통했다는 것을 증명하는 증인도 된다.

　물론 더욱 온당한 동기에서 사치스러운 향응을 열 때도 있다. 많은 사람이 모이는 습관은 필경 축제나 종교적 동기에서 비롯되었을 것이다. 이러한 동기는 그 뒤의 발전 과정에서 볼 수 있지만, 유일한 동기는 아니다. 오늘날의 유한계급이 여는 제의나 향연에는 종교적 목적이 매우 드물고 대부분은 오락과 축제가 그 목적이라고 해도, 그러한 향응에 따라 차이를 보여준다는 목적도 있다. 그리고 그것은 공인의 동기를 숨긴다고 해도 효과적으로 차별화의 목적을 수행하고 있다. 그러나 이러한 사교적 오락의 경제적 효과가 감소하지는 않는다. 재화의 대행 소비가 행해지면서 예절의 세련이라고 하는 노력과 비용을 요하는 수련도 과시될 수 있기 때문이다.

부가 축적되면서 유한계급의 역할이나 구조가 더욱 발달하고, 계급 내의 상하 관계가 출현하여 상당히 복잡한 신분 계층이 체계화된다. 이러한 계층화는 유산상속이나 이에 따르는 명가의 계승에 의해 더욱더 촉진된다. 명가를 계승한다면 그 의무인 유한도 계승해야 한다. 그중에는 당연히 유한 생활을 보내야 할 명가가 이를 위해 필요한 부를 수반하지 않고 계승하는 경우도 생긴다. 고귀한 혈통이 세상의 평판이 지속되도록 마음대로 소비를 유지할 만큼의 재산 없이 계승되는 일은 충분히 있을 수 있다. 그 결과로 앞서 언급한 가난한 유한 신사 계급이 생겨난다. 명가와 빈곤의 혼혈 같은 이러한 유한 신사들은 신분제도라는 골짜기에 빠지게 된다. 또는 그 양쪽에서 최상위나 그에 가까운 계층의 신사들은 신분이 낮은 자나 재산이 없는 자보다 상위에 서게 된다. 그리하여 하위에 서게 된 자들, 특히 빈곤의 한계점에 처한 유한 신사는 종속과 충성을 맹세하고 유력 신사 아래에 들어간다. 그리고 비호자로부터 평판을 얻어 유한 생활을 보낼 수단을 더욱 많이 얻게 된다. 그리하여 비호자의 시종이나 가신이나 하인이 된다. 비호자에 의해 부양되고 금전적 지원을 받는 것으로 그들은 비호자의 지위를 증명하는 증인이 됨과 동시에 그 부의 대행 소비자가 된다. 또한 이렇게 종속된 신사의 다수는 존재감이 약하기 때문에 대행 소비자의 역할을 충분히(라기보다는 전혀) 수행하지 못한다. 그러나 비호자의 시종이나 예속자가 된 그들 대부분은 무조건 대행 소비자로 분류될 수 있다. 그리고 이러한 자나 귀족계급이라고 해도 신분이 낮은 자는 대부분 아내, 자녀, 피고용인, 하인 같은 대행 소비자 집단을 다소나마 가지고 있다.

이와 같이 계층화된 대행 여가와 대행 소비의 체계 전체는 다음과 같은 원칙에 따른다. 즉 그 유한과 소비를 대행하는 역할은 본래 유한과 소비를 부여한 것이 주인이라는 점, 그리고 대행의 결과로 높아진 평판은 주인에게 귀속되어야 한다는 점을 분명히 보여주는 방법이나 조건 또는 표시 아래에서 수행되어야 한다. 이러한 자들이 주인이나 비호자를 위해 대행하는 소비나 유한은 주인 측에서 보면 자신의 평판을 높이기 위한 일종의 투자다. 이것이 향연이나 증여에서 분명하게 나타나고 누구나 알 수 있으므로 평판은 즉시 초청자나 비호자의 것이 된다. 시종이 유한과 소비를 대행하는 경우 그에 따르는 평판이 주인을 향하는 것은 그러한 자들이 언제나 주인 가까이에서 기다리고 있고, 그래서 누구 덕분에 그들이 먹고사는지가 만인에게 분명히 드러나기 때문이다. 이런 식으로 평판을 유지하고자 하는 집단의 규모가 커짐에 따라, 대행된 유한의 가치가 누구에게 귀속되는지를 더욱 명확하게 보여주는 방법이 필요해진다. 그래서 제복이나 배지나 치장이 유행하게 된다. 제복이나 하인 복장의 착용은 강한 종속 관계를 암시하고, 나아가 실질이든 아니든 예속 관계까지 의미한다고 할 수 있다. 제복이나 치장을 착용하는 사람은 대체로 두 종류로 나뉜다. 자유로운 사람과 예속된 사람, 또는 고귀한 자와 비천한 자로 말이다. 동시에 그들이 하는 일도 고귀한 일과 비천한 일로 나뉜다. 실제로는 이러한 구별이 일관하여 엄밀히 지켜지지 않는 것은 두말할 나위도 없다. 비천한 일 중에도 그다지 하등이 아닌 것이나 고귀한 일 중에도 그렇게 상등이 아닌 것을 같은 사람이 행하는 경우가 드물지 않다. 그래도 전체로서 두 가지 구별이 가능한 것을 간과해서는 안 된다. 상당히 난처한 것은 표면적인 일의 성질에 근거한 첫째의 귀천 구별이 봉사하는 상대나 제복을 지급한 주인의 지위에 근거한 둘째의 귀천 구별과 대립한다는 점이다. 본래의 유한계급에 적합한 일, 가령 정치, 전쟁, 사냥, 무기 장구의 관리같이 분명히 약탈적인 일로 분류될 수 있는 것은 고귀한 반면, 노동계급이 당연히 해야 할 일, 가령 수공업 등의 생산적 노동이나 피고용인의 봉사는 비천하다. 그런데 매우 높은 지위의 사람들을 위해 행해지는 비천한 일은 매우 고귀한 것이 될 수 있다. 가령 여왕의 시중을 드는 궁녀나 시녀, 왕의 마부나 수렵관 등의 일이 그렇다. 마지막 이 두 가지 일에서 그 방면의 일반적 원칙을 도출할 수 있다. 즉 비천한 일이라도 전투나 사냥 같은 유한계급의 일과 직접 연결되는 것이라면 그에 따르는 명예를 쉽게 획득할 수 있다는 것이다. 이처럼 그 자체로서는 비천하다고 여겨지는 일에 명예가 부여될 수 있다.

이어 평화로운 산업 발전의 단계를 맞으면, 제복을 착용하고 무기를 휴대한 무위도식의 무리를 고용하는 습관이 차차 사라진다. 그리고 주인이나 비호자의 문장을 차고 기식자가 행하는 대행 소비는 제복을 착용한 피고용인에 한정된다. 따라서 결국 제복은 예속 관계의 증거가 되고, 비천한 노예근성의 표징이 된다. 무기를 휴대하는 시종의 제복에는 어느 정도의 과시가 있지만, 제복을 착용하는 것이 피고용인에게만 한정되면 그 과시는 사라진다. 그리고 착용을 강요당한 자에게 제복은 언제나 불쾌한 것이 된다. 현실의 노예제도 폐지로부터 아직 시간이 그다지 경과하지 않아서, 노예근성이라고 하는 오명을 덮어쓰는 것에는 누구나 여전히 민감하다. 이러한 혐오감은 회사가 자신의 사원을 구별하기 위해 지급하는 제복에서도 나타난다. 미국에서는 제복을 착용하도록 되어 있는 공무원을 군인이나 문관 구별 없이 혐오할 정도가 되었다. 거부반응까지 보이지는 않는다고 해도 말이다.

노예 관계의 소멸과 함께 한 사람의 신사에게 딸린 대행 소비자는 전체적으로 감소하는 경향이 있다. 그리고 유한을 대행하는 피고용인의 수도 더욱 감소한다. 언제나 그렇지는 않지만 대체로 이 두 집단은 거의 중복된다. 소비나 유한의 대행을 먼저 맡는 것은 아내, 특히 본처이기 때문에 대행의 역할을 수행해온 자들이 감소하면 당연히 마지막에는 아내가 남는다. 상위 계층에서는 대량의 소비나 유한을 대행할 필요가 있기 때문에, 현재도 아내 외에 다수의 피고용인이 그 일을 수행한다. 그러나 하위 계층으로 내려가면, 어느 층 이하에서는 이러한 역할이 아내에게만 위임된다. 현재의 서양 문화 사회에서는 하위의 중류계급이 이에 해당한다.

그리고 여기서 기묘한 역전 현상이 일어난다. 이러한 하위 중류계급에서는 보통 일가의 주인이 유한을 꾀하는 기색을 전혀 볼 수 없다. 주위 사정 때문에 유한의 습관이 소멸한 것이다. 그러나 아내쪽은 일가 주인의 명예를 위하여 여전히 유한을 대행하는 역할을 수행한다. 현대 산업사회의 계층을 내려가 보면, 비교적 높은 계층에서 일가 주인 스스로의 과시적 여가라고 하는 일차적 요소는 소멸한다. 중류계급 일가의 주인은 경제적 사정으로 오늘날 보통 일하는 사람과 마찬가지로 생계유지를 위해 노고 성격이 강한 일에 종사하지 않을 수 없기 때문이다. 그러나 아내에 의한 유한과 소비의 대행이나 피고용인에 의한 보조적 유한의 대행이라는 파생적 요소는 관행으로서 여전히 건재하다. 평판을 지킬 필요성을 가볍게 여겨서는 안 되기 때문이다. 자신의 아내가 시대의 상식이 요구하는 정도의 대행 여가를 격식에 맞추어 영위할 수 있도록 하기 위해 남성이 열심히 일하는 광경은 흔하게 목격된다.

이러한 경우에 아내가 대행하는 유한이 단순히 태만이나 무위의 형태로 행해지지 않는다는 것은 두말할 필요도 없다. 유한은 거의 예외 없이 어떤 외부적인 일이나 가사 또는 사교적 오락의 형태로 사용된다. 그러나 이를 분석해보면 아내가 유익한 일이나 도움이 되지 않는 일을 하고 있다는 것을 보여줄 뿐, 그 이상의 역할은 거의 수행하지 않는 것을 알 수 있다. 예절에 대해 서술한 부분에서 지적했듯이, 중류계급의 주부가 시간과 노력을 소비하는 습관적 가사의 대부분은 이러한 종류다. 아내가 열심히 장식하거나 청소한 성과에 대해 중류계급의 예절을 익히고 자란 남성이 만족하지 않는다고 할 수는 없다. 그러나 장식이나 정돈을 좋다고 느끼는 것은 그가 이러한 무의미한 노력의 증거를 일부러 요구하는 예의 규범의 선택적 규준 아래에서 미적 감각을 키워온 탓일 뿐이다. 요컨대 가사의 성과에 만족하는 것은 그 성과를 좋은 것으로 생각하도록 배워왔기 때문이다. 이러한 가사 중에는 형태와 색채를 멋지게 조합하는 등 언어의 올바른 의미에서 미적이라고 부르는 것에 대한 배려도 많이 포함하고 있고, 아무리 무의미한 노력이라고 해도 나름으로 미적 가치가 있는 성과가 달성된 것을 부정할 수는 없다. 그러나 여기서 특히 말하고 싶은 것은, 생활을 즐겁게 하고자 주부가 노력을 기울이는 일은 시간과 물자의 낭비를 보여주는 과시적 낭비의 법칙에 근거한 전통에 따르고 있다는 점이다. 아름다움이나 즐거움이 만일 실현되었다고 한다면, 그것은 다소간 우연의 산물이지만, 여하튼 무의미한 노력이라는 경제의 대원칙에 적합한 수단이나 방법에 의해 실현된 것일 수밖에 없다. 그리하여 중류 가정이 소유하는 물건 가운데 남 앞에 내놓을 정도로 멋지다고 할 수 있는 것은 과시적 소비에 의해 확보한 물품이거나 주부에 의한 대행 여가를 증명하는 물품이 된다.

아내에 의한 대행 소비의 요구는 대행적 유한을 요구할 수 없는 상당히 낮은 계층에도 계속 작용하고 있다. 형식적 정리 정돈이라고 하는 무의미한 일을 거의 하지 않는 계층이나 가식적 유한을 의식적으로는 시도하지 않는 계층에서도 체면 유지의 필요에 의해 역시 아내에게는 일가의 주인을 위해 일정한 재화를 과시적으로 소비하는 것이 요구된다. 이론상으로나 실제로나 생산 담당자이자 남성의 유체 재산이었던 아내는, 낡은 제도가 진화한 결과 남성이 소비하는 재화를 생산하는 역할에서 남성이 생산하는 재화를 의례적으로 소비하는 역할로 바뀌게 된다. 그러나 지금도 이론상으로 아내는 틀림없이 남편의 유체 재산이다. 왜냐하면 유한이나 소비의 대행을 일상적으로 행하는 것은 아내가 자유가 허용되지 않는 피고용인이라는 사실을 변함없이 증명하기 때문이다.

중하류 계급의 가정에서 볼 수 있는 이러한 대행 소비가 유한계급의 생활양식을 표현한다고는 할 수 없다. 본래 이러한 계급은 유한계급에 속하지 않기 때문에 유한계급의 생활양식이 간접적으로 표현되었다고 말해야 할 것이다. 유한계급은 세상의 평판이라고 하는 점에서 사회구조의 정점에 위치하고, 그 생활양식이나 가치관은 사회의 평가 기준이 되고 있다. 하부 계층이 그 수준에 접근하려면 이러한 기준을 준수해야 한다. 현대 문명사회에서는 계층 간 경계가 애매하고, 고정적이지 않다. 그러한 상황에서 상부 계급이 정한 기준은 사회구조의 가장 낮은 계층에 이르기까지 무조건 강제적인 영향을 미친다. 그리고 각 계층에 속하는 사람들은 바로 위 계층에서 유행하는 생활양식을 이상으로 삼고, 그것에 가까워지고자 온갖 힘을 기울인다. 그렇게 하지 않으면 체면도 자존심도 손상되기 때문에 표면적으로라도 세상에서 인정되는 기준에 따르려고 한다.

고도로 조직화된 산업사회에서는 결국 재력이 없으면 평판도 얻을 수 없다. 그리고 재력을 과시하여 평판을 얻기 위한 수단은 유한과 재화의 과시적 소비다. 따라서 하층계급에서도 가능한 한 유한과 과시적 소비를 사용하고, 낮은 계층의 경우 그 대부분은 아내와 자녀에게 위임된다. 나아가 낮은 계층에서 아내가 유한의 표면적인 꾸밈조차 하지 않아도, 재화의 과시적 소비는 여전히 아내와 자녀에 의해 행해진다. 일가의 주인도 과시적 소비라면 어느 정도 가능하고, 실제로도 하는 경우가 많다. 그러나 더욱 낮은 빈민굴의 극한으로 몰락한 계층에서는 일가의 주인이, 이어 자녀가 체면을 위해 고가의 재화를 소비하지 못하게 된다. 사실상 아내만이 일가의 재정적 체면을 유지하는 데 공헌하게 된다. 어떤 계급도, 즉 아무리 빈곤해도 습관화된 과시적 소비를 전혀 하지 않을 수는 없다. 과시적 소비가 완전히 없어지는 것은 어쩔 수 없는 필요에 부닥친 경우뿐이다. 있을 수 있는 모든 비참과 부족을 인내한 뒤에야 비로소 값싼 장신구나 금전상의 체면 유지를 버릴 수 있다. 단순한 물리적 부족에 굴복하여 사치의 욕구나 정신적 욕구의 충족을 단념하는 계급이나 국가는 전혀 없었다.

과시적 여가나 과시적 소비의 확대에 관한 이상의 분석을 통해, 평판을 유지한다는 목적에 관하여 양자가 동일하게 갖는 효용은 분명히 낭비라는 것을 알 수 있다. 이 낭비라는 요소는 양자에 공통된 것으로, 전자에서는 시간과 노력, 후자에서는 재화의 소비를 뜻한다. 어느 경우나 부의 소유를 과시하는 수단으로 보통은 동등하게 여겨진다. 따라서 어느 것을 선택할지는 별도의 결정에 구속되지 않는 한 단순히 선전상의 편의 문제일 뿐이다. 결국은 경제 발전의 단계에 따라 적절한 것을 선택하게 된다. 요컨대 유한과 소비를 보이고자 하는 상대에 대해 어느 것이 효과적인가 하는 것이 문제가 된다. 과거의 예를 보면 이 문제의 답이 사회 환경에 따라 달라지는 것을 알 수 있다.

사회나 사회집단이 일반의 평판으로 충분히 좌우될 정도로 작고 밀집된 상태에 있는 한, 다시 말해 개인이 평판에 순응해야 할 정도인 주위 환경이 친지나 이웃의 뒷공론으로 한정되어 있는 한, 유한도 소비도 마찬가지로 유효하다. 따라서 사회 발전의 초기 단계에서는 어느 쪽이나 똑같이 도움이 된다. 그러나 계층화가 진행됨에 따라 더 넓은 범위의 인간을 상대하게 되면, 체면을 유지하는 통상의 수단으로서는 유한보다 소비가 유효해진다. 그 뒤의 평화로운 경제 발전기에는 특히 그러하다. 전달과 이동 수단의 발달에 의해 개인은 대중의 눈에 드러나게 되는데, 이는 그 대중이 자신들의 주시 아래 행해진 재화(그리고 아마도 혈통)의 과시 이외에는 판단 자료를 갖지 못하기 때문이다.

현대의 산업화도 경로는 다르지만 동일한 방향으로 작용한다. 산업사회의 필요상 개인이나 세대는 이웃하여 살지만, 각각의 사이에는 함께 사는 경우가 아니면 접촉이 거의 없다. 물리적 의미에서의 이웃은 사회적으로는 이웃이 아니고, 때로는 면식조차 없다. 그러나 이웃이 그러한 경우에 한정된다고 해도 어떤 평가를 받는다면 크게 도움이 된다. 타인의 일상생활에 무감각한 사람들에게 재력을 각인시킬 수 있는 유일한 방법은 지불 능력의 부단한 과시뿐이다. 또 현대사회에서는 이러한 일상을 모르는 많은 사람의 모임에 참석하는 기회도 더욱 늘어난다. 교회, 극장, 무도회, 호텔, 공원, 상점 등이 그 보기다. 이러한 장소를 스쳐 가는 사람들에게 강한 인상을 주고 주시되어 자기만족을 얻으려면, 자신의 재력을 그들이 읽을 수 있도록 광고해야 한다. 그러므로 현재의 흐름은 분명히 과시적 여가보다 과시적 소비의 효용을 증가시키는 방향으로 나아가고 있다.

또 하나 주목해야 할 점이 있다. 체면을 유지하기 위한 소비의 필요성이나 평판을 얻는 수단으로서의 소비의 효용이 가장 큰 것은 인간관계의 범위가 넓고 사람들의 이동이 많은 사회라는 점이다. 농촌 가정보다 도시 가정 쪽이 과시적 소비에 많은 소득을 할당할 필요성을 요구받는다. 그 결과 도시 사람들은 체면을 유지할 필요 때문에 농촌 사람들보다 훨씬 더 하루살이 같은 생활을 하는 것이 보통이다. 가령 미국의 농가와 도시 기술자 일가의 소득이 같다고 해도, 농가에 사는 사람들이 거동은 말할 것도 없이 의복에서도 훨씬 뒤떨어져 있다. 도시인이 과시적 소비에서 오는 특유한 자기만족을 추구하는 데 천성적으로 더욱 열심인 것도 아니고, 농촌인이 재력을 과시하는 데 태생적으로 무관심한 것도 아니다. 그러나 도시에서는 재력의 증거에 대한 반응이나 그 일시적 효과가 훨씬 더 강하기 때문에 과시적 소비가 더욱더 빈번하게 행해진다. 따라서 도시인들은 경쟁에서 상대를 앞서기 위해 과시적 소비의 표준을 더욱더 높이고, 도시에서는 체면을 유지하기 위한 지출이 더욱더 늘어난다. 그리고 이렇게 인상된 표준을 만족시키는 것이 필수가 된다. 체면 유지의 표준은 계급마다 각각 높아지기 때문에 자신의 계급에서 탈락하고 싶지 않으면 어떻게든 그 필수 조건에 맞춰 살아야 한다.

소비는 농촌보다 도시의 일상생활에서 더욱 중요한 요소가 된다. 시골에서는 소비가 어느 정도까지 저축과 안락한 생활로 대치되고, 그것이 가까운 곳의 소문을 통하여 알려짐으로써 결국은 소비와 같은 재력의 평판을 얻을 수 있기 때문이다. 이러한 풍요로운 생활이나 남아도는 유한(지나친 것으로 판명된)의 대부분은 당연히 과시적 소비라는 항목으로 분류될 수 있다. 저축도 마찬가지다. 도시 직공의 저축이 상대적으로 적은 것은 그들의 환경에서는 농장이나 소규모 농촌에 사는 사람들에 비해 저축이 유효한 선전 수단이 되지 않기 때문이다. 한편 농촌 지역에서는 이웃 가정의 문제, 특히 금전상의 지위가 모든 사람에게 잘 알려져 있다. 그러나 직공이나 도시의 노동계급에게 저축이 유효한 선전 수단이 아니라는 점만으로 그들이 저축을 대폭 감소시키는 이유를 설명할 수는 없을 것이다. 하지만 체면을 유지하기 위한 지출의 표준이 점차 인상되면 저축을 방해하는 효과가 쌓여서 매우 커지지 않을 수 없다.

평판 유지라고 하는 이 필수 조건이 발동되는 대표적 사례는 공공장소에서 술이나 식사나 담배를 '대접하는' 습관에서 볼 수 있다. 이를 습관적으로 행하는 것은 일반적으로 도시 노동자나 직공 그리고 도시에 사는 하위 중류층이다. 그중에서도 행상인쇄공 journeymen printers은 이러한 종류의 과시적 소비를 더욱 즐기는 것으로 유명하고, 그 결과는 사람들의 비난을 받을 정도다. 행상인쇄공 특유의 이러한 습관은 그들에게 본질적 결함이 있거나 소위 인쇄업에 어떤 도덕적 악영향이 있기 때문일 것으로 여겨진다. 여기서 인쇄소의 흔한 식자실이나 인쇄실에서 일하는 사람들의 실태를 생각해보자. 어떤 인쇄소나 어떤 도시에서 습득한 기능은 다른 인쇄소나 다른 도시에서 쉽게 활용할 수 있다. 달리 말해 그 인쇄소나 도시 고유의 훈련에 기인하는 경직성은 적다. 또 이 직업을 가지려면 평균 이상의 지성이 필요하고, 정보에 정통해야 한다. 따라서 노동 수요가 장소에 따라 조금이라도 변동하면 인쇄공은 그것을 바로 이용할 수 있는 점에서 다른 직공보다 뛰어나다. 그러므로 그들은 출신지에 따르는 경직성도 마찬가지로 적다. 게다가 인쇄공의 임금은 높기 때문에 비교적 가볍게 이동할 수 있다. 그래서 인쇄공은 이동성이 매우 높다. 마찬가지로 명확하게 정의되고 충분한 규모를 갖는 다른 어떤 직공 집단보다 높다고 할 수 있다. 행상인쇄공은 끊임없이 새로운 사람들을 알게 된다. 그 관계는 일시적이거나 일과적이지만, 그래도 높은 평가를 얻는 것이 그동안에는 매우 중요하다. 인간은 허세를 좋아하는 성벽이 있고, 나아가 좋은 동료로 생각되고 싶다는 기분도 있어서, 그런 목적에 적합하다면 즐겁게 지출하게 되기 때문이다. 여기서도 다른 경우와 마찬가지로 그런 습관이 일반화되면 하나의 유행이 되고, 체면 유지의 공인된 표준으로 변한다. 이어 다음 단계에서는 그 표준을 출발점으로 더욱 화려한 소비로 나아간다. 왜냐하면 같은 직장 동료가 모두 당연한 것으로 지키는 탕진의 표준을 정신없이 따라도 아무런 가치가 없기 때문이다.

이처럼 인쇄공 사이에 탕진의 습관이 다른 평균적 직공의 경우보다 더 침투한 것은 적어도 다음과 같은 요인에 기인한다. 하나는 다른 직공보다 이동성이 높다는 점, 또 하나는 인간관계나 교류가 일과적이라는 점이다. 그러나 결국 이러한 탕진을 압박하는 근본적 이유는 우월성이나 재력의 과시에 있다. 프랑스 농민을 근검절약하게 만들고, 미국의 부자로 하여금 대학이나 병원이나 미술관을 세우게 하는 것도 이와 같은 성벽이다. 과시적 소비의 필요성이 소비를 줄이는 인간 본성에 의해 상당 정도로 없어지지 않는 한, 직공이나 도시의 노동계급과 같은 상황에 놓인 사람들에게 저축 등은 이론적으로 불가능하다. 그들의 임금이나 수입이 아무리 높다고 해도 말이다.

그러나 부의 소유와 과시 외에 평판을 얻기 위한 기준 같은 다른 행동 기준을 따를 필요도 있다. 그런 필요성도 엄청난 과시적 소비를 강하게 촉진한다. 단순히 선전 효과만으로 비교한다면, 과시적 여가와 과시적 소비가 재력의 경쟁에 관해서는 완전히 균등하게 양분되었다는 것을 알 수 있다. 경제가 발전하고 집단 규모가 확대됨에 따라 유한은 점차 선전 효과가 줄어들고 도움이 되지 않게 된 반면, 재화의 과시적 소비는 절대적으로도 상대적으로도 더욱 중요해졌고, 마침내 생활필수품 이외의 모든 재화가 과시적 소비에 동원되기에 이르렀다고 생각할 수 있다. 그러나 실제의 발전 과정은 이러한 이론상의 도정과 상당히 달랐다. 분명히 최초에는 유한 쪽이 유효했다. 그리고 준평화기를 통해 유한은 부의 직접적 증거로서도, 체면을 유지하기 위한 표준적 요소로서도 재화의 무의미한 소비보다 빈번하게 사용되었다. 그 뒤에는 소비가 활용되었고, 오늘날에도 소비의 과시 쪽이 압도적으로 자주 사용되고 있다는 데는 의심의 여지가 없다. 그러나 최저한의 생활필수품 외의 것을 소비의 대상으로 흡수하는 정도는 아니다.

평판을 얻기 위한 수단으로 시작된 유한이 효과적이었다는 것은 직업의 귀천을 구별한 고대까지 거슬러 올라간다. 유한이 명예롭고 반드시 과시해야 하는 것이 된 이유는 부분적으로 유한이 비천한 노동에서의 면제를 의미하기 때문이다. 고대의 계급 귀천은 직업의 귀천이라는 차별에 근거했고, 이러한 전통적 구분이 준평화기 초기에 체면의 절대적 기준이 되었다. 유한이 지금도 여전히 부의 증거로서 소비와 같이 유효하다는 사실에서도 유한의 중요성을 충분히 알 수 있다. 당시 사람들의 비교적 좁고 안정된 인간관계에서 유한이 매우 효과적이었으므로, 모든 생산적 노동을 멸시하는 낡은 전통은 돈이 없는 유한계급을 대량으로 출현시켰다. 나아가 공동체의 생산 활동을 필요 최소한으로 억제하는 경향까지 나타났다. 실제로는 이 정도로 극단적인 생산 활동의 억제가 행해지지 않았는데, 이는 평판이 사람들을 구속하는 이상으로 엄격하게 노동 의무에 속박된 노예가 노동계급의 필요 최저한을 상회하는 생산을 강제당했기 때문이다. 그 결과 평판을 얻는 수단으로서의 과시적 여가의 활용은 상대적으로 감소했다. 그 이유의 하나는 부의 증거로서의 소비의 효과가 상대적으로 높았던 점에 있고, 또 하나는 과시적 소비를 혐오하는 다른 요인에 있다.

그 다른 요인이란 일하기 본능이다. 이 본능에 의해 인간은 사정이 허락하는 한 생산적 능력이나 인간에게 유용한 것을 좋게 보고, 사물이나 노력의 낭비를 나쁘게 본다. 이러한 일하기 본능은 누구에게나 있고, 어떤 부조리한 상황에서도 스스로 나타난다. 따라서 어떤 지출이 실제로 아무리 무의미하다고 해도, 적어도 표면상으로는 더욱더 그럴듯한 구실을 가질 것이다. 특수한 조건에서 이러한 본능이 영웅적 행위나 계급 차별의 추구로 변모하는 것은 앞 장에서 이미 지적한 대로다. 일하기 본능은 과시적 낭비의 법칙과 충돌하는 경우 실질적 유효성을 고집하기보다, 도리어 분명히 무의미한 것은 가증스럽고 추악하다는 확고한 감각으로 발휘된다. 이러한 본능은 천부적 감각이기 때문에 주로 감각적으로 받아들일 수 없는 것에 즉각 반응한다. 한편 숙고를 요하는 것에는 바로 반응하지 않고 그다지 거부적이지도 않다.

　노동이 오직 또는 대체로 노예에 의해 행해진 시대에는 생산 활동에 대한 경멸에 완전히 사로잡혀서 일하기 본능이 생산에 도움이 되는 방향으로 충분히 발휘되지 못했다. 그러나 노예나 신분제를 수반하는 준평화 단계에서 임금노동자와 금전 거래를 수반하는 평화로운 산업 단계로 이행하면, 이러한 본능은 갑자기 효과를 나타내기 시작한다. 나아가 일하기 본능은 사람들의 가치관 형성에 강한 영향을 미치고, 이어 자기만족의 형성을 돕는 하나의 요소가 된다. 본인에게는 어떻게도 하기 어려운 요인을 별도로 하면, 어떤 목적을 향하는 의욕이 전혀 없거나 인간에게 유용한 대상이나 사실 또는 관계를 만들고자 하는 충동에 전혀 움직이지 않는 성인은 지금 거의 없다. 그러나 일하기 본능에 근거한 의욕이나 충동이 유한을 자랑하여 평판을 얻거나 실용성을 낮은 것이라고 보고 배제하는 더욱 비근하고 강력한 유인에 굴복하여, 겉모습만으로 그 모습을 드러낸 경우도 있을 것이다. 가령 이른바 '사회적 의무', 사이비 예술이나 사이비 학문의 소양, 주택의 단장이나 장식, 재봉 봉사단의 활동이나 의복의 개량, 의상, 트럼프, 요트, 골프, 기타 각종 스포츠의 숙달 등으로 말이다. 그러나 도자기로 만든 알을 넣어둔 둥우리에 암탉이 앉아 있다고 하여 포란 본능의 반증이 되지 않는 것과 마찬가지로, 상황에 따라 시시한 행위로 몰락했다고 하여 일하기 본능의 존재가 부정되는 것은 아니다.

이와 같이 평화기가 되면 어떤 목적을 갖는 종류의 활동(단 개인이나 집단에게 이익을 초래하는 하급의 생산 활동이어서는 안 된다)이 불안정한 가운데 요구되었다. 이것이 현대 유한계급과 준평화기 유한계급의 자세가 다른 점이다. 앞에서 말했듯이 과거의 노예제와 신분제에서는 순수한 약탈 목적 이외에 힘을 사용하는 것은 악으로 여겨져, 그 풍조에 저항하는 것은 불가능했다. 그러나 그 무렵은 적대하는 집단이나 자기 집단 내의 종속 계급에 대하여 직접적 공격이나 탄압을 가하는 직업이 아직 존재하던 시대다. 그것이 압력을 약화시켜 에너지를 발산하도록 기능한 탓에 유한계급은 실제로 유익한 직업에 전혀 종사하지 않았고, 심지어 외면상으로 유익한 직업에도 종사하지 않았다. 이 점에 관해서는 사냥 관습도 마찬가지로 도움이 된다. 이어 사회가 평화로운 산업기로 이행하고 토지 점유가 진행되어 사냥의 기회가 격감하면, 유익한 직업을 구하는 에너지는 다른 방향으로 향하지 않을 수 없게 된다. 또 노예 노동의 소멸과 함께 유용한 노력에 따르는 굴욕감도 약화되었다. 그리하여 일하기 본능이 점점 더 강력히 작용하게 되었다.

생산 활동에 대한 저항감도 어느 정도 약화되어, 종래 약탈 행위로 향하던 에너지는 이제 어느 정도 표면상 유용한 목적을 향하게 되었다. 어떤 목적도 없는 유한은 경멸되었다. 특히 유한계급 중에서도 다수를 차지한 평민 출신자는 '고귀한 여가otium cum dignitate'라는 전통에 익숙하지 않은 탓도 있어서 그 경향은 더 강화되었다. 그러나 생산적 성격의 직업이라면 무엇이든 여전히 비천하게 보는 세상의 기준은 뿌리 깊게 남아 있었으므로, 유익하고 생산적인 직업을 인정하는 경향이 나타났다고 해도 오래 지속되지는 않았다. 그 결과 유한계급의 과시적 여가에 변화가 나타났다고 해도 표면적일 뿐 본질적이라고는 말하기 어렵다. 그러므로 이 모순된 두 가지 경향의 절충은 표면을 고치는 행동에 의해 이루어졌다. 복잡한 예법 준수나 의례적 성질을 가진 사회적 의무가 발달되어 사회 개선을 구가하는 목적을 공식 명칭으로 보여주는 여러 단체가 설립되었고, 다양한 집회나 모임이 열리게 되었다. 그들의 목적은 자신들이 하는 일의 경제적 가치에 대해 깊이 생각할 기회를 없애는 것이었다. 목적을 바꾼 이러한 시도 중에는, 거짓임을 알아볼 수 없도록 꾸미는 방식으로, 어떤 진지한 목적을 향한 그 나름으로 유용한 노력이 존재하는 것도 적지 않지만 말이다.

대행적 유한이라고 하는 더욱 좁은 영역에서도 같은 변화가 더 빨리 나타났다. 가부장제가 지배적이던 무렵의 주부는 세상이 알 정도로 태만하게 시간을 보냈지만, 시대가 진행되면서 평화기에 들어서자 가사에 열중하게 되었다. 이러한 가사노동의 발전 과정에서 보는 현저한 특징은 앞에서 말한 대로다.

이상과 같이 재화, 서비스, 생활 면의 과시적 소비의 추이를 조감하여 분명히 말할 수 있는 것은 소비자의 평판을 효과적으로 높이려면 불필요한 사치품에 돈을 사용해야 한다는 것이다. 즉 낭비해야 한다는 것이다. 오로지 필수품을 소비하는 것만으로는 아무런 의미가 없다. 최저한의 필수품조차 없는 빈민과 비교한다면 다른 이야기가 되지만, 그러한 비교에서 나올 수 있는 소비 기준은 지극히 무미건조하고 흥미 없는 체면 유지의 수준뿐이다. 그러나 생활에는 부 외에도 비교나 차별에 관련되는 것이 존재한다. 가령 덕성, 육체적 능력, 지성, 예술적 능력 같은 것들 말이다. 이러한 능력의 비교가 오늘날 유행이다. 이러한 종류의 비교는 사실 금전 면의 비교와 너무나 밀접하게 연결되어 있어서 분리할 수 없다. 이는 지성, 예술적 재능, 기능의 발현에 관하여 현재 행해지고 있는 평가 방식에도 특히 해당된다. 그래서 실제로는 재력의 차이에 불과하지만 지성이나 예술적 재능의 차이라고 해석되곤 한다.

'낭비'라는 말을 여기서 사용하는 것을 어떤 의미에서는 유감으로 생각한다. 이 말이 일상생활에서 사용될 때는 경멸의 의미를 가져오기 때문이다. 그러나 이 책에서 이 말을 사용하는 것은 같은 동기나 현상을 나타내는 그 밖의 적절한 말을 발견하지 못한 탓일 뿐이다. 따라서 낭비를 생산물이나 생활의 부적절한 소비를 나타내는 나쁜 의미로 생각해서는 안 된다. 경제 이론의 관점에서 본다면, 이러한 종류의 소비가 다른 소비보다 정당한 것은 아니지만 부당한 것도 아니다. 여기서 '낭비'라고 부르는 것은 이러한 종류의 소비가 전체적으로 인간의 생활이나 행복에 기여하지 않기 때문이지, 소비를 하는 자의 입장에서 노력이나 돈을 무의미하게 낭비하거나 오용한다는 의미로 오해하는 것이 아니다. 그 소비를 선택한 시점에서, 낭비라고 비난될 우려가 없는 다른 소비와 비교한 상대적 효용의 문제가 처리된다. 왜냐하면 어떤 형태의 소비를 선택하든, 또 그 소비의 목적이 무엇이든 그것을 좋아한다는 점에서 그에게는 효용이 있기 때문이다. 소비자 개개인의 관점에서 본다면, 경제 이론의 범주에 한하여 그 사람에게 낭비인가 아닌가 하는 문제는 생기지 않는다. 따라서 이 책에서 기술적 용어로 '낭비'라는 말을 사용한다고 해서, 과시적 소비라고 하는 규준 아래에서 소비자가 추구하는 행위의 동기나 목적을 비난하는 의미가 있는 것은 전혀 아니다.

그러나 다른 관점에서 본다면, 일상생활에서는 '낭비'라는 말에 허비라는 비난의 의미가 포함되어 있는 점에 대해 일고할 가치가 있다. 이것이 통상의 의미라는 것 자체가 일하기 본능의 표출이다. 낭비에 대한 비난이 당연시되어 있다는 것은 사람이 평화롭게 살려면 어떤 인간적 노력이나 쾌락에서도 전체로서의 생활이나 행복의 향상을 볼 수 있어야 한다는 것으로 나아간다. 어떤 경제적 사실이라도 절대적 찬성을 얻으려면 개인이 아니라 인류 전체의 효용이라는 기준에 합격해야 한다. 어떤 사람이 타인과 비교하여 상대적이거나 경쟁적으로 이익을 얻는다는 것만으로는 경제적 판단으로서 좋은 것이 아니게 된다. 따라서 타인과의 경쟁적 소비는 이러한 관점에서 인정되지 않는다.

엄밀하게 말하면, 과시적 소비에 해당되는 것은 재력을 경쟁하기 위해 행해지는 지출뿐이다. 그러나 어떤 품목을 과시적 소비로 분류하면서, 그것을 위한 지출이 지금 말한 의미에서의 낭비로 타인에게 인식되지 않아도 상관이 없다. 표준적 생활에서 처음에는 낭비로 여겨진 것이 뒤이어 그 소비자에게 불가결해지는 경우는 드물지 않다. 그리하여 그 품목은 그 사람의 일상적 지출 항목의 하나로서 필수적인 것이 된다. 이런 항목에 종종 포함되는 품목이나, 따라서 그런 원칙이 적용되는 양식의 예증으로는 카펫과 태피스트리, 은그릇, 급사의 봉사, 실크 모자, 예복, 여러 가지 보석과 옷을 들 수 있다. 그러나 이러한 것이 습관화된 뒤에 불가결해진 사정은 그 지출을 기술적 의미에서 낭비로 분류할 수 있는가와는 아무 관계가 없다. 어떤 지출이 낭비인지 아닌지 아는 기준은 그 지출을 하는 사람이 누구라도 그의 생활이 향상되는 데 직접 도움이 되는지다. 이것이야말로 일하기 본능에 의한 판정의 근거다. 경제상의 진리나 타당성을 둘러싼 문제로 최종 판단을 내리는 것은 이러한 일하기 본능이다. 이러한 문제는 냉정하고 양심적으로 판단해야 하기 때문에 개인의 습관이나 사회의 관습이라고 하는 기존의 조건에서 어떤 소비가 그에게 만족이나 마음의 평온으로 연결되는지는 무시되어야 한다. 그러한 조건에서 몸에 익힌 개인의 기호나 습관이나 세상의 기준은 도외시하고, 지출의 결과가 생활의 만족도나 쾌적성에 실리를 주는지로 판단되어야 한다. 습관화한 지출은 재력을 비교하여 차별화를 도모하는 관행에 뿌리내린 한 낭비로 간주되어야 한다. 즉 재력의 평판이나 타인과 비교하여 경제적 성공을 촉진하는 요인이 없다면 습관화도 규범화도 되지 않았을 지출은 낭비에 해당한다.

어떤 지출 대상은 반드시 전면적으로 허비가 아니라도 과시적 낭비에 해당할 수 있다. 어떤 하나의 지출은 유용성과 낭비성을 모두 가질 수 있고, 소비자에게 주는 효용도 여러 비율로 섞여 있을 것이다. 일반적으로 소비재에는 낭비의 요소가 많고 생산재에는 유용한 요소가 많지만, 소비재는 물론 생산재에도 사실 그 효용에는 두 가지 요소가 섞여 있다. 얼핏 보면 오로지 순수한 허식에만 기여하는 것 같은 물품조차 적어도 표면상으로는 유용한 목적을 반드시 찾아볼 수 있다. 반면 어떤 산업 용도로 설계된 기계나 설비도, 인간의 노력에 의한 가장 원시적인 도구와 마찬가지로, 잘 관찰해보면 과시적 낭비의 흔적이나 허식적 습관의 흔적이 대체로 나타난다. 따라서 어떤 제품이나 서비스의 주된 목적과 주된 요소가 분명히 과시적 낭비에 있다고 해도, 그 효용이 유용성과는 전혀 무관하다고 보는 것은 옳지 않다. 또 명백히 유용한 것에 대해 직접과 간접을 불문하고 어떤 낭비의 요소도 포함되어 있지 않다고 주장하는 것도 옳다고 할 수 없다.

현대사회에서는 대부분의 사람들이 육체적으로 쾌적한 생활을 하는 데 필요 이상의 지출을 하고 있다. 그 직접적 이유는 소비하는 물품의 양과 질에 관하여 관습적 체면의 기준에 맞는 생활을 하고 싶다는 것이지, 자신들의 소비액으로 타인을 능가하고 싶어서가 아니다. 그러나 체면의 기준은 절대 불변이 아니므로 반드시 이를 지켜야 한다든가, 이를 상회하면 더는 바랄 것이 없다는 것이 아니다. 이 기준은 융통성이 있으며, 재력이 어떤 이유로 확대되고 그에 친숙해질 시간이 충분한 결과로 더욱 거액의 지출을 새롭게 할 수 있게 된다면 무한히 확대된다. 부의 확대에 따라 지출을 늘리기는 쉽지만, 일단 늘린 지출을 줄이기는 어렵다. 습관화한 지출이 많은 품목은 잘 보면 완전히 낭비이므로 오로지 명예로울 뿐이다. 그러나 그것들이 체면상 소비에 포함되고 생활양식을 형성하는 불가분의 요소가 되면, 더는 포기하기가 어려워진다. 쾌적한 생활에 직접 기여하는 품목이나 생명과 건강 유지에 필요한 품목을 포기하는 것만큼 어려워진다. 즉 낭비적인 과시적 소비는 정신적 행복을 주는 것으로, 쾌적한 생활이나 생존 같은 '저급한' 욕망을 만족시키기 위한 지출 이상으로 필요불가결한 것이 될 수 있다. 높은 생활수준을 내리는 것은 이미 낮은 생활수준을 내리는 것만큼 어렵다는 사실은 잘 알려져 있다. 그러나 전자의 경우는 정신적으로 어려운 것이지만, 후자의 경우는 생활의 육체적 쾌적함이 대폭 훼손될 가능성이 있는 것이다.

과시적 소비의 경우 그 축소는 어렵지만 확대는 비교적 쉽고, 실제로도 당연하게 확대되고 있다. 소비를 증가시키는 수단을 가진 사람이 소비를 증가시키지 않는 것은 지극히 드문 일이고, 세상은 그 이유를 설명해주기를 바란다. 그리고 납득할 만한 변명이 없으면 인색하다는 경멸에 찬 비난을 가한다. 이에 반해 소비를 증가시키는 요인이 있을 때 바로 증가시키는 사람은 정상으로 간주된다. 이로써 많은 사람이 향하는 지출의 기준은 과거 지출의 평균치가 아니라, 우리의 손이 미치지 않거나 우리가 도달하려면 엄청난 노력이 필요한 소비의 이상이라는 점을 알 수 있다. 그런 기준을 향한 동기는 대항심이다. 비교되어 차별받는 것에 선동되어 자신과 동류로 간주되는 타인을 넘어서고 싶다는 기분에 불이 붙는 것이다. 일반적으로 어떤 계층은 바로 그 위의 계층을 질투하여 경쟁하지만, 자기 아래 계층이나 자기보다 훨씬 앞선 계층과는 거의 비교하지도 않는다고 말할 수 있다. 여기서도 앞의 경우와 본질적으로 동일한 유인이 나타난다. 달리 말해 체면상의 지출 기준은 다른 경쟁의 목적과 마찬가지로 세상의 평판이라는 점에서 바로 위 계층의 관습에 의해 결정된다는 것이다. 따라서 계층이 명확하게 나뉘지 않은 사회의 경우에 체면 유지의 조건이나 낭비의 기준은 그 애매한 계층을 위로 계속 소급하여, 지위도 재력도 가장 높은 유한계급의 습관에 의해 결정된다.

그러므로 어떤 생활양식이 사회적으로 체면이 서고 명예롭다고 인정되는지를 결정하는 것은 유한계급의 역할이다. 사회에서 허용되는 생활양식의 이상적인 모습을 자신의 언동으로 나타내는 것도 그들의 역할이다. 그러나 상위의 유한계급이 수행하는 상당히 교육적인 이 역할은 몇 가지 중요한 제약을 받는다. 먼저 이러한 형식적 사항에 관한 일반 대중의 사고방식을 유한계급이 멋대로 바꾸거나 전복할 수는 없다. 어떤 변화가 대중에게 침투하고 습성이 된 태도를 변화시키기까지는 시간이 걸린다. 특히 유한계급에서 멀리 떨어진 계급의 습관은 거의 변하지 않으며, 사회적 유동성이 적고 계급 간 격차가 현저할 때도 시간이 걸린다. 그러나 시간이 충분하다면, 유한계급이 그 사회의 생활양식 형태나 세부를 결정할 여지가 크다. 하지만 세상의 평판이라고 하는 것의 본질에 관한 한, 유한계급이 초래할 수 있는 변화는 매우 좁은 범위에 한정된다. 그들의 언동이 아래 계급에 대하여 강한 영향력을 갖는 것은 분명하다. 그러나 이러한 본보기가 평판을 얻기 위한 행동 규범으로 변화하고, 아래 계급의 습관이나 가치관을 형성하는 과정에서 과시적 소비의 필요성은 일하기 본능에 의해 다소간 완화된다. 나아가 여기서 인간 본성의 또 다른 원동력인 약탈 본능도 작용한다. 약탈 본능은 일반적 성질로서도, 심리적 요소로서도 대항심과 일하기 본능 사이에 위치한다. 사회적으로 허용되는 생활양식의 형성에서 약탈 본능이 수행하는 역할은 뒤에서 설명하겠다.

따라서 평판을 얻기 위한 조건은 대상이 되는 계급의 경제 상황, 전통, 정신적 성숙도에 적응해야 한다. 여기서 주목해야 하는 점은 처음에 그것이 아무리 강력하고 평판 확보의 기본 조건에 합치했다고 해도, 다음과 같은 경우에는 효력을 잃는다는 것이다. 그것은 시간의 경과와 함께 또는 아래 계급에의 침투와 함께 문명사회가 체면을 유지한다는 궁극의 목적에 반하는 것이 명백해질 때, 달리 말하자면 금전적 성공을 비교하여 차이를 보이려는 목적에 기여하지 않는다고 판명될 때다.

어떤 사회의 어떤 계급에서도 평판을 얻기 위한 지출의 조건이 생활수준을 결정하는 데 큰 영향을 미치는 것은 명백하다. 그리고 어떤 시대나 어떤 사회 환경의 생활수준이 훌륭한 지출의 형태나 이러한 종류의 '고급' 지출이 소비에서 차지하는 비율을 결정하는 데 엄청난 영향을 미치는 것도 분명하다. 이때 사회에 정착된 생활수준은 주로 금지의 방향으로 작용한다. 즉 습관화된 과시적 지출의 축소를 거의 저지하는 방향으로 움직인다.

생활수준은 습관과 유사한 성질을 갖는다. 어떤 자극에 대한 반응의 방식이나 정도가 습관화한 것이라고도 할 수 있다. 습관화한 수준에서 후퇴하기가 어려운 것은 이미 형성된 습관을 파괴하기가 어려운 것과 마찬가지다. 한편 수준을 올리는 것은 비교적 쉽다. 생활은 여러 가지 활동에 의해 영위되고, 그것을 소비 같은 형태로 표현하는 데 저항이 없어진다면 새로운 방향으로 확대되기 쉽기 때문이다. 그러나 일단 습관화되면 환경에 변화가 생겨 저항이 높아져도, 가령 퇴락한 소비에 의한 부의 표현이 곤란해져도 사람들은 습관화된 자기표현의 기회를 구해야 할 것이다. 이와 같이 생활수준의 향상을 어떤 형태로 표현하기가 더욱 쉬워지고 그것이 습관으로 뿌리내리면, 그 방향에서 생활을 계속하는 것에 대해 외부적 저해 요인이 나타나도 상계할 수 있을지 모른다. 각자의 생활수준을 결정짓는 것은 다양한 습관, 즉 생활의 영위에 대한 습관적 표현의 방식이나 방향성이지만, 이는 사람에 따라 커다란 차이가 있다. 마찬가지로 외부 요인이 나타날 때 소비에 의한 자기표현을 얼마나 고집할지, 어떤 형태로 자기표현에 응할지도 사람에 따라 다르다.

즉 오늘날의 경제 학설로 표현한다면 인간은 어떤 지출 항목도 마지못해 긴축하지만 항목에 따라 그 정도가 다르다는 것이다. 그러므로 습관화한 소비를 어쩔 수 없이 단념할 때도 도저히 단념하고 싶지 않은 항목이 나타난다. 사람들이 가장 완강히 고집하는 품목이나 종류는 모든 생활필수품, 즉 생존에 최저한으로 필요한 물자다. 두말할 필요도 없이 생활필수품이라는 것은 그 범위가 엄밀히 결정되어 있지 않으며, 그 종류나 수량도 고정되어 있지 않다. 생활 유지에 필요한, 어느 정도로 한정된 소비재의 집적으로 이해하면 좋을 것이다. 이러한 필요 최저한의 물자는 지출을 서서히 줄일 때 최후의 최후에 단념하는 것이라고 생각해도 좋다. 달리 말해 개인의 생활을 지배하는 습관 중에서도 가장 오래전부터 뿌리내린 것, 즉 생명체로서 생존하는 데 관련된 습관에 근거한 소비는 불가결한 것으로 마지막까지 남는다. 이러한 필요 최저한을 상회하는 것이 고급의 욕망이다. 고급의 욕망은 개인이나 집단의 후천적 습관에 근거한다. 이러한 욕망은 누구나 갖는 것이 아니고, 그 정도도 다르다. 이러한 종류의 고급 욕망, 가령 일종의 자극물 상용, 종교적 구제, 높은 평판 등에 대한 욕구는 경우에 따라 저급한 기본적 욕구보다 우선한다. 일반적으로 더 오랫동안 형성되고 파괴되지 않은 습관일수록, 나아가 그 앞의 것에 더 가까운 것일수록 지속성이 강하다. 또 습관에 감화되고 습관에 반영되는 인간성의 특질이나 경향이 어떤 집단생활의 영위와 이미 깊이 연결되는 경우 또는 그 집단이 과거 생활과 밀접하게 관련되는 경우 그 습관은 더욱 강고해진다.

습관을 형성하기 쉬운 정도는 사람에 따라 다르고, 단념하기 쉬운 정도도 사람에 따라 다르다. 이로써 습관 형성이 단지 기간의 문제가 아니라는 것을 알 수 있다. 선조에게 물려받은 기질의 경향이나 특징도 개인의 생활양식을 좌우하는 여러 가지 습관의 결정 요인이 된다. 그리고 선조에게 물려받은 것 중에서도 사회에 널리 보이는 기질, 즉 어떤 사회의 지배적 인종 집단에 속하는 기질은 그 사회의 일상적인 생활의 표현 양식을 결정하게 된다. 선조에게 물려받은 특이한 성질이 개인의 습관을 극히 단기간에 결정하는 경우도 있다. 그 대표적 보기가 음주 습관이다. 음주는 생활양식에 큰 영향을 미치는 습관으로, 매우 쉽게 형성된다. 또 신앙심이 깊은 기질을 물려받은 사람들은 마찬가지로 쉽게 신앙에 빠져든다. 연애 같은 특수한 인간관계에 쉽게 빠지는 것도 거의 마찬가지라고 할 수 있다.

선조에게 물려받은 능력은 사람에 따라 다르고, 자신의 생활을 수월하게 나아가게 하는 방향도 사람에 따라 다르다. 그리고 상대적으로 뛰어난 적성이나 상대적으로 발휘하기 쉬운 능력과 관련되는 습관이 그 사람의 행복에 큰 영향을 미친다. 적성이나 능력에 따라 생활수준을 뒷받침하는 습관은 상대적으로 강고해진다. 과시적 소비라는 형태로 습관화된 지출의 포기를 사람들이 매우 싫어하는 것은 이 때문이다. 이러한 종류의 습관을 형성하는 계기가 되었다고 생각되는 능력이나 경향은 대항심에도 발휘된다. 대항심을 불태우고 사람들과 비교하여 차이를 만들어내고자 하는 경향은 오랫동안 길러진 인간 본성에 깊게 뿌리내린 특징이다. 대항심은 차차 새로운 형태로 불타오르기 쉽고, 그것을 표출하는 것이 습관화되면 무엇인가에 붙어 여러 가지 형태로 강력하게 자기주장을 하게 된다. 과시를 위한 지출이라는 형태로 자기표현을 하는 습관이 일단 형성되고, 민감하고 집념이 강한 대항심에 따라 어떤 외부 요인에 대해서는 이렇게 반응한다는 도식이 정착되면, 이 습관화된 지출은 더욱더 끊기가 어려워진다. 한편 부가 증가해 생활을 더욱 풍요롭게 영위할 수 있게 된 경우, 어느 방면에 생활의 범위를 확대할지를 결정하는 경우 역시 뿌리내린 기질이나 경향이 관여한다. 그중에서도 개인의 부의 확대를 과시하는 형식이나 방향성을 결정하는 데 중대한 영향을 미치는 것은 이미 같은 방면에서 드러난 기질, 그 시점에서 사회적으로 인정된 생활양식의 조건에 적합한 기질, 밖으로 나타나는 물리적 수단이나 기회에 혜택을 받은 기질이다. 구체적으로 말하면, 과시적 소비가 생활양식의 일부인 사회에서는 개인의 재력이 높은 경우 과시적 소비로 인정되는 품목의 지출로 연결되기 쉽다.

자기보존이라는 본능을 제외한다면, 경쟁이라는 성향은 엄밀한 의미에서의 경제적 동기 가운데 가장 강하고 민감하며 집요할 것이다. 이러한 경향은 산업사회에서 금전적 대항심으로 나타나기 쉽다. 즉 오늘날의 서양 문명사회에 관한 한 이러한 종류의 대항심은 다른 과시적 소비의 형태로 나타난다는 것이다. 따라서 가장 기본인 생리적 욕구가 충족된 뒤에는, 과시적 소비라는 욕구가 그 사회의 생산적 효율이나 생산량의 증가분을 끝까지 흡수한다. 현대 사회에서 그렇지 않은 경우는 대체로 부의 증가율이 급격하여 지출 습관이 보조를 맞추지 못하기 때문이다. 또는 그 개인의 부의 증가분에 대한 과시적 소비를 후일로 미루기 때문인지도 모른다. 그러나 그것은 대부분 지출의 극적 효과를 높이고자 하는 의도 때문이다. 생산성 향상에 의해 적은 노동으로 생계를 꾸려 나가게 되면, 노동계급은 악착같이 일하지 않고 즐겁게 생활하는 방향으로 향하는 것이 아니라 과시적 소비를 더욱 증가시키는 방향으로 에너지를 쏟는다. 따라서 생산성이 향상되어 노동이 감소되어도 바로 노동이 줄어들지 않는다. 생산량의 증가분은 결국 과시적 소비의 욕구를 충족하기 위해 사용된다. 그리고 이 욕구는 경제 이론상 가장 고상하고 정신적인 욕구에서만 생기는 것으로 무한히 팽창된다. 존 스튜어트 밀이 "과거에 행해진 기계류 발명이 인간의 나날의 노고를 경감시켰는지 아닌지는 여전히 의문이다"[1]라고 말한 것은 표

---

1   J. S. Mill,《정치경제학 원리 *The Principle of Political Economy*》, 1848.

준적 생활에 이러한 요소가 포함되어 있기 때문이었다.

어떤 사람의 생활수준을 대체로 결정하는 것은 그가 속한 사회나 계급에 일반적인 지출의 표준이다. 이러한 표준을 언제나 의식하고 그에 따른 생활양식을 취하는 가운데 저절로 옳고 적절한 것으로 상식의 하나가 되는 식으로 표준이 직접적으로 작용하는 경우도 있다. 이에 대해 표준적 지출 규모를 지키는 것이 적절한 행동으로 여겨지고, 지키지 않으면 경멸과 바보 취급을 당하는 식으로 세간의 압력을 받음으로써 간접적으로 작용하는 일도 있다. 세간에서 당연하게 여겨지는 생활수준을 받아들여 실천하는 것은 기분 좋고 편리한 일이며, 대체로 개인의 행복이나 인생 성공에 불가결한 조건이 된다. 어떤 계급에서도 과시적 소비의 수준은 그 계급의 소득 능력이 허용하는 상한까지 높아지는 것이 보통이기 때문에 부단히 높아지는 경향이 있다. 이는 인간의 진지한 활동을 최대한의 부의 획득이라고 하는 단일 목적으로 향하게 하는 동시에, 금전적으로 이득이 없는 일에 등을 돌리게 한다. 또 소비의 효과는 자신의 훌륭한 명성을 뚜렷하게 보이는 방향으로 집중되는 한편, 평판이 될 만한 시간이나 재화의 소비를 수반하지 않는 기질과 능력은 발휘되지 않은 채 묻혀버린다.

이와 같이 남의 눈에 띄기 쉬운 소비가 편중되는 결과, 대부분 계급의 가정생활은 사람들에게 공개되는 생활의 화려함에 비해 초라해진다. 이러한 편중의 파생적 결과로 사람들은 사생활을 숨기려는 습관을 갖게 된다. 비난받지 않고 비밀리에 할 수 있는 소비 생활에 관한 한 이웃도 모르도록 하게 된다. 이처럼 산업이 발달된 대부분의 사회에서는 가정생활에서 타인을 배제하는 경향이 생겨난다. 나아가 파생적으로 개인사를 숨기는 것이 습관이 된다. 이 습관은 모든 사회의 상류계급이 보여주는 예의의 특징이다. 체면을 유지하기 위해 지출해야 하는 계급에서 출생률이 낮은 것도 과시적 소비의 수준을 유지해야 하는 점에서 비롯된다. 과시적 소비에 더하여, 타인에 비해 못하지 않게 아이를 키우는 데 필요한 지출이 커지면 상당한 부담이 된다. 이것이 아이를 갖는 데 중대한 저해 요인이 되기 때문이다. 필경 이 요인은 맬서스류의 예방적 억제 가운데 가장 효과적인 것이라고 말할 수 있다.

이처럼 생활수준을 유지하려면 육체적 쾌적함과 건강 유지를 위한 소비 중에서 사람들의 눈에 띄지 않는 것을 감소시키는 방법과 아이들을 적게 낳거나 아예 낳지 않는 방법이 있다. 이 두 가지 경향을 가장 잘 보여주는 것은 학자 계급이다. 학자는 그 재능이나 학문적 업적이 고상하고 희귀하게 보이기 때문에, 습관적으로 재력의 관점에서 본래 타당한 계급보다도 상위 계급에 포함된다. 그래서 학자의 체면 유지에 필요한 지출의 규모는 커지고, 그 외의 지출 여지는 극단적으로 작아진다. 그 결과 세간이 학자에게 기대하는 금전적 체면의 수준도, 학자 본인에게는 부끄럽지 않은 수준도 매우 높아진다. 명목상으로는 학자와 동등하게 여겨지는 계급에 비하여, 학자 계급의 일반적인 부와 소득의 획득 능력으로 볼 때 지출 수준이 너무 높은 것은 분명하다. 현대사회에서는 학자의 일을 성직자가 독점하지 않기 때문에 학자는 재력 면에서 자신들보다 상위 계급과 접촉하게 된다. 그래서 상위 계급에서 당연시되는 높은 금전적 체면의 수준이 거의 그대로 학자 계급에도 강제된다. 결국 학자 계급만큼 수입을 과시적 소비에 충당하는 비율이 높은 계급은 달리 찾아볼 수 없게 된다.

소비는 대체로 세간에 자랑스럽게 내보여야 한다는 조잡하고 미리 정해진 요구에 구속되지만, 그렇다고 하여 소비하는 동기가 언제나 그것만은 아니라는 점은 지금까지 몇 번이나 지적한 대로다. 보통은 확립된 관습에 따라 불쾌한 주목이나 비판을 피하고, 소비하는 재화의 종류와 질과 양 그리고 시간과 노력의 사용 방식에 관하여 세간의 기준에 따르고 싶다는 것이 소비의 동기가 된다. 이러한 습관은 감각에 젖어 있으므로 소비 동기에 포함되어 소비자를 직접 구속한다. 특히 세간의 눈에 드러나는 소비가 그러하다. 그러나 사람들의 눈에 거의 띄지 않는 소비에도 과시에 적합한 사치품이 상당수 포함된다. 가령 속옷, 일부 식품, 부엌세간을 비롯하여 사람들에게 보이려고 하는 것이 아니라 실용적 목적으로 만든 가정용품 말이다. 그러한 실용품도 잘 살펴보면 원가를 올려 상품 가치를 높이는 특징이 일부 있지만, 소기의 목적에 비추어 볼 때 반드시 그만큼 실용성을 높였다고는 말할 수 없다.

방금 거론한 과시적 소비의 법칙에 적합한지 아닌지에 따라 소비는 선별되고, 세간이 인정하는 소비의 기준이 확립된다. 기준이 일단 확립되면 사람들은 재화의 소비에 대해서도, 시간과 노력의 사용 방식에 대해서도 그 기준에 따라 사치와 소비를 하게 된다. 이러한 관습의 발달은 생활의 경제 면에 직접 영향을 미칠 뿐만 아니라 경제 외적인 행동에도 간접적인 파급효과를 초래한다. 어떤 생활 측면의 자기표현, 가령 소비에 관한 사고방식은 다른 측면의 유행하는 가치관에도 어떤 식으로든 관여하기 때문이다. 생활의 의식 면을 형성하는 사고방식에는 다양한 요소가 유기적으로 연결되어 있고, 경제적 관심이 다른 관심과 명확히 구별되어 있지 않다. 가령 이미 지적했듯이 경제적 관심은 세간의 평판 기준과 관련된다.

생활과 소비재의 무엇이 좋은 것이고, 무엇이 평판을 얻을 수 있는 것인지에 대한 사고방식은 과시적 소비에 영향을 받는다. 그러는 가운데 체면 유지와 그다지 관계없지만 경제와 상당히 관련되는 다른 행동 규범과 이 기준이 충돌할 수 있다. 그 결과 체면상 지출의 필요성이 간접적으로나 파급적으로 의무감, 미의식, 효용성, 신앙이나 의례적 적합성에 대한 감각, 진리에 대한 과학의 관념이나 정신에까지 영향을 주기도 한다.

체면상 지출의 필요성이 언제 어떤 다른 행동 규범에 저촉하는가에 대해 여기서 설명할 필요는 없다. 이 문제는 도덕규범으로부터의 일탈을 경고하는 것을 일삼는 사람들에게 맡겨두면 된다. 현대사회의 경제적이고 법적인 측면의 최대 특징은 사유재산제이고, 도덕규범에서도 재산의 신성시가 가장 뚜렷한 특징이다. 사유재산에 손가락 하나 대지 않는다고 하는 습관과 재산을 강탈하여 과시적 소비에 의한 평판을 얻으려는 습관이 충돌하는 것은 명백하기 때문에 이 점을 특히 설명할 필요는 없다. 재산 침해, 특히 강탈 등은 도덕규범의 일탈 중에서도 가장 극단적인 것이다. 그런데 약탈자가 부를 과시하기 위해 약탈 행위를 하는 경우, 소박한 도덕규범으로부터 당연히 받아야 할 무거운 처벌이나 비난을 받지 않고 끝난다. 이는 주지의 사실로 속담으로도 표현되어 있다. 범죄행위로 막대한 부를 쌓은 대단한 도둑이나 사기꾼은 엄벌을 면할 가능성이 좀도둑보다 높다. 그뿐만 아니라 재산을 늘림에 따라, 또 부정하게 확보한 재산을 그럴듯하게 사용하여 어떤 종류의 평판을 얻을 수도 있다. 빼앗은 재산을 멋지게 소비하면 세련된 취미의 소유자에게 특히 감명을 주고, 강탈 행위에 대해서도 도덕적 비난을 면하게 된다. 또 그러한 쪽이 당면한 과제와 직접 관련되지만, 아내나 자녀들에게 '보기 좋은' 생활을 유지시킨다는 지극히 훌륭한 동기에서 비롯된 행위라면 관대하게 보기 쉽다. 게다가 그 아내가 '온갖 사치 속에서 자란' 경우 정상참작의 여지는 더욱 커진다. 달리 말하면 타인의 재산을 뺏는 목적이 체면의 기준에 따르기 위해 아내에게 시간과 재화의 소비 대행을 시킨다고 하는 존경할 만한 것이면, 사람들은 약탈 행위에서 눈을 돌리는 경향이 있다. 그러한 경우 나날의 과시적 소비를 좋다고 하는 습관과 재산권의 침해를 악으로 보는 습관이 충돌하여 비난해야 하는지 찬양해야 하는지 애매해지곤 한다. 이는 문제의 범죄에 약탈이나 해적 행위가 중대한 요소가 될 때 특히 그러하다.

이러한 화제를 더 이상 논의할 필요는 없다. 그러나 사유재산의 불가침성이라고 하는 개념과 연결되는 도덕관의 대부분은 부를 좋게 보는 과거로부터의 사고방식에서 비롯되었다는 점을 지적할 필요는 있다. 그리고 이처럼 신성시된 부가 중요하게 여겨진 것은 과시적 소비를 통해 얻은 평판 때문이라는 점도 부연해둔다.

체면을 위한 지출이 과학적 정신, 즉 지식 탐구에 미치는 영향에 대해서는 다른 장에서 상세히 설명하고자 한다. 또 신앙심이나 의례에 관한 가치관에 미치는 영향에 대해서도 여기에서 다루는 것이 적절하지 않다고 판단되어 필요에 따라 뒤에서 언급하겠다. 무엇보다도 여기서는 과시나 체면을 위한 지출 습관이 종교적 사항에 관한 사람들의 가치관 형성에 크게 관련된다는 점, 따라서 과시적 소비의 법칙이 통상의 종교 행사나 장식품에 영향을 미친다는 점을 지적해둔다.

종교적 건축이나 의복같이 종교적 소비라고 할 수 있는 것의 대부분이 과시적 소비의 기준으로 설명될 수 있다는 것은 명백하다. '참 것의 그림자인 손으로 만든 성소'[1]를 혐오하는 신흥종교조차 낭비적 지출로 평판을 얻고자 그 신전이나 성소를 건설하고 장식한다. 그리고 신전이나 사원의 사치를 다하는 호화로움이 신자의 정신에 숭고한 고양감이나 도취감을 부여하는 것은 관찰이나 성찰할 필요도 없이 분명하다(관찰이나 성찰도 도움이 되기는 하지만). 마찬가지로 성지 주위에서 조금이라도 빈곤이나 불결의 흔적을 발견

---

1   《신약성서》〈히브리서〉 9장 24절.

한 사람들이 부끄럽게 느낀다는 것을 생각해보면 분명해진다. 종교의식에 사용되는 장식품에는 금전상 비난의 여지가 없어야 한다. 예술성이나 실용성의 측면에서 어느 정도 양보의 여지가 있다고 해도 이 조건은 절대적이다.

나아가 모든 사회에서, 특히 주거에 관하여 금전적 체면이라는 기준이 그렇게 높지 않은 지역에서 교회는 건물이든 장식이든 보통의 주택보다도 훨씬 화려하고 과시적 낭비의 대상이 된다는 점을 지적할 수 있다. 이는 기독교든 이교든 거의 모든 종파에 해당된다. 특히 긴 역사를 가진 종교에서 볼 수 있는 현상이다. 한편 사원이나 교회는 신자의 육체적 쾌적함에는 거의 기여하지 않는 것이 보통이다. 실제로 사원이나 교회는 육체적 쾌적함이라는 점에서 신자의 조잡한 집보다 조금 나은 정도에 불과하다. 그러나 진선미에 관하여 옳게 함양된 감각에서 본다면, 신자의 쾌적함에 도움이 되는 것은 사원의 모든 지출에서 단호히 배제되어야 한다는 점을 누구나 이해한다. 어떤 쾌적한 요소가 교회의 설비로 용인되는 경우, 간소한 외관으로 완전히 가려져 없는 것처럼 해야 한다. 최근 막대한 비용을 쏟아부어 세운 유명한 종교 건축의 다수는 특히 외관이 철저히 소박하고 강건하게 만들어져 건물 자체가 육욕을 억압할 정도다. 종교상 소비에 관심을 쏟는 사람들의 대부분은 일부러 낭비하여 기분 나쁜 거친 공간을 만들어내는 것이야말로 본질적으로 깨끗하고 올바른 행위라고 생각하는 게 틀림없다. 아래에서 말하듯이 종교상 소비는 대행 소비의 성질을 갖는다. 종교에서 간소함이 필수 조건이 된 것은 금전적 평판에 연결되는 과시적 낭비나 과시적 소비에 대하여 대행 소비로는 대행자의 쾌락에 연결되지 않음을 강조할 필요가 있기 때문이다.

신이나 성인이 자신이 지배하는 사원이나 교회 속에 있어서 그 시설을 사용하여 사치스러운 기호를 만족시킨다고 생각하는 종파를 제외한 모든 종파는 사원이나 교회와 그 부속물을 앞에서 말했듯이 간소하게 만든다. 한편 신이 세속의 가부장적 지배자에 가까운 생활방식을 취하고 시설에 있는 것을 직접 사용한다고 생각하는 종파에서는 종교 시설이나 도구의 존재 방식이 어느 정도 다르다. 이 경우 교회와 그 부속물은 세속의 소유자나 관리자의 과시적 소비에 제공되는 재화로서의 성격이 농후하다. 이에 반해 종교 의례를 위해서만 사용되는 경우, 달리 말해 신의 종이 신을 위해 신을 대신하여 소비하는 경우, 교회와 그 부속물은 대행 소비만을 목적으로 하는 재화에 적합한 것이 된다.

후자의 경우 교회와 그 부속물은 대행 소비자의 쾌적함과 만족도를 높이지 않도록 또는 소비의 목적이 대행자의 쾌적함에 있다는 인상을 주지 않도록 하기 위해 고안된다. 대행 소비의 목적은 대행자의 생활을 더 좋게 하려는 것이 아니라, 본래 소비를 해야 할 주인의 금전적 평판을 높이는 데 있기 때문이다. 그리하여 성직자의 의복은 누구의 눈에도 분명할 정도로 고가이고 화려하며 비기능적이다. 신에게 봉사하는 성직자를 신과 동격이라고 인정하지 않는 종파에서 그 의복은 엄숙하고 무거우며 입기에 불편하다. 그리고 그들은 그렇게 해야 한다고 생각한다.

과시적 낭비의 원리는 이런 식으로 종교의식의 규범적 영역에까지 영향을 미치고, 체면을 유지하기 위한 고가의 재화에 대한 지출 기준을 정한다. 하지만 그뿐만이 아니다. 지불 방법이나 수단에도 관여하고, 대행 소비만 아니라 대행 유한까지 요구한다. 성직자의 바람직한 자세는 초연하고, 결코 급하지 않고, 규율에 따르며, 육체적 쾌락을 전혀 연상시키지 않는 것이어야 한다. 이는 정도의 차이는 있지만 모든 종교나 종파에 해당되는 것이다. 그러나 의인화된 신에 근거한 종교의 성직자 생활에서는 시간의 대행 소비가 뚜렷하다.

대행 소비와 마찬가지로 널리 침투한 대행 여가의 요구는 종교 의례의 외관에도 분명히 나타나고, 지적되기만 하면 누구나 알 수 있는 것이다. 왜냐하면 모든 의례는 결국 같은 수순의 반복이기 때문이다. 이러한 형식이 발달하는 것은 역사가 오랜 종교다. 그 성직자의 생활이나 의복은 엄숙하고 화려하다. 그러나 성직자나 법의나 종교 건축에 관해 그다지 열렬하지 않은 신흥종교에서도 예배의 형식이나 절차에서는 역시 그러한 경향을 볼 수 있다. 종교가 세월을 거쳐 정비되면 예배(영어에서 '예배'가 '봉사'를 뜻한다는 것은 중요하다)의 반복은 더욱 형식적이 되고, 그것은 정통의 종교 감각에서 본다면 매우 만족스러운 것이 된다. 여기에는 그럴듯한 이유가 있다. 예배가 형식적이라고 하는 것은 예배를 바치는 대상인 주님이 그를 숭배하는 종들 측에 도움이 되도록 봉사하는 비천한 필요성과는 무관한 높이에 있다는 것을 보여주기 때문이다. 주님에게는 주님의 종들이 이익을 낳지 않는다는 것이 명예롭다. 이러한 의미에서 성직자와 하인의 일이 매우 흡사하다는 것은 다시 지적할 필요조차 없다. 여하튼 집행만이 목적인 예배의 모든 형식성을 인정하는 것은 종교 의례에 관련된 사람들의 미적 감각을 만족시킨다. 성직자는 그 임무를 수행하면서 결코 민첩함이나 기민함을 발휘해서는 안 된다. 그렇게 일을 재바르게 처리하는 것은 당치도 않다.

이러한 것 모두에는 분명히 금전적 평판을 중시하는 전통에 사로잡힌 신자들이 그리는 신의 이미지, 즉 기질이나 성격이나 기호나 생활방식이 반영되어 있다. 신자들의 이러한 신의 관념이나 신과 인간의 관계에 대한 감각에는 널리 침투한 사고방식을 통하여 과시적 낭비의 원리가 깊은 영향을 미치고 있다. 이러한 금전 찬미가 현저하게 나타나는 것은 두말할 필요도 없이 미숙한 종교에서지만, 그러한 경향은 종교 전반에서 볼 수 있다. 문화나 지식의 발전 단계와 무관하게, 모든 민족은 자신들이 숭배하는 신이 어떤 성격이고 어떻게 살고 있는지에 관해서 지극히 빈약한 정도의 정통성을 가진 정보에 맞추어 만족하는 것이다. 그들이 보통 품는 신의 존재나 생활의 심상을 상상력에 의지해 풍요롭게 만들어가는 과정에서는 자신들에게 이상적인 인격자상의 특징을 신에게 중첩시키는 경향이 있다. 그리고 신과 교감하는 의례에서 그 시대 사람들이 생각하는 이상적 신을 의인화하는 접근 방법이나 수단이 사용된다. 신의 모습은 사람들이 생각하는 신의 모습과 일치하는 방법이나 물질적 환경을 수반하여 나타날 때 은총이 가장 크고 효과도 가장 크리라고 생각되기 때문이다. 그리고 의례에 적합하다고 여겨지는 행동이나 도구의 이러한 이상은 당연하게도 그 상당 부분이 세속의 격식을 차리는 행사에서 가장 바람직한 행동이나 도구에 관련된 사람들의 이해에 근거하고 있다. 따라서 금전적 평판 기준의 관여가 나타난다고 하여, 그것을 금전적 과시와 직접 연결하여 종교의식이나 행동을 해석하는 것은 옳지 않다. 또 금전적 지위에 대한 선망과 단순히 금전적으로 열등하다는 이유에서 누추한 상태나 환경을 기피하고 경멸하는 습관을 신의 속성으로 돌리는 것도 잘못이다.

이상의 여러 가지를 참작해보면, 금전적 평판의 기준이 신의 속성에 관한 사람들의 관념에도, 신과 교감하는 의례에 적합한 환경이나 사고방식에도 직간접으로 영향을 주고 있다고 보아도 좋을 것이다. 신은 특히 평온하고 여유로운 생활습관을 가져야 한다고 여겨진다. 그리고 신앙심 깊은 설교자인 사제나 목사가 선교의 목적이나 신앙심에 호소할 목적으로 신의 주거를 시적으로 묘사하고자 할 때는, 무한한 재력과 권력의 상징으로 눈부시게 장식되고 무수한 신도에 둘러싸인 옥좌의 모습을 언급함으로써 청중의 상상력을 자극하게 된다. 신의 종들은 신의 주거에 대한 흔한 설명으로부터 추찰하면서 대행 여가의 역할도 한다. 왜냐하면 그들의 시간과 노력의 대부분은 신의 숭고함과 신의 위엄을 반복하여 예찬하는 비생산적 노동에 쓰이고 있기 때문이다. 신의 주거에 대한 설명에서 귀금속의 광채나 더욱 값비싼 보석의 빛남을 읽을 수도 있다. 이러한 금전적 규범이 종교의 이상에 극심하게 포함된 것은 종교적 상상력이 매우 구체적으로 표현된 경우에 한하는데, 그 단적인 예를 미국 남부의 흑인들에게서 볼 수 있다. 그들의 설교자는 황금보다 값싼 것에 둘러싸여 있는 것을 허용할 수 없을 것이다. 그래서 이러한 경우에는 그 아름다움을 강조한 나머지 비열한 자들에게 놀라운 효과를 주지만, 좀 더 점잖은 사람들에게는 견딜 수 없는 효과를 준다. 그러나 금전적 규범이 종교의 이상에 극심하게 포함된 예는 하나의 흑인 종교에 그치지 않는다. 모든 종교는 의례의 이상적 모습을 드높이기 위해 금전적 가치를 포함시켜왔고, 그것이 사람들의 의례 용구에 관한 가치관 형성에 영향을 주고 있다.

마찬가지로 사람들은 신의 종인 성직자가 생산적 노동에 종사해서는 안 된다고 느끼게 되고, 그런 생각이 세상에 정착한다. 또 인간에게 분명히 유익한 일은 무엇이든 신 앞이나 사원과 교회 경내에서 행해져서는 안 된다고도 느낀다. 신 앞에 나서는 자는 누구든 의복이나 몸에서 조잡한 노동의 흔적을 깨끗이 지운 뒤에, 평소보다 비싼 옷을 몸에 걸치고 나서야 한다고 생각하게 된다. 주일(성일)은 신을 찬양하고 신과 교감하기 위해 설정된 날이고, 그날은 누구든 인간에게 도움이 되는 일을 해서는 안 된다. 사원이나 교회에서 떨어진 곳에 사는 재가 신자들은 7일에 한 번 오는 휴일에 대행 여가를 해야 한다는 것이다.

종교 의례나 신과의 관계에 부딪힌 사람들의 이러한 감각은 누구에게 배운 것이 아니다. 이러한 감각을 표출하는 데 금전적 평판이라는 기준이 영향을 미치는 것은 분명하다. 그 기준이 종교 감각에 직접 영향을 미치거나 간접적으로 작용하는 것이다.

금전적 평판이라는 기준은 소비재의 아름다움이나 유용성에 관한 사람들의 감각에도 마찬가지로 영향을 미쳐왔다. 그러나 이러한 영향의 범위는 넓고, 결정적이기도 하다. 금전적으로 부끄럽지 않은 것을 추구하는 경향이 실용품에 대해서도, 미술품이나 공예품에 대해서도 아름다움과 유용성이라는 감각에 상당히 영향을 미쳐왔다. 어떤 물품을 좋아하게 되는 것은 그것이 어느 정도까지 낭비적이기 때문이다. 낭비적이고 소기의 목적에 도움이 되지 않을수록 효용이 높다고 여겨졌다.

아름다움에 가치가 있는 물품의 효용은 값비쌈과 밀접하게 관련된다. 알기 쉬운 예를 하나 들어보자. 직공의 손으로 정교하게 세공한 은 스푼이 10~20달러에 팔린다고 하자. 보통은 이 스푼이 같은 재료를 가지고 기계로 가공한 스푼보다 본래의 의미에서 효용이 큰 것은 아니다. 오히려 그것은 알루미늄 같은 '하급' 금속으로 만든 10~20센트의 대량품보다 효용이 작을지도 모른다. 나아가 손으로 만든 은 스푼은 소기의 목적에 비추어 볼 때 다른 두 종류의 스푼보다 기능성이 낮을지도 모른다. 그렇다고 한다면 바로 반론이 제기될 것이다. 고가 스푼의 주된 목적이라고 할 수는 없어도 중요한 용도의 하나를 무시한다는 견해 말이다. 즉 정교하게 세공한 은 스푼은 기호나 미적 감각을 만족시키지만, 비금속卑金屬으로 만든 양산품은 단지 기능적일 뿐 그 이상의 가치가 없다는 반론이다. 수제 은 스푼이 미적 감각을 만족시키는 것은 분명한 사실이다. 그러나 잘 생각해보면, 이러한 반론은 그럴듯하게 보이지만 결정적이라고 보기 어렵다. 그 이유는 다음과 같다. (1) 스푼의 두 가지 원료는 각각의 용도에 따라 아름다움과 기능성을 갖추고 있지만, 은은 비금속보다 100배나 비싸다. 무게나 색깔의 아름다움이라는 점이나 사용자의 편의라는 점에서도 은이 비금속보다 크게 뛰어나다고 할 수 없음에도 말이다. (2) 그 모조품이 너무나 잘 만든 것이어서 전문가의 정밀 감식 없이는 그 형태나 질감을 진품과 같은 것으로 느끼게 된다고 해도 공예품으로서의 감상에서 얻을 수 있는 만족감까지 포함하여 그 효용은 80~90퍼센트나 그 이하일 것이다. (3) 주의 깊은 관찰자에게도 수제품과 양산품이 똑같아 보이고 차이점이라곤 양산품이 가볍다는 점뿐이라면, 이처럼 형태와 색채가 같다는 점은 양산품의 가치를 높이지도 않고 감상 대상으로서 '미적 감각'을 더욱더 만족시키는 것도 아니다. 양산품은 어디에서나 살 수 있고 그 값이 매우 낮은 한에서 그렇게 말할 수 있다.

스푼은 전형적인 예지만, 아름답고 값비싼 물품의 사용이나 감상에서 얻을 수 있는 높은 만족감은 아름다움 때문이라고 하지만 사실은 대체로 값이 비싼 점에 대한 만족감이다. 훌륭한 물건을 높이 평가하는 것도 아름다움에 대한 순수한 평가이기보다는 허영심을 만족시키기 때문이며, 오로지 미에 대한 찬양 때문이 아닌 경우가 대부분이다. 과시적 소비라고 하는 조건은 보통 미의 판단 기준에 의식적으로 포함되지는 않지만, 어떤 규범과 같은 영향력을 가지고 미적 감각의 형성이나 유지에 작용하는 동시에 미의 정통성을 식별하는 감각을 이끌어낸다.

구체적 사례에서 유용성과 낭비성을 판단하기가 가장 어려울 때는 이러한 아름다움과 체면상의 가치가 혼재하는 경우다. 과시적 낭비라고 하는 체면에 도움이 되는 물건이 동시에 아름다운 경우는 드물지 않다. 또 과시적 낭비에 활용할 물건에 가해진 세공이 동시에 그 물건의 형태나 색채를 아름답게 하는 경우도 있을 수 있고,

실제로도 종종 그렇다. 나아가 사태를 더욱 복잡하게 만드는 문제가 있다. 가령 보석이나 귀금속같이 장식에 사용되는 경우는 주로 낭비를 과시하기 위한 물건으로서의 효용이 본래는 아름다운 물건으로서의 효용에서 비롯된다. 예를 들어 황금은 매우 아름답다고 느껴진다. 또 높은 평가를 얻는 예술작품의 대부분은 물론 재료의 도움을 받지만 본질적으로 아름답다. 의상이나 정원도 대체로 마찬가지다. 그런 것들이 본래 갖는 아름다움을 제외한다면, 사람들은 지금처럼 바라지 않을 것이고 그 소유자나 사용자에게 자만의 씨앗이 되지도 않았을 것이다. 그러나 그러한 물건의 소유자에게 효용이란 본질적 아름다움보다도 그 소유나 낭비를 통해 존경받거나 경멸을 불식시키는 데 있다.

이러한 물건은 그 밖의 유용성을 제외해도 여전히 아름답고, 아름다움과 같은 효용성을 갖는다. 아름답다는 것만으로 자신의 물건으로 소유하고 독점할 가치가 있기 때문이다. 따라서 귀중한 물건으로서 갈구되는 것이고, 독점하여 향유하는 것은 금전적 우월감을 맛보게 하는 동시에 천천히 감상함으로써 미적 감각을 만족시켜줄 수 있다. 그러나 소박한 의미에서 이러한 아름다움이란 독점하고 싶은 이유나 상업적 가치의 근거라기보다 그 유인에 불과하다. "보석은 분명 아름답다. 그러나 그 희소성과 값도 아름다움에 못지않은 특별한 가치를 보석에 부여한다. 만일 값이 쌌다면 결코 그렇지 않을 것이다."[2] 실제로 이러한 종류의 일반적 보기로, 과시

---

2 조지 산타야나George Santayana,《미적 감각 The Sense of Beauty》, 1894.

적 소비에 적합한 물건으로서의 명예로운 성격이 없었더라면, 점유나 사용을 촉구하는 유인은 거의 없어질 것이다. 아름답고 값비싼 것도 일부의 장신구를 제외하면 과시 이외의 목적에 도움이 되지만, 그 효용은 소유 여부와 무관하다. 미술품이나 공예품은 소유를 이유로 미적 가치가 더욱 높아지지 않기 때문이다. 이른바 장신구도 그것 없이 살 수밖에 없는 사람들과의 대비를 통해 그 착용자나 소유자를 명예롭게 한다는 것을 부기해야 한다.

지금까지 설명한 바에 근거하여 일반화하면, 아무리 가치가 큰 물건이라도 미적 감각에 호소하려면 아름답고 값비싸야 한다는 것이다. 그러나 이야기는 그것으로 끝나지 않는다. 고가여야만 한다는 요구는 미적 감각에도 영향을 미친다. 그 물건을 평가하는 데 값비싸다는 특징과 아름답다는 특징이 확고하게 결합되어, 아름다움이라는 점에서만 평가하고 싶은 경우에도 양자가 함께 영향을 주지 않을 수 없다. 값비쌈이 고가 물건의 아름다움으로 인식되는 것이다. 고가라는 점은 허영을 위한 지출의 상징으로 크게 바람직하고, 따라서 그 물건의 형태나 색채의 아름다움에서 유래하는 즐거움이 혼합된다. 그리하여 우리는 가령 의상의 미적 가치를 검토한 결과 특히 값비싸다고밖에 말할 수 없는 경우에도 '너무나 아름답다'고 말하는 것이다.

값비쌈과 아름다움이라는 요소가 이처럼 혼합되는 양상을 보여주는 가장 쉬운 사례는 의상과 가구일 것이다. 의복에 대한 평판 기준은 그 시대에 맞는 모양, 색상, 재료, 분위기로 결정된다. 그러한 기준에서 벗어나면 아름답지 않다고 여겨지기 때문에 개인의 미적 감각에도 벗어나게 된다. 우리가 유행하는 옷을 좋아하는 것은 결코 보이기 위해서가 아니다. 우리는 대체로 본심에서 그 유행하는 것들이 아름답다고 느낀다. 가령 고상하고 윤택 있는 회색 옷이 유행한다면 화려한 색채나 거친 옷감을 불쾌하게 느낀다. 올해 유행하는 부인용 모자는 물론 작년에 유행한 모자보다 더 우리 마음에 든다. 그러나 25년이라는 세월을 두고 바라보면 어느 것이 정말 아름다운 것인지를 결정할 수 없다고 나는 생각한다. 따라서 몸에 지니는 것을 단순화하면, 다 닳아버린 옷소매의 윤택과 달리 신사의 모자나 에나멜 구두의 광택에 본질적 아름다움이 있다고 할 수 없다. 그래도 서양 문명사회에서 훌륭하게 자란 인간은 하나같이 전자는 어떤 감각으로도 불쾌하다고 느끼는 반면 후자는 정말 아름답다고 말할 것이다. 아름다움 이외의 것에 근거해야 할 급박한 이유가 없는 한 문명사회의 실크 모자 같은 고안물을 누가 쓸지 심히 의심스럽다.

값비싼 것을 좋다고 하는 습관이 더욱 진행되어 값비싼 것이 아름다움과 동일시되면, 아름다워도 비싸지 않은 것은 아름답지도 않게 여겨진다. 그래서 가령 어떤 종류의 아름다운 꽃이 하찮은 잡초 취급을 당하는 사태가 생겨난다. 또 비교적 재배가 쉬운 종류의 아름다운 꽃은 값비싼 꽃을 살 여유가 없는 하위 중류계급에 의해 선호되지만, 상류계급에게는 하급품으로 무시되는 일도 발생한다. 값비싼 꽃을 쉽게 구입할 수 있는 여유가 있는 사람들과 꽃집에서 비싸기 때문에 아름답다고 생각하여 꽃을 고르는 법을 배운 자들은 그런 꽃을 저급하다고 하여 배척한다. 한편 다른 꽃에 비해 특히 본질적으로 아름답지는 않지만, 막대한 비용을 들여 재배하고 세련된 환경에서 감식력을 키운 원예 애호가에게 절찬을 받는 꽃도 있다.

사회 계급에 따른 미적 감각의 차이는 가구, 집, 공원, 정원 등 다른 재화에서도 볼 수 있다. 이러한 다양한 재화의 아름다움을 둘러싼 견해의 차이는 생래의 미적 감각이 어떻게 발휘되는가 하는 데서 오는 것이 아니다. 태어나면서부터 심미안이 다른 것이 아니라, 그가 속한 계급에서 어떤 물건을 소비하면 체면을 유지하고 평판이 높아지는지를 결정하는 기준이 다른 것이다. 달리 말해 그 사람의 체면을 손상시키지 않고 기호품이나 예술품으로 소비할 수 있는 품목이 무엇인가에 대해, 전통적으로 적절하다고 여겨져온 기준에 차이가 있다. 이러한 전통은 변화의 여지가 있지만, 그 계급 삶의 금전적 기준에 의해 거의 고정되어 있다.

일상생활에서는 실용품의 아름다움에 대한 금전적 기준이 계급에 따라 달라지는 흥미로운 예를 많이 볼 수 있다. 또 금전적 평판을 중시하는 관습에 젖은 미적 감각의 표출이 그러한 평판의 필요성에 의해 좌우되지 않는 경우와 상당히 다른 예도 많이 볼 수 있다. 그 하나가 중정이나 공원의 짧게 깎은 잔디밭이다. 그런 잔디는 서양인의 미적 감각에 무조건 맞지만, 그중에서도 유럽 북방 인종이 지배적인 사회의 상류계급에서 그렇다고 할 수 있다. 잔디밭이 단순히 감상의 대상으로서 감각적인 미의 요소를 지니며, 따라서 거의 모든 인종과 계급의 눈에 환영받는 것은 분명하다. 그러나 북방 인종은 다른 어떤 종족보다 그 아름다움을 무조건 강하게 느낀다. 널따란 잔디밭이 다른 종족에서보다 특히 높은 평가를 받는 것은 그러한 기질과 관련이 있다. 북방 인종에게는 그들이 과거 오랫동안 습한 지대에서 목축을 했다는 점을 보여주는 기질적 특징이 있다. 잘 다듬어진 목초지나 방목지를 앞에 두고 기쁨을 느끼는 경향을 계승한 그들에게 짧게 깎은 잔디밭은 아름답게 느껴진다.

잔디밭을 미적으로 연출하려는 목적이라면 목장이 좋다. 그렇게 하려면 막대한 비용이 들기 때문에 가령 사치라는 악평을 불식하고 싶은 경우 등에는 오늘날에도 잔디밭이나 개인의 정원에 소를 방목하고 북방 인종이 이상으로 보는 전원 풍경을 재현하기도 한다. 그러한 경우 고가의 품종이 사용되는 것이 보통이다. 소는 어쨌든 검약이라고 하는 값싼 습관을 연상시키므로, 연출의 목적으로 소를 사용하는 것은 바람직하지 않다. 그래서 주위 환경이 그렇게 사치스럽고 이러한 연상이 단절되는 경우를 제외하고, 감상 목적으로 소를 사용하는 것은 피해야 하는 일이 된다. 전원 풍경을 연출하기 위하여 반드시 어떤 초식동물이 필요하다면, 소 대용품으로 그다지 적절하다고 말할 수는 없지만 사슴이나 양 같은 외래종이 사용되곤 한다. 이러한 동물은 과거에 소를 먹인 서양인의 눈에 소만큼 아름답게 느껴지지는 않지만, 소보다 값비싸고 소만큼 도움이 되지 않으므로 평판을 얻기 쉬운 탓에 선택되었다. 사실 사슴이나 양은 실제로 저속한 돈벌이에 도움이 되지 않고, 그것을 연상시키지도 않는다.

공원은 잔디밭과 같은 부류에 속하고, 기껏해야 목장의 모방일 뿐이다. 이러한 공원을 유지하는 최선의 방법은 역시 방목이다. 풀을 먹는 가축들만으로도 더욱 아름다운 장면이라는 것을 알 수 있다. 그러나 공원 유지 수단으로 방목이 사용되는 일은 결코 없다. 이는 대중의 미적 감각에 포함되는 금전적 요소의 표출로서 주목할 만하다. 전문가의 감독 아래 숙련된 사육가가 최선을 다하면 그 나름으로 목장답게 만들 수 있긴 하지만, 결과적으로 방목의 미적 취향에는 미치지 못한다. 그러나 보통 사람들에게는 가축 무리가 검약이나 실용성을 분명히 보여주는 것이므로 공원이나 유원지에 그러한 것들이 있으면 참을 수 없을 정도로 값싸게 보일 것이다. 방목은 비교적 값싼 관리 방법이므로 품위가 없는 것이다.

공원의 또 다른 특징도 똑같은 의미를 가지고 있다. 간소한 실용성을 과시하면서도 사실은 돈이 들었다는 점을 분명하게 보여주는 것이다. 개인 정원도 중산계급의 생활 습관을 통하여 미적 감각을 몸에 익힌 사람이나, 적어도 아이였을 때에 상류계급의 전통 가운데 미적 감각을 배운 사람(지금은 자취를 감춘 세대다)이 관리하거나 소유하는 경우에 같은 경향을 보여준다. 한편 교육 수준이 높은 현대 상류계급의 미적 감각에 적합한 정원에서는 이러한 특징을 보기 어렵다. 과거와 현재의 상류계급에 보이는 이러한 미적 감각의 차이는 경제 상황의 변화에 기인한다고 생각된다. 이상으로 여겨지는 정원뿐 아니라 다른 것에서도 같은 차이를 볼 수 있다. 다른 나라와 마찬가지로 미국에서도 지난 50여 년 동안 절약할 필요가 없을 정도로 부를 소유한 사람은 극소수에 불과했다. 그들은 흩어져 살았고, 통신수단의 결여로 접촉하지 못했다. 따라서 가격에 무관심한 미적 감각이 길러질 토대가 없었다. 상류계급이 비천한 검약을 혐오하는 경향은 더욱 커졌고, 소박한 미적 감각의 소유자가 값싼 물건이나 검약을 좋다고 해도 '사회적 승인'을 얻지 못했다. 같은 감각을 지닌 다수 집단이 없는 한 그러한 승인을 얻을 수 없기 때문이다. 따라서 상류계급으로서는 정원 관리를 값싸게 하는 흔적이 있으면 그것을 관대하게 보려고 하지 않았다. 이상적인 정원 외관에 관한 한 유한계급과 중류계급 사이에 아무런 차이가 없었다. 어느 계급이나 공공연히 금전적 체면을 잃지 않기 위해 같은 정원을 이상으로 삼았다.

오늘날에는 양자의 이상에 분명한 차이가 나타나고 있다. 한 세대 이상에 걸쳐 노동도 금전적 걱정도 일관하여 면해온 유한계급은 이제 미적 감각에 대한 여론을 형성할 정도의 대집단이 되었다. 이 계급에 속하는 사람들의 이동성은 증대했고, 계급 내에서 '사회적 승인'을 형성하기도 쉬워졌다. 이러한 선택된 계급에게 검약의 필요성이 없는 점은 너무나도 당연하므로, 금전적 체면을 뒷받침하는 요소로서의 효용은 거의 상실되었다. 따라서 현대 상류계급의 미적 감각으로는 값비싼 것을 끊임없이 과시하거나 검약의 흔적을 철저히 배제하는 일을 그다지 집요하게 추구하지 않는다. 그 결과 사회적 지위나 지적 수준이 높은 이 계급에서는 공원이나 정원 외관의 시골 또는 '자연'의 분위기를 좋아하게 되었다. 이러한 자연에 대한 편애에는 일하기 본능도 크게 기여하며, 완성도는 어떠하든 자연의 분위기를 힘들여 만들어낸다. 그러나 어쨌든 부자연스러움은 남게 되고, 앞에서 말한 가장된 전원 풍경과 큰 차이가 없는 것으로 변해버린다.

사실 중류계급에서도 직접적이고 유익한 용도를 분명히 보여주는 실용 본위의 것을 선호하는 경향을 볼 수 있다. 그러나 중류계급은 체면을 유지하기 위한 쓸데없는 것의 필요성에 끊임없이 지배당한다. 따라서 정원풍의 울타리, 다리, 정자, 누각 등 언뜻 보아 실용적인 여러 가지 고안이나 세공을 하게 된다. 값비싼 것에 미를 인정하는 감각으로부터 가장 멀리 떨어진 실용 편애의 보기로는 주철제의 시골풍 울타리, 창살 담, 평탄한 토지를 횡단하는 우회 차도를 들 수 있다.

선택된 유한계급은 적어도 어느 시점에서 더는 돈이 드는 미를 흉내 낼 필요는 없게 되었다. 그러나 최근에 엄밀한 의미에서의 유한계급이 된 사람들이나 중류 및 하류 계급 사람들의 미적 감각은 참된 미에 더하여 금전 가치가 높은 미를 추구한다. 심지어 자연 그대로 자란 결과로서의 미를 찬양해야 할 대상으로 삼을 때도 그러하다.

이 점에 관한 대중적인 미적 감각은 공원의 장식적인 가지치기나 형태에 맞춘 화단을 높이 평가하는 데서도 볼 수 있다. 중류계급의 미적 감각에서 돈이 들었다고 하는 미가 참된 미보다 우선시되는 것을 보여주는 예 중 알기 쉬운 것은 아마도 최근 열린 시카고 만국박람회터의 재생 사업일 것이다. 이를 보면 겉으로 사치를 피하고 있는데도 불구하고, 체면을 유지하려면 값이 비싸야 한다는 요구가 뿌리 깊음을 알 수 있다. 만일 금전적 가치에 지배되지 않는 미적 감각의 소유자에게 정원 공사를 위탁한다면, 그 재생 사업에서 진지하게 만들어낸 예술적 효과와는 상당히 다른 것이 될 것이다. 시카고에서는 중류계급보다 높은 계급의 주민조차 정원 공사를 진행하는 데 무조건 찬성한다는 사실에서, 적어도 이 건에 관한 한 시카고시의 상중하 계급 사이에 미적 감각의 차이는 거의 없다는 것을 알 수 있다. 금전 문화가 발달한 도시의 대표라고 할 수 있는 시카고 주민의 미적 감각은 문화에서 중요한 과시적 낭비 원리로부터의 일탈에는 지극히 신중한 것이다.

자연을 사랑하는 경향은 필경 상류계급의 취향에서 비롯되었겠지만, 금전 가치에 근거한 미의 편중으로 때로는 생각지도 못한 형태를 취하기도 하고, 단순한 사람들에게는 지극히 이상한 결과를 초래하기도 한다. 가령 나무가 자라지 않은 지역에 식목을 하는 것은 널리 인정된 습관이지만, 체면상 지출의 한 항목으로서 나무가 무성한 지역에까지 적용되고 있다. 그러므로 삼림지대의 마을 사람들이나 농민들이 원래부터 자라고 있는 나무를 베어버리고 농지 주위나 도로변에 외래종을 심는 것은 결코 드문 일이 아니다. 참나무, 느릅나무, 너도밤나무, 호두나무, 솔송나무, 참피나무, 자작나무 등의 삼림이 벌채되고, 그 대신 단풍나무, 사시나무, 버드나무 등의 묘목을 심는다. 숲의 나무를 그대로 키우는 것은 값이 싸서 장식이나 체면을 위한 투자로서는 품위를 결여하기 때문이다.

금전적 평판이 미적 감각에 미치는 영향은 동물의 아름다움에 관한 기준에서도 볼 수 있다. 이 기준에 비추어 소가 사람들의 심미적 판단에서 어떤 위치를 차지하는가에 대해서는 앞에서 이미 설명했다. 주로 사회의 생산 활동에 도움이 되는 다른 가축도 마찬가지다. 가령 닭, 돼지, 소, 양, 염소, 산양, 짐말 등은 생산재의 성질을 띠며, 도움이 되고, 많은 경우 이익을 낳는다. 따라서 이러한 동물을 아름답다고 할 수는 없다. 한편 대체로 생산 활동에 도움이 되지 않는 가축, 가령 비둘기나 앵무새 같은 완상용 조류, 고양이, 개, 경주마 등은 다르다. 이러한 동물은 대체로 과시적 소비의 대상이고, 사육을 하면 세간의 평가도 좋고, 따라서 아름답다고 생각해도 좋은 충분한 이유가 있다. 이러한 종류의 동물은 전통적으로 많은 상류계급 사람들에게 사랑을 받아왔다. 그들에 비해 재력이 떨어지는 하층계급과 절약의 필요성이 별로 없는 극소수의 혜택 받은 유한계급 사람들은 유용한 가축에도 유용하지 않은 가축에도 미를 인정하고, 금전 가치에 근거하여 미와 추 사이에 선을 긋지 않는다.

체면에 유용하면서 아름답다고 일컬어지는 가축에는 또 다른 장점이 있다. 이에 대해서 반드시 설명해야 한다. 일부 조류는 돈벌이에 도움이 된다는 유일한 이유로 명예로운 지위를 부여받는다. 그밖에 특히 주의를 요하는 것은 고양이, 개, 경주마다. 고양이는 유용한 목적에 도움이 되기 때문에 개와 경주마에 비해 그다지 무용하다고는 할 수 없지만, 동시에 체면 유지에는 그다지 공헌하지 않는다. 게다가 고양이는 그 기질로 보아 사육주가 존경을 얻기에 적합하지 않다. 고양이는 인간과 대등하게 생활하고 주종 관계에 대해서는 전혀 모른다. 주인에게 복종하지 않는 것은 주인의 가치나 명예나 평판을 올리는 데 무용하며, 이웃에 대해 차이를 두는 수단도 되지 않는다. 이 점에 관한 예외는 앙고라 고양이처럼 보기 드문 애완종이다. 앙고라 고양이는 고가이기 때문에 체면 유지에 상당히 공헌하고, 금전 가치에 근거한 미를 갖추고 있다고 해도 좋다.

개는 유용하지 않은 점에 더하여 기질 면에서도 장점을 가지고 있다. 개는 좋은 의미에서 인간의 벗이라고 하며, 그 현명함과 충실함이 찬양된다. 즉 개는 인간의 충복이고, 주인에게 무조건 복종하며, 노예같이 재바르게 주인의 기분을 알아채는 성질을 갖추고 있다. 이러한 특질은 주종 관계를 맺는 데 적합하고, 이 책의 목적에 관한 한 도움이 된다고 할 수 있다. 개에게는 미적 가치가 모호하다는 특징도 있고, 가축 중에서도 성질이 비열하고 습관도 불결하다. 주인에게는 꼬리를 흔들지만 다른 사람들에게는 위해와 불쾌를 가한다. 그래서 개는 주인 얼굴을 하고 싶어 하는 인간의 욕망을 충족시켜 귀여움을 받는다. 또한 사육에 돈이 들고 일반적으로 생산 활동에 도움이 되지 않으므로 평판을 높이는 좋은 수단으로 확고한 지위를 세우고 있다. 게다가 개는 사냥을 연상시키는데, 사냥은 고귀한 일이고 존경할 만한 약탈 본능의 표출이다.

이처럼 유리한 지위를 차지하는 점이 있기 때문에 개의 외모나 동작의 아름다움과 사랑스러운 성질은 무엇이든 전통적으로 평가되어왔고, 나아가 과장되어왔다. 애견가에 의해 그로테스크한 기형으로 육성된 품종조차, 많은 사람이 아름답다고 진심으로 생각한다. 이러한 개의 여러 품종은, 아니 개에 한정되지 않고 애완동물은 모두 기형으로 외모가 기괴하고 불안정할수록 높은 미적 가치를 인정받는다. 이 책의 목적에 관한 한 기이한 형태일수록 효용성이 높은 것은 희소성이 높고 따라서 고가이기 때문이라고 말할 수 있다. 현재 유행하는 애완견에서 볼 수 있는 기형 품종은 남성용인지 여성용인지 관계없이 생산에 돈이 든다는 점에 상업적 가치가 있다. 또 주인에게는 과시적 소비의 대상인 점에 주된 효용이 있다. 이러한 품종의 개는 체면상 지출 비용이 윤택하게 행해졌다는 것을 연상시키므로 사회적 가치도 간접적으로 부여받는다. 그 결과 언어와 관념은 간단히 역전되어, 그러한 개가 찬양의 대상이 되고 아름답다는 평판을 받는다. 이러한 종류의 동물을 보살피는 것은 이익이나 실용과는 무관하므로, 그것도 평판의 근거가 된다. 애완동물을 사랑해도 비난받지 않기 때문에, 그 결과로 가장 강인하고 풍부한 애정으로 발전하는 경우가 적지 않다. 그러므로 애완동물에 쏟는 애정에서는 고가라고 하는 조건이 간접적으로 작용하고, 애완동물에 대한 감정의 형성이나 애완 대상의 선별에 영향을 미친다. 뒤에서 보듯이, 사실은 인간에 대해서도 마찬가지라고 말할 수 있다. 단 인간의 경우에는 영향의 표출 방식이 조금 다르다.

경주마도 개와 유사하다. 경주마는 대체로 고가이고, 낭비적이며, 생산 활동에 도움이 되지 않는다. 말이 사회의 행복이나 인간 생활의 향상에 조금이라도 도움이 되는 점이라면, 힘이나 우아한 동작으로 사람들의 미적 감각을 만족시키는 것뿐이다. 물론 그 점도 유용한 것은 틀림없다. 말은 개처럼 순종적이지 않지만, '생명체'의 활력을 생각대로 조종하여 자신의 지배력을 발휘하고 싶어 하는 주인의 본능을 효과적으로 만족시켜준다. 다리가 빠른 말은 속도의 정도가 어떻든 경주마가 될 가능성이 있으므로, 이 점에서 사육주에게 크게 도움이 된다. 그 효용은 주로 이웃과 경쟁하는 수단이 되는 데 있다. 자기 말이 이웃집 말을 추월한다는 것은 말 주인의 공격성이나 지배욕을 만족시킨다. 경주마의 이러한 사용 방식은 이익을 올리기 위해서가 아니라 도리어 낭비적이므로 명예로운 것이다. 따라서 경주마는 평판을 획득하는 데 매우 유리하다고 생각된다. 그뿐만이 아니다. 엄밀한 의미에서의 경주마는 도박의 수단으로서도 비생산적이면서 화려한 역할을 수행한다.

그래서 경주마는 금전적 평판을 얻기 위해 그 아름다움이나 유용성을 드러내놓고 평가하는 것이 정당화된다. 이 점에서 경주마는 미적 평가의 면에서도 행운의 동물이라고 할 수 있다. 말은 과시적 낭비를 실현함과 동시에 지배와 경쟁을 향한 약탈 본능을 만족시킨다. 나아가 말은 아름다운 동물이다. 그러나 열렬한 경마 팬이 아니라 경마 상금에 사로잡혀 미적 감각을 상실하지도 않은 사람의 미적 감각에서 본다면, 경주마가 그렇게 아름답게는 느껴지지 않는다. 경마와 친하지 않은 사람의 미적 감각에는 사육업자에 의한 선택적 품종 개량을 받지 않은 말이 아름답게 느껴질 것이다. 그래도 저술가나 연설가가 수사상 목적으로 우아하고 유용한 동물의 보기를 들 때는 습관적으로 말을 끌어온다(특히 그 연설이 가장 통속적일 때). 그리고 보통은 이야기가 끝나기 전에 자기가 생각한 것이 경주마라고 밝힌다.

여러 가지 품종의 말이나 개에 대해 상당히 세련된 미적 감각을 가진 사람들의 평가에는 주목할 만한 점이 있다. 그것은 평판을 중시하는 유한계급의 기준이 분명하게 영향을 미친다는 점이다. 미국에서는 유한계급의 미적 감각이 상당한 정도로 영국의 유한계급에 널리 퍼진 습관에 근거한다. 가령 말은 일반적으로 영국산에 가까울수록 아름답다고 하는 것이다. 특히 낭비 과시에만 도움이 되는 승마용이 그렇다. 개는 말보다 그 범위는 좁지만 역시 그렇다고 할 수 있다. 이처럼 영국의 유한계급은 평판을 높이려고 하는 관습의 측면에서 미국의 상류계급에 상당하고, 하류계급의 모델이 되고 있다. 미의 평가 방법이나 미적 판단력의 형성에 관하여 이처럼 모방이 행해진다고 해서 반드시 허위나 과시나 부자연스러운 취향이 생기는 것은 아니다. 모방에 근거한 취향이라도 다른 기준에 근거한 경우와 마찬가지로 진지하고 본질적인 판단의 결과다. 그러나 이러한 취향은 참된 미적 가치가 아니라, 평판을 얻을 수 있는가로 좌우되는 점이 다르다.

또한 모방이 단지 말의 몸에 관한 미의식에 그치지 않는다고 하는 점도 지적해두어야 한다. 모방에는 마구나 승마술도 포함되는데, 올바르고 아름답게 타는 방법이나 자세나 보조步調 등은 영국의 관습에 의해 정해진다. 미를 금전적 기준으로 판단하는 환경에서는 우연의 작용으로 매우 기괴한 것이 우수품이 되는 경우가 있다. 그 단적인 예를 영국류의 승마 자세나 정말 기묘한 자세를 취하지 않으면 곤란한 보조에서 볼 수 있다. 이는 영국의 도로가 먼지와 진흙에 뒤덮여 말이 더욱 쾌속으로 이동할 수 없었던 시기의 유산에 불과하다. 그리하여 오늘날 승마라고 하는 고급 취미의 소유자는 꼬리를 짧게 자른 말에 불편한 자세로 올라타 부자연한 보조를 취하는 것이다. 말은 본래 넓고 딱딱한 대지를 달리도록 되어 있다. 그러나 18세기 내내 영국의 도로는 말이 말답게 달리는 것이 불가능해졌다.

미의 기준이 금전적 평판의 기준에 영향을 받는 것은 가축을 포함한 소비재에 한정되지 않는다. 인간의 아름다움에 대해서도 마찬가지라고 말할 수 있다. 일반적으로 통속적 전통에서 장년 남자가 갖는 부의 증거로 여겨진 위엄 있는 모습이나 비만한 풍채에 대한 호의가 있다. 그러나 여기서는 논쟁을 회피하기 위해 이 점에 대해서는 특별히 언급하지 않고, 그러한 특징이 아름다운 외모의 요소로서 인정된다는 점을 밝히는 데 그치도록 한다. 한편 이와 관련하여 여성미를 구성하는 요소가 있다. 그것은 매우 구체적이고 고유한 성격을 가지므로 개별적으로 설명할 수 있다. 여성의 노역이 상류계급에서 중시된 경제 발전의 단계에서는 대체로 강인하고 사지가 큰 것이 이상적인 여성미였다. 평가 기준은 체격이었고, 얼굴은 그다음이었다. 이러한 초기 약탈 문화의 이상적 미의 보기로는 호메로스의 시에 등장하는 처녀들이 유명하다.

이러한 이상적 미는 경제가 발전하고 관습적인 생활양식에서 상류계급 아내의 일이 오로지 유한의 대행이 되면 변화한다. 끝없는 유한의 생활이 초래한 직간접의 결과로 생각되는 특징이 이상적 미에 포함된다. 그러한 환경에서 이상으로 여겨진 미는 기사도 시대의 시인이나 작가가 묘사한 미녀의 모습에서 볼 수 있다. 당시 관습으로는 신분이 높은 여성들이 살아 있는 동안 계속 비호를 받고 어떤 사소한 생산적 노동에서도 면제되는 것으로 생각되었다. 그러한 배경에서 생겨난 기사도적이거나 낭만적인 이상미에서는 용모가 중시되었고, 얼굴의 아름다움과 함께 손발의 우아함과 날씬한 몸매, 특히 날씬한 허리가 찬양되었다. 당시의 여성을 그린 회화에서 여성의 허리는 꺾일 듯 가늘다. 기사도 정신을 낭만적으로 모방하는 현대 남성들에게도 그것은 이상인 듯하다. 그것은 현대 산업사회에서도 여전히 많은 사람이 이상미로 여기고 있지만, 그러한 여성미에 대한 견해가 가장 뿌리 깊게 남아 있는 곳은 현대사회 중에서도 경제와 문화의 진보가 가장 늦고 신분 문화와 약탈 문화가 현저하게 남아 있는 곳이라고 해도 좋을 것이다. 즉 기사도 시대의 이상이 가장 잘 보존된 것은 가장 전근대적인 사회, 즉 유럽 여러 나라의 부유층이다. 그들의 미적 감각에는 현실과 유리된 감상적이고 낭만적인 이상미가 지금도 살아 있다.

산업이 고도로 발전한 현대사회에서는 상위의 유한계급이 거대한 부를 축적하기 때문에, 그 계급에 속한 여성들은 비천한 생산적 노동과 완전히 차단되어 있다. 그래서 세상의 많은 사람이 갖는 감각에는 그녀들이 더는 소비의 대행자로 여겨지지 않는다. 그 결과 여성미의 이상은 다시 변화하여, 부서질 정도로 섬세하며 뚫어질 정도로 희고 위험할 정도로 날씬한 아름다움에서 고대의 아름다움으로 되돌아갔다. 즉 손발이 크고 풍만한 몸을 좋게 보게 되었다. 서양 문명에서 이상미는 경제가 발전하는 동안 육체를 가진 존재로서의 여성에서 귀부인으로 이행하고, 다시 여성으로 되돌아갔다고 말할 수 있다. 이러한 변화는 재력을 과시하는 조건의 변화에 대응한다. 어떤 시대에는 재력을 과시하기 위해 강인한 노예를 소유할 필요가 있었고, 다른 시대에는 대행 유한을 과시하는 것과 그에 따른 명백한 무능력이 요구되었다. 그러나 지금은 이러한 조건이 없어지기 시작하고 있다. 왜냐하면 현대 산업의 효율화에 따라 여성이 유한을 확보하는 것은 계층이 상당히 낮은 경우에도 가능해졌고, 더는 윤택한 재력의 결정적 증거가 아니게 되었기 때문이다.

과시적 소비의 필요성이 여성미의 이상에 미친 이러한 일반적 영향과는 별도로, 몇 가지 주목할 점으로 여성미에 관한 남성의 감각도 세부적으로 매우 강한 영향을 받았다는 것을 들 수 있다. 이미 지적했듯이, 경제가 발전하고 평판을 얻는 수단으로 과시적 여가가 중시되는 단계에 이른 사회에서 여성미의 이상은 우아하고 작은 손발과 날씬한 허리였다. 이러한 특징은 많은 경우 골격상의 결함도 수반하기 때문에 유익한 노동이 불가능하고, 아무것도 하지 못하고 부양받을 수밖에 없음을 보여준다. 이러한 여성은 도움이 되지 않고 돈이 들기 때문에 재력의 증거로 귀중한 것이다. 그리하여 문화가 이 단계에 이르면, 여성들은 시대의 세련된 미적 감각의 기준에 이르려고 자신의 몸을 변화시키고자 한다. 그리고 금전적 체면을 유지해야 하는 남자들은 인공적으로 만들어진 병적인 모습에 매력을 느끼게 된다. 가령 서양 문명에서는 허리를 바짝 조이는 것이, 또 중국에서는 전족이 오랫동안 널리 유행했다. 소박한 미적 감각에서 본다면, 어느 쪽이나 사실 불쾌한 기형이고 상당 정도 눈에 익지 않는 한 용인하기 어렵다. 그래도 남자에게 매력적이라는 데 의문의 여지는 없다. 왜냐하면 금전적 평판을 얻을 필요성에서 본다면, 자만할 수 있고 생활양식에 적합한 것이기 때문이다. 이러한 기형은 금전적이고 문화적인 미의 요소로 여성미를 형성하는 역할을 수행한다.

어떤 물건을 아름답다거나 아름답지 않다고 말할 때, 사람들은 물론 여기서 서술한 미적 가치와 금전적 평판이라는 가치의 관계를 의식하지 않는다. 만일 미적 가치에 근거하여 판단을 내린 경우, 그 물건은 낭비를 수반하는 것이고 따라서 평판이 되기 때문에 아름답다고 인정해도 좋다고 생각한다고 해보자. 그 시점에서 그 판단은 미적 감각에 근거한 진정한 판단이라고는 말할 수 없기에, 여기서 설명하는 대상이 되지 않는다. 여기서는 평판을 얻고자 하는 것이 평가자의 사고방식에 미치는 영향을 통하여, 감지된 미와 금전적 평가가 연결되어 있다는 것을 설명한다. 누구나 습관적으로 자신과 관련된 물건에 대해 여러 가지 가치 판단을 내린다. 가령 경제적·도덕적·미적 가치가 그러하고, 금전적 평판을 얻을 수 있는가 아닌가에 대한 가치 판단도 그 하나다. 따라서 심미적 관점에서 평가할 때도 다른 관점의 영향을 받지 않는다고 할 수 없다. 이는 평판같이 심미적 평가에 비교적 가까운 기준으로 평가되는 것에 특히 잘 맞는다. 아름다운가 아닌가에 대한 평가와 평판이 되는가 아닌가에 대한 평가는 그렇게 명확하게 구별되지 않고, 양자 사이에서는 혼동이 생기기 쉽다. 어떤 물건이 평판이 되는 것의 가치는 그것을 나타내는 고유한 언어가 존재하지 않고 언어 위에서는 구별되지 않기 때문이다. 그 결과 미의 종류나 요소를 나타내기 위해 사용되는 언어가 이러한 금전적 가치를 지닌, 아직 이름이 붙지 않은 가치를 가리킬 때도 사용되고 있다. 그래서 너무나도 간단히 관념의 혼동이 생긴다. 그리하여 사람들의 이해 속에서 금전적 평판의 욕구가 미의 욕구와 혼연일체가 되고, 세간의 평판을 얻지 못하는 미는 미로 인정되지 않는다. 그런데 금전적 평가의 조건과 소박한 의미에서의 미의 조건은 반드시 일치하지 않는다. 그래서 금전적 평가를 얻지 못한 것을 제외하면, 금전적 평판의 조건과 합치하지 않는 미의 요소를 분명히 제외하는 결과를 초래한다.

미적 감각의 저변에 있는 기준은 상당히 오래전 시대에 발달했고, 지금 설명하고 있는 금전 문화의 출현보다도 훨씬 과거였다고 생각된다. 그 뒤 인류의 사고방식이 선택적 적응을 되풀이하는 가운데, 그다지 돈이 들지 않는 물건이나 구조적으로 미의 조건에 잘 맞는 것이 종종 생기게 되었다. 그것들은 수행하는 기능도, 목적을 위한 수단도 사실상 알기 쉽게 되어 있기 때문이다.

여기서 현대 심리학의 사고방식을 생각해보자. 양식미란 지각의 편의 문제로 귀착한다고 생각된다. 이 명제는 더욱 확대될 수 있다. 미의 요소로 분류되는 연상이나 암시나 '표현'에서 추상화하면, 대상의 미를 지각한다는 것은 그 물건이 보여주는 방향으로 정신의 통각 활동이 행해진다는 의미다. 그러나 통각 활동이 전개되거나 표현되는 이러한 방향은 오랫동안 젖어 친숙해진 습관이 정신을 이끄는 방향에 다름 아니다. 미의 본질적 요소에 관한 한 이 습관은 너무나도 오랫동안 친숙한 것이었기 때문에, 지각의 방식을 결정할 뿐 아니라 생리적 조직이나 기능까지 적응시키게 되었다. 미의 구성 요소 가운데 경제적 편의가 들어가는 경우, 소기의 목적에 적합하고 생활에 분명히 도움이 되는 것의 표현이 되어 나타난다. 이러한 경제적 실용성이나 편의성의 표현은 필경 그 물건의 실용미라고 불러도 무방하지만, 여하튼 생활의 물질적 필요성에 도움이 되는 것을 의문의 여지가 없이 분명하게 보여줄 때 가장 잘 촉진된다.

이러한 점에서 본다면, 실용품은 간소하고 무용의 장식이 없는 것이 심미적으로 가장 좋은 것이다. 그러나 금전적 평가의 기준에서 본다면, 개인 소비용 품목에서 값싼 물건은 배제된다. 미의 갈망을 충족하려면 이 점에 양보하고, 미의 본래 조건을 회피하지 않을 수 없다. 따라서 평판에 가치 있는 무용한 지출이라는 것을 보여줌과 동시에, 실용품에 관한 엄격한 감각의 요구를 만족시키거나, 또는 적어도 그것을 대신하는 어떤 감각의 요구를 만족시킬 수 있는 고안이나 장치가 필요해진다. 이러한 대체적 감각에 상당한 것이 신기한 것을 좋아하는 감각이고, 여기에 가세하는 것이 호기심이다. 사람들은 신기한 고안이나 기묘한 장치를 호기심의 눈으로 본다. 따라서 아름다운 것으로 주장되고, 아름답기 때문에 역할을 수행하고 있는 물건의 대부분은 다음과 같은 두 가지 특징을 갖추게 된다. 첫째는 참신한 디자인으로 사람들을 놀라게 하고 난폭한 인상을 주어 당혹하게 하는 것이고, 둘째는 그 물건의 외면적인 실용 목적을 충분히 수행하는 이상의 노력이 있었다는 것을 분명히 표시하는 것이다.

그 예는 우리 일상의 습관이나 접촉의 범위 밖에서, 따라서 편견의 범위 밖에서 볼 수 있다. 가령 하와이 왕이 착용하는 멋진 깃털 망토나 폴리네시아 군도의 손잡이에 조각을 한 유명한 의식용 손도끼 등 말이다. 이러한 것들은 형태, 선, 색의 조합이 기분을 좋게 한다는 점에서도, 디자인과 제작에서 매우 훌륭한 솜씨와 기교를 보여준다는 점에서도 정말 아름답다. 동시에 그러한 물건은 다른 어떤 실용 목적에도 분명 적합하지 않은 것이다. 그러나 낭비적 노고를 쏟을 필요성에 끌려 신기한 고안을 발달시켰다고 해서, 언제나 하와이 망토만큼의 아름다움에 이른다고는 할 수 없다. 그 결과 미와 실용성을 나타내는 완벽한 요소가 모조리 배제되고, 그 구멍을 메우기 위해 언뜻 보기에 어리석은 발상에 의한 무의미한 고안이나 노력의 증거가 등장하는 일이 자주 생겨난다. 그리고 마지막에는 우리 일상생활 주변에 있는 일용품의 다수, 나아가 매일 착용하는 의복이나 장식품의 다수가 규범적 전통의 힘으로 아름답다고 생각되지 않는 한 대체로 참을 수 없는 대용물이 되고 만다. 미와 실용성이 신기한 고안이나 비용으로 치환된 대표적 보기로는 주택 건축물, 실내장식, 공예품, 여러 종류의 의복, 특히 여성과 성직자의 의복을 들 수 있다.

미라고 하는 것은 종합적 표현이다. 어디를 보아도 아름다운 것이 요구되지만, 과시적 낭비의 필요성에서 행해지는 '신기함'의 표현은 이 조건과 합치하지 않는다. 그리하여 미적 감상이라는 대상의 외관은 기이한 특징의 모음이 된다. 게다가 그것은 고가여야 한다는 조건에 따라 취사선택된다.

과시적 낭비의 목적에 적합하고자 디자인을 선택적으로 조정하고 예술적 미를 금전 가치에 근거한 미로 치환하는 것은 건축의 발전 과정에서 특히 효과적으로 행해진다. 그 결과 체면을 위한 낭비에 근거한 미와 예술적 미를 분리하는 사람들의 눈으로 본다면, 현대의 문명적인 주택 건축물이나 공공건물은 대부분 어느 정도로는 참을 수 있는 것으로서, 그 이상의 아름다움을 지닌 건물을 찾기란 매우 어렵다. 미국의 도시에 세워진 고급의 임대 주택이나 아파트는 정면 외관이 엄청나게 잡다한데, 건축적 파탄이나 돈을 많이 들인 불쾌함을 보여주는 것이다. 아름답다고 할 수 있는 것은 건축가가 손대지 않고 남긴 측면과 배면의 벽 정도로, 대부분은 이것이 건축 중에서 가장 좋은 부분이다.

앞에서 서술한 과시적 낭비의 법칙이 미적 조건에 미치는 영향은 조금만 바꾸면 실용적 재화의 효용에도 그대로 해당된다. 재화는 인간의 생활을 더욱 좋게 하는 수단으로 생산되고 소비된다. 그 최초의 효용은 개인 생활의 충족이라고 하는 절대적 목적을 실현하는 수단으로서의 유용성에 있다. 그러나 인간에게는 과시나 경쟁의 성벽이 있기 때문에 재화의 소비를 타인과 비교하여 차이를 두는 수단으로 보고, 상대적 재력의 증거로서의 이차적 효용을 소비재에 부여하게 되었다. 이러한 이차적 또는 간접적 효용은 소비에 명예로운 성질을 부여하며, 이러한 경쟁을 위한 소비 목적에 가장 잘 기여하는 재화에도 같은 성격을 부여한다. 요컨대 값비싼 재화의 소비는 찬양할 가치가 있고, 외면상 실용 목적을 실현하는 이상으로 돈이 드는 것이 분명한 재화도 참을 수 있다는 것이다. 따라서 돈이 든다는 증거가 포함된 재화는 가치 있는 것이 된다. 그 재화의 소비를 통해 타인에 대해 차이를 만든다고 하는 간접적인 목적에 효율 좋게 도움이 되기 때문이다. 이와 반대로 그 재화가 소기의 실용 목적을 너무나 값싸게 실현하고 타인과 비교하여 허영심을 만족시킬 정도로 돈이 들지 않으면, 대체로 체면이 손상되고 매력도 잃게 된다. 이러한 간접적 효용이야말로 '고급'의 재화 가치 대부분을 결정하는 요소다. 효용에 민감한 소유주를 만족시키려면 어떤 재화도 타인에게 차이를 둔다고 하는 이러한 간접적 효용을 어느 정도 갖추고 있어야 한다.

사람들은 돈이 들지 않는 생활방식에 대해 처음에는 그것이 재력의 결여 내지 금전적 성공의 결여를 보여준다는 이유로 비난했다. 그러나 곧 단지 값싸다는 이유만으로는 본래적으로 부끄럽고 가치 없는 것으로 값싼 물건을 부정하는 것이 습관화한다. 체면을 위한 지출의 전통은 세월과 함께 세대에서 세대로 이어지고, 금전적 평판의 기준은 더욱 세련되고 강화되었다. 지금 우리는 값싼 물건에는 가치가 없다고 머리부터 믿으며, 아무런 거리낌도 없이 "값이 싸니 천하다"라는 격언을 만들어내기에 이르렀다. 고가의 것을 좋다 하고 값싼 것을 싫어하는 습관이 너무나 깊게 파고든 탓에 모든 소비에 대해, 심지어는 사람들의 눈에 띄지 않는 곳에서 소비하고 타인에게 과시할 생각이 전혀 없는 재화에 대해서까지 적어도 어느 정도로는 무의미한 비용 지출을 본능적으로 주장하게 되었다. 우리는 자신의 집이라고 하는 사적 공간에서도 고가의 식탁보를 덮고, 정교한 세공의 은식기를 사용하며, 예술적 가치가 왕왕 의심스러운 손으로 그린 도자기로 매일 식사를 하면 정신이 고매해진다고 진지하게 믿을 것이 틀림없다. 이러한 것들에 가치가 있다고 하는 생각에 젖어 있으므로 이러한 생활수준에서 한 발자국이라도 후퇴하는 것은 인간으로서의 존엄이 위협받는 슬픈 사태라고 느낄 정도다. 양초가 과거 수십 년간 저녁 식사의 조명으로 그 무엇보다도 가장 기분 좋은 광원이었던 것은 이 때문이다. 잘 자란 사람들의 눈에는 석유램프나 가스등이나 전기 조명보다 촛불이 더 부드럽고 덜 피곤한 것이다. 입수 가능한 가정용 조명 중에서 촛불이 가장 값쌌던 30년 전에는 그것이 최고였다고 할 수 없었다. 또 오늘날에도 의식용 조명을 제외하고 촛불은 충분히 유효한 광원이라고 할 수 없다.

아직도 생존해 있는 정치가는 이를 한마디로 "값싼 외투는 값싼 인간을 만든다"[3]라고 단언했다. 이 경구의 설득력을 느끼지 못하는 사람은 아마도 없을 것이다.

어떤 재화에도 돈이 든다는 증거를 찾아 타인과의 차이를 만든다고 하는 간접적 효용을 모든 재화에 요구하는 습관이 침투한 결과, 재화의 효용에 대한 기준 자체가 변화했다. 소비자가 평가하는 경우, 그 재화에 포함된 볼 만한 요소와 순수한 실용성을 엄밀하게 구별하지는 않는다. 그 두 가지는 혼연일체가 되어 전체로서의 효용을 형성하고, 이를 각각 분석하는 것은 불가능하다. 이렇게 만들어진 효용의 기준에서는 어떤 재화도 물질적 유용성만으로 합격하는 것이 불가능하다. 소비자에게 완벽하고 불만이 없는 재화가 되려면 허영심을 만족시킬 수 있는 요소를 갖춰야 한다. 그 결과 소비재 생산자는 그 필요성을 만족시키기 위해 노력한다. 생산자 자신도 같은 가치 기준의 지배를 받고 볼 만한 요소를 결여한 물건에는 크게 혐오를 느끼므로 더욱 열심히 효과적으로 노력한다. 그리하

---

3 미국의 23대 대통령인 벤저민 해리슨이 의회에서 언급한 말로, 정확한 표현은 "값 싼 외투는 그 밑에 값싼 남자가 있음을 뜻한다A cheap coat means a cheap man under the coat"이다. 이는 본래 값비싼 외투를 주문하여 양복공의 생계를 도우려고 하지 않는 남자를 비난하여 한 말이다.

여 오늘날에는 다소의 볼품이나 자만의 요소를 포함하지 않은 물건은 어디에서나 눈에 띄지 않는다. 소비재에서 볼품이나 낭비를 모두 배제해야 한다고 주장하는 디오게네스 같은 사람이 있다면, 현대 시장에서는 그런 사람들의 지극히 사소한 욕구조차 만족시킬 수 없을 것이다. 실제로 그 사람이 자신의 욕구에 적합한 것을 스스로 만들고자 해도, 이 점에 관한 현대의 사고방식에서 벗어나기란 불가능하다고 할 수는 없어도 매우 어렵다고 느끼게 된다. 무의미한 노력을 들인 장식적이고 자만의 근거가 되는 요소는 자작품에까지 침투한다. 그것 없이는 단 하루분의 필수품조차 확보할 수 없다.

소매시장에서 실용품을 선택하는 구매자가 본질적 실용성을 보여주는 특징보다 그 물건의 모양이나 만든 솜씨를 중시하는 것은 잘 알려진 사실이다. 따라서 판매자로서는 소기의 실용 목적을 수행하기 위한 노력에 더하여 먼저 고가라고 하는 인상을 주기 위해서도 상당한 노력을 기울여야 한다. 분명이 돈이 들었다는 점을 실용품의 필수 조건으로 보는 이러한 습관 아래에서 소비재 가격을 올리게 되는 것은 두말할 필요가 없다. 그 결과 가치와 가격이 어느 정도 혼동되고, 소비자는 값싼 물건을 의심의 눈으로 보게 된다. 통상적으로 소비자는 필요한 실용성을 갖춘 물건을 가능한 한 유리한 조건으로 확보하고자 열심히 노력한다. 그러나 재화가 갖는 효용의 증거로서, 또 그것을 구성하는 하나의 요소로서 분명히 돈이 들었다는 점이 관습적으로 요구되면, 소비자는 과시적 낭비의 요소를 그다지 포함하지 않는 재화를 하급 물건으로 여기고 거절하게 된다.

이처럼 사람들이 효용의 증거로 인정하는 물건에도 과시적 낭비의 요소가 포함되어 있지만, 이러한 소비재가 갖는 특징의 대부분이 소비자에게 좋은 인상을 주는 것은 단지 고가이기 때문이 아니라 다른 이유도 있다는 것을 덧붙이지 않을 수 없다. 그것은 그러한 특징이 재화의 본질적 실용성에 공헌하지 않더라도 기능이나 솜씨의 증거인 경우가 많다는 말이다. 그래서 어떤 자만할 수 있는 특징이 먼저 세간의 찬양을 받고, 그 뒤에 재화의 가치를 구성하는 표준적 요소로 정착한다. 뛰어난 솜씨의 성과는 먼 장래에는 무모한 노력이 된다고 해도, 역시 그 자체로 만족스러운 것이다. 교묘한 기술의 성과를 보는 것은 미적 감각을 만족시킨다. 그러나 어느 정도로 뛰어난 기술이 표현된다고 해도, 또 목적을 위해 아무리 수단이 고안되어 적응한다고 해도 현대의 문명화된 소비자에게 오랫동안 지지를 받으려면 과시적 낭비라고 하는 조건을 충족시켜야 한다는 것을 잊어서는 안 된다.

이를 적절히 증명해주는 것이 소비경제에서 기계로 생산된 재화에 부여된 위상이다. 같은 용도의 기계 생산품과 수공예품의 중요한 차이는 일반적으로 전자가 주된 용도에 더욱 도움이 된다는 점이다. 기계 생산품은 수단이 목적에 적합하다는 점에서 수공예품보다 완성되어 있다. 그렇다고 하여 평가가 높아지는 것은 아니다. 왜냐하면 자만할 수 있는 낭비라는 조건을 충족하지 못하기 때문이다. 인간의 손에 의한 생산은 낭비적 부분이 많다. 따라서 인간이 손으로 만든 물건은 금전적 평가를 얻는다는 목적에는 더욱 적합하다. 그 결과 손으로 만들어진 것을 나타내는 흔적은 자만할 수 있는 것이 되고, 그러한 물건은 기계 생산품보다 고급으로 여겨진다. 수공예품의 특징은 대체로 불완전하고 불규칙적이라는 점이다. 이는 수공이 본래 도면대로 만들어지지 않았다는 것을 나타낸다. 그렇다면 수공예품이 갖는 우위성의 근거는 어느 정도의 조잡함과 소박함에 있다고 할 수 있다. 그 정도는 결코 서투른 솜씨를 나타낼 정도여서는 안 된다. 그것은 값싼 물건의 증거이기 때문이다. 그렇다고 하여 기계로만 실현될 수 있을 정도를 나타내서도 안 된다. 그것은 또한 돈이 들지 않았다는 증거가 되기 때문이다.

이와 같이 금전적 평가로 연결되는 조잡함과 소박함은 상류계급 사람들에게 그 물건의 우위성이나 매력을 보여주는 증거가 되지만, 그것을 평가하려면 섬세한 식별이 가능해야 한다. 이를 위해 물건의 감정에 관한 훈련과 지식을 몸에 익힐 필요가 있다. 기계로 생산된 일용품의 너무나도 완벽한 완성도를 찬양하고 선호하는 자는 이른바 소비의 품격에 대해 올바르게 생각하지 않는 저속하고 교양 없는 사람들이다. 기계 생산품이 격식 면에서 열등하게 여겨지는 것으로부터, 재화가 높은 비용의 기술혁신에 의해 생산되고 그 기능이나 솜씨가 완전하다고 해도 그것만으로는 평가되지 않고 오랫동안 애용되지도 않는다는 것을 알 수 있다. 기술혁신이라고 해도 과시적 낭비의 조건을 충족해야 한다. 재화의 완성도나 외양의 특징이 아무리 좋아도, 실용성을 좋아하는 미적 감각에 아무리 좋은 것이라고 해도 금전적 평판을 확보한다는 조건에 적합하지 않으면 받아들여지지 않는다.

소비재가 '흔한 것'이라는 점, 달리 말해 생산에 그다지 돈이 들지 않아 격식이 낮고 품위가 없는 점을 많은 사람이 중대한 결함이라고 생각해왔다. 기계 생산품에 대한 혐오감은 많은 경우 이처럼 흔한 것이라는 점에 대한 혐오에서 비롯된다. 흔한 것은 대부분의 사람들이 돈을 지불하면 가질 수 있다. 다른 소비재와 차이를 둔다는 목적에 적합하지 않기 때문에 소비한 경우 자만이 될 수 없다. 그러한 재화를 소비하는 것은, 아니 보는 것만으로도 하부 계급의 생활을 연상하지 않을 수 없다. 그리고 섬세한 감각의 소유자라면 극도로 불쾌한 빈곤을 느껴 눈을 돌리게 된다. 자신의 미적 감각에 집착하면서 미적 판단의 다양한 근거를 구별하는 재능도 습관도 갖지 못하고, 또 그럴 생각도 없는 사람들은 이미 서술한 형태로 볼품이나 미나 실용성도 구별하지 않고 느낀다. 그 결과 여러 가지 요소가 혼동된 평가가 대상물의 미나 실용성에 대한 평가가 된다. 게다가 이 평가는 당사자의 선입관이나 관심이 대상물을 어떻게 파악하는가에 따라 크게 달라진다. 그러면 값싸다든가 흔하다든가 하는 인상이 예술적으로 열등한 것의 결정적 증거로 받아들여지게 된다. 그리하여 무엇을 아름답다거나 아름답지 않다고 여기는 기준이 결정되어, 심미적 판단을 이끌게 된다.

앞에서 지적했듯이, 현대 산업사회에서 값싸고 따라서 품위가 없는 일용품의 대부분은 기계로 생산되고 있다. 기계 생산품의 외관에 나타나는 특징은 수공예품에 비해 완성도가 완전에 가깝고 설계도대로 정확히 만들어져 있다는 점이다. 수공예품의 불완전성은 누구의 눈에도 분명하게 보이고 그것은 자만할 수 있는 점이기 때문에 미적 관점이나 실용적 관점에서 또는 그 양쪽에서 우위의 증거가 된다. 따라서 결점 있는 것이 찬양되는 움직임이 생겨났다. 19세기 미술평론가 존 러스킨이나 미술공예가 윌리엄 모리스는 그 대표적 제창자들이다. 그러한 배경에서 완성도의 조잡함이나 소박함, 무의미한 노력에 대한 그들의 열렬한 주장이 그 뒤에도 계승되었다. 그리고 수공예나 가내공업으로의 회귀를 호소하는 목소리도 높아져왔다. 지금 여기서 거론하는 사람들의 작품이나 사상의 대부분은 외양이 완벽할수록 값싸지는 시대가 아니라면 생겨나지도 않았을 것이다.

두말할 필요도 없이, 여기서는 이러한 예술운동의 경제적 가치 이외의 것을 언급할 수 없을뿐더러 그렇게 할 생각도 없다. 여기서 설명하는 것을 비난으로 받아들이지 말기 바란다. 그 운동이 소비나 소비재 생산에 미치는 영향에 대해 그 경향을 분석한 것이라고 생각해주기 바란다.

이처럼 세련된 미적 감각의 편애가 어떻게 생산에 구체화되는지를 가장 잘 보여주는 사례는 아마도 모리스의 제본 사업일 것이다. 모리스는 인쇄공방 켈름스콧 프레스를 설립하고, 만년에는 거기에 몰두했다. 켈름스콧 프레스 작품의 현저한 특징이라고 할 수 있는 것은 그 뒤의 예술적인 제본 전반, 즉 활자, 종이, 삽화, 장정 재료, 완성 기술에도 대체로 해당된다. 그들이 뛰어난 작품이라고 하는 근거는 과거 제본의 소박한 조잡함과 어느 정도로 유사한가 하는 점에 상당히 의존하고 있다. 과거의 제본은 거친 재료에 불충분한 도구를 사용하는 노고가 많고 불확실한 작업이었다. 그렇게 만든

작품은 수작업을 필요로 하기 때문에 고가이고, 실용 본위로 제작되는 책보다 사용하기에도 훨씬 불편하다. 따라서 그러한 책을 사는 것은 돈이 있고 시간과 노력을 낭비할 여유가 있다는 것을 보여주는 증거가 된다. 오늘날의 인쇄사업자가 '구식' 활자나 어느 정도 낡은 활자로 회귀하는 것은 이 때문이다. 이러한 활자는 읽기 어렵지만, '현대적' 활자보다 지면에 소박한 인상을 준다. 학술 잡지같이 학술에 관련된 내용의 효과적 표시 이외의 목적은 없는 것처럼 보이는 간행물도 돈을 들여 미관을 추구하는 사정에 굴복하여, 일부러 구식 활자와 투명무늬가 있는 종이를 쓰고 가장자리를 자르지 않는다. 내용을 효과적으로 전하기만 하면 좋다고 하는 책이 아니라면, 이러한 방향으로 나아가는 것은 분명하다. 그래서 너무 많은 여백을 남기고 가장자리는 자르지 않은 채 정성껏 공들인, 어느 정도 조잡하고 우둔한 제본으로 고르지 못한 책장에 인쇄된 구식 활자를 보게 된다. 켈름스콧 프레스는 구식 철자로 편집되고 고딕 활자로 인쇄되어 가죽끈을 단 양피지로 제본된 현대용 서적을 발행하여, 노골적인 실용성의 관점에서만 바라본다면 바보 같은 짓이라고 말하게 된다. 예술적 제본의 경제적 지위를 결정지은 또 하나의 특징으로, 우아한 책만큼 가치 부여를 유리하게 하기 위해 한정 출판한 점을 들 수 있다. 부수가 적었기 때문에 그 책은 희귀했고, 따라서 고가이기 때문에 그것을 사면 확실히 재력을 과시할 수 있었다. 이는 상당히 난폭한 방식이지만 사실이었다.

이러한 책들이 세련된 미적 감각을 가진 애서가에게 특히 매력적인 것은 두말할 필요도 없이 상당한 돈이 들고 일부러 솜씨 없이 완성했다는 것을 양심적이고 정직하게 평가하기 때문이 아니다. 수공예품이 기계 생산품보다 우수하다는 점과 마찬가지로, 값비싸고 서투른 작품을 좋아하는 의식적 근거는 그러한 작품의 고유한 훌륭함이다. 시대에 뒤떨어진 과거의 제작법을 모방한 책의 뛰어난 점은 주로 예술적 효용에 있다고 생각된다. 그런데 교양 있는 애서가 중에는 서투른 작품이 인쇄 매체로서도 유용하다고 주장하는 사람이 적지 않다. 예술작품 같은 책의 미적 가치에 관한 한, 그들의 주장에도 나름의 근거가 있다고 생각된다. 그 책은 오로지 미적인 점에만 착안하여 만들어지고, 따라서 디자이너는 대체로 그 목적을 달성한다. 그러나 여기서 주장하고 싶은 내용은 그것이 아니라, 디자이너의 미적 감각은 본래 과시적 낭비의 기준에 사로잡혀 있으며 그것을 만족시키지 않는 미적 감각의 요구는 선택적으로 배제된다는 점이다. 즉 예술적인 책이 순수하게 아름답다고 해도 디자이너가 작업하는 구조는 비예술적인 요구에 의해 좌우된다. 작품으로서 아름다워도, 역시 돈이 들어야 하고 소기의 용도에도 적합해야 한다. 그러나 디자이너가 미적 감각이라고 하는 절대 양보할 수 없는 조건을 과시적 낭비에만 근거하여 결정하는 것이 아니다. 그 기준은 약탈자 기질의 이차적 발현, 즉 고풍적이거나 시대착오적인 것에 대한 존경에 따라 어느 정도 형성된다. 이러한 발전의 특수한 하나가 고전주의라고 하는 것이다.

미학 이론에서 고전주의, 즉 고대 숭배라는 기준과 미의 기준 사이에 선을 긋기란 전적으로 불가능하지는 않다고 해도 매우 어려운 일이다. 미를 추구하는 목적에서 보아도 그런 선 긋기는 불필요하고, 존재하지도 않는다. 사람들의 미적 감각은 근거가 무엇이든 널리 받아들여진 고전주의의 이상적 표현을 미의 요소로 높이 평가하는데, 그 정통성을 문제 삼을 필요는 없을 것이다. 그러나 일반적인 미적 감각에 대한 기준의 경제적 근거를 특정하고 그것이 재화의 분배와 소비에 대해 갖는 의의를 이해한다고 하는 당면 목적에 관한 한, 양자를 구별하는 것이 도외시된다고는 할 수 없다.

문명사회의 소비 구조에서 기계 생산품이 차지하는 위상을 통해 소비의 과시적 낭비의 기준과 적절함이라는 기준 사이의 관련성을 이해할 수 있다. 과시적 낭비의 기준은 엄격한 의미에서 예술이나 미적 감각에 관해서도, 현대적 의미에서 재화의 실용성에 관해서도 신기축이나 창의적 고안의 원동력이 될 수 없다. 또 미래에 기술 혁신의 유인이 되거나, 새로운 소비 품목이나 비용 항목을 창출하는 것도 생각할 수 없다. 과시적 낭비의 법칙은 어떤 의미에서는 플러스가 아니라 마이너스로 작용하는 것으로, 창조를 촉구하지 않고 도리어 규정하는 방향으로 작동한다. 어떤 습관을 직접적으로 만들거나 이끌어내는 것은 전혀 없고, 단지 취사선택할 뿐이다. 또 직접적으로 변화나 성장의 유인이 되는 것도 아니다. 다른 원인에서 비롯된 신기축이나 고안 가운데 과시적 낭비의 조건을 충족한 것만을 남기는 역할을 수행하는 것에 불과하다. 지출의 습관이나 방법은 그 형성 경위가 어떻든 금전적 평판을 얻기 위한 이 조건에 의해 선별된다. 그리고 이 조건이 얼마나 적합한가에 따라 같은 습관이나 방법과 경합하여 살아남는지가 결정된다. 다른 조건이 동등하다면, 명백히 낭비적인 지출 습관이나 지출 방법이 살아남을 가능성은 높다. 과시적 낭비의 법칙은 이미 설명했듯이 변화의 유인이 될 수는 없지만, 법칙에 적합한 것을 오래 살아남게 한다. 적자를 만들어내지는 못하지만 적자를 보존하는 것이다. 과시적 낭비의 법칙은 모든 것을 검증하고 그 목적에 적합한 것만을 존속시킨다.

지금까지 설명한 경제적 원동력이 일상생활의 어떤 면에 어떻게 작용하는가에 대해 구체적인 예를 들어 살펴보고자 한다. 이러한 목적을 위해 의복에 대한 지출만큼 적절한 사례는 없다. 금전적 평판과 연결된 다른 품목도 이 목적에 도움이 되지만, 과시적 소비 법칙의 작용이 특히 명백하게 인정되는 것은 의복이다. 다른 품목도 재정 사정을 보여주는 역할을 수행하고, 때와 장소에 따라 여러 가지가 유행하고 있다. 그러나 의복 비용은 그 사람의 재정 상황을 누구에게나 한눈에 보여준다는 점에서 다른 대부분에 비해 뛰어난 예시다. 또 의복은 다른 소비 품목 이상으로 보여주기 위한 지출이 용인되며 분명히, 그리고 필경 누구나 행한다고 말할 수 있다. 어떤 계급의 누구라도 의복에 충당하는 지출의 대부분은 몸을 지키기 위함이 아니라 그럴듯하게 보이기 위함이라는 점을 즉시 인정할 것이다. 그리고 입고 있는 것으로 사회의 관습적 규범을 어길 때만큼 초라함을 뼈저리게 느낄 때가 없다. 낭비적 소비로 부끄러워지지 않을 정도라고 인정되는 돈을 마련하려고 생활의 쾌적함이나 필수품까지도 상당 정도 절약하는 것이 가장 심해지는 경우도 역시 의복 때문이다. 그러므로 훌륭한 의상을 보이기 위해 추운 날에 가볍게 입고 외출하는 것도 이상한 일이 아니다. 현대사회에서 의복에 사용된 재료의 상업적 가치는 몸을 감싸는 실용성보다 유행에 편승하고 있는지, 평판을 얻고 있는지에 훨씬 더 좌우되기 쉽다. 말하자면 의복은 '고급'의 이유에서, 즉 정신적 이유에서 필요한 것이다.

이러한 정신적 필요성은 지출을 과시하는 단순한 성벽과 관계가 있지만, 그것이 유일한 원인은 아니며 주된 원인도 아니다. 과시적 낭비의 법칙은 기호나 체면의 기준을 형성하고 이를 통하여 주로 간접적으로 의복의 소비에 작용하는 것으로, 이 점은 다른 소비 항목과 같다. 낭비를 과시하는 의복을 입거나 사는 사람들은 대부분 확립된 규범에 따라야 하며 기호나 체면에 대한 일반의 기준을 어겨서는 안 된다고 하는 것을 동기로 의식하고 있다. 물론 그러한 동기도 중요하다. 그러나 사람들이 복장에 대한 세간의 규칙을 지키는 것은 불쾌한 주목을 받기 싫다거나 비평에 따른 부끄러움을 회피한다는 이유에서만은 아니다. 특히 의복에 관한 한 고가여야 한다는 생각이 사고방식에 침투해 있기 때문에 값싼 것을 본능적으로 혐오한다. 그리고 잘 생각해보지도 않고 값비싸지 않으면 가치가 없다고 여긴다. "값싼 외투는 값싼 인간을 만든다"라는 말은 물론이고 "값이 싸니 천하다"라는 말도 다른 소비 품목보다 의복에 특히 잘 들어맞는다. "값이 싸니 천하다"라는 말의 영향으로 값싼 옷은 미적 관점이나 실용적 측면에서도 열등한 것이고, 비싼 옷일

수록 아름답다거나 유용하다고 느낀다. 극소수의 사소한 예외를 제외하면, 수공의 고가 의복이 그것을 모방한 값싼 모조품보다 아름다움이나 실용성 면에서 좋다고 생각한다. 아무리 정교한 모조품이라 해도 그렇다. 모조품을 혐오하는 것은 색이나 모양이 열등하거나 시각적 효과가 낮기 때문이 아니다. 엄밀하게 살펴보지 않으면 알 수 없을 정도로 잘 만들어진 모조품이라도 모방이라는 것이 판명된 순간 미적 가치도, 상업적 가치도 사라진다. 나아가 모방이라고 판명된 의복은 진짜보다 싸면 쌀수록 미적 가치가 떨어진다고 말해도 무방하다. 금전적 가치가 내려가기 때문에 미적 가치도 떨어지는 것이다.

그러나 재력의 증거로서의 의복은 몸을 쾌적하게 덮는 필요성 이상으로 값비싼 재화를 소비할 수 있음을 보여주는 역할만 하는 것이 아니다. 물론 단순히 낭비를 보여주는 것만으로도 효과는 있고 만족감도 따른다. 무엇보다 그것은 금전적 성공, 나아가 사회적 지위의 명백한 증거이기 때문이다. 그러나 의복에는 단순한 낭비의 과시를 넘어 좀 더 섬세하고 폭넓은 역할을 수행할 가능성이 숨어 있다. 의복에 비경제적으로 돈을 쓸 여유가 있다는 데 더하여 당사자에게는 생활비를 벌 필요가 없다는 것도 동시에 보여준다면, 그의 사회적 지위는 더욱 강화될 수 있다. 그리하여 의복이 그 목적을 효과적으로 수행하려면 단지 고가일 뿐 아니라, 착용자가 어떤 생산적 노동에도 종사하지 않는다는 것이 누구의 눈에나 분명해야 한다. 의복이 오늘날같이 최적화되기까지의 진화 과정에서 이 점에도 당연한 주의가 쏟아졌다. 세간에서 우아한 의복으로 여겨지는 것을 상세히 조사해보면, 착용자가 생산적 노동을 일상적으로 하지 않는다는 인상을 주도록 가능한 모든 고안이 이루어졌다는 것을 알 수 있다. 다시 지적할 필요도 없이, 어떤 의복도 더러워지거나 해져서 육체노동의 흔적을 보이게 되면, 우아하기는커녕 너무나 보기 흉하다. 청결하고 단정한 의복이 보는 눈에 즐거운 데는 윤택한 유한을 연상시키는 것이 유일하다고는 말할 수 없어도 주된 이유가 된다고 할 수 있다. 유한이 충분하다는 것은 어떤 종류의 생산 활동과도 무관함을 뜻하기 때문이다. 에나멜 구두, 깨끗한 리넨 양복, 사치스러운 실크 모자, 산보용 스틱 등은 신사에게 태어나면서부터 갖춘 품격을 더욱 높여주는 것이지만, 이러한 작은 물건들이 갖는 매력의 대부분은 그런 모습을 하고 있을 때 직접 인간에게 도움이 되는 일은 일절 불가능하다는 것을 단적으로 보여준다는 데서 비롯된다. 즉 우아한 복식은 고가라는 점뿐만 아니라 유한의 상징이라는 점에서도 우아하게 보이는 것이다. 우아한 복식은 상당히 고가인 물건을 소비하는 능력에 더하여 생산하지 않고 소비하고 있다는 증거다.

여성의 의복은 생산적 일과는 무관함을 보여주는 점에서 남성의 의복보다 훨씬 월등하다. 더욱 우아한 여성용 모자는 남성의 실크 모자 이상으로 노동이 불가능하다고 일반화하여 말해도 특별히 논증할 필요가 없다. 여성의 구두에 붙는 이른바 프렌치 힐French heel 은 필연적 유한의 증거가 된다. 왜냐하면 그러한 하이힐을 신고서는 육체노동이 불가능하기 때문이다. 즉 아무리 단순한 노동도, 아무리 필수적인 일도 불가능하기 때문이다. 스커트를 위시하여 여성복의 특징을 나타내는 경우 더욱 그러하다. 남자들이 스커트에 그토록 집착하는 이유가 여기에 있다. 스커트는 고가인 데다 무엇을 하는 경우에도 방해가 되므로 유용한 노동은 일절 불가능하다. 필요 이상으로 머리를 길게 기르는 여성의 습관에 대해서도 마찬가지라고 할 수 있다.

그러나 여성의 복장은 노동의 면제를 보여주는 정도에 관하여 현대 남성복을 상회하는 데 그치지 않는다. 여성의 복장에는 남성이라면 보통은 결코 입지 않을 지극히 기이한 장치도 달려 있다. 그 대표적 보기가 코르셋이다. 코르셋은 실용성이라는 관점에서 보면 스스로의 신체를 손상시키는 행위와 다름없다. 착용자의 운동 능력을 저하시키고, 어떻게 보아도 항구적으로 노동에 향하지 않도록 하는 것이 목적인 점에 더하여, 착용자의 매력을 감소시키기도 한다. 그래도 그러한 손실은 그 여성이 비싸고 허약하게 보인다고 하는 평판을 얻음으로써 묻힌다. 그렇게 되면 여성복의 여성다움은 실질적으로 유용한 노동을 효과적으로 저해하는 결과를 초래한다고 말할 수 있다. 남성 복장과 여성 복장의 차이는 여기서 양자의 특징을 밝히는 것에 그치고, 그런 차이가 생기는 배경에 대해서는 뒤에서 설명하고자 한다.

여기서 우리는 의복에 중요한 영향을 주는 것으로 과시적 낭비의 법칙을 들었다. 이어서 과시적 낭비를 지니고 과시적 낭비에 따르는 것으로 과시적 여가의 법칙도 있다고 지적했다. 그리하여 의복을 제작할 때 착용자가 생산적 노동에 종사하지 않는다는 것을 보여주는 여러 가지 고안이 만들어졌고, 고안의 방식을 통해 노동이 불가능함을 보여주기도 했다. 이 두 가지에 더하여, 이 문제를 검토한 적 있는 사람이라면 반드시 고려해야 할 제3의 법칙이 있다. 그것은 고가라는 점과 노동에 맞지 않는다는 점을 보여주는 동시에, 언제나 최신 유행이어야 한다는 점이다. 이 점이 의복을 좌우하는 정도도 앞의 두 가지에 못지않다. 유행의 변천에 관하여 지금까지 만족스러운 설명이 나왔다고 할 수는 없다. 여하튼 최신 유행의 패션으로 몸을 감싸는 것이 무엇보다도 중요하고 인기 있는 유행이 시즌마다 자꾸 변한다는 것은 누구나 알고 있다. 하지만 왜 유행이 그렇게 중시되는지 또 왜 유행이 변화하는지에 대해 확고한 이론이 형성되지는 못했다. 그러나 새로운 것으로 향하는 경향이 과시적 낭비 법칙의 필연적 귀결이라고 말해도 논리적으로는 전혀 문제가 없다. 어떤 의복도 지극히 단기간에만 활용되고 지난 시즌의 의복을 다음 시즌에는 입을 수 없다고 한다면, 의복에 대한 낭비는 당연히 대폭 증가하기 때문이다. 이는 그 정도로 좋은 것이지만, 유행에 관해서는 소극적 의미밖에 갖지 못한다. 이러한 고찰을 통해 할 수 있는 말은 과시적 낭비의 법칙이 의복의 모든 면에 작용하고 유행이 어떻게 변하여도 낭비를 요구한다는 정도다. 어떤 스타일을 유행시키고 그것을 모방하는 동기를 설명하기란 불가능하고, 어떤 시기에 어떤 스타일에 따르는 것이 절대로 필요하다고 느끼는 이유가 무엇인지를 설명할 수도 없다.

　패션에서 새로운 것을 낳는 창조적 원동력의 뿌리를 찾으려면 본래 의복이라고 하는 것을 출현시킨 원시적 동기까지 거슬러 가보아야 한다. 그것은 몸을 장식한다고 하는, 경제와는 무관한 동기다. 과시적 낭비의 법칙 아래에서 이러한 동기가 어떤 형태로 나타나고 어떻게 발전했는가에 대해서는 이야기가 길어지므로 여기서 설명하지 않겠지만, 다음과 같이 간단히 말해도 좋을 것이다. 패션에 차차 표현되는 독창적 신기축은 색채, 형태, 효과에 관한 사람들의 감각에서 오래된 것보다 더욱 즐겁게 느껴지는 것을 만들고자 하는 노력의 표출이다. 스타일이 변하는 것은 사람들의 미적 감각에 호소하는 것을 끊임없이 추구하기 때문이다. 그러나 새로운 디자인이나 고안은 과시적 낭비의 법칙에 제약받기 때문에 그 범위는 어쩔 수 없이 한정된다. 새로운 것은 낡은 것보다 아름답고 대체로 즐거운 것이어야 하며, 나아가 고가라고 하는 세간의 기준도 충족시켜야 한다.

이처럼 의복의 미를 실현하고자 하는 끝없는 노력은 얼핏 예술적 완성에 더욱 가까워지는 것으로 보일지도 모른다. 따라서 인간의 신체에 훌륭하게 어울리는 몇 가지 형태로 유행이 수렴되어가는 것을 기대해도 좋을 것이다. 또 지금까지 오랜 세월 동안 의복을 고안하는 재능과 노력이 있어왔으므로, 패션은 영원한 예술적 이상에 한없이 가까운 완성이나 안정을 달성해야 하는 것으로 기대해도 좋은 충분한 이유가 있다고 생각된다. 그러나 실제는 그렇지 않다. 도리어 오늘의 스타일은 10년 전의 스타일보다 훨씬 아름답다고 주장할 수 있는지 의문이다. 20년 전, 50년 전, 아니 100년 전에 대해서도 마찬가지다. 한편 2,000년 전에 유행한 스타일은 오늘날의 가장 세련되고 공들인 옷보다 더 아름답다고 해도 어떤 반론이 있을 수 없다.

따라서 앞에서 말한 유행에 대한 설명은 불충분하며 더욱더 분석해야 할 필요가 있다. 잘 알려져 있듯이, 세계 각지에는 비교적 유행에 좌우되지 않는 스타일이나 의복 형태가 존재한다. 가령 일본이나 중국 같은 동양의 나라나 그리스와 로마 같은 유럽의 나라가 그렇다. 더욱 후대에 오면 유럽의 거의 모든 나라 농민의 옷에 대해서도 마찬가지라고 할 수 있다. 유능한 비평가는 이러한 민족 의상이나 서민 복장의 다수가 현대 문명의 격변하는 유행 복장보다 아름답고 예술적이라고 말한다. 단 이러한 옷은 대체로 낭비라고는 말할 수 없다. 달리 말하면 투입된 비용보다 다른 요소가 더욱 뚜렷하다.

이처럼 비교적 변화가 적은 의복이 있는 지역은 상당히 좁은 범위에 한정되는 경우가 많다. 그리고 지역에 따라 조금씩이라도 계통적 차이가 인정된다. 이러한 옷을 만든 것은 어느 지역에서나 지금 우리보다 가난한 사람들이다. 특기해야 할 사항은 이러한 의복이 많이 보이는 것은 주민 전반이, 적어도 그것을 착용하는 사람들이 속하는 계급이 비교적 균질적이고 변화나 이동이 거의 없는 나라나 지역 또는 시대라는 점이다. 즉 시대와 가치관의 시련을 이겨내 변하지 않고 남은 의복은 과시적 낭비의 요구가 현대의 대도시만큼 절대적이지 않은 환경에서 만들어져왔다. 이와 대조적으로 현대의 대도시에서는 비교적 유복하고 이동성이 높은 주민이 유행을 선도하고 있다. 변화가 적은 아름다운 의복이 생겨난 나라나 계급에서는 지금 서술한 환경이었기 때문에, 재력 경쟁이 과시적 소비보다 과시적 여가를 경쟁하는 형태로 행해졌다. 그러므로 유행이 가장 격렬히 변하고 가장 보기 괴로운 것은 재화의 과시적 소비의 요구가 가장 절대적인 현대 같은 사회라고 말할 수 있다. 이상의 점을 통해 의복의 경우 값비쌈과 예술성은 대립 관계에 있다는 것을 알 수 있다. 실제로도 과시적 낭비의 기준과 의복은 아름답고 어울려야 한다는 조건은 양립하지 않는다. 이러한 대립 관계야말로 끊임없이 변천하는 유행의 원인이다. 따라서 값비쌈이나 예술성이라는 단일 조건으로는 유행을 설명할 수 없다.

평판을 얻으려면 의복에 낭비의 증거가 나타나야 한다. 그러나 낭비가 명백하다는 것은 인간의 생래적 취향에 반한다. 마치 "자연은 진공 상태를 혐오한다"[1]라고 하듯이, 이미 심리학 분야에서는 누구나 노력이든 지출이든 무익함을 혐오한다는 점이 지적되었다. 특히 여성의 경우 그러한 경향이 강하다. 그러나 과시적 낭비의 법칙은 분명히 무익한 비용을 요구한다. 그 결과 과시를 위해 돈을 많이 쓴 의상은 본질적으로 추악하게 여겨진다. 그래서 의복의 세부에 적용되는 모든 독창적 아이디어는 무익하다는 비난을 받지 않기 위해 부가적이고 가변적인 세심한 노력을 기울인다는 사실이 발견된다. 동시에 과시적 낭비의 필요성으로부터 그러한 용도는 다소간 분명한 위장 이상의 것일 수 없다는 점도 발견된다. 그러므로 아무리 자유분방한 패션이라고 해도, 반드시 어떤 그럴듯한 용도를 장식하고 있지만 그 교활한 위장의 실용성은 대단히 뻔히 드러나 보이는 것이 보통이고, 본질적으로는 무익한 것이므로 참을

---

1   아리스토텔레스,《자연학》, 제4권, 기원전 340.

수 없을 정도의 불쾌감을 주게 된다. 그렇게 되면 결국 새로운 스타일로 도피할 수밖에 없다. 그러나 새로운 스타일이라고 해도 평판을 얻으려면 역시 무익하고 무용해야 한다. 그래서 결국은 앞의 유행과 마찬가지로 싫증을 유발한다. 그리고 낭비의 법칙에 의해 유일하게 가능한 도피로는 마찬가지로 무익하고 덧없는 새로운 스타일이다. 그러므로 유행하는 의복은 본질적으로 추악하고, 끝없이 변화한다.

이상과 같이 변화하는 유행 현상을 설명했으므로, 이어서 이러한 설명이 일상적 현상에 해당하는지 아닌지를 검증해보자. 여기서 시대를 묻지 않고 유행 중인 스타일은 누구나 좋아한다는 잘 알려진 현상을 들어보자. 새로운 스타일이 유행하면 한 시즌에 인기를 얻고, 적어도 그것이 참신한 동안에는 대부분의 사람들이 매력적이라고 느낀다. 유행 중인 패션은 아름답다고 생각되는 것이다. 그 이유의 하나는 앞의 유행과는 다르다는 안도감에 있고, 또 하나는 평판을 얻었다는 점에 있다. 앞 장에서 지적했듯이, 사람들의 취향은 평판을 얻는지 아닌지까지를 결정한다. 그리고 이러한 조건에서 어떤 스타일의 새로움이 없어지거나 같은 용도의 더욱 새로운 것이 평판을 얻기까지는 그 스타일의 모든 것이 좋다고 여겨진다. 변천하는 패션의 어느 하나라도 시간의 시련을 견디지 못한다는 사실을 통해, 어떤 시대에 유행하는 스타일로 아름답다든가 '멋지다'든가 하는 것이 일시적 가식의 미에 불과함을 명백히 알 수 있다. 5~6년 전 유행을 되돌아보면, 최고의 패션조차 추악하다고는 할 수 없지만 기묘하게 보이는 것이다. 최신 유행하는 것에 우리가 품는 애착의 근거는 종종 미 이외의 다른 점에 있다. 따라서 그것은 본래의 미적 감각이 스스로 나타나 이처럼 최신 유행하는 불쾌한 고안을 거부할 때까지만 지속된다.

미적 관점에서 유행에 대해 혐오감을 품기까지는 어느 정도 시간이 걸린다. 어떤 스타일에 대한 혐오감을 품기까지 걸리는 시간은 그 스타일이 본질적으로 추악한 만큼 짧다. 패션의 추악함과 불안정성 사이에 존재하는 이러한 시간적 관계를 통해, 새로운 스타일이 이전의 것을 억누르는 속도가 빠를수록 건전한 취향에는 불쾌한 것이었다고 추론할 수 있다. 여기서 다음과 같이 결론을 맺어도 좋을 것이다. 즉 어떤 사회에서, 특히 그 사회의 부유층에서 부나 이동성이나 행동 범위가 확대될수록 의복에 관한 과시적 낭비의 기준이 더욱 무거워지고, 미적 감각은 마비되거나 금전적 평판의 요구에 굴복하게 된다. 그리고 계속 이어서 유행하는 스타일은 더욱 추악하고 참을 수 없는 것이 되기 쉽다.

의복에 관하여 설명해야 할 점이 아직 하나 남아 있다. 지금까지 서술한 바의 대부분은 현대 여성의 의복에 더욱 잘 맞지만, 여성뿐 아니라 남성의 복장에도 해당된다. 그러나 한 가지 점에서 여성의 의복은 본질적으로 남성의 의복과 다르다. 여성의 의복은 비천한 생산적 직업에서 면제받거나 그러한 일을 할 능력이 없음을 특히 강조한다는 점이다. 이러한 특징은 의복에 관한 이론을 완성하는 점에서도, 과거와 현재 여성의 경제적 지위에 대해 지금까지 설명한 것을 확인하는 점에서도 흥미 깊다.

'대행 여가'와 '대행 소비'를 논한 장에서 여성의 지위에 대해 이미 설명했듯이, 경제가 발전하는 과정에서 가장을 대신하여 소비하는 것이 여성의 일이 되었다. 여성의 복장도 이를 위해 고안되었다. 분명히 생산적 노동은 신분이 높은 여성에게 치욕이기 때문에, 여성의 복장을 만들 때는 착용자가 그러한 실용적 노동에 종사하지 않고 종사할 수도 없다고 하는 사실(실제로는 대체로 허구이지만)을 강조하고 각별한 주의를 기울여야 한다. 세간에서는 신분이 높은 여성이 같은 계급의 남자보다 더 철저히 생산적 노동에서 멀어지고 유한을 과시해야 한다. 교양 있는 숙녀가 노동으로 생계를 유지한다는 것은 남자들에게 가슴 아픈 일이다. 노동은 '여성의 영역'이 아니다. 여성의 영역은 가정에 있고, 여성은 가정을 '아름답게 꾸미고' 자신이 그 주된 장식품이 될 것을 요구받는다. 오늘날에는 가장인 남성을 가정의 장식품이라고 말하지 않는다. 이와 함께 여성의 복식품에 돈을 쓰는 사실을 세간에 과시하도록 끝없이 주의를 기울여야 한다는 점을 함께 생각해보면, 이미 설명한 견해가 옳다는 사실을 증명해줄 것이다. 가부장 시대부터 이어진 전통을 통해 현대사회에서는 가정의 재력을 증명하는 것이 여성의 중요한 일이 되었고, 현대의 문명적 생활양식에서는 자신이 속한 집안의 명성이 여성의 중요 관심사여야 한다. 따라서 이 명성을 뒷받침하기 위한 지출이나 유한의 과시가 여성의 일이 되었다. 상류계급 생활에서 실현되는 이상적 생활양식에서 통상 여성이 수행해야 할 유일한 경제적 역할은 재산이나 노력의 과시적 낭비에 주의를 기울이는 것이다.

과시적 여가와 과시적 소비가 여성에게 요구되는 역할의 일부가 된 것은 경제 발전 과정에서 아직 여성이 남성의 완전한 소유물이었던 단계. 그때 여성은 스스로의 주인이 아니어서, 그들이 과시에 소비하는 지출이나 유한 활동은 그들 자신이 아니라 주인의 평가를 높이기 위한 것이었다. 따라서 집안에 속한 여성들의 돈 씀씀이가 황당할수록, 또 비생산적일수록 집안이나 가장의 평판을 높이기에 효과적이고 훌륭한 생활방식이었다. 윤택한 유한을 영위할 뿐 아니라 유용한 노동은 불가능함을 증명하는 것이 여성에게 요구되는 경우 더욱 그러하다.

이 점에서 남성 의복은 여성 의복보다 못하지만, 여기에는 충분한 이유가 있다. 본래 과시적 낭비나 과시적 여가가 평판을 얻는 것은 재력의 증명이 되기 때문이고, 재력이 평판을 얻어 찬양되는 것은 결국 성공과 능력의 증거이기 때문이다. 따라서 그 재력의 주인이 자신을 위해 내세우는 낭비와 유한의 증거를 언제나 스스로의 무능력을 강조하거나 뚜렷한 불쾌감을 증명하는 형태로 택할 수도 없고, 또 그런 정도까지 이끌어 갈 수도 없다. 그렇게 하면 능력이 높음을 보여주기는커녕 낮음을 보여주는 것이 되고, 스스로를 폄훼하는 것이 되기 때문이다. 따라서 노동의 면제나 낭비를 과시하고, 그것이 불쾌해질 정도로 과잉이고, 일부러 육체적 무능력을 강조하는 사람은 자신의 재력을 평가받기 위해서가 아니라고 단언할 수 있다. 즉 자기 자신이 아니라 경제적으로 의존하는 사람들을 위해 그렇게 하고 있는 것이다. 경제학적으로 말해 이러한 관계는 결국 예속 관계가 될 수밖에 없다.

이러한 일반론을 여성 복장에 적용하여 구체적으로 설명해보자.

하이힐, 스커트, 비실용적 보닛 모자[2], 코르셋 등 신체적 편의성을 무시하는 모든 소도구는 문명국 여성의 복장에서 볼 수 있는 현저한 특징이다. 이러한 것들은 여성이 현대의 문명화된 생활양식에서 지금까지도 이론상 남성에게 경제적으로 의존한다는 점, 경제 용어로 말하자면 남성의 동산이라는 점을 증명하고 있다. 여성들이 유한이나 복장을 이처럼 과시하는 데는 명백한 이유가 있다. 즉 여성들은 경제적 기능이 분화하는 과정에서 주인의 재력을 증명하는 일을 할당받은 피고용인과 다름없다는 것이다.

이러한 점에 관하여 여성의 복장과 피고용인의 복장, 특히 하녀들이 입는 제복 사이에는 현저한 공통점이 있다. 어느 것이나 필요 이상의 비용을 매우 교묘하게 과시하고자 고안되었고, 착용자의 신체적 편의성을 완전히 무시한다는 점이다. 단 착용자의 취약성까지 강조할 수 없어도 태만한 생활방식을 교묘히 과시하는 점에서는 피고용인의 복장보다 여성의 복장 쪽이 단연 앞서 있다. 이는 당연한 것이다. 왜냐하면 금전 문화의 이상적 생활양식에서 가정주부는 피고용인의 상관이기 때문이다.

피고용인이라고 여겨지는 사람들 외에 피고용인 계급의 복장 착용과 유사하면서 여성 복장의 여성다운 특징과 공통되는 특징까지 갖춘 옷을 입는 계급이 현 시점에서 적어도 하나 더 있다. 바로 성직자 계급이다. 성직자 복장에서는 종속적 지위나 대행 소비의 증거가 되는 가능한 모든 특징이 강조되고 있다. 법의라고 하는 성직

---

2 턱 밑에서 끈을 매는 여성과 어린이용의 챙 없는 모자를 말한다.

자의 정장은 그들의 일상복 이상으로 주목을 끌고, 훨씬 장식적이고, 그로테스크하며 불편하고, 겉보기에도 불쾌할 정도로 착용감이 나쁘게 만들어져 있다. 또 성직자는 유용한 노동을 하지 않는다고 기대되고, 대중 앞에 나설 때는 잘 훈련된 피고용인처럼 무표정하거나 엄숙한 표정을 지어야 하는 존재로 여겨진다. 말끔히 면도한 성직자의 얼굴도 같은 효과를 낸다. 성직자와 피고용인의 태도나 의복이 이처럼 유사한 것은 양자의 경제적 기능이 유사한 점에서 비롯된다. 경제 이론에 의하면, 성직자란 신의 시중을 드는 피고용인으로 신이 하사한 옷을 입고 있다. 그 하사복은 매우 비싸지만, 지고의 주인인 신의 존엄성을 적합한 방법으로 보이려면 그래야 하는 것이다. 그러나 그 복장은 착용자의 육체적 쾌적함에는 전혀 공헌하지 않도록 고안되어 있다. 왜냐하면 이는 대행 소비의 품목으로서, 그 소비에 의해 얻어진 평판은 피고용인인 성직자가 아니라 부재의 주인인 신에게 돌아가야 하기 때문이다.

여성, 성직자, 피고용인의 복장과 남성 복장을 구분하는 경계선은 반드시 언제나 명확하게 그어져 있다고 할 수 없다. 그러나 일반인의 사고방식에 다소 분명하게 그어져 있는 것은 부정할 수 없다. 물론 세상의 눈 따위를 무시하는 남자는 있다. 실제로 빈틈없이 완벽한 복장으로 평판을 얻고자 한 나머지 마침내 그 선을 넘어 분명히 신체가 불편하도록 디자인한 옷을 착용하는 남자도 적지 않다. 그러나 그러한 옷은 남자가 입는 옷으로서는 상궤를 벗어난다고 누구나 단언할 것이 틀림없다. 그러한 옷은 '남자답지 않다'는 소리를 듣는다. 그런 옷을 입은 남자나 사치스러운 모습을 한 남자는 마부 같다는 소리도 듣는다.

의복에 관한 이상의 설명에서 분명히 모순된 현상이 있다면 상세히 검토할 필요가 있을 것이다. 특히 의복의 최근 발전과 성숙에서 차이가 뚜렷이 나타나는 경우에 주의할 필요가 있다. 코르셋 유행의 경과를 보면, 이미 말한 원칙의 명백한 예외를 발견할 수 있다. 그러나 그 예외라고 해도, 잘 조사해보면 의복의 어떤 요소나 특징이 유행하는 것은 재력의 증거라는 효용이 있기 때문이라는 원칙을 증명하는 것에 불과하다는 점을 알 수 있다. 잘 알려져 있듯이, 코르셋 착용은 산업이 발전한 사회에서 엄밀하게 정의할 수 있는 사회계층에 한정되었다. 가난한 계층의 여성, 특히 농촌 지역의 여성은 축제일의 사치로서만 코르셋을 착용한다. 그들은 격렬한 노동을 해야 하기 때문에 몸을 그렇게까지 고통스럽게 하면서 한가함을 가장할 여유가 없다. 축제일에 코르셋을 착용하는 것은 상류계급의 체면 조건을 흉내 내려 하기 때문이다. 육체노동에 종사하는 이 빈곤층보다 상위 계층의 경우, 가장 유복하고 교양 있는 여성을 위시하여 모든 여성에게 코르셋은 흠 잡히지 않고 사회적 지위를 보장받기 위한 필수품이라고 해도 좋았다. 이러한 원칙은 한두 세대에 걸쳐 이어졌고, 대규모의 부유층이 출현하기까지 유효했다. 정확히 말하자면 육체노동의 필요성이 의심되는 두려움이 전혀 없을 정도로 부유한 동시에, 단독으로 고유의 사회집단을 형성하며, 계급 독자의 견해에 근거하여 행동 규범을 확립할 수 있을 정도의 대규모 계급이 출현하기까지는 유효했다. 그러나 지금은 그 정도의 규모나 부를 가진 유한계급이 대두하고 있다. 따라서 그

계급에 대하여 강제적 육체노동을 비방하는 것은 무해하고 무익한 비방이 되고 말 것이다. 그래서 유한계급에서는 코르셋을 거의 착용하지 않게 되었다.

지금 서술한 코르셋에서의 해방이라는 현상에도 예외가 있으나 본질적인 것이 아니라 표면적인 것에 불과하다. 그 예외란 산업이 발달하지 못하고 거의 수공업적인 낡은 사회의 부유층과 고도로 발달한 산업사회에서 최근 부유층에 편입된 계급에서 볼 수 있다. 후자는 과거 낮은 계급에 속했을 때의 서민적 취향이나 체면의 기준에서 벗어나지 못한다. 그래서 최근 급속히 부유해진 미국 도시 지역의 상류계급 등에서는 코르셋을 여전히 착용하는 경우가 드물지 않다. 속물이라는 말을 어떤 나쁜 의미가 내포되지 않은 용어로 사용한다면, 코르셋이 남아 있는 것은 대체로 속물근성이 통용되는 시대라고 할 수 있다. 속물 시대란 금전 문화가 낮은 수준에서 높은 수준으로 이행하는 불안정한 과도기를 말한다. 코르셋이 계승된 지역에서는 착용자의 육체적 무능력을 과시하고 유한을 자만하는 증거로 유용한 경우에 한하여 코르셋이 계속 사용된다. 착용자의 생산성을 손상하는 다른 장구나 고안에 대해서도 마찬가지라고 할 수 있다.

과시적 소비를 위한 여러 가지 품목에서의 해방에 대해서도 마찬가지다. 그중에서도 의복의 몇 가지 특징, 특히 착용자에게 불쾌하거나 보기에 나쁜 것에 대해서도 조금은 그렇다고 할 수 있다. 지난 100년 동안 특히 남성 복장의 추세에는 하나의 경향이 분명히 나타난다. 즉 따분한 금전 지출의 방법과 유한의 상징을 사용하는 일이 당시에는 훌륭한 목적에 이바지했을지 모르지만 오늘날 상류 계급에서 그런 일이 계속되지 않고 여분의 일이 되는 것이다. 가령 가발을 쓴다든가, 금줄을 두른다든가, 항상 면도하는 습관 같은 것 말이다. 면도 습관은 최근 상류사회에서 부활하고 있지만, 이런 유행은 하인들에게 부과한 임무를 주인이 분별없이 모방한 데서 비롯되었을 것이다. 그렇다면 조부 시대의 가발과 같은 운명에 처할 것으로 생각된다.

가발을 비롯하여 착용자에게 얼마나 도움이 되지 않는지를 세간에 분명히 밝힌 여러 가지 소도구는 같은 것을 더욱 미묘하게 표현하는 다른 방법으로 대체되어간다. 그러나 미묘하다고 해도 선택된 작은 서클에 속한 사람들의 세련된 눈에는 이전의 방법 못지않게 명백하고, 착용자가 칭찬의 말을 기대하는 상대는 바로 그런 사람들이다. 과거의 조잡한 과시 방법은 호소하는 대상에 일반 대중이 다수 포함되어 있는 동안 유효했다. 대중은 부나 유한의 증거에서 미묘한 다양성을 탐지할 수 있는 능력을 훈련받지 못했기 때문이다. 부유 계급이 충분한 규모로 발전하고, 충분한 유한을 가지며, 낭비의 미묘한 증거를 찾아내는 눈을 기르게 되었을 때 과시의 방법은 고도로 세련되어진다. 그렇게 되면 '현란한' 의상은 교양 없는 인간들의 저급한 감성에 호소하여 특별한 인상을 남기려는 분별없는 욕망을 분명히 드러내면서 교양 있는 사람들을 불쾌하게 만든다. 교양 있는 사람들에게 무엇보다 중요한 것은 자신과 같은 상위 계급에 속하는 세련된 사람들에게 더욱 많은 찬양을 받는 것이다. 부유한 유한계급의 규모가 확대되고 이 계급에 속한 사람들 사이의 접촉이 늘어나 평판을 얻기에 충분한 인적 조건이 갖추어지면, 낮은 계급의 사람들을 배제하는 경향이 생겨난다. 칭찬과 비판을 해주는 방관자의 지위에서도 배제하고자 한다. 이 모든 것의 결과로 과시의 방법은 점차 세련되어져, 더 교묘한 발상에 의존하여 의복의 상징주의적 정신성을 중시하게 된다. 게다가 체면을 유지한다는 점에서는 상류의 유한계급이 언제나 모범이 되므로 다른 계층의 의복 양식도 차차 개량되어간다. 사회가 부의 측면에서도 문화의 측면에서도 진화함에 따라 재력을 증거하려고 사용하는 수단은 보는 측에게도 더욱 식별력을 요구하게 된다. 과시의 방법이 이처럼 정교해지는 것은 고도로 발달한 금전 문화를 특징짓는 중요한 요소의 하나라고 할 수 있다.

인간의 사회생활은 다른 종과 마찬가지로 생존경쟁이고, 따라서 선택과 적응의 과정이다. 사회구조의 진화도 제도의 선택과 적응의 과정이었다. 제도나 인간의 기질에 관한 지금까지의 진화와 현재 진행 중인 진화 역시, 대체로 가장 적합한 사고 습관의 자연선택인 동시에 사회의 발전과 제도의 변천에 따라 서서히 변화하는 환경에 대한 개인의 강제적 적응이었다. 선택과 적응의 과정은 그 시대의 주류인 정신성이나 적성을 형성하고, 그 결과로 제도를 출현시킨다. 그러나 제도 자체는 생활이나 인간관계를 통제하는 특수한 질서이기도 하므로 효과적 선택을 촉구하는 요인이 된다. 이렇게 변화하는 제도가 이번에는 최적의 기질을 갖춘 인간을 선택하고, 나아가 새로운 제도를 형성함으로써 인간의 기질과 습관을 환경의 변화에 적응시킨다.

인간의 생활과 사회 발전의 구조를 규정하는 여러 요인이 궁극적으로는 생명 조직과 물질적 환경이라고 하는 두 가지에 귀착하는 것은 의심의 여지가 없다. 그러나 당면한 목적에 관한 한 이 두 가지를 한정된 육체적·지적 구조를 갖는 인간과 인적 요소와 물질적 요소로 성립하는 환경이라고 해석해도 좋을 것이다. 인간은 집단으로서도 평균적 개체로서도 변화하는 생물이다. 그 변화는 가장 적합한 변이를 선택적으로 보존하는 법칙에 따른다는 점도 의심의 여지가 없다. 이 과정의 대부분은 어떤 인종적 유형, 즉 비교적 안정적으로 유지되는 신체적 특징이나 기질의 유형을 선택하여 보존하는 형태를 취한다고 생각된다. 여러 인종이 혼재하는 사회에서는 역사상 어떤 시점을 취하면 다수 유형 중에서 어느 하나가 유력해지는 것을 알 수 있다. 이는 그 시점에서 유효한 제도를 포함하는 사회 상황이 어떤 유형의 존속과 지배에 특히 유리해지기 때문이다. 그 결과 앞 세대에서 받은 제도를 계속 개량하도록 선택된 이 유형이 그것에 적합한 제도를 만들어내게 된다. 그러나 유형 사이의 선택과는 별도로, 우세한 유형에 갖추어진 일반적 특징의 범위에서 사고 습관의 선택과 적응의 과정이 동시에 진행되는 것은 분명하다. 유형 간 선택에 의해 어떤 사회 인구 전체의 기본적 특징이 변화하는 경우도 있을 수 있지만, 유형 내의 개별적 적응에 기인하는 변화나 어떤 사회적 관계 또는 집단의 사고 습관 적응에 기인하는 변화도 생길 수 있다.

그러나 당면한 목적에 관련하여 적응 과정의 성질이 어떻든 간에, 즉 유형 간 선택이 주체이든 환경에 대한 사고 습관의 적응이 주체이든 큰 문제는 아니다. 그보다 이른바 제도는 여하튼 변화하고 발전한다는 사실이 더 중요하다. 제도에는 환경의 변화라고 하는 자극에 반응하는 성질이 있으므로, 환경이 변하면 제도도 반드시 변하게 마련이다. 그리고 제도의 발전은 사회의 발전이다. 제도 란 본질적으로 개인과 사회의 특정한 관계나 기능에 관련하여 정 착된 사고 습관이다. 그리고 사회 발전 과정의 어떤 시기나 시점에 서 유효한 사고 습관의 총화가 생활양식이고, 그것은 심리학적 관 점에서 간단히 말하자면 그 시점에서 주류의 정신적 태도나 인생 관이라고 할 수 있다. 그 일반적 특징은 결국 주류 유형의 성격에 귀결한다.

오늘날의 상황은 사물에 대한 사람들의 습관적 견해에 작용하 고, 과거로부터 이어진 사고 관습이나 가치관을 변용하거나 강화 하는 선택과 적응의 과정을 강요함으로써 내일의 제도를 형성한 다. 즉 현재의 상황이 장래의 제도를 만들어간다. 제도, 즉 사고 습 관은 이렇게 먼 과거로부터 이어지면서 사람들의 생활을 이끌어왔 다. 그러나 완전히 그대로가 아니라, 반드시 손을 가하여 이어져왔 다. 이처럼 제도는 과거 과정의 산물이고 과거 상황에 적응한 것이 기 때문에, 현재의 조건에 전면적으로 합치하는 경우란 있을 수 없 다. 즉 선택과 적응의 과정은 사회가 어떤 시점에서 직면하는 상황 변화를 결코 따라가지 못한다. 이는 적응을 강요하고 선택을 실행 하는 환경, 상황, 생활 조건이라는 것이 나날이 변화하는 이상 어쩔 수 없다. 그리고 사회에 차차 출현하는 제도는 확립된 순간 진부해 진다. 발전을 향한 발자국을 딛기 시작할 때, 그 일보 자체가 상황 을 변화시키고 새로운 적응을 요구하기 때문이다. 따라서 그 일보 는 무한히 계속하여 적응하는 출발점이 된다.

두말할 필요도 없이, 오늘날의 제도와 생활양식도 오늘날의 상황에 전적으로 적합하지는 않다는 점에 주의해야 한다. 게다가 사람들의 사고 습관은 환경에 의한 변화가 촉구되지 않는 한 언제나 변하지 않는 경향이 있다. 따라서 전승된 제도, 사고 습관, 정신적 태도, 가치관이라고 하는 것은 모두 보수적 요소라고 할 수 있다. 이것이 사회적이고 심리적인 타성, 즉 보수주의의 요인이 되고 있다.

사회구조는 변화하고 발전하며 환경 변화에 적응하지만, 이는 사회를 구성하는 다양한 계급의 사고 습관의 변화에 의해서만 실현된다. 아니 더욱 골똘히 생각해보면, 사회를 구성하는 개인의 사고 습관의 변화에 의해서만 실현된다. 사회의 진화란 본질적으로 개인의 지적 적응 과정이다. 과거의 환경에서 형성되고 그 환경에 적응한 사고 습관이 새로운 환경에서 더는 받아들여지지 않게 되는 때가 온다. 그 새로운 환경의 압력을 받아 개인은 적응한다. 이러한 적응 과정이 민족 유형의 도태와 생존의 과정인지, 아니면 개인의 적응과 획득한 형질의 계승 과정인지는 당면한 문제에서 그다지 중요하지 않다.

사회 진보, 특히 경제학적 관점에서 본 진보란 '외부적 관계에 대한 내부적 관계의 적응 상태'에 끝없이 가까워지고자 하는 점에 있다. 그러나 이 적응은 완성되는 것이 아니다. '내부적 관계'에서 진행하는 변화를 받아 '외부적 관계'가 끝없이 변화하기 때문이다. 단, 적응이 쉽다면 크게 가까워지고, 곤란하다면 그다지 가까워지지 않는다. 인간은 상황 변화에 직면하여 어쩔 수 없이 사고 습관을 바꿀 뿐이고, 적응은 언제나 늦어지기 마련이다. 종래의 습관을 더는 유지할 수 없는 상황에 놓이면 마지못해 적응할 뿐이다. 변화된 환경에 대한 제도나 가치관의 적응은 밖에서 압력이 가해진 처음에 행해지고, 그런 의미에서 자극에 대한 반응이라고 할 수 있다. 따라서 방해받지 않고 신속하게 재적응할 수 있는지, 즉 사회구조의 진보가 실현될 수 있는지는 어떤 시점의 상황이 사회의 개별 구성원에게 얼마만큼 직접 작용하는가, 거꾸로 말하면 개인이 환경의 압력을 어느 정도로 강하게 받는가 하는 점에 크게 의존한다. 사회의 어떤 집단이나 계급이 중요한 점에서 환경의 작용으로부터 차단된다면, 그 집단이나 계급의 사고 습관이나 생활양식이 환경 변화에 적응하는 것은 더욱 늦어진다. 그만큼 사회 변화의 과정도 늦어진다. 그리고 부유한 유한계급은 변화나 적응을 초래하는 경제적 요인에 관하여, 환경의 작용으로부터 차단되어 있다. 게다가 제도의 적응을 촉구하는 요인은 결국 거의 모든 경제적 요인이다. 현대 산업사회에서 특히 그렇다고 할 수 있다.

어떤 사회도 산업이나 경제를 중심으로 돌아가는 하나의 메커니즘으로 볼 수 있고, 그 메커니즘은 이른바 경제 제도로 성립되어 있다. 경제 제도란 사회가 주위의 물질적 환경에서의 작용을 받으면서 생활을 영위해가는 관습적 순서를 뜻한다. 어떤 주어진 환경에서 사람들의 활동 순서가 이렇게 형성되면, 그 사회의 생활은 순서가 보여주는 방향에 따라 원활하게 전개되어간다. 그리고 과거에서 배운 제도에 포함된 순서에 따라 환경의 힘을 이용하여 생활을 영위해간다. 그러나 인구가 증가하고 자연의 힘에 대처하는 인간의 지식과 기능의 폭이 넓어짐에 따라, 집단 구성원 사이의 관계를 유지하는 습관적 순서나 집단 전체로서의 생활 운영의 습관적 수순이 초래하는 결과는 이전과 같지 않게 될 것이다. 그렇게 되었을 때 생활 수단은 이전같이 분배되지 않고, 구성원 사이에서 분배의 효과도 달라진다. 이전 조건에서 집단의 생활 운영이 환경에서 얻을 수 있는 최상에 가까운 효율성이나 편리성을 생활에 제공했다고 해도, 변화된 환경에서는 그만큼의 효율성과 편리성을 제공하지 못할 것이다. 인구, 기능, 지식의 조건이 변화할 때, 과거와 같은 방식으로 계속했다고 하여 반드시 안 좋아지지는 않아도 조건의 변화에 잘 적응한 경우에 비해서는 거의 확실히 못해질 것이다.

집단을 형성하는 것은 개인이고, 집단생활도 개별적으로 영위되는 개인 생활의 집합에 지나지 않는다. 적어도 표면적으로는 그렇다. 그 집단에 정착한 생활양식이란 집단의 개개인이 공통으로 갖는 생활관이라고 말할 수 있다. 환경 변화에 적응하여 생활 수단이 재분배된 경우, 그 집단의 생활이 균일하게 변화하는 것은 아니다. 조건 변화에 따라 집단생활로서는 향상이 보인다고 해도, 재분배의 결과로서 그중에 생활이 힘든 사람이나 만족도가 낮은 사람이 반드시 나온다. 기술적 수단이나 산업구조가 진화하여 인구가 증가하면, 사회의 일부 사람들은 반드시 변화한 산업 수단이 초래하는 효율성과 편리성의 혜택을 받기 때문에 생활방식을 바꾸지 않을 수 없다. 그렇게 되면 종래의 생활관이 더는 지켜지지 않는다.

생활 습관이나 인간관계를 변화시키지 않을 수 없게 된 사람들은 새로운 조건에서 요구되는 생활방식과 그전에 익숙한 전통적 생활과의 차이를 실감하기 마련이다. 그러한 사람들이야말로 기존의 생활양식을 변화시킴으로써 새로운 표준을 받아들이고자 하는 가장 강력한 동기를 갖는다. 그들이 그러한 입장에 놓이는 것은 생계 수단을 얻을 필요가 있기 때문이다. 생활양식의 재적응을 촉구하는 압력은 개인에 대해서는 금전의 필요성이라는 형태로 작용한다. 따라서 현대 산업사회에서 제도의 적응을 촉구하는 요인은 주로 경제적 요인이고, 그것은 구체적으로 금전적 압력의 형태를 취한다고 해도 좋다. 지금 말한 재적응이란 본질적으로 미와 추에 관한 사람들의 가치관 변화이지만, 이를 촉구하는 것은 결국 금전적 필요성이라는 압력이다.

사람들의 생활 중에서 이른바 가치관의 변화는 가령 변화한다고 해도 매우 완만하게 변화한다. 진보라고 불리는 방향으로의 변화, 즉 진보의 출발점이라고 보아야 할 고대 가치관에서 시작되어 변화할 때 특히 그러하다. 퇴보의 방향, 즉 그 민족이 오랫동안 익숙해져온 과거의 가치관에 재접근하는 것이 더 쉽다. 이질의 가치관을 갖는 민족 유형으로 바뀐 경우를 제외하면 그렇게 단언할 수 있다.

서양 문명의 생활사에서 현대 직전에 위치한 것은 이 책에서 준평화기라고 부르는 문화 단계다. 이 단계에서는 신분제도가 생활양식을 지배했다. 현대의 남자가 이 단계의 특징인 지배와 복종의 전신에 회귀하기 쉬운 것은 두말할 필요도 없다. 이러한 준평화기의 정신성은 현대의 환경에 적합한 사고 습관으로 완전하게 치환되지 못하고, 오늘날의 경제적 조건에서 불안전한 휴지 상태로 유지된다고 말할 수 있다. 서양 문명권의 인구를 구성하는 주된 민족의 생활사를 살펴보면 경제의 발전 과정에서 약탈 단계와 준평화 단계가 오랫동안 지속되었다는 것을 알 수 있다. 그래서 그 뒤에 발달한 사고 습관의 유지에 기여하는 요인에서 차단된 계급이나 사회는 그러한 심리적 특징으로 확실히 되돌아가게 된다.

개인, 나아가 대규모 집단도 고도로 발전한 산업사회의 문화에서 차단되어 낮은 문화 환경이나 원시적 경제 상황에 놓이게 되면, 약탈기 특유의 정신성으로 회귀하는 경향을 보이는 것은 잘 알려져 있다. 그리고 유럽 북방 인종은 서양 문화에서 혼재하는 다른 민족보다 더 야만 상태로 되돌아가기 쉽다. 같은 현상은 규모가 작으면서도 최근에 일어난 이민이나 식민지의 역사에서 풍부하게 나타난다. 미국 식민지는 대규모는 아니지만 평균을 넘는 규모로 그러한 역행 현상을 보이는 예라고 할 수 있다. 이렇게 말하면 약탈 문화의 특징인 열광적 애국주의(현대사회에서 볼 수 있는 역행 현상의 가장 현저한 상징이다)의 감정을 반대한다고 보일 우려가 있지만 말이다.

유한계급은 고도로 조직화된 현대 산업사회의 경제적 필요성에서 대체로 차단되어 있다. 다른 계급은 생활 수단을 얻기 위한 노고를 해야 하지만, 유한계급은 그럴 필요가 없다. 이러한 특권적 입장의 결과로, 상황에 따른 제도의 발전과 산업구조의 변화에 대한 재적응이라는 요구에 가장 둔하게 반응한다. 따라서 유한계급은 보수적이다. 이 계급 사람들은 사회의 정책 상황에서 비롯된 요구에 직접적으로 강력한 영향을 받지 않는다. 단적으로 말해, 산업 기술의 변화에 따라 그와 함께 생활 습관이나 가치관을 바꾸지 않아도 재산을 잃지 않는다. 왜냐하면 그들은 완전한 의미에서 산업사회를 유기적으로 구성하는 요소가 아니기 때문이다. 따라서 경제적 필요성에 쫓긴 대다수 사람들은 기성 질서에 강한 불안감을 갖지만, 유한계급 사람들은 그렇지 않다. 그리고 사람들이 익숙한 가치관이나 생활 습관을 버리는 것은 기성 질서에 대한 이러한 불안에 쫓기는 경우에 한정된다. 유한계급이 사회진화에서 수행하는 역할이라고 한다면, 움직임을 지체시키고 진부한 것을 온존시키는 것이다. 이는 조금도 새로운 지적이 아니며, 훨씬 전부터 설명된 것이다.

부유 계급이 천부적으로 보수적이라고 하는 견해는 이 계급과 문화 발전의 관계에 대한 이론적 고찰 등을 기다릴 필요도 없이 널리 공유되어왔다. 부유 계급의 보수적 경향에 관한 설명이라고 한다면, 그들은 사소한 기득권 때문에 현상 유지에 매달려 혁신에 반대한다고 보는 투의 시샘 어린 의견이 주류다. 그러나 여기서는 그처럼 저열한 동기에서 그 원인을 구하고자 하지 않는다. 부유 계급이 문화적 틀의 변화에 저항하는 것은 본능적 행위이지, 결코 물질적 이해타산이 주된 동기는 아니다. 그들을 움직이는 것은 종래의 행동 방식이나 세계관에서의 모든 일탈에 대해 느끼는 본능적 혐오감이다. 이 혐오감은 누구나 갖는 것으로, 환경의 압력을 받지 않는 한 이를 극복하기가 어렵다. 친숙한 생활 습관이나 사고 습관을 바꾸는 것은 성가신 일이다. 이 점에 관한 부유 계급과 그 밖의 사람들의 차이는 보수주의를 촉진하는 유인의 강약이 아니라, 변화를 촉구하는 경제적 요인에 직면하는 정도에 있다. 부유 계급 사람

들이 다른 사람들만큼 쉽게 혁신의 요구에 굴복하지 않는 것은 그
럴 필요가 없기 때문이다.

부유 계급의 보수적 경향은 너무 현저하고, 명예로운 특징으로
까지 여겨진다. 보수주의는 사회에서 유복하고 지위가 높은 사람
들의 특징이 되어온 탓에 어떤 자만할 수 있는 장식물로서의 가치
를 확보했다고 말할 수 있다. 그리고 이것이 침투하면 사람들의 관
념에 보수적 경향이 당연한 것처럼 존경할 가치가 있는 요소의 하
나로 여겨져서, 사회적 명성의 관점에서 비난당하지 않으려면 보
수인 척하는 것이 필수가 되었다. 보수는 상류계급의 특징이기 때
문에 품위가 있고, 혁신은 하층계급에 널리 퍼져 있으므로 비천하
다는 것이다. 사회 개혁을 주장하는 사람들에게 등을 돌리고자 하
는 본능적 반감이나 혐오감을 일으키는 최대 요인은 그 본질적 비
천함에 대한 이러한 무분별한 감각이다. 따라서 개혁의 대상이 시
간과 공간 그리고 인적 접촉이라는 점에서 멀리 떨어져 있다는 이
유로 혁신파의 주장을 옳다고 느낄 때도, 혁신파와 교제하는 것은
불쾌한 일이고 되도록 접촉을 피해야 한다고 생각하게 된다. 혁신
은 품위가 없다고 여기기 때문이다.

부유한 유한계급의 관습, 행동, 의견이 다른 계급에게 일종의 행
동 규범으로 변하게 되면, 그 계급의 보수적 영향력은 더욱 강해지
고 그 범위도 넓어진다. 그리고 평판에 신경 쓰는 사람들은 이러한
행동 규범에 따르는 것을 의무로 생각하게 된다. 품위 있는 언동의
모범으로서 높은 지위를 차지하는 유한계급은 사회 개혁을 저지하
는 방향으로 영향을 미친다. 게다가 그 영향력은 유한계급에 속하

는 사람들의 수에 맞지 않을 정도로 크다. 그리하여 그 모범의 영향은 모든 혁신에 대한 저항을 강화하고, 조상 대대로 이어져온 제도에 대한 애착을 심화시키도록 작용한다.

이처럼 유한계급은 시대의 요청에 따른 생활양식의 도입을 방해하게 되는데, 그들이 영향을 미치는 방법이 또 하나 있다. 이 방법은 엄밀히 말해 지금 설명한 본능적 보수주의나 새로운 사상에 대한 혐오감과 같은 범주로 분류해서는 안 되지만, 개혁이나 사회구조의 발전을 저해하는 방향으로 작용한다는 점에서 보수적 사고습관과 공통된 것이므로 여기서 다루어도 좋을 것이다. 어떤 시대의 어떤 사람들 사이에 정착한 예절이나 관습이나 관례라고 하는것은 유기체 같은 성질을 띤다. 따라서 전체의 어느 한 곳에서 변화가 생기면, 전면적 변화로 이어지지 않더라도 어딘가 다른 곳에서변화나 조정이 생겨날 수 있다. 변화의 직접적 영향이 매우 좁은 범위에 미치는 데 그치고 전체에 대한 영향이 두드러지지 않은 경우도 있을지 모른다. 그러나 그러한 경우에도 곧 전체에 대한 파급이생겨난다고 단언해도 무방하다. 반면 종래의 생활양식을 뒷받침하는 제도를 폐지하거나 전면적으로 재구축하는 개혁이 시도되면, 그에 맞춰 전체를 재조정하는 것은 불가능하지는 않더라도 엄청난고통을 수반하고 시간을 필요로 할 것이다.

종래 생활양식의 주된 요소에 이처럼 대대적인 변화가 생기면어떤 어려움이 따르는지는 다음 사례에 대한 고찰로 충분히 상상할 수 있다. 가령 서양의 어떤 문명권에서 일부일처제나 부계 중심가족제도를 폐지한다든가, 사유재산제를 없앤다든가, 종교 신앙을 금지한다는 것을 상상해보라. 또는 중국의 조상 숭배, 인도의 카스트 제도, 아프리카의 노예제도를 폐지한다든가, 이슬람권에서 남녀평등을 확립한다는 것을 상상해도 좋다. 지금 예로 든 일 가운데 무슨 일이 생겨나도 종래의 구조 전체가 대혼란에 휩싸일 것이 명백하다. 이러한 개혁을 실현하려면 직접 관련된 분야뿐 아니라 다른 면에서도 사람들의 사고 습관이 널리 변하지 않으면 안 된다. 따라서 개혁에 대한 혐오감이란 본질적으로 상이한 생활양식에 대한 두려움인 것이다.

기존 생활양식에서의 일탈에 대해 선량한 사람들이 혐오감을 품는 것은 일상적으로 쉽게 볼 수 있다. 평소에는 유익한 충고나 훈계를 싫어하는 사람들이 영국 국교회 폐지나 이혼 절차 간소화, 여성 참정권 도입, 주류의 제조 및 판매 금지, 상속의 폐지나 제한 같은 비교적 사소한 개혁이 널리 사회에 미치는 유해한 영향에 대해 역설하는 말을 듣는 것은 별로 기이한 일도 아니다. 이러한 개혁은 '사회구조를 근본으로부터 뒤흔든다', '사회를 큰 혼란에 빠트린다', '도덕관을 타락시킨다', '인생을 견딜 수 없게 만든다', '자연의 질서를 전복한다'고 간주된다. 이러한 표현은 과장이 틀림없지만, 모든 과장과 마찬가지로 전하고자 하는 바의 중대성을 생생하게 느낀 증거이기도 하다. 이러한 혁신이 종래의 생활양식에 야기한 혼란의 영향은 생활의 편리성에 관한 사항이 단독으로 변경된 경우보다 중대하게 느껴진다. 매우 중요한 개혁에 현저하게 해당되는 것은 직접적 중요성이 덜한 개혁에도 나름으로 해당된다. 변화를 혐오하는 최대의 이유는 변화에 따라 필요해지는 재조정이 불쾌하다는 점에 있다. 문화나 민족을 불문하고 제도의 체계는 이와 같이 연동하는 것이고, 그것이 사고 습관의 변화에 대한 본능적 저항감을 강화한다. 그 자체로서는 그다지 중요하지 않은 사항의 변화라도 사정은 마찬가지다.

제도의 연동성이 야기한 이러한 저항감이 강화된 결과, 개혁에 직면했을 때는 제도가 연동되지 않는 경우에 비해 재조정에 더욱 많은 정신적 에너지를 쏟게 된다. 기성의 사고 습관을 바꾸는 것은 불쾌할 뿐 아니라 상당한 노력을 요구하고, 환경의 변화를 받아들여 자신의 입장을 결정하고 유지한다고 하는 장기에 걸친 노고를 하지 않으면 안 된다. 이러한 과정에는 그 나름의 에너지를 투입할 필요가 있고, 성공적으로 수행하려면 나날의 생존경쟁에서 흡수되는 이상의 에너지가 남아 있어야 한다. 여기서 다음과 같은 결론이 나온다. 개혁을 방해하는 요인이 되는 것은 불만이 생길 여지를 완전히 없애는 사치스러운 생활만이 아니다. 영양부족이나 가혹한 육체노동도 개혁을 저해하는 요인이 된다. 극빈에 시달리거나 나날의 연명에 에너지를 모두 흡수당하는 사람들은 하나같이 보수적이다. 왜냐하면 내일보다 앞의 일을 생각할 힘이 남아 있지 않기 때문이다. 이는 그야말로 부유한 사람들이 오늘의 상황에 불만을 느낄 이유가 없기 때문에 보수적인 것과 마찬가지라고 할 수 있다.

이상으로부터 다음과 같이 말할 수 있다. 즉 유한계급 제도는 하층계급으로부터 가능한 한 많은 생계 수단을 거둬들여 그들의 소비를 감소시키고 에너지를 빼앗음으로써 새로운 사고 습관을 배우고 익히고자 노력할 여유를 갖지 못하게 하고, 결국 하층계급 사람들은 보수적으로 된다. 최상층이 부를 축적하면 할수록 하층은 더욱 빈곤해진다. 그러한 다수 빈민의 존재는 사회 개혁의 중대한 장애가 되는 경우가 드물지 않다.

부의 불평등한 분배는 이처럼 직접적으로 개혁을 방해하지만, 그 효과는 간접적 방법에 의해서도 조장된다. 앞에서 보았듯이, 상류계급의 행동이 세상의 선례가 되어 평판을 얻는 조건이 정해지면 과시적 소비가 부추겨진다. 체면을 유지하는 주된 수단의 하나로 모든 계급이 과시적 소비를 하게 되면, 전적으로 부유한 유한계급의 탓이라고 말할 수는 없으나, 과시적 소비를 실행하고 지속시키는 경향이 유한계급의 선례에 의해 강화되는 것은 틀림없다. 이러한 점에서 누구나 체면을 유지하고자 분발하게 된다. 그리하여 재력이 충분하고 필요 최저한보다 훨씬 많은 소비로 윤택해질 수 있는 계급의 사람들도, 신체적 필요성을 만족시킨 뒤에 자유롭게 사용할 수 있는 잉여를 쾌적함의 증대나 생활의 충실이 아니라 과시적 체면을 위해 사용하는 경우가 많다. 게다가 남는 에너지까지 과시적 소비나 과시적 축재를 위해 사용하기 쉽다. 이렇게 금전적 평판을 얻기 위해서라면 첫째, 과시적 소비 이외의 지출에는 최저한의 생활에 필요한 것만 남기고, 둘째, 생리적 욕구를 만족시킨 뒤에 남는 에너지는 모두 체면을 위해 투자하게 된다. 이와 함께 사회의 보수적 경향은 더욱 강화되어간다. 그리하여 유한계급 제도는 직접적으로는 첫째, 이 계급의 고유한 형상 유지에 의해, 둘째, 과시적 소비와 보수적 언동의 선례에 의해, 그리고 셋째, 제도 그 자체의 토대인 부와 생활 수단의 불평등한 분배를 통해 개혁과 사회 발전을 간접적으로 저해하게 된다.

여기에 덧붙여둬야 하는 것은 유한계급에게는 현상 유지가 이득이 된다는 점이다. 어느 시대이든 일반적인 조건에서는 유한계급이 특권계급이다. 따라서 기성 질서에서 벗어나면 그들에게 불리할 뿐이고 유리해질 리가 없다고 생각된다. 그러므로 오로지 계급 이익에 의해서만 영향을 받는 그 계급의 태도는 그대로 방치되는 것이 분명하다. 유한계급이 본래 갖는 강력한 본능적 편견에 가해진 이러한 이익에 근거한 동기가 무겁기 때문에, 그들은 더욱 보수적으로 된다.

이상의 고찰은 사회구조에 관한 보수주의와 퇴행 현상의 대변자 겸 매개자인 유한계급의 역할을 찬양하는 것도, 비난하는 것도 아니다. 유한계급에 의한 개혁의 저해는 유익할 수도 있고, 그렇지 않을 수도 있다. 어떤 상황에서 유익한지에 대해서는 일반론이 아니라 개별적으로 설명해야 한다. 보수파 논자는 보수적 부유층이 일관하여 혁신에 대해 강력히 반대하지 않는다면, 개혁이나 실험적 시도에 의해 사회는 곤란한 상황에 빠지고 불만이 팽배해져 파멸적 반동이 야기된다고 주장하곤 한다. 그들의 주장은 정책적 문제에 관한 한 일말의 진리가 있다고 말할 수 없는 것도 아니지만, 이에 대해서는 지금 설명하지 않겠다.

모든 비난을 무시하고 성급한 개혁을 억제할 필요성을 접어두더라도, 유한계급은 환경에 대한 조정이나 적응을 언제나 지연시키는 성질이 있다고 말하지 않을 수 없다. 그러나 이러한 환경에 대한 조정이나 적응이야말로 사회의 진보와 발전이라고 불리는 것이다. 이 계급의 특징적 자세는 "존재하는 것은 모두 좋다Whatever is, is right"[1]라는 말로 집약될 수 있다. 한편 자연선택 법칙을 인간의 제도에 적용하면 "존재하는 것은 모두 나쁘다"라는 것이 된다. 오늘날 제도가 오늘날 생활의 목적에 전적으로 나쁘다고 말할 수 없지만, 사물의 성질상 언제나 어느 정도로는 나쁘다. 왜냐하면 오늘날 제도는 발전 과정의 어떤 시점에서 우세한 상황에 상당히 불충분하게 적응한 결과이기 때문이다. 지금 말한 '좋다', '나쁘다'라고 한 표현에 윤리적 판단은 전혀 포함되지 않았다는 것은 두말할 나위도 없다. 이 표현은 윤리적으로 중립인 진화론의 입장에서만 적용되며, 효율적 진화의 과정에 적합할지 여부만을 의미한다. 유한계급 제도는 계급의 이익과 본능이라는 요소를 통해, 또 자신의 행동이 세상의 선례가 됨을 통해 지금 어떤 제도에 대한 부적응을 항구화한다. 그뿐만 아니라 더욱 낡은 생활양식으로의 회귀조차 모색한다. 즉 가까운 과거에서 받아들인 시대착오적 생활양식 이상으로 현재 상황에 적응하기 어려운 생활양식으로 되돌아가고자 한다.

이상과 같이 유한계급이 좋았던 과거의 생활양식을 보존하고자 하는 경위를 설명했지만, 그래도 여전히 제도는 변화하고 발전한다는 것이 진실이다. 관습이나 사고 습관의 발전은 누적적으로 성장하고, 생활의 습관이나 수단에는 선택과 적응이 행해진다. 유한계급은 이러한 발전을 지체시킬 뿐 아니라 이끄는 측면도 있다. 이

---

1 알렉산더 포프의 《인간론》에 나오는 말이다.

에 대해 언급해야 하지만, 여기서는 주로 경제와 직결되는 제도, 즉 경제 구조에 한하여 말하고자 한다. 경제 구조는 경제 활동의 두 가지 목적에 어떻게 도움이 되는가에 따라 두 가지 종류로 나눌 수 있다.

고전적 용어를 사용한다면, 획득 경제와 생산 경제라는 것이다. 그러나 지금까지 다른 것과 관련하여 사용한 말을 가져온다면, 금전 경제와 산업 경제가 된다. 또는 경제적 편의의 차별화를 촉진하는 제도와 그렇지 않은 제도로 나눌 수도 있다. 앞의 부류는 '영업'과 관련되고, 뒤의 부류는 물리적 의미의 생산 활동과 연결된다. 그러나 후자는 대체로 제도라고 하지 않는다. 이는 지배계급과 직접 관련되지 않고, 따라서 법률이나 규칙의 대상이 되지 않기 때문이다. 생산 활동에 종사하는 계급에 관심을 갖게 될 때는 금전이나 영리 면에서인 경우가 많다. 우리 시대의 많은 사람, 특히 상류계급이 진지하게 생각하고자 하는 것은 무엇보다 경제 활동의 이러한 측면이기 때문이다. 즉 상류계급은 경제에 대해 영리 이외의 것에는 거의 관심이 없음에도 불구하고 사회문제에 대해 숙고하는 것은 주로 그들의 책임이 되고 있다.

유한계급, 즉 자산을 가지되 생산 활동은 전혀 하지 않는 계급은 경제 행위와 금전으로 연결되며 생산이 아니라 획득, 서비스 제공이 아니라 착취의 관계에 있다. 두말할 나위도 없이 간접적으로는 그들이 경제에 수행하는 역할은 매우 중요하다. 물론 나는 여기서 자산가나 기업인의 경제적 기능을 폄훼할 생각이 전혀 없다. 이 장의 목적은 유한계급과 산업 및 경제의 관계를 밝히는 데 있을 뿐이다. 그렇게 보면 그들이 수행하는 역할은 기생적인 것이고, 그들의 관심사는 이용할 수 있는 한 모두 이용하고 일단 손에 넣으면 내놓지 않는는 것이다. 기업계의 관습은 이러한 약탈과 기생의 원리가 선택적으로 작용한 결과로 형성되어 있다. 이러한 관습은 소유권에 근거하고, 먼 과거의 약탈 문화에서 파생한 것이라고 할 수 있다. 그러나 이러한 금전 경제는 현재와 상당히 달랐던 과거 상황에서 발달한 것이기 때문에, 현재 상황에 반드시 적합하다고 할 수 없다. 금전적 수단의 효과라는 점에서도 그렇게 적합하다고 말할 수 없다. 산업 방식이 변하면 획득과 착취의 방법도 변해야 한다. 유한계급에게는 이익의 원천인 산업구조의 유지가 가장 중요하고, 그 중에서 자기 이익을 가장 잘 획득할 수 있는 경제 제도를 적응시키는 것이 그들의 관심사다. 그래서 유한계급은 거의 일관하여 자기 생활의 금전적 측면의 목적에 적합한 방향으로 제도 발전을 이끌고자 한다.

유한계급의 금전적 이익이나 사고 습관이 제도의 발전에 미치는 영향은 사유재산 보장, 계약 이행, 금전 거래 원활화, 기득권 보호 등을 규정한 법률이나 협정에서 볼 수 있다. 또 파산 제도와 재산관리인 제도, 유한책임, 은행거래와 통화, 노사 관계, 트러스트와 카르텔에 관한 개혁에도 마찬가지 영향이 나타난다. 사회의 이러한 구조는 재산을 갖는 계급에게만 의미가 있으며 그 정도는 보유하는 재산의 다과에, 달리 말하면 유한계급의 어디에 위치하는가에 비례한다. 그러나 간접적으로 보면 기업계의 상관습은 산업 경영뿐 아니라 사회생활 영위에도 중요한 영향을 미친다. 따라서 자산 계급은 사회의 기존 구조를 유지함과 동시에 경제 제도의 발전을 촉구함으로써 사회에 가장 중요한 기여를 하게 된다.

이러한 경제적 제도 구조 자체도, 그 개선도 직접적으로는 더욱 쉽고 평화롭게 착취하는 것이 목적이다. 그러나 간접적으로는 그것을 훨씬 뛰어넘는 효과를 갖는다. 사업이 더욱 편해질수록 산업 활동이나 기타 활동이 더욱 원활해질 뿐만 아니라 일상의 실무에서 여러 가지 장애나 복잡한 요인이 제거되고, 빈틈없는 식별력을 행사할 필요가 없어지면 자산 계급 자체가 불필요해질 것이다. 상거래가 정형화되면 기업인이 없어도 무방하기 때문이다. 그렇게 될 수 있는 것은 훨씬 더 먼 미래의 이야기이긴 하지만 말이다. 금전적 이익에 적합한 제도의 개선은 기업인을 '혼이 없는' 주식회사로 치환하고자 하고, 이 또한 소유라는 유한계급의 중요한 기능을 불필요하게 만드는 방향으로 나아간다. 이상과 같이 유한계급의 영향력이 경제 제도의 발전에 주는 방향성은 간접적으로 산업 행방에 지극히 중대한 결과를 초래한다.

유한계급 제도는 사회구조뿐 아니라 사회 구성원의 성격에도 영향을 미친다. 어떤 방향성이나 가치관이 세상의 표준이나 생활 규범으로 인정되면, 그것을 받아들이는 개인의 성격에도 영향을 미치게 된다. 그것은 그들의 사고 습관을 어느 정도까지 형성하고, 사물을 바라보는 방식에도 선택적으로 작용한다. 이는 모든 구성원의 사고 습관을 강제나 교육을 통해 적응시킴으로써, 또 적응할 수 없는 개인이나 가계를 선택적으로 배제함으로써 행해진다. 세상의 일반적 생활방식에 익숙하지 않은 사람은 억압되고 배제당한다. 재력의 과시나 노동의 면제라는 것은 이러한 과정을 거쳐서 규범적 조건이 되고, 강제력을 갖춘 중요한 요소가 된다. 사람들은 그런 상황에 적응하도록 강제된다.

과시적 낭비와 노동 면제라는 두 가지 중요한 요인은 먼저 사고 습관에 작용하고 제도의 발전을 조종함으로써, 그리고 유한계급을 모방한 생활에 유리한 성질을 선택적으로 보존하게 하고 사회 풍조를 주도함으로써 문화 발전에 영향을 미친다. 유한계급 제도는 인간의 성격 형성에 관하여 오래된 정신성의 보존과 과거로의 회귀라는 방향으로 작용하고, 사회 풍조에 대해서는 정신적 발전을 저해하는 방향으로 작용한다. 특히 최근의 문화에서 유한계급 제도는 전반적으로 보수적 경향을 보인다. 이는 본질적으로 특별히 새로운 지적은 아니지만, 이를 현대에 적용하면 많은 사람이 기이하게 느낄지도 모른다. 그래서 이와 관련된 상식을 다소 지루하게 반복할 위험을 무릅쓰고 그 이론적 근거를 여기에 요약하여 재검토하고자 한다.

사회진화는 공동생활 환경의 조건에서 기질이나 사고 습관의 선택과 적응이 행해지는 과정이라고 말할 수 있다. 이러한 사고 습관의 적응은 바로 제도의 발전이다. 그러나 제도가 발전함에 따라 더욱 본질적인 변화가 생겨난다. 관습이 변할 뿐 아니라 조건의 변화에 따라 인간의 기질 자체가 변한다. 최근의 민족학에 의하면, 이러한 기질의 변화는 비교적 안정된 복수의 민족적 유형이나 요소 사이에서 도태가 이루어진 데서 기인한다. 인간에게는 일종의 과거 기질로 회귀하는 경향이나 그것을 보존하는 경향이 있고, 그러한 과거의 기질에는 오늘날과는 다른 상황에 적응하여 정착한 특징이 있다. 서양 문화권 주민들 사이에서는 비교적 안정된 민족 유형의 일부를 볼 수 있지만, 단일 형태를 그대로 주형처럼 고정시켜 인계한 것이 아니라 여러 변종이 다양하게 혼재하는 형태로 지금 남아있다. 그 일부는 선사시대 이후 문화의 발전 과정에서 복수의 유형이나 그 혼혈종이 장기간에 걸쳐 자연선택의 작용을 받은 결과로 출현했다.

그러나 장기적인 선택과 적응의 과정에서 필연적으로 결과하는 유형의 변화는 종 보존에 관심을 갖는 학자의 주의를 그다지 끌지 못한 것 같다. 여기서는 서양 문화권에서 볼 수 있는 두 가지 기질의 변화, 즉 평화 지향과 약탈 지향을 들고자 한다. 이 두 가지는 비교적 최근의 선택과 적응의 결과로 나타났지만, 이후 변화의 방향성에 오늘의 상황이 어떤 영향을 초래하는지가 지금 우리의 관심사다.

먼저 민족학적 관점을 간단히 설명하도록 하자. 가장 중요한 점이외의 모든 것을 생략하기 위해 여기서의 목적 외에는 허용하지 않고, 유형이나 변종의 상세함이나 그와 관련된 회귀와 보존의 형태는 극단적으로 단순화한 형태로 제시하고자 한다. 서양 문화권의 산업사회 인간은 미세한 요소를 무시한다면 다음 세 가지 유형 중 하나에 속한다고 말할 수 있다. 즉 북방 인종(장두금발형), 알프스 인종(단두흑발형), 지중해 인종이다. 그러나 어떤 유형에서도 두 가지 변화 중 어느 하나로 향하는 경향을 볼 수 있다.

즉 하나는 평화를 좋아하는 변종이고, 다른 하나는 약탈을 좋아하는 변종이다. 전자인 평화 지향의 변종은 각 유형의 원형에 가깝고, 공동생활의 최초 시기를 대표하는 모습이다. 이에 대해서는 고고학이나 심리학이 사료로 증명해준다. 이러한 평화 지향적 변종은 현대 문명인의 선조, 즉 약탈 문화나 신분제도나 금전적 경쟁의 격화에 앞서 평화로운 원시 단계를 살았던 사람들의 모습을 보여준다.

이에 대하여 후자, 즉 약탈 지향의 변종은 중요한 민족 유형과 그 혼혈종에 발생한 비교적 새로운 변화를 겪으면서 살아남은 종으로 생각된다. 이러한 변화는 약탈 문화나 그 뒤의 준평화 단계의 경쟁 문화, 즉 엄밀한 의미에서의 금전 문화의 영향 아래에서 주로 선택과 적응을 거쳐 생겨난 것이다.

널리 인정된 유전 법칙에 의하면, 상당히 먼 과거에서 형질이 보존된 예도 있을 수 있다. 보통의 경우, 즉 평균적이거나 표준적인 경우에는 유형이 변화해도 그 유형의 형질은 대체로 가까운 과거(유전학상으로는 현재라고 해도 좋다) 그대로의 상태로 전달된다. 우리의 목적에 관한 한 이러한 유전학상의 현재란 약탈기와 준평화기를 가리킨다고 할 수 있다.

현대의 문명인에게서는 최근의(즉 유전학적으로 현존하는) 약탈 문화나 그에 가까운 문화에 특징적인 기질의 변종을 유지하는 경향을 볼 수 있다. 야만시대의 노예 계급이나 피억압 계급의 자손에 관련해서는 이러한 고찰에 어느 정도 유보 조건을 달아야 하지만, 그러한 조건도 그다지 중요하지 않다. 그러나 인구 전체로 보면, 이러한 약탈과 경쟁 지향의 변종이 안정적으로 높은 비율에 이른 것으로는 보이지 않는다. 현대의 서양인이 받아들인 특성을 잘 살펴보면, 그 구성 요소인 능력과 기질은 결코 균질적이지 않다. 유전학상으로 현재의 인간이라고 해도, 현대 생활과 결부된 새로운 조건에서 본다면 사실 어느 정도 시대에 뒤처진다고 할 수 있다. 게다가 그들이 되돌아가려고 하는 유형은 더욱 오래된 기질을 가지고 있다. 한편 약탈 기질과는 무관한 사람들에게 나타나는 징후로 판단해보면, 평화 지향의 변종은 기질의 분포나 상대적 지위라는 점에서 더욱 안정되고 균질적으로 보인다.

이와 같이 민족 유형의 전기 변종과 후기 변종은 그 기질이 상이한데, 여기에 서양인의 중요한 유형의 차이가 더해지면서 사태는 더욱 복잡하고 애매해진다. 서양인은 사실상 누구라도 중요한 몇 가지 민족적 요소가 다양한 비율로 섞인 혼혈종이라고 해도 좋다. 그 결과 그들은 본래 유형의 어느 것으로 회귀하는 경향을 보인다.

민족 유형의 기질 차이는 약탈적 변종과 평화적 변종의 차이와 어느 정도 중복된다. 구체적으로 북방 인종은 알프스 인종, 특히 지중해 인종에 비해 약탈 기질이 강하고 성격이 거칠다. 따라서 제도가 발전하고 사회 풍조가 변하여 사람들이 약탈적이지 않게 된다고 해서 그것이 바로 평화적 변종으로 회귀하는 것이라고 말할 수 없다. 사람들 속에 숨겨져 있는 어떤 민족적 요소가 차차 강화된 결과일지 모르기 때문이다. 아직 충분한 증거가 없지만, 현대사회에서 볼 수 있는 기질의 변화는 반드시 민족 유형 사이에서 생긴 도태의 결과가 아니라 각 유형의 약탈적 변종과 평화적 변종 사이에서 선택이 행해진 결과로 생각된다.

현대인의 진화에 대한 이러한 검토는 우리의 설명에 반드시 불가결한 것이 아니다. 더욱 오랜 시대의 다윈[1]이나 스펜서[2]의 용어나 개념으로 대신한다고 해도, 선택과 적응의 개념을 사용하여 도

---

[1] 찰스 다윈(1809~1882)은 영국의 생물학자로, 생물의 진화를 주장하고 자연선택설을 발표했다.
[2] 허버트 스펜서(1820~1903)는 영국의 철학자이자 사회학자로, 사회의 발전을 진화론적으로 설명했다.

달한 결론은 본질적으로 변함이 없다. 여기서 용어 사용에 대해 몇 가지 자유재량을 인정할 수 있다. 가령 '유형'이라는 말은 폭넓게 사용되어 기질의 변화도 나타낸다. 민족학자라면 민족 유형이 아니라 그 상세한 변종만을 나타내기 위해 그 말을 사용할 것이다. 설명을 해나가면서 더욱 정밀한 구별이 필요할 때는 문맥 중에서 명확하게 하도록 노력하겠다.

따라서 지금 민족 유형이라고 부른 것은 원시시대 인종 유형의 변종이다. 이러한 유형은 야만시대 문화에서 어느 정도 변화하여 그런 형태로 정착했다. 유전학상 현재의 인간은 민족적 요소가 야만시대에 노예적이거나 귀족적인 변종의 방향으로 변화한 결과이다. 그러나 이러한 야만시대의 변화는 충분한 동질성이나 안정성을 확보하지 못했다. 약탈 단계와 준평화 단계의 야만시대 문화는 장기간 지속되었지만, 유형을 강고하게 고정시킬 정도로는 충분히 길지 않았고 안정되지도 못했기 때문이다. 야만시대의 기질에서 비롯된 변화는 상당히 빈번하게 나타났고, 오늘날에는 그러한 변화가 더욱 뚜렷하게 나타나고 있다. 왜냐하면 현대의 생활 조건은 약탈시대의 전형적 기질로부터의 괴리를 끊임없이 억제하는 방향으로 작용하지 않기 때문이다. 약탈적 기질은 현대 생활의 목적에 적합하지 않다. 특히 현대 산업에 적합하지 않다.

유전학상 현재 인간의 기질에서 괴리가 생긴 경우, 어떤 유형이라도 오래된 변종으로 회귀하는 사례가 많다. 초기 변종의 특징은 원시 단계 특유의 평화를 좋아하는 기질이다. 당시 인간의 성격은 야만시대 문화가 출현하기 전의 생활환경이나 노동 목적에 의해 형성되고, 일종의 기본적 특성으로 뿌리내렸다. 현대 인간이 유전학상의 현재에서 변화하는 경우, 이 오래된 특성으로 회귀하는 경향이 있다. 인간적이라고 불릴 수 있는 공동생활의 가장 원시적인 단계는 대체로 평화로웠다고 생각된다. 그러한 환경이나 제도에서 사는 사람들의 성격, 즉 기질이나 정신적 경향은 무기력하다고 하면 지나치지만 조용하고 분쟁을 싫어한 것으로 생각된다.

우리의 목적을 위해 이러한 평화로운 문화의 단계를 사회 발전의 초기 단계로 보아도 좋을 것이다. 지금의 설명에 관한 한, 이러한 가정의 초기 단계에 우세한 기질은 막연히 본능적인 집단 귀속 의식이라고 말할 수 있다. 이러한 귀속 의식은 주로 집단생활의 편의에 대한 사소한 만족감이나, 금지와 무용함에 대한 상당한 불쾌감이나 반감이라는 형태로 나타났다고 생각된다. 유용성에 관한 이러한 소극적 감각은 평화를 좋아하는 원시인의 사고 습관에 널리 침투했고, 그들의 생활은 물론이고 집단 구성원의 일상적 교류에도 상당히 억제적인 영향을 주었다고 생각된다.

문명사회인가 아닌가에 관계없이 현재의 관습이나 가치관 가운데 초기의 평화롭고 평등한 문화 단계의 흔적을 보여주는 명확한 증거를 찾고자 한다면, 너무 미미하고 의심스럽게 보일지 모른다. 그러나 의심의 여지가 없는 증거는 인간의 기질에 계속하여 나타나는 특성에 명확한 심리학적 형태로 남아 있다. 이러한 특성은 약탈 문화 시대에는 뚜렷하지 않았던 민족적 요소 중에서 상당한 정도로 볼 수 있을 것이다. 오래된 시대의 평화로운 생활 습관에 적합한 특성은 생존경쟁을 해야 하는 시대에 이르러서는 그다지 도움이 되지 못했다. 그리하여 약탈적 생활에 적합하지 않은 사람들의 민족적 요소, 나아가 그러한 민족 집단 자체는 억압당하고 뒷전으로 밀려나 그 그림자가 옅어졌다.

약탈 문화로 이행함과 동시에 생존경쟁의 성격도 변했다. 즉 자연환경과의 싸움에서 인간 환경과의 싸움으로 변했다. 이러한 변화에 수반하여 집단 구성원 사이의 반목이나 대항 의식이 증대되었다. 또 집단의 존속 조건뿐 아니라 집단 내에서의 성공 조건도 변했다. 집단의 정신성도 서서히 변하고, 종래와는 다른 종류의 능력이나 경향이 일반적 생활양식에서 중요해졌다. 평화로운 문화 단계에서 받은 것으로 보이는 오래된 특성으로는 먼저 종족의 연대 본능을 들 수 있었다. 지금 이것은 정의감이나 공공성을 포함하는 도덕심이라고 불린다. 나아가 소박하고 공평한 일하기 본능도 받아들였다.

최근의 생물학이나 심리학을 참조해보면, 인간의 성격이라는 것을 습관이라는 측면에서 재검토할 필요가 있는 듯하다. 그래서 다시 검토해보면 습관이야말로 이러한 특성의 유일한 근거이고 토대이기도 한 것 같다. 생활 습관이 매우 광범위하게 받아들여졌다고 해서 최근의 영향이나 단기적 영향에 의해 제약을 받았다고는 생각되지 않는다. 현대의 고유한 조건에 따라 일시적으로 간단히 억압되었다는 것은 도리어 그러한 습관이 매우 오래된 시대에 의해 규정되었다고 볼 수 있는 증거다. 그 뒤에 조건이 변하게 되면 사람들은 종종 자잘한 점에서 오래된 습관으로부터의 일탈을 하게 되기 때문이다. 그러한 조건의 측면에서 오는 제약에서 해방된다면,

본래의 습관이 거의 필연적으로 부활하게 된다. 이는 오래된 시대에서 받은 특성이 정착하여 정신 구조에 포함되는 과정이 매우 장기적으로 지속되고, 결정적 중단이 없었다는 증거가 된다. 이러한 과정이 오래된 의미에서의 습관화 과정이었는가, 아니면 그 종족의 선택과 적응의 과정이었는가는 여기서 문제가 아니다.

약탈 문화 초기에서 현재까지의 생활은 신분제도하에서, 그리고 개인과 계급이 대립하는 상황 가운데 영위되어왔다. 그러한 생활의 특징이나 조건을 생각해보면, 지금 설명하고 있는 평화를 좋아하는 기질적 특성이 이 기간 중 형성되고 정착했다고 생각하기는 어렵다. 그보다 더욱 이전의 생활양식으로부터 전해지고, 약탈기와 준평화기를 통하여 어쨌든 살아남았다고 보는 쪽이 더 옳은 듯하다. 이러한 특성은 유전적으로 전해지고 약탈 문화나 그 후의 금전 문화에서 성공의 조건이 변해도 존속한 것이라고 생각된다. 존속을 가능하게 한 것은 종의 계속성이라고 하는 중요한 사명을 담당하는 이른바 유전의 강력한 힘이다. 종의 모든 개체에 크고 작게 존재하는 유전적 형질은 이러한 유전의 힘으로 유지되고 있다.

유전적 형질은 평화를 좋아하는 기질적 특성이 약탈기와 준평화기 동안 장기간의 엄혹한 도태 과정을 겪으면서도 간단히 배제되지 않았다. 평화 지향의 기질은 대체로 야만시대의 생활방식이나 정신과 조화를 이루지 못했다. 야만시대 문화의 명백한 특징은 계급 사이 또는 개인 사이의 끊임없는 경쟁과 대립이다. 이러한 투쟁 상황에서는 평화를 좋아하는 원시시대의 특성을 그다지 갖지 못한 개인이나 혈통 쪽이 유리해진다. 따라서 평화적 특성은 배제되기 쉽고, 그러한 특성을 갖춘 사람들이 있어도 매우 약해진다. 야만시대의 기질에 맞지 않으면 살아남지 못한다고까지 할 수는 없어도, 그러한 개인이나 가계는 끊임없이 어떤 억압을 받게 된다. 집단의 개인들이 벌이는 투쟁이 생활의 대부분을 차지하면, 평화적 특성을 갖는 사람은 생존경쟁에서 상당히 불리해질 것이 틀림없다.

앞에서 가정한 문화의 초기 단계에 한정되지 않고 어떤 단계에서도, 선한 본성이나 공평성이나 무차별적 동정심 같은 좋은 성품들은 그 사람 자신의 생활을 더욱 좋게 하는 데 기여하지 않는다. 세상의 대다수 사람들은 그러한 좋은 성품들을 하나도 갖지 못하고, 멋대로 행동하기 마련이다. 선한 본성을 갖는 사람들은 멋대로 행동하지 않으며, 그것은 번거로운 소극적 장점에 불과하다. 경쟁 속에서 잘 해나가기에는 선한 본성을 결여할수록 유리하다. 양심의 가책, 동정심, 성실함, 생명의 존중 같은 것과 무관한 사람은 대체로 금전 문화에서 개인적으로 성공할 수 있다. 성공의 척도가 부나 권력이 아니라면 이야기는 달라지지만, 그러한 보기 드문 경우는 제외하고 어느 시대에도 크게 성공하는 것은 이러한 유형이다. "정직이 최상책"[3]이라고 말하는 것은 매우 좁은 범위나 특수한 경우에 한정된다.

서양 문화권에 속하는 문명사회의 가치관에서 보면, 약탈기 이전 원시의 기질적 특성을 갖는 사람이 크게 성공한 적은 없다. 이러한 유형을 뿌리내리게 했다고 가정되는 초기 단계 문화에서도, 즉

---

3 벤저민 프랭클린이 한 말로 알려져 있다.

평화를 좋아하는 원시 집단의 목적에 비추어 보아도 그러한 사람들에게는 경제적 장점 못지않게 현저한 결점이 있었다. 그것은 원시인에 대한 공감으로 눈이 흐려지지 않은 사람들이라면 바로 알 수 있는 것으로, 그들은 아무리 좋게 말해도 '사람은 좋지만 도움이 되지 않는 사람'이다. 이러한 원시적 유형이 갖는 결점은 허약하고 비효율적이며, 창의성을 결여하며, 순종적이고 누구에게나 친절하며, 불합리한 원시적 신앙심이 강하다는 것이다. 한편 정직하고 싸움을 싫어하며 선의로 가득 차서 사람과 관련해서든 사물과 관련해서든 경쟁이나 차별을 하지 않는 등 집단생활을 원활하게 하는 유용한 특성을 가지고 있다.

약탈 단계로 이행하면, 성공하는 인간의 조건도 변한다. 인간관계의 방식이 변하고, 그에 적합한 생활 습관이 요구되는 것이다. 앞에서 말한 원시의 생활에서 발휘된 에너지는 외적 요인의 변화에 대한 새로운 반응으로서 지금까지와는 다른 행동으로 발휘되어야 한다. 원시의 생활에 적합한 방식이 새로운 상황에서는 더 이상 적절하지 않기 때문이다. 원시시대에는 대체로 대립이나 차별이 없는 것이 특징이었지만, 약탈기에는 경쟁의 격화와 범위의 축소가 특징이다. 약탈 문화와 그 뒤의 문화 단계에서 특징적이고, 신분제도에서 살아남기에 가장 적합한 기질적 특성 가운데 주로 밖으로 나타나는 것으로는 잔인한 행동, 이기적 행동, 배타적 행동, 불성실한 행동 등이 있고, 힘과 부정에 호소하는 경향도 강하게 나타난다.

장기에 걸친 가혹한 경쟁적 환경에서 민족 유형의 도태가 행해지면, 앞서 말한 특성을 가장 강하게 갖는 종족이 살아남고 그러한 특성이 뚜렷하게 우세해진다. 한편 종족이 그 이전에 획득한 습관은 그 뒤에도 이어 유효하고, 결정적으로 버려진 적은 없었다.

유럽인 중에서 북방 인종이 최근 강력한 영향력을 가지고 지배적 지위를 차지하게 된 가장 주된 이유는 약탈적 특징을 매우 강하게 갖는 점이라고 생각된다. 이는 주목할 만한 것으로, 이러한 정신적 특성에 더하여 강력한 육체적 에너지(마찬가지로 집단이나 혈족 사이에서 진행되었을 도태의 결과다)를 함께 갖는다면 어떤 종족이라도 유한계급이나 지배계급을 넘어설 수 있다. 유한계급 발전의 초기 단계에는 특히 그러하다. 그러나 이러한 특징을 갖춘 개인이 반드시 크게 성공한다고는 말할 수 없다. 경쟁적 환경에서는 개인의 성공 조건이 반드시 계급의 성공 조건과 일치하지 않기 때문이다. 계급이나 당파가 성공을 거두려면 강력한 동료 의식, 지도자에 대한 충성심, 주의主義에 대한 신봉 등이 필요하다.

이에 반하여 경쟁하는 개인의 경우에는 야만시대 사람들의 에너지, 의욕, 이기심, 불성실을 충성심과 당파심이 부족한 원시시대 사람들의 특성과 결합시킨다면 성공할 수 있다. 당파에 속하지 않고 멋대로 돌진하여 나폴레옹처럼 화려하게 성공하는 사람은 종종 북방 인종보다 알프스 인종의 신체적 특징을 갖는다고 할 수 있다. 한편 조직에 속하여 개인으로서 중간 정도의 성공을 거둔 사람은 북방 인종의 신체적 특징을 갖는다고 할 수 있다.

약탈적 생활 습관에 의해 유발되는 기질은 경쟁적 환경에서 개인이 살아남고 생활을 향상시켜가는 데 유리하게 작용한다. 동시에 이러한 기질은 집단생활이 전체로서 다른 집단과의 적대적 경쟁 아래 살고 있는 경우 집단 자체의 존속이나 성공에도 기여한다. 그러나 고도의 산업사회에서는 경제 활동이 더욱 진화하여, 이제는 집단의 이익이 개인의 경쟁적 이익과 일치하지 않게 된다. 집단으로의 능력을 갖춘 고도의 산업사회는 약탈 기질의 지배자 계급이 전쟁이나 강탈의 전통에서 벗어나지 못하는 경우를 제외하면 더는 생계 수단이나 생존권을 다툴 필요가 없다. 전통이나 기질 이외의 요인으로 이러한 사회가 적대하는 일은 더 이상 있을 수 없다. 따라서 집단 동료가 명예를 다투는 경우가 설령 있다고 해도, 물질적 이익에 관해서는 충분히 공존할 수 있게 된다. 게다가 한 집단의 성공은 현재의 시점에서도 또는 미래의 어떤 시점에서도 반드시 다른 집단의 생활 향상에 기여한다. 따라서 다른 집단을 능가하여 물질적으로 이익을 얻으려고 하지 않는다. 단, 개인의 경우나 개인의 인간관계가 되면 이야기는 달라진다.

현대사회에서 집단의 이익은 생산성에 의존한다. 그리고 사회에 대한 개인의 공헌도는 소위 생산적 직업에서 발휘하는 능력에 비례한다. 집단의 이익에 최고로 기여하는 것은 성실, 근면, 온화, 선의, 이타심, 인과관계의 이해와 인식 등이다. 애니미즘적 자연숭배나 사물을 초자연적으로 설명하는 경향이 없는 점도 중요하다. 이처럼 평범한 인간의 성질이 얼마나 존귀하고 도덕적이며 가치 있는지는 다시금 강조할 필요가 없고, 그것이 널리 침투하고 있는 집단의 생활양식을 다시금 칭찬할 이유도 없다. 그러나 그것은 그것으로서, 현대 산업사회가 제대로 운영되려면 성실과 근면이라는 특성이 불가결함을 지적해야 한다. 게다가 사람들이 이러한 특성

을 많이 가질수록 가장 잘 될 가능성이 높다. 산업사회의 환경에 적
응하기 위해서도 성실이나 근면이 어느 정도 필요하다. 그리고 본
질적으로 평화롭고 고도로 조직화된 복잡하고 통합적인 산업사회
가 최대한 기능하는 것은 사람들에게 이러한 특성의 다수가 현실
적으로 바랄 수 있는 최고 수준으로 있는 경우다. 약탈 기질의 인간
에게는 이러한 특성이 거의 없기 때문에 현대사회에는 전혀 도움
이 되지 않는다.

한편 경쟁적 환경에서 개인의 직접적 이익에 가장 도움이 되는
것은 약삭빠른 거래와 파렴치한 재주다. 앞에서 말한 집단의 이익
에 적합한 특성은 도움은커녕 도리어 손실을 초래한다. 성실하고
근면하다는 특성을 가지면, 금전적 이득 이외의 것에 에너지를 쏟
게 된다. 설령 이익을 추구한다고 해도, 기회를 포착하면 즉각 요령
있게 이익을 챙기지 않고 간접적이고 그다지 효과적이지 않은 산
업 활동을 통해 이익을 얻고자 할 것이다. 산업사회에 적합한 특성
은 경쟁하는 개인에게는 언제나 방해가 된다고 말할 수 있다. 현대
산업사회의 구성원은 경쟁 제도 아래에서 모두 라이벌이고, 기회
만 있으면 양심의 가책도 없이 동료를 아무렇지 않게 속이고 상처
를 입힐 때 자기 이익을 최대화할 수 있기 때문이다.

앞 장에서 이미 지적했듯이, 현대의 경제 제도는 금전 경제와 산
업 경제로 대별할 수 있다. 직업도 마찬가지다. 전자에 속하는 것은
소유와 획득에 관련된 직업이고, 후자에 속하는 것은 기능과 생산
에 관련된 직업이다. 또 제도의 발전에 대해 말한 것은 직업에 대해
서도 마찬가지로 말할 수 있다. 유한계급의 경제적 이익은 영리적

직업과 연결되고, 노동계급의 이익은 두 가지 직업과 다 관련되지만 주로 생산적 직업과 관련된다. 따라서 유한계급에 동료로 들어가기 위한 조건은 영리적 직업을 갖는 것이 된다.

두 종류의 직업에 요구되는 성질은 너무나 다르다. 직업이 사람들에게 주는 영향도 너무나 다르다. 영리적 직업은 약탈적 기질이나 능력을 보존하고 함양하는 방향으로 작용한다. 이러한 작용은 영리적 직업을 가진 사람의 약탈적 능력을 단련시키는 동시에, 이러한 측면에 부적합한 사람들을 선택적으로 억압하거나 배제하는 형식으로 행해진다. 사람들의 사고 습관이 획득과 보유라고 하는 생존경쟁을 통해 형성되는 한, 또 그 경제적 기능이 교환가치로 본 부의 소유 범위나 거래를 통한 부의 운용과 투자 범위에 좁혀지는 한 직업 생활은 약탈적 기질이나 사고 습관의 존속과 강화에 유리하게 작용한다. 평화로운 현대사회에서 영리 활동으로 육성되는 것은 약탈적 습관과 능력이다. 그러나 그것은 물론 평화롭게 행해진다. 즉 힘에 의한 강탈이라고 하는 낡은 방식이 아니라, 기만과 속임수에 속하는 일련의 방법에 숙달하게 만든다.

약탈 기질을 보존시키는 경향을 갖는 영리적 직업은 소유(엄밀한 의미에서 유한계급의 직접적 기능이다)나 그 보조적 기능인 획득 및 축적과 관련된다. 여기에는 경쟁적 산업 활동에 종사하는 기업의 소유나 이에 수반되는 업무가 포함된다. 자금 조달과 투자라고 하는 기본적 경영 기능이 대표적일 것이다. 여기에 상업에 관련된 직업의 대부분을 더해도 좋을지 모른다. 영리적 직업의 정점을 형성하는 것은 창업 경영자나 기업인의 업무다. 기업인은 머리가 좋다기보다 수완이 좋은 사람이고, 생산 면보다 영리 면에서 뛰어나다. 기업인은 산업을 경영하지만 그 방식은 자유방임이고, 생산이나 산업 조직의 세부는 사업의 재능이 그다지 없는 부하, 즉 경영의 재능보다 기능이 뛰어난 부하에게 위임된다. 일부의 비영리적 직업도 훈련이나 선택을 통해 인간의 성질에 영향을 미치는 점에서는 영리적 직업으로 분류할 수 있다. 이를테면 정치, 종교, 군대와 관련되는 직업이 여기에 해당한다.

영리적 직업은 생산적 직업보다 훨씬 높은 평판을 얻고 세상의 인정을 받는다. 유한계급의 평판이라는 기준에서 타인과 차이를 만들어내는 데 도움이 되는 약탈적 능력이 우대받는다. 유한계급의 상류 생활도 약탈적 특성을 존속시키고, 심지어 조장하기도 한다. 직업은 평판에 따라 계층화되고, 엄밀한 의미에서 영리적 직업 가운데 가장 높은 평판을 얻는 것은 대규모 소유에 직접 관련되는 기업인이다. 그다음은 은행가나 법률가같이 소유나 투자와 직접 관련되는 직업이다. 은행가는 대규모 재산의 소유와 관련되는 직업이고, 따라서 영리사업에 따르는 높은 평판이 주어진다. 법률가는 대규모 재산과는 무관하다고 해도 그 업무가 경쟁적 목적 이외에는 도움이 되지 않기 때문에 평판 계층에서 관습적으로 높은 지위를 부여받는다. 법률가는 언제나 궤변을 일삼거나 논파하며 약탈적 부정행위의 법률적 세부 사항에만 관여하기 때문에 야만시대 사람들의 모략 지혜를 받아들이는 것처럼 보인다. 그리고 이러한 간지奸智야말로 언제나 사람들의 존경과 공포의 대상이 된다. 상업에 관련되는 직업은 소유하는 것이 상당히 크거나 유용성이 그다지 적지 않은 한 어중간한 평판밖에 얻지 못한다. 그들이 얻는 평판의 정도는 만족시켜야 하는 욕구가 고급이냐 저급이냐에 의해 정해진다. 따라서 싸구려 생활필수품 소매업을 경영하는 자는 수공예품 기술자나 공장노동자와 같은 정도의 평판밖에 얻지 못한다. 두말할 필요도 없이 육체노동자는 기계적 과정의 감독과 같은 업무도 포함하지만 평판이라는 점에서는 크게 열등하다.

영리적 직업이 미치는 영향에 대해 유의할 점이 하나 있다. 그것은 생산적 기업의 규모가 커짐에 따라 영리 면의 세부적인 점에서 모략을 꾸미거나 약삭빠르게 경쟁하는 성질이 누그러진다는 점이다. 즉 경제 활동의 이러한 면에 관여하는 사람이 증가함에 따라 사업은 정해진 업무로 정착하고, 경쟁 상대를 속이거나 착취하는 것에는 그다지 직접 관여하지 않게 된다. 그 결과로 하위 종업원이 약탈적 습관에서 벗어난다. 한편 사업의 소유나 경영에 관여하는 자에게는 이러한 것이 전혀 문제 되지 않는다.

생산의 기술 업무나 작업에 직접 종사하는 자는 영리 면에 관여하는 자와 달리, 일상적 경쟁이나 차별화의 동기를 품지 않고 영리 목적의 책략에 몰두하지도 않는다. 생산에 관여하는 자가 일관하여 행하는 것은 기계적 사실이나 공정을 이해하고 조정하며, 그것을 평가하여 인간 생활에 도움이 되도록 이용하는 것이다. 그들에 관한 한 산업 활동은 집단생활에서 타인과 경쟁하거나 차이를 만드는 것과는 무관한 목적을 향하도록 하는 교육 효과와 선택 작용을 초래한다. 따라서 그들 사이에서는 유전과 전통을 통해 야만시대로부터 받아들인 약탈적 능력과 경향이 급속히 퇴화한다.

이처럼 경제 활동의 교육적 효과는 사회적으로 단일하게 나타나지 않는다. 이익 획득 경쟁에 직접 관련되는 경제 활동은 약탈적 특성을 보존하는 경향이 있지만, 재화의 생산에 직접 관련되는 활동 쪽은 대체로 정반대의 경향을 보여준다. 단, 후자와 관련되어 생산적 직업에 종사하는 사람들의 대부분이 어느 정도로는 금전적 경쟁에 관련되는 점을 지적해야 한다. 가령 임금이나 급여는 경쟁을 통해 결정되고, 소비재를 구입하는 경우에도 경쟁을 한다. 따라서 직업에 대해 앞에서 말한 차이가 개인에게도 분명히 해당된다고는 말할 수 없다.

　현대 산업사회에서 유한계급이 갖게 되는 직업은 약탈적 습관이나 능력을 어느 정도 존속시키고자 하는 직업이다. 그들이 산업 활동에 참여하는 경우에 한하여 할 수 있는 이야기이지만, 이때도 야만시대의 경향은 보존되는 경향이 있다. 그러나 다른 측면도 지적해두어야 한다. 노동을 하지 않아도 무방한 입장에 있는 사람은 그 육체적이고 정신적인 특징이 종족의 평균에 훨씬 미치지 못해도 그것을 보존하고 전달할 가능성은 있다는 점이다. 야만 시대 이전의 특성은 산업사회의 압력으로부터 최대한 차단된 계급에서 가장 잘 보존되고 계수될 가능성이 높다. 유한계급은 그러한 압력으로부터 상당 부분 차단되어 있으므로, 평화를 좋아하는 원시시대 기질의 격세유전 비율이 이례적으로 높을 것이 틀림없다. 이처럼 야만시대 이전의 기질을 받아들인 사람은 하층계급처럼 억압이나 배제를 당하지도 않고 평온한 생활을 영위할 수 있다고 생각된다.

　이와 비슷한 일은 실제로도 볼 수 있다. 가령 상류계급에는 자선

사업을 하는 사람들의 수가 상당하고, 사회의 개혁이나 개선을 지원하고자 하는 분위기도 강하다. 그러나 그러한 자선사업이나 개혁 지원의 대부분은 원시인의 특징이었던 온건한 선량함이나 되는 대로 한다는 요소가 나타난다. 그러나 그렇다고 하여 하층계급보다 상류계급 쪽에 격세유전이 나타나는 비율이 높다고는 말할 수 없다. 설령 하류층에 같은 경향이 존재했다고 해도, 자선 활동을 하는 수단이나 시간이나 에너지의 여유가 없기 때문에 쉽게 밖으로 나타나지 않는다. 사실을 보여주는 듯한 명백한 증거라는 것은 대체로 의심스럽다.

더욱 주의해야 할 점은 오늘날의 유한계급에는 영리사업으로 성공한 사람, 따라서 평균 이상으로 약탈적 특성을 갖는 사람들이 차차 증가하고 있다는 사실이다. 유한계급에 더해지는 것은 영리적 직업에 취업하는 사람들이기 때문이다. 이러한 직업은 선택과 적응의 과정을 통해 이익 획득의 재능을 발휘하고 약탈 기질의 시련을 이겨낸 자만을 상류계급으로 끌어올린다. 평화 지향의 기질이 상류계급에 속하는 사람 중에서 발견되면 바로 축출되어 하류로 내려보내지는 경우도 많다. 따라서 유한계급의 지위를 유지하기 위해서는 영리 추구의 기질이 있어야 한다. 그렇지 않으면 재산은 사라지고, 즉각 지위도 상실할 것이다. 그러한 예는 수없이 많다.

유한계급의 수는 치열한 재력 경쟁에서 뛰어난 능력을 보이는 개인이나 가계를 하류계급에서 선발하여 편입시키는 계속적 선택 과정을 통해 유지된다. 상류계급에 들어가기를 바라는 사람은 영리 면의 적성을 평균 이상 갖는 것만으로는 불충분하고, 출세 가도에 놓여 있는 모든 물리적 장애를 극복할 수 있는 능력을 갖춰야 한다. 따라서 우연의 경우를 제외하면, 신참 유한계급은 다 선발된 자들이다.

하류에서 상류로 올라가는 과정은 말할 필요도 없이 언제나 진행되고 있다. 재력을 과시한 이래라는 말인즉 유한계급 제도가 처음 출현한 이래라는 말과 거의 같은 뜻이지만, 여하튼 그 뒤로 계속 행해지고 있다. 그러나 위로 오르는 인간이 도태되는 기준은 계속 같지 않았기 때문에 결과도 같지 않았다. 야만시대 전기, 즉 엄밀한 의미에서의 약탈 단계에서 상류의 자격은 매우 소박한 용맹이었다. 유한계급에 들어가기 위해서는 파벌 의식이 강하고 겁이 없으며, 잔인하고 부끄러움을 모르고, 목적을 위해서라면 무슨 일이라도 해낸다는 성향을 갖춰야 했다. 부의 축적과 유지에 크게 도움이 되는 것은 이러한 성질이었기 때문이다. 유한계급의 경제적 기초는 당시는 물론 지금도 부의 소유이지만, 부를 축적하는 방법이나 그에 요구되는 성질은 약탈 문화가 시작되었을 때부터 변해왔다. 야만시대 전기에 유한계급은 도태의 결과로서 용감하고 공격적이며 신분 의식이 강하고 태연히 부정을 범한다고 하는 현저한 특성을 갖추었고, 지위를 유지하기 위해 언제나 용맹함을 보여주는 것이 필요했다. 그러나 야만시대도 후기가 되면, 대체로 평화로운 신분제도에서 부의 획득이나 소유가 안정된 방향으로 이행하게 된다. 명백한 강탈이나 야만적 폭력은 사라지고, 약삭빠른 행동과 교묘한 언변이 부를 축적하는 최선의 방법으로 인정받게 된다. 그리하여 유한계급에서는 당시까지와는 다른 종류의 능력과 성질이 보존되었다고 간주된다. 공격성과 그에 어울리는 강한 완력이나 강한 신분 의식이 계수된 중요한 특성이었고, 전형적인 '귀족의 미덕'으로 현대에까지 이어져왔다. 그러나 이러한 특성과 함께 신중하고 타산적이며 책략에 능하다고 하는, 눈에 덜 거슬리는 특성이 강화되어왔다. 시간이 지남에 따라 평화를 좋아하는 금전 문화 시대가 가까워지면 이러한 타산적 특성이나 습관이 영리 목적에서 상대적으로 유리해진다. 그리고 유한계급에 들어서거나 머무는 사람들을 도태시키는 과정에서는 이러한 특성의 가치가 높아졌다.

선택의 기준도 변하여 마침내 유한계급으로 편입되는 자격이 영리적 재능에 그치게 되었다. 야만시대의 약탈적 특성 가운데 살아남은 것은 목적에 대한 집착심과 불굴의 정신뿐이었다. 이는 과거에 야만시대의 약탈적 종족이 평화를 좋아하는 원시인을 처음부터 끝까지 일관하여 제압했을 때 결정적 요인이 된 성질이었다. 그러나 이 특성이 경제적으로 성공한 상류계급과 다수의 노동계급을 구별하는 요인이 되었다고는 말할 수 없다. 현대의 산업 활동 가운데 노동계급이 받은 훈련이나 선택도 이러한 특성에 큰 영향을 주었기 때문이다. 목적에 대한 집착은 도리어 이 두 계급을 별도의 두 유형, 즉 아무런 도움이 되지 않는 게으른 자와 무법자로부터 구별한다고 말할 수 있다. 천부적 성질이라는 측면에서 생산적 인간은 선량하지만 게으른 자와 가깝고, 영리 추구형 인간은 무법자와 가깝다. 극단적인 영리 추구 인간은 사람과 사물을 자신의 목적에 태연히 이용하면서, 타인의 감정과 소망을 결코 고려하지 않고 자신의 행위가 초래할 영향도 전혀 생각하지 않는다. 이 점에서 극단적 무법자와 매우 유사하다. 단 신분 의식이 강하다는 점, 먼 목표를 향하여 선견성과 일관성을 갖는다는 점에서는 무법자와 다르다. 영리 추구 인간과 무법자의 기질은 오락이나 도박을 좋아한다는 공통점도 있고, 목적도 없이 경쟁을 즐기는 점도 유사하다. 극단적인 영리 추구 인간은 약탈적 성질에 수반하는 다음과 같은 경향을 갖는다는 점에서도 무법자와 기묘하게 일치한다. 즉 무법자는 대부분 미신을 믿고, 주문에 의존하며, 점이나 운명을 믿고, 신의 통고나 주술 의식을 매우 신뢰한다. 경우에 따라서는 이러한 경향이 열렬한 헌신이나 교의의 준수라는 형태로 나타난다. 아마도 이는 신앙심이라기보다 몰입에 가까운 특징을 보인다고 할 수 있다. 이 점에서 무법자의 기질은 노동자나 도움이 되지 않는 게으른 자보다, 영리 추구 인간이나 유한계급 인간과 공통되는 점이 더 많다.

현대 산업사회의 생활, 즉 금전 문화에서의 생활은 선택 과정을 통해 특정한 능력이나 성질의 강화 또는 보존을 촉구하도록 작용한다. 현재 이러한 선택 과정은 어떤 불변의 민족 유형으로 단순히 되돌아가는 것이 아니라, 인간의 성질에 수정을 가하여 과거로부터 이어져온 유형이나 그 변종과는 상당히 다른 것으로 변하는 경향을 보여준다. 그런데 이러한 변화가 향하는 목적지는 하나가 아니다. 선택 과정의 작용을 받아 정착하고 매우 보통이라고 간주된 기질은 일관성을 보여주는 점에서, 즉 목적을 향한 집착심이 강하다는 점에서 오래된 시대의 어떤 변종과는 다르다. 이 점에 관한 한, 경제 이론에서 선택 과정의 목표 지점은 단일하다. 그러나 이러한 대체적 흐름과 별도로, 변화에는 두 가지 방향성이 나타난다. 능력의 선택적 보존 측면에서는 영리 추구와 생산 활동이라는 두 가지다. 성질이나 정신적 태도나 의사의 측면에서는 자기 이익을 추구하고 타인에 대해서는 차이를 두고자 하는 자세와 타인과 경쟁하려고 하지 않고 생산성을 중시하는 자세로 나뉜다. 그리고 지성과 인식 능력의 측면에서는 전자가 정성적 관점에서 의욕, 질적 관계, 신분, 가치를 잘 인식하지만, 후자는 정량적 관점에서 순서, 양적 관계, 기계적 효율, 효용을 잘 인식한다.

영리적 직업은 지금 든 두 가지 중 주로 전자의 능력과 성질을 필요로 하고, 사람들로 하여금 이를 보존하도록 작용한다. 이에 대해 생산적 직업은 주로 후자를 필요로 하고, 이를 보존하고자 작용한다. 상세한 심리학적 분석을 행하면, 어느 종류의 능력과 성질도 각각 한 가지 기질의 다양한 표현에 불과하다는 것을 알 수 있다. 인간은 하나의 통합체이기 때문에, 전자에 속하는 능력과 경향은 인간 성질의 다양한 변화형으로서 혼연일체가 되어 표현된다. 물론 후자에 대해서도 마찬가지다. 인간은 이 두 가지 방향성 중 어느 하나를 그 나름의 일관성을 가지고 선택한다고 생각된다. 영리 추구형의 생활은 대체로 야만시대의 기질을 보존하는 경향이 있다. 단 야만시대 전기의 특징인 폭력적 공격 대신 속임수나 타산 같은 것이 행해진다. 그러나 이러한 대체는 그다지 명백하지 않다. 영리적 직업에서는 거의 일관하여 이러한 방향에서 선택 작용이 행해진다고 할 수 있지만, 직접적으로는 이익을 다투는 경우 외에 반드시 동일하게 작용하는 것은 아니다. 시간과 재화의 소비에 관하여 현대 사회는 무조건 귀족적 가치관을 배제하거나 중산계급적 가치관을 육성하고자 하는 것이 아니다. 분명히 말할 수 있는 것은 세상의 인정을 받는 보기 좋은 생활양식을 유지하려면 야만시대 전기의 특징을 크게 발휘할 필요가 있다는 점이다. 이 점에 관해서는 이미 여가를 다룬 장에서 상세히 설명했고, 뒤에서도 다시 살펴보고자 한다.

지금까지 설명한 바로 미루어 볼 때, 유한계급의 생활 자체는 물론 그 양식도 야만시대 기질의 보존을 촉구하는 것으로 보인다. 그것은 대체로 평화를 좋아하는 중산계급을 향한 변화이지만, 어느 정도 약탈적 요소도 포함하는 기질이다. 따라서 특별한 저해 요인이 없다면, 사회 계급 사이의 기질 차이가 다른 이유를 추적할 수 있을 법하다. 귀족과 부르주아의 기질, 즉 약탈적이고 영리 추구형의 특성은 주로 상류계급에 나타날 것이고, 생산적 기질, 즉 평화 애호형의 특성은 주로 공업 생산에 종사하는 노동계급에 나타날 것이다.

이는 전반적으로 또는 추상적으로 옳다고 말할 수 있지만, 실제로 확인하기는 어렵고 기대한 정도로 결정적이지도 않다. 그렇게 볼 이유는 몇 가지가 있다. 모든 계급이 어느 정도로는 금전 경쟁에 발을 딛게 되고, 따라서 영리 추구형 특성을 갖추게 되면 성공하거나 살아남기에 유리해진다. 사람들의 사고 습관을 형성하고 살아남는 사람들을 결정하는 선택 과정은 금전 문화가 침투한 곳에서는 대체로 획득 능력의 유무에 의해 이루어진다. 따라서 돈벌이의 재능은 생산 능력과 어울리지 않는다는 사실조차 없다면, 어떤 직업에서도 이 재능이 압도적으로 유리해지도록 선택 작용이 행해질 법하다. 만일 그렇다면 경제적 합리성에만 근거하여 행동하는 '경제인'이 극히 정상적이고 결정적인 유형으로 간주될 것이다. 그러나 돈벌이밖에 안중에 없고 유일하게 인간다운 특성은 빈틈이 없다는 것뿐인 '경제인'은 현대 산업에 전혀 도움이 되지 않는다.

현대 산업이 필요로 하는 것은 당면한 일에 대한 몰개성적이고 비개인적인 관심이다. 그렇지 않다면 산업 과정의 개선이 불가능하고, 심지어 개선하고자 하는 기색도 없을 것이다. 노동자를 무법자나 실업자와 구별하는 것은 바로 일에 대한 이러한 자세다. 사회의 생활이 지속되려면 노동이 반드시 필요하기 때문에, 어떤 종류의 직업에서는 노동에 대한 적성을 유리하게 하는 조건부 선택이 행해진다. 그러나 생산적 직업에서도 영리 추구의 특성이 확실하게 배제되어 있다고는 말할 수 없고, 야만시대의 기질이 눈에 띌 정도로 남아 있다는 것을 인정하지 않을 수 없다. 그러므로 현재는 이에 대해 유한계급의 기질과 대중의 기질 사이에 커다란 차이가 인정되지 않는다.

기질에 관한 계급 간 차이를 알기 어렵게 만드는 요인이 또 하나 있다. 바로 다른 계급의 선천적 특성을 모방하고 그것을 대부분의 사람들 사이에 확대하도록 작용하는 생활 습관이 모든 계급에 존재한다는 것이다. 이러한 획득된 습관 또는 간주된 기질의 특성은 귀족계급의 습관인 경우가 많다. 유한계급이 세상의 모델로서의 특별한 지위를 이용하여 자신들이 갖는 생활양식의 특징을 하부계급에 강요한 결과, 사회 구석구석까지 그러한 귀족적 기질 특성이 조금씩 심어져왔다. 이로써 귀족적 특징은 유한계급에 의한 모델이나 강요가 없는 경우에 비해 살아남을 가능성이 높다. 귀족적 생활양식을 하류계급에 전하고 결과적으로 오래된 시대의 기질 특성도 가르치는 중요한 전달 역할을 하게 되는 것은 피고용인들이다. 그들은 매일 주인과 접촉하기 때문에 무엇이 좋고 무엇이 아름다운지를 알고 있고, 그것을 가지고 하류계급으로 돌아간다. 그리하여 보통이라면 더 많은 시간이 걸려 전파될 고귀한 이상이 피고용인들에 의해 단기간에 사회로 확대되는 것이다. 상류계급 문화의 대부분이 한순간에 대중에게 전달되는 것을 생각해보면, '그 주인에 그 하인'이라는 격언은 의외로 깊은 의미를 가지고 있다.

영리적 특성의 보존에 관하여 계급 사이의 차이를 알기 어렵게 만드는 요인은 또 있다. 금전적 경쟁은 갖지 못한 계급을 대량으로 낳는다. 그들은 생활필수품이나 체면 유지에 필수적인 것을 살 수 없다. 여하튼 그래서 육체적 필요이든 무엇이든 나날의 생활에 최저한으로 필요한 것을 충족하기 위한 수단을 얻고자 고투해야 한다. 불리한 상황에서 악전고투를 해야 하기 때문에 그들의 에너지는 그만큼 소진되어버린다. 자신만이라도 부상하고자 필사적이 되고, 끊임없이 자신의 것만을 생각하게 된다. 그리하여 생산적이고 노동적인 특성은 사용되지도 못하고 퇴화되어버린다. 따라서 유한계급 제도는 낮은 계급에 체면 유지를 위한 지출을 강요하고 그들에게서 생활 수단을 탈취함으로써 간접적으로 영리적 특성을 각인시키고자 작용한다고 말할 수 있다. 그 결과 본래는 상류계급에서만 볼 수 있는 기질 특성에 하류계급이 동화되는 현상이 생겨난다.

그렇게 되면 상류와 하류 사이의 기질 차이가 크게 없는 것처럼 보인다. 이는 유한계급이 강요하는 듯한 모델이 되고, 그들이 의거하는 과시적 낭비와 금전적 경쟁의 원리를 대중이 받아들인 탓으로 생각된다. 유한계급 제도는 사회의 생산성을 저하시키고, 산업활동의 필요조건에 대한 기질의 적응을 지연시키는 방향으로 작용한다. 그리고 첫째, 유한계급 및 그 계급과 혈연관계를 맺는 사람들에게 낡은 특성을 전달함으로써, 둘째, 낡은 제도의 전통을 보존하고 강화하여 야만시대의 특성이 유한계급 이외의 가계에도 살아남는 기회를 증대시킴으로써 인간의 성질을 보수적으로 이끌게 된다.

그러나 현대인에게 나타나는 특성의 보존과 배제에 관해서는 지금까지 중요한 자료의 수집이나 분석이 거의 행해지지 않았다. 따라서 쉽게 손에 넣을 수 있는 사실의 단편적 검토 이외에는 여기서 서술한 견해를 증명해주는 구체적 자료가 거의 없다. 그러한 사실의 열거는 지루한 것이지만, 그럼에도 설명을 끝내기 위해서 설령 그것이 지금 시도되고 있는 개략적이고 빈약한 설명이라도 필요할 것이다. 그래서 이러한 종류의 단편적 검토를 하는 이하의 장에 대해 미리 독자의 양해를 구한다.

10장 용맹의 현대적 보존

유한계급은 산업사회 가운데 살아 있다기보다 산업사회 덕분에 살아 있다고 할 수 있다. 그들은 생산이 아니라 영리에 의해 산업과 관련된다. 그 계급에 들어가려면 영리 측면의 적성을 보여주어야 한다. 즉 사람에게 도움이 되기보다 재산과 권리의 획득으로 향해 있다는 것을 보여주어야 한다. 그러므로 유한계급을 구성하는 인간의 성질은 영리 추구에 적합한지 아닌지에 의해 선별되고 변화해간다. 그러나 이러한 계급의 생활양식 대부분은 과거로부터 받아들인 것이고, 야만시대 전기의 습관이나 이상에 젖은 것이다. 이러한 오래된 생활양식은 어느 정도 약화되면서도 하류계급에 강요된다. 그리고 생활과 관습의 선택적 작용과 교육의 힘으로 인간성이 형성되어가지만, 이때 야만시대 전기, 즉 용맹과 약탈 생활 시대의 특징과 습관 및 이상을 보존하는 방향으로 나아간다.

약탈 시대 인간을 특정짓는 고대의 성질 가운데 가장 현저한 것은 엄밀한 의미에서의 호전적 경향이다. 집단이 약탈 행위를 하는 경우 이러한 경향은 군국주의, 즉 최근에는 애국심이라고 불린다.

유럽 문명국에서는 세습의 유한계급이 분명 중류계급 이상으로 군국주의에 물들어 있으며, 이 점에는 누구나 즉각 동의할 것이다. 사실 유한계급에게는 다른 계급과의 차별화가 자존심 문제로, 군국주의 정신을 찬양하는 이유는 충분히 있다. 먼저 전쟁은 명예로운 행위라는 것이다. 따라서 전쟁과 관련되는 용맹은 대부분의 사람들 눈에 특별히 존중할 만한 것으로 비친다. 그리고 용맹에의 동경 자체가 전쟁 숭배자에게 약탈 기질이 존재하는 증거라고 할 수 있다. 약탈 기질과 그 표출인 전쟁에 대한 열광은 상류계급에서 가장 강하게 나타나며, 특히 세습 유한계급이 심하다. 게다가 상류계급에서 밖으로 가장 중요한 일은 통치이지만, 이는 기원에서 보나 발전 과정에서 보나 약탈적 직업이라고 할 수 있다.

언제나 호전적이었다는 점에서 세습 유한계급에 대항할 만한 계급이 있다면, 그것은 하류계급의 무법자들이다. 평시에는 노동계급의 대부분이 호전적 기분에 상당히 냉담하다. 산업사회의 주력을 형성하는 이러한 일반 대중은 극도로 흥분할 때를 제외하고는 국방 이후의 전투에 혐오감을 보인다. 아니, 나라를 지켜야 한다는 선동에도 완만하게 반응한다. 문명화된 사회, 즉 산업이 발전된 사회에서는 호전적인 공격 정신이 보통 사람들 사이에서도 위축되었다고 말할 수 있다. 그렇다고 하여 노동계급에 강한 군국주의 정신을 보여주는 자가 전혀 없다는 것은 아니고, 어떤 선동으로 자극받을 때 대중이 일시적으로 군국주의 정신에 젖는 일이 없는 것도 아니다. 실제로 오늘날에는 유럽의 여러 나라에서, 또 미국에서도 한동안 그러한 현상이 나타났다. 그러나 이러한 종류의 일시적 열광을 제외하면, 또 상류계급이나 최하층계급의 약탈적 인간을 포함하여 오래된 약탈 기질을 가진 자를 제외하면, 현대 문명사회의 대중은 그러한 선동에 둔하게 반응한다. 그들이 너무나 냉담하기 때문에 현실적으로 외국의 침략을 받지 않는 한 전쟁은 지극히 행해지기 어렵다. 보통 사람들은 전쟁보다 계속 견실한 활동을 향하는 습관과 능력을 가지고 있다.

이러한 계급에 따른 기질의 차이가 생기는 원인은 계급 안에서 후천적 특성의 계승 방식이 상이한 점에서도, 또 종족 출신이 상이한 점에서도 찾을 수 있다. 계급 간 차이는 균질한 종족으로 구성되는 나라보다 다양한 종족이 계급을 구성하는 나라에서 현저하게 나타난다. 이와 관련하여 종족적 다양성이 큰 나라에서 나중에 유한계급에 들어가는 사람들은 일반적으로 현대에서 오래된 귀족적 특성을 보여주는 사람들보다 군국주의 정신을 결여한다. 이렇게 성공한 사람은 최근 매우 보통인 사람들 사이에서 부상했고, 오래된 의미의 용맹과 무관한 특성이나 능력을 발휘하여 성공한 경우가 많기 때문이다.

엄밀한 의미에서의 전투행위와는 별개로 결투라는 제도도 강력한 전투 의욕의 표출이고, 따라서 유한계급 특유의 것이라고 말할 수 있다. 결투는 실질적으로 의견 대립을 최종적으로 해결하는 방식이고, 어느 정도 계획적으로 싸움에 호소하려는 것이다. 문명국에서 결투가 인정된 것은 세습 유한계급이 존재하는 경우에 한정되었고, 결투 그 자체도 대부분 유한계급 사이에서 행해졌다. 그 예외의 하나는 육군과 해군의 장교들이다. 그러나 그들은 대체로 유

한계급에 속하고, 약탈적 사고 습관을 훈련받은 자들이다. 또 하나
의 예외는 하류계급의 무법자들이다. 그들은 유전 또는 단련, 아니
면 그 두 가지 모두에 의해 역시 약탈적 성질이나 습관을 갖추었다.
의견 대립의 보편적 해결 수단으로서 언제나 결투를 찾는 자들은
상류계급 신사나 하류계급 불한당뿐이었다. 보통 사람들이 싸움을
하는 것은 일시적 격분이나 술김에 부리는 도발적 행위에 대한 억
제가 아무런 효과를 보지 못할 때에 한정된다. 그러한 경우에는 보
통 사람들도 본능적으로 단순한 자아로 돌아간다. 말하자면 무의
식중에 고대의 사고 습관으로 일시 회귀한다.

　결투라는 제도는 사소한 말다툼부터 심각한 우위 다툼에 이르기
까지 여러 가지 대립의 최종 해결법이었지만, 조만간 사소한 이유
를 억지로 붙인 개인적 싸움으로 변하고 개인의 명예를 지키기 위
한 사회적 의무로 피할 수 없는 것이 되었다. 이러한 종류의 유한계
급 습관으로 특히 눈에 띄는 것은 독일에서 벌어진 대학생들의 결
투였다. 그들의 결투는 호전적 기사도의 기묘한 유물이라고 할 수
있다. 또 하층계급이나 사이비 유한계급의 위세 등등한 청년들에
게는 오늘날 어떤 나라에서도 아무런 이유 없이 동료와 싸워 남자
다움을 과시하는 것이 사회적 의무처럼 되고 있다. 이러한 의무는
과거 독일 대학생들의 의무와 유사하지만, 그 정도로 공적인 것은
아니다. 나아가 사회 모든 계층의 남자아이들에게도 같은 습관이
퍼지고 있다. 아이들은 집단 내에서 누가 싸움을 제일 잘하는지 매
일 정확하게 파악한다. 남자아이들의 세계에서 도발에 응하지 않
는 아이나 도발하지 못하는 아이는 특별한 경우를 제외하고 상대

로 인정받지 못한다.

이상은 일정한 연령 이상의 남자아이들에게 특히 해당된다. 유아기나 부모의 보호를 받는 시기의 아이들이 일상생활에서 무엇에 대해 어머니를 구하는 동안에는 앞에서 설명한 것이 해당되지 않는다. 어린 시절에는 공격성이나 적대감이 거의 나타나지 않는다. 이러한 평화적 기질에서 약탈적 기질로, 심하면 손을 댈 수 없는 악동으로 변하는 것은 물론 아이에 따라 정도가 다르지만 서서히 진행되고, 일부는 성격이 넓은 범위에까지 침투한다. 발육의 초기 단계에는 소년이나 소녀도 자발성이나 강력한 자기주장을 그다지 보이지 않고, 함께 사는 가족에게서 떨어지거나 가족의 이익에 반하는 일을 하려고 하지 않는다. 꾸중에 민감하고 부끄러움과 겁도 많지만 부드러운 인간적 유대를 추구한다. 보통은 유아기의 특징이 단계를 밟으면서 급속도로 사라지고, 어린아이의 기질은 소년 특유의 기질로 이행한다. 그러나 소년다운 약탈 기질이 지극히 미미한 징후밖에 드러내지 못하거나 전혀 나타나지 않을 때도 있다.

소녀는 소년처럼 현저하게 약탈 기질로 이행하는 일이 거의 없고, 대부분 이행하지 않는다. 소녀의 유아기에서 사춘기 그리고 성년기로의 성장은 관심의 대상이 어린이에서 성인의 목적이나 역할이나 인간관계로 서서히 계속하여 이행해가는 과정이다. 소녀의 발육 과정에서는 약탈기를 보기 어렵다. 설령 있다고 해도 약탈적이거나 고립적인 경향은 그다지 강하지 않은 것이 보통이다.

소년은 약탈기가 명확히 나타나는 일이 많고, 그 시기는 상당한 정도로 지속된다. 보통은 성년기가 되면 끝나지만, 이 점에 대해서는 중요한 유보 조건을 붙일 필요가 있다. 왜냐하면 소년의 기질에서 성년의 기질로 이행하는 것이 보이지 않는 경우나 부분적으로 밖에 이행하지 않는 경우를 볼 수 있기 때문이다. 여기서 '성년'의 기질이란 현대 산업사회의 성인에게서 볼 수 있는 평균적 기질을 뜻한다. 집단생활의 목적에 공헌하고, 따라서 산업사회의 평균 수준을 이룬다고 말해도 무방한 성인의 기질 말이다.

유럽에 사는 사람들의 인종 구성은 다양하다. 공격적인 북방 인종이 하류계급의 대부분을 차지하는 경우도 있고, 세습 유한계급에 집중되는 경우도 있다. 후자의 노동계급 소년들에게는 결투 비슷한 싸움의 습관이 그다지 퍼져 있지 않다. 그 습관이 많이 나타나는 경우는 상류계급이나 전자의 하류계급 소년들이다.

더욱 광범하고 엄밀하게 조사하여 노동계급 아동의 기질에 관한 앞의 설명을 검증할 수 있다면, 공격적 기질이 어느 정도는 종족 고유의 것이라고 하는 관점을 증명할 수 있을 것이다. 공격적 기질은 유럽 인구의 대부분을 차지하는 종속적 하층계급 사람들보다 지배적 상류계급을 대표하는 민족 유형, 즉 북방 인종에서 많이 볼 수 있다.

계급에 의한 용맹의 정도를 생각해보면, 아이들의 경우는 특별한 의미를 갖지 않는 것으로 보일지 모른다. 그러나 이러한 투쟁 본능이 노동계급의 평균적인 성년 남자의 기질보다 고대의 기질을 많이 갖추고 있다는 점을 보여준다는 데서 어떤 의미가 있다. 이 점에 관하여도, 아동 생활의 다른 면에서도 아동은 성인 문화의 발달 초기 단계를 마치 축도처럼 단기간에 재현한다고 말할 수 있다. 그렇게 보면 소년이 영웅적 행위를 하거나 자신의 이익에만 관심을 두는 것은 야만시대 전기, 즉 엄밀한 의미에서의 약탈 문화에서는 당연한 인간의 성질로 일시적으로 되돌아가는 것이라고 해석할 수 있다. 이러한 의미에서 유한계급과 무법자의 성질은 아동과 청년에 보편적으로 보이는 특성이지만, 문화의 초기 단계에 표준적이고 관습적이던 특성이 성인이 되어도 남아 있다는 점을 보여준다. 무법자와 유한 신사를 보통 사람과 구별하는 요인은 어느 정도까지 전자의 정신적 발달이 중도에서 끝나는 점에 있다고 할 수 있다 (양자를 격리하는 요인이 민족 유형의 근본적 차이에 있다고 증명되면 이야기는 달라지지만). 즉 난폭한 무법자도 멋진 유한 신사도 현대 산업사회에서 평균적 성인이 도달하는 발달 단계에 비해 미성숙한 단계에 머물고 있다. 사회계층의 최상층과 최하층을 대표하는 그들의 유치한 정신성은 영웅적 행위와 자기 이익의 추구뿐 아니라 고대로부터 받은 다른 특성에도 나타난다. 이 점은 뒤에서 밝히고자 한다.

본래의 소년기와 성년기 사이의 과도기에 있는 제법 나이 먹은 학생들 사이에서는 의미가 없는 장난스러운 놀이이지만 약간은 조직적인 방식으로 평화를 교란하는 행위가 유행한다. 이는 투쟁 정신이 기본적으로 미성숙한 기질임을 입증하는 것으로 보인다. 이러한 소동을 일으키는 것은 보통 사춘기 소년에 한정된다. 소년이 성년이 됨에 따라 소동의 빈도나 격렬함도 약화된다. 이는 마치 집단이 약탈적 습관에서 더욱 평화로운 습관으로 이행하는 모습을 개인 생활에서 재현하는 것이라고 볼 수 있다. 그러나 개인의 정신적 성장이 이 유치한 단계를 벗어나지 못하고 끝나는 경우도 적지 않다. 그렇게 되면 성인이 되어도 호전적 기질이 남게 된다. 정신 면에서 최종적으로 성인 단계에 이른 사람이 오랜 기질의 단계를 급히 통과하는 데 비해, 싸움이나 사냥을 좋아하는 사람들은 그 기질을 죽을 때까지 가져간다. 두말할 필요도 없이 정신적으로 성숙한 성인이 되는 비율은 사람에 따라 다르다. 평균에 이르지 못한 사람들은 조잡한 인간성을 가진 그대로 현대 산업사회에 잔존하거나 생산성을 높이는 집단의 생활수준을 인상하는 선택과 적응의 과정에 방해자로 남게 된다.

이러한 정신적 발달의 미숙함은 영웅적 취향을 갖는 젊은이들의 소동에 성인이 직접 참가하는 형태 외에도 간접적으로 젊은이들의 소동을 방조하거나 지원하는 형태로 나타나기도 한다. 이러한 난폭 행위가 습관화되어 성인이 되어서도 극복하지 못하기 때문에 평화를 좋아하게 된 사회의 움직임에 방해가 된다. 영웅적 행위로 달리는 경향이 있는 자가 사춘기 젊은이를 지도하는 입장에 서면, 용맹의 보존과 용맹으로의 회귀 방향으로 상당한 영향을 초래할 것이 틀림없다. 최근 성직자나 유명 인사가 '소년단' 등의 유사 군대 조직에서 행하고 있는 육성 지도가 바로 그것이다. 고등교육 기관에서 '대학 정신'이나 대학 스포츠 발전이 장려되는 것도 마찬가지다.

이러한 약탈 기질의 표출은 어느 것이나 영웅적 행위의 일종이라고 할 수 있다. 그중에는 경쟁적이고 투쟁적인 자세가 단도직입적으로 나타나는 행위도 있고, 용맹에 대한 평가를 얻고자 의도적으로 행해지는 행위도 있다. 권투, 투우, 운동경기, 사냥, 낚시, 요트

등 모든 종류의 스포츠도 같은 성격의 행위들이다. 기능을 다투는 경기로, 상대를 해치는 신체 능력이 특별하게 문제 되지 않는 경우라도 다르지 않다. 스포츠는 원래 획득물이나 적과의 격투였으나 얼마 뒤에 기능을 겨루는 단계를 거쳐 교활함이나 눈속임을 다투는 것이 되었다. 스포츠에 열중하는 것은 오래된 정신성, 즉 약탈적 대항 의식이 강하기 때문이다. 대담한 영웅적 행위나 상대에게 타격을 가하는 것을 매우 좋아하는 성벽은 흔히 사냥꾼 정신이라는 것이 요구되는 일에서 잘 발휘된다.

약탈적 경쟁으로 향하는 기질이 기본적으로 유치하다는 것은 앞에서 언급한 약탈 행위보다 사냥 같은 스포츠 쪽에 더욱 잘 해당되고, 적어도 더 명확하게 나타난다. 따라서 스포츠에 열중하는 것은 정신적 발달이 도중에서 정지되었다는 것을 여실히 보여준다. 스포츠나 돈벌이를 좋아하는 사람들에게서 볼 수 있는 이 유치한 기질을 알아차리려면 모든 스포츠에서 볼 수 있는 허세라는 요소에 주의해야 한다. 이 점에서 스포츠와 놀이와 영웅적 행위는 공통되며 아동, 특히 소년은 처음부터 끝까지 이러한 종류의 것을 한다. 모든 스포츠에 같은 정도의 허세가 포함된 것은 아니지만, 어디에나 상당히 많이 포함되어 있다는 것은 틀림없다. 특히 엄밀한 의미의 사냥이나 운동경기는 도박보다 허세의 요소가 더 많다. 그러나 스포츠에 따라 그 표출 방법이 다르다. 가령 사냥하는 사람들은 매우 점잖고 실용적인 성격의 신사라도 필요 이상의 총이나 탄약을 가지고 간다. 얼마나 많은 사냥감을 쏘아 죽일지를 스스로에게 암시하기 위해서다. 또 사냥이라는 영웅적 행위에 임할 때는 꾸며댄

의기양양한 걸음걸이나 사냥감에 대한 은밀한 접근과 공격 같은 세부적 동작을 으레 과장되게 하는 경향이 있다. 운동경기도 큰 소리를 지르거나 허풍을 보이거나 우스꽝스러운 몸짓처럼 일부러 꾸며대는 성질을 보여주는 동작이 눈에 띈다. 이 모든 것은 하나같이 유치한 허세를 연상시키는 것들이다. 게다가 운동경기에서 사용되는 용어의 대부분은 군대에서 빌려 온 것으로 매우 살벌하다. 통신의 비밀을 지키기 위해서라면 어쩔 수 없지만, 그렇지 않은데도 특수한 은어를 사용하는 것은 허세의 요소가 많다는 점을 보여주는 증거라고 생각해도 좋을 것이다.

스포츠가 결투 같은 평화 교란 행위와 다른 또 한 가지 사실은 영웅적 행위나 난폭 행위를 하고 싶다는 충동 이외의 여러 가지 동기에 의한다는 점이다. 이는 스포츠 고유의 특징이라고 할 수 있다. 여하튼 다른 동기가 있다고 해도 매우 사소한 것에 불과하다. 그러나 스포츠 열중에 대해 여러 가지 이유가 빈번하게 붙는다는 사실은 부차적이기는 해도 그 나름의 이유가 있다는 것을 보여준다. 가령 스포츠맨이라고 불리는 사냥꾼이나 낚시꾼이 사냥이나 낚시를 하는 것에는 자연을 사랑하기 때문이라든가, 기분전환이 필요하기 때문이라든가 하는 이유가 붙는다. 그러한 동기는 분명히 존재할 테고 그것이 사냥꾼이나 낚시꾼의 생활을 매력적으로 만드는 것은 틀림없지만, 그렇다고 중요한 요인이라고 볼 수는 없다. 이러한 표면적 필요성이라면, 계획적으로 노력하여 그들이 사랑하는 '자연'을 구성하는 동물의 생명을 빼앗지 않아도 충분히 만족될 수 있다. 실제로 사냥꾼이나 낚시꾼의 활동이 초래하는 가장 뚜렷한 결과는 가능한 한 많은 동물을 죽여 자연을 황폐하게 만드는 것이다.

그럼에도 현대의 관습에서 기분전환이나 자연과의 접촉의 필요성을 만족시키려면 사냥이나 낚시를 하는 것이 최고라고 하는 그들의 주장에도 일리는 있다. 역사를 되돌아보면, 교양 있는 사람들의 규범이 약탈적 유한계급의 모델에 의해 강요되었고, 나아가 이후 세대의 유한계급 습관을 통해 유지되어왔다는 경위가 있다. 따라서 이러한 규범을 어기고 다른 방법으로 자연과 접촉하면 비난을 면할 수 없다. 사냥과 낚시는 일상의 여가 활동을 최고 형태로 보여주는 것으로 약탈 문화 시대에서 받아들인 훌륭한 일이기 때문에 예의에 맞는다고 인정되는 유일한 야외 활동이 되고 있다. 그래서 사냥이나 낚시의 직접적 동기에는 기분전환이나 야외 활동의 필요성이 포함되어 있을지 모른다. 그러나 이러한 목적을 위하여 계획적으로 동물을 죽이는 것은 체면 유지라고 하는 간접적 이유 때문이다. 명예나 체면의 요구에 응하지 않으면 평판이 떨어지고 자존심도 상하게 된다.

다른 스포츠도 비슷하다. 가장 좋은 보기는 운동경기다. 운동경기에 관해서도 세상의 조건에 적합한 활동이나 연습이 어떤 것인지에 대해서는 이미 결정되어 관습화되어 있다. 운동에 몰두하는 사람들이나 그것을 찬양하는 사람들은 스포츠야말로 오락과 '신체 단련'에 최고의 수단을 제공한다고 주장하고, 이 주장은 오랜 관습에 의해 증명되어왔다. 세상의 기준에서 보면 과시적 여가에 상당하지 않은 활동은 유한계급의 생활양식에서 완전히 배제되고, 필연적으로 사회 전체의 생활양식에서도 배제된다. 그러나 목적이 없는 신체 단련은 지루하고 참을 수 없다고 여겨진다. 그래서 앞에서 말했듯이, 그럴듯한 목적을 부여해주는 활동으로 도피하게 된다. 그 목적은 단순한 허식이라고 해도 좋다. 그래서 그럴듯한 허식의 목적을 갖는 본질적으로 무용한 행위라고 하는 조건을 만족시키는 것이 스포츠다. 나아가 스포츠는 경쟁 기회를 부여하기 때문에, 이 점에서도 매력이 크다. 어떤 활동도 세상의 인정을 받으려면 자만할 수 있는 낭만이라는 유한계급의 기준을 충족해야 한다. 그러나 동시에 모든 활동은 설령 일부라도 생활에 뿌리내리려면 어떤 유용한 목적에 공헌한다는 매우 인간적인 조건에도 합치해야 한다. 유한계급의 기준이 엄밀하고 완전히 무의미한 것을 요구하는 한편, 일하기 본능은 어떤 목적 있는 행동을 요구한다. 유한계급의 일반적 기준은 본질적으로 유용하고 목적을 갖는 행동을 생활양식에서 선택적으로 배제함으로써 널리 천천히 침투한다. 이에 대해 일하기 본능은 충동적으로 작용하기 때문에, 손쉬운 목적을 달성하면 일시적으로는 만족하게 된다. 활동의 무목적성이 합목적적인 보통 생활의 영위와 양립할 수 없는 것으로 행위자의 반사적 의식에 굴복할 때, 그것을 혐오하고 저지하고자 하는 방향으로 의식은 영향을 받는다.

개인의 사고 습관은 유기적 복합체를 형성하고, 유기적 복합체는 생활 유지에 도움이 되는 방향으로 나아간다. 따라서 조직적 낭비나 무모함을 생활의 목적으로서 사고 습관에 받아들이고자 하면 즉각 반발이 생겨난다. 그러나 빈틈이 없거나 경쟁심의 발휘라고 하는 직접적이고 직관적인 목적에 주의를 환기할 수 있다면 이러한 반발을 피할 수 있다. 사냥, 낚시, 운동경기라고 하는 스포츠는 빈틈없음을 발휘하고 약탈 생활의 특징인 황폐함이나 교활함을 다투는 기회를 제공한다. 아무런 생각이 없고 자기 행동의 결과를 보는 능력도 없이 충동적으로 행동하는 생활을 보내는 사람들에게, 스포츠가 우월성의 표현 수단으로 갖는 단도직입적인 합목적성은 일하기 본능을 크게 만족시킬 것이 틀림없다. 이는 약탈 기질에 뿌리내린 충동적 경쟁심에 지배되는 사람들에게 특히 잘 해당된다. 이와 동시에 예절을 유지하고자 하는 조건에서 보아도 스포츠는 재력 있는 훌륭한 생활을 보낸다는 증거로 바람직하다. 그리하여 궁극의 무목적성과 단기적 합목적성이라는 두 가지 목적을 충족함으로써 스포츠는 전통은 물론 관습에도 적합한, 훌륭한 기분전환으로서의 지위를 갖는다. 섬세한 감각을 몸에 익힌 교양 있는 사람들에게 스포츠 이외의 오락이나 단련은 체면상 허용되지 않기 때문에, 스포츠는 오늘날의 상황에서 가장 가벼운 기분전환의 수단이라고 할 수 있다.

그러나 훌륭한 단체에 속하는 스포츠 신봉자들은 운동경기가 인간의 능력 개발에 매우 유효한 수단이라는 것을 근거로 자신들의 태도를 정당화할 때가 많다. 경기자의 신체 능력을 향상시키는 것은 물론, 경기자와 관전자 쌍방에게 남자다운 정신을 양성한다는 것이다. 운동경기의 효용이 화제가 될 때, 미국에서는 누구나 미식축구를 떠올릴 것이다. 신체와 정신 단련 수단으로서의 스포츠에 찬성하든 반대하든, 미식축구는 현 시점에서 많은 사람의 마음속에 중요한 지위를 차지하는 운동경기다. 그러나 이 대표적인 경기는 스포츠가 경쟁자의 성격이나 신체 발달에 미치는 영향을 해명하는 데 도움이 된다고 생각한다. 미식축구와 신체 단련의 관계는 투우와 농업의 관계와 같다고 말하는데, 이는 결코 잘못된 것이 아니다. 이러한 오락에 공헌하려면 인내심을 강하게 요구하는 훈련이나 사육이 필요하다. 동물이든 인간이든 야생이었을 때의 특징적 능력은 훈련 없이 사라지지 않기 때문에, 적합한 개체를 신중하게 선별하여 훈련해야 한다. 그렇다고 하여 야생이었을 때의 체구나 야만시대의 사고 습관을 전면적으로 재현할 수 있는 것은 아니다. 도리어 야만시대나 야생의 일부로 회귀하는 것이라고 말해야 한다. 즉 살상이나 파괴를 향하는 야생의 특성은 재현하고 강화하면서도, 야생 환경에서의 자기보존이나 생존에 유용한 특성의 발달을 억제한다. 미식축구의 단련은 특별한 잔인성과 교활성을 몸에 익히게 하는 효과가 있다. 이를 사회적이고 경제적인 필요성의 관점에서 본다면, 원시시대 사람들에게 특징적인 몇 가지 기질을 억제하면서 야만시대 전기의 기질을 재현했다고 말할 수 있다.

운동경기를 위해 단련하면 육체적 활력을 몸에 익힌다고 하지만, 만일 그렇다면 개인에게도 집단에게도 도움이 된다. 왜냐하면 육체적 활력은 다른 조건이 같다면 경제에 유익하기 때문이다. 운동경기 특유의 정신성도 집단에 대한 이익과는 별로로 개인에게도 도움이 된다. 이는 사람들이 어느 정도로 이러한 특성을 가지고 있는 사회 전체에 해당된다. 현대사회의 경쟁 대부분은 약탈적 성격특성에서 유래하는 자기주장의 과정이라고 할 수 있다. 이러한 약탈적 특성은 평화롭게 전개되는 현대의 경쟁에서는 어느 정도 고급의 태도로 변모하지만, 여하튼 약탈적 요소를 갖는 것은 문명인의 생활에 거의 필수적이라고 말해도 좋다. 그러나 개인에게 불가결하다고 해도 사회에 직접 도움이 되는 것은 아니다. 집단생활의 목적에서 개인의 유용성에 관한 한, 약탈적이라는 것은 설령 도움이 된다고 해도 간접적으로 공헌할 뿐이다. 잔인성과 교활성은 다른 사회와 적대적일 때를 제외하고는 집단에게 도움이 되지 않는다. 또 이러한 특성이 개인에게 도움이 되는 것도 주변 사람들이 상당히 잔인하고 교활한 경우에 한정된다. 이러한 상황에서 약탈적 특성을 충분히 갖지 못한 자가 경쟁에 참가하는 것은 뿔이 없는 송아지가 뿔이 있는 들소 떼에 뛰어드는 것처럼 매우 불리한 일이다.

약탈적 성격 특성을 보유하고 함양하는 것은 물론 경제 이외의 이유에서도 바람직하다고 볼 수 있다. 야만시대의 능력은 예술 영역에서도 윤리 영역에서도 널리 사랑받아왔다. 그리고 야만시대의 특성은 예술과 윤리 쌍방에 공헌하고, 이러한 편애를 만족시켰기 때문에 경제 면에서 도움이 되지 않는 손실을 상계했다고 말해도 좋을 것이다. 그러나 이는 지금 하고 있는 설명의 목적과는 무관하다. 따라서 여기서는 스포츠를 전체적으로 바람직한 것으로 추천할 수 있는가 하는 문제는 설명하지 않고, 경제 이외의 근거에 의한 가치에 대해서도 언급하지 않는다.

일반인은 스포츠에 몰두하는 생활이 기르는 남성다움에는 칭찬할 것이 많다고들 평가한다. 가령 독립심이나 동료 의식이 있다고 하는데, 이는 애매한 말이다. 관점을 달리하면 호전적이라거나 당파적이라고 부를 수도 있다. 이러한 성질이 현재 인정되고 찬양되는 이유 그리고 남자답다고 여겨지는 이유는 그것이 개인에게 도움이 된다는 이유와 완전히 같다. 사회 구성원, 특히 미적 감각의 기준을 정하는 계급은 이러한 남성다움을 충분히 가지고 있기 때문에 타인에게 그런 면이 없으면 결함이 있는 사람이라고 생각하고, 그런 면을 많이 갖는 것을 탁월한 장점이라고 평가한다. 약탈적 특성은 현대의 보통 사람들 사이에서도 결코 사라질 수 없는 것이다. 그것은 늘 존재하므로 그 특성에 의한 감정이 자극을 받으면 언제나 표출된다. 그러나 이러한 자극이 직업상의 일상적 행동과 충돌하거나 보통의 흥미 범위에서 벗어나면 효과가 없다. 산업사회의 보통 사람들은 경제에 대해 유해한 약탈 기질로부터 차단되어 있는 듯 보이지만, 그것은 나타날 기회가 없어서 의식 아래 유인으로 눌려 있을 뿐이다. 사람에 따라 정도의 차이는 있지만, 보통 이상으로 강한 자극을 받으면 역시 약탈 기질이 그 모습을 나타내고 행동이나 감정을 공격적으로 만든다. 이러한 기질은 약탈 문화와 무관한 일에 기분이 점령되어 있지 않는 한 언제나 강력하게 표출된다. 유한계급이나 이 계급에 속하는 사람들이 바로 그렇다. 유한계급에 새로이 들어간 사람들이 즉각 스포츠를 하는 것은 이 때문이다. 그리하여 상당수 사람들이 노동을 면제받을 정도로 부가 축적된 산업사회에서는 스포츠가 발달하고 그 열기가 높아진다.

약탈적 특성이 어떤 계급에서나 마찬가지 정도로 있는 것은 아니다. 이는 우리에게 익숙하고 친근한 예, 이를테면 산보용 지팡이를 가지고 걷는 습관에서 알 수 있다. 현대 생활의 한 가지 풍물이라고 하면 대단한 의미가 없어 보일지 모르지만, 우리의 설명과 관련하여 이 습관은 큰 의미를 갖는다. 왜냐하면 이러한 습관이 침투한 계급, 즉 산보용 지팡이를 갖는 자로 인식되는 계급은 엄밀한 의미에서의 유한계급, 스포츠인 그리고 하층계급의 무법자이기 때문이다. 여기에 영리 추구형 직업에 종사하는 사람들을 더해도 좋을지 모른다. 반면 생산적 직업에 종사하는 사람들은 지팡이를 갖지 않는다. 여성도 병든 경우가 아니면 갖지 않으며, 병든 경우에 지팡이가 하는 역할은 전혀 다른 것이다. 지팡이를 갖는다는 것은 대부분 의례적 관행이지만, 그 관행 자체는 그것을 시작한 계급의 성향에서 유래한다. 즉 지팡이는 그 소유자가 유용한 데 쓰지 않는다는 것을 보여주기 위한 것이고, 유한의 존재를 증명하는 효용을 갖는다. 동시에 지팡이는 무기이기도 하기 때문에 야만시대 기질을 갖는 사람들의 요구에도 적합하다. 이처럼 분명히 원시적인 공격 수단을 휴대하고 걷는 것은 조금이라도 난폭한 기질을 갖는 사람에게 정말로 기분 좋은 일이 틀림없다.

말이라고 하는 것의 성질상 여기서 검토하는 성질이나 자세나 생활양식에 대해, 언뜻 비난하는 논조로 보일지도 모른다. 그러나 인간의 성질이나 생활의 어떤 측면에 대해서도 비판하거나 찬양할 생각은 없다. 여기서는 인간 성질의 다양한 요소를 어디까지나 경제적 관점에서 보고, 그 특징은 집단생활에 대한 직접적인 경제적 기여도에 근거하여 평가한다. 집단은 현재와 가까운 장래의 경제 상황에 따라 환경에 적응해야 하고, 제도 구조에도 적응해야 한다. 최적의 적응에 대한 직접적 영향이 이익인지 손실인지 경제적 관점에서 평가한다는 것이다. 이러한 목적에 관한 한 약탈 문화 시대에서 받아들인 특성은 기대만큼 도움이 되지 않는다. 그렇지만 이러한 목적에 관해서도 약탈적 인간이 계승한 적극성이나 활력이나 의지의 강함에는 그 나름의 가치가 있다는 점을 간과해서는 안 된다. 여기서는 그러한 성질이나 능력의 경제적 가치(그리고 협의의 사회적 가치)에 한하여 논평하고자 하며, 다른 관점에서 본 가치에 대해서는 언급하지 않는다. 현대 산업사회의 단조롭고 평범한 생활양식과 대비하거나 사회적으로 인정된 윤리 기준 또는 미적이고 시적인 기준에서 판단한다면, 약탈적 인간의 특성에도 더욱 다른 가치가 인정될지 모른다. 그러나 이는 우리가 설명하는 목적과는 무관하므로 여기서 의견을 서술하기란 적절하지 않다. 우리의 목적과는 무관한 미적 기준이 영향을 미쳐서는 안 되기 때문에, 여기서는 이 점에 주의를 촉구하는 데 그치도록 한다. 이는 스포츠에 적극적으로 참여하는 사람에게도, 스포츠는 보는 것뿐이라고 하는 사람에게도 해당된다. 그리고 지금 한 말은 종교적 생활에 관하여 뒤에서 고찰하는 내용에도 해당된다.

위의 이야기는 인간의 능력이나 활동에 대해 설명할 때 일상적인 말은 비난이나 변명을 암시하지 않고서는 거의 사용할 수 없다는 사실을 시사한다. 이러한 사실은 스포츠나 영웅적 행위 전반에 나타나는 성향에 일반 대중이 대체로 냉담하다는 것을 시사하는 점에서 의미 깊다. 운동경기를 비롯하여 약탈 기질이 뚜렷하게 나타나는 활동을 옹호하거나 찬양하는 문헌은 엄청나게 많지만, 그 어느 것이나 변명하는 듯한 논조가 보인다. 이에 대해서는 여기서 설명해야 한다. 마찬가지 자세가 야만시대 생활에서 계승된 다른 제도의 옹호자에게서도 발견된다. 고대 제도, 가령 현재 부의 분배 제도, 그 결과로서의 신분제도, 과시적 낭비라고 할 수 있는 소비(거의 모든 형태의 소비가 포함된다), 가부장제에서 여성의 지위, 전통적 종교의식의 많은 특징(특히 종교적 신조의 통속적 표현이나 전승된 신앙의 미숙한 이해) 등에는 변명이 필요하다고 여겨지는 듯하다. 따라서 스포츠 자체나 스포츠를 좋아하는 사람들의 찬양에 숨어 있는 변명하는 듯한 태도에 대해 말할 수 있는 것은, 어느 정도 적절한 수정을 가한다면 고대로부터 우리 사회에 이어져온 다른 제도에 대한 옹호론에도 해당될 것이다.

스포츠 자체도, 스포츠를 좋아하는 성격에 공통된 일반의 약탈적 충동이나 사고 습관도 양식에 전적으로 반한다는 것이 일반인의 감각이다. 이러한 감정은 막연한 것으로, 스포츠 옹호론자들은 꽤나 인정하기 어렵겠지만 그들의 논조에 스스로 나타나고 있다. "살인자의 대다수는 악인이다"[1]라는 경구는 바로 도덕가의 입장에서 약탈 기질을 평가한 것이라고 할 수 있다. 그것은 또한 이러한 기질의 분명한 발로가 사회질서에 미치는 영향에 대한 평가이기도 하다. 이러한 평가에서 알 수 있는 것은 약탈적 사고 습관이 집단생활의 목적에 어느 정도로 도움이 되는지에 성숙한 성인이 매우 냉담하다는 것이다. 그들은 약탈적 자세가 습관화되는 활동에 무조건 반대해야 한다고 확신한다. 그리고 약탈 기질의 부활이나 그것을 촉구하는 활동을 옹호하는 측에는 그 증거를 보여줄 책임이 있

---

1   토머스 드 퀸시,《예술 분과로서의 살인》, 1827.

다고 생각한다. 세상에는 스포츠 등의 기분전환이나 즐거움을 호의적으로 보는 사람이 많지만, 그러한 감정을 증명하는 근거가 필요하다고 느끼는 사람도 적지 않다. 그래서 스포츠는 본래 약탈적이고 사회질서를 교란할 가능성이 있으며 그 직접적 결과로서 생산 활동에 도움이 되지 않는 성질로 되돌아가는 것이 틀림없지만, 간접적으로는 (반극유도polar induction라거나 반대자극counter-irritation이라고 하는 매우 어려운 과정을 거쳐서) 사회와 산업에 도움이 되는 사고 습관을 함양한다고 하는 변명이 자주 제기된다. 요컨대 스포츠는 본질적으로 사람들에게 차이를 만들기 위해 공명을 다투는 성질을 갖지만, 매우 애매하고 간접적인 효용으로서 그 밖의 것에도 도움이 되는 기질을 육성한다고 말하고 싶은 듯 보인다. 이를 증명하려는 시도가 빈번히 행해지고 있지만, 도리어 그것은 경험칙으로서 이 문제에 관심이 있는 사람이라면 누구나 알 수 있는 것이다. 따라서 증명한다고 말해도 지금까지는 스포츠가 '남자다움'이라는 덕을 기르는 것에 관하여 원인과 결과를 연결시키는 추론이 전개되었을 뿐이고, 그 밖의 것에 관해서는 그러한 추론조차 회피되고 있다. 그러나 (경제학적인) 증명의 대상이 '남자다움'이라는 점에서 증명의 사슬은 원래 없었다고 해야 할 것이다. 폭넓은 경제의 관점에서 본다면, 이러한 변명은 논리가 어떻든 스포츠는 결국 일하기 본능을 함양한다는 것을 입증하려 하고 있다. 현명한 스포츠 옹호론자는 이를 자타 모두 납득하지 않는 한 만족할 수 없다. 그리고 실제로 그들은 만족하고 있지 않은 듯하다. 그것은 이러한 설명을 할 때 그들이 매우 공격적인 어조나 자기주장을 무조건 열심히 단정하는 모습에서 나타난다.

그런데 왜 그런 변명이 필요한가? 스포츠에 호의적인 사람이 너무 많다면 그런 사실만으로 충분하지 않은가? 인류는 약탈 단계나 준평화 단계의 긴 세월을 거쳐 용맹과 지략을 존중하는 규율에 속박되었다. 그 결과 현대의 남자들에게도 잔인성과 교활성을 좋다고 보는 기질이 받아들여졌다. 그렇다고 한다면, 왜 사냥을 비롯한 스포츠를 정상적이고 건전한 인간 본성의 당연한 발로로 받아들이려고 하지 않는가? 현세대의 감정 가운데 (용맹의 기질도 포함하여) 스스로 나타나는 기질이 요구하는 대로 행동하면 좋지 않은가? 그 밖에 따라야 할 행동 규범이 있는 것인가? 사실 인간의 행동을 이끄는 궁극적 요소는 일하기 본능이다. 따라서 스포츠 옹호론자가 주장해야 하는 것은 이쪽이었다. 일하기 본능은 약탈 본능보다 오래된 본질적 본능이다. 약탈 본능은 일하기 본능에서 파생된 특수한 발전 형태에 불과하고, 고대에 비롯되었지만 일하기 본능에 비하면 상대적으로 새롭고 역사가 짧다. 약탈 본능(또는 스포츠 본능이라고 하는 편이 나을지도 모른다)은 본래의 일하기 본능에 비해 기본적으로 불안정하다. 따라서 생활이나 행동의 규범으로서는 약탈 본능도, 나아가 스포츠 본능도 상당히 열등하다.

유한계급 제도는 스포츠나 사람에게 차이를 두기 위한 공명 다툼의 보존을 촉구하지만, 그것을 어떤 방법과 수단으로 해야 하는지를 설명하기란 쉽지 않다. 지금까지 거론된 요소를 통해 유한계급은 감정 면이나 성격 면에서 호전적 태도와 의지를 노동계급보다 좋아한다고 생각되었다. 같은 것이 스포츠에도 해당된다고 할 수 있었다. 그러나 스포츠 활동에 관하여 유한계급이 대중의 감정에 미친 영향은 좋은 생활의 기준을 보여준다고 하는 간접적 효과를 통해서다. 이러한 간접적 효과는 거의 확실하게 약탈적 기질이나 습관의 존속을 강요하고자 하는 방향으로 작용한다. 그리고 이것은 상류 유한계급의 품위 기준에서는 배제되는 유형인 스포츠 활동, 가령 도박 기질의 열등한 표출인 권투의 흥행과 투계 등에도 해당된다. 최근 정통이라고 하는 예의가 무엇이든 간에 유한계급이 좋다고 하는 기준에서 본다면 경쟁과 낭비는 무조건 좋은 것이고, 그 반대는 무조건 부끄러운 것이 된다. 그러나 무지한 하층계급에서는 그러한 기준의 미세한 점까지 충분히 이해되지 않고, 품위 기준은 지극히 무분별하게 적용되어 대상 범위나 세밀한 예외 규정 등이 거의 고려되지 않는다.

운동경기에 열중함은 정도의 차이가 있지만 유한계급의 현저한 특징이 되어왔다. 이들은 운동경기에 직접 참여하거나 정신적으로 응원하는 일도 매우 열심이다. 이러한 특징은 하층계급의 무법자뿐만 아니라 약탈 기질을 완벽히 받아들인 사람들과도 공통된다. 서양 문명권에는 운동경기 관전에서 어떤 즐거움도 맛보지 못할 정도로 약탈 본능을 결여한 인간이 전혀 없다. 그러나 노동계급에 속하는 평균적인 사람들 사이에서는 스포츠 열기가 그다지 강하지 않고, 따라서 습관화되어 있다고 말하기 어렵다. 그들에게 스포츠는 생활의 중요한 요소가 아니라, 때때로 즐기는 기분전환 같은 것이다. 이러한 보통 사람들에게는 스포츠 지향이 있다고 할 수 없다. 스포츠는 평균적인 사람에게도, 대다수 사람에게도 버려진 것은 아니지만, 일반적 노동계급은 뒤에 즐겁게 회상하는 것으로서, 또한 때때로 흥미를 갖는 기분전환으로서 스포츠를 좋아할 뿐이다. 사고 습관이라고 하는 유기적 복합체 중에서 스포츠가 중요한 요소가 되려면 접착력 강한 흥미 유지가 필요한데, 그들은 그런 것을 갖고 있지 않다.

노동계급의 이러한 경향이 오늘의 스포츠 활동에 나타날 뿐이라면, 그다지 중요한 경제적 요소로는 보이지 않을 것이다. 분명히 그 점만을 가지고 본다면 생산성이나 개인 소비에 대한 직접적 영향이 별로 크지 않다. 그러나 이러한 경향을 특징으로 하는 인간이 대량으로 나타나면 어느 정도 중요성을 갖게 된다. 경제 발전의 속도나 그 결과라고 하는 형태로 집단생활의 경제 면에 영향을 주기 때문이다. 일반인의 사고 습관이 좋든 나쁘든 이러한 경향을 갖는 사람들에 의해 지배되는 한 집단생활 경제 활동의 범위, 방향성, 표준, 이상에 크게 영향을 미치며, 그 집단의 환경에 대한 적응도에도 중대한 영향을 미치지 않을 수 없다.

이와 유사한 것이 야만시대 사람들의 성격을 형성한 다른 특징에 대해서도 말할 수 있다. 경제학적 관점에서는 이러한 야만시대의 현저한 특징을 용맹의 형태로 표현되는 약탈 기질의 파생적 변종으로 볼 수 있다. 이는 대체로 경제적으로 중요하다고 하기 어렵고, 경제와 직접 관련되는 것도 아니다. 그러나 그러한 특징을 갖는 인간의 경제적 발전 과정에 대한 적응도를 보여주는 데 도움이 된다. 즉 야만시대의 특징을 포함한 성격이 오늘날의 경제 조건에 어느 정도로 적응할 수 있는가를 보여주는 지표가 된다. 또 특징이 갖취져 있는 정도에 따라 개인의 경제 기여도가 다르다는 점에서도 경제적 의미가 있다.

용맹은 야만시대 생활에서 주로 두 가지 형태로 나타났다. 즉 완력과 책략이다. 그리고 그 둘은 현대적 전쟁, 영리적 직업, 스포츠나 도박에서 다양한 비율로 볼 수 있다. 완력도 책략도 스포츠나 승부를 통하여 단련된다. 전략이나 속임수는 전쟁이나 사냥과 마찬가지로 도박에도 반드시 등장하는 것으로, 어느 경우에나 술수나 흉계로 발전하기 쉽다. 그래서 스포츠 시합이나 도박 일반의 순서와 규정에서는 속임수, 허위, 위협의 존재가 전제된다. 언제나 심판을 두거나 부정의 허용 범위와 전략적 우위의 한도를 규칙으로 상세히 정하는 것은 상대를 이기기 위한 교활한 시도나 실행이 결코 우발적이지 않다는 증거이기도 하다. 따라서 스포츠가 정착되면 필연적으로 책략을 둘러싼 능력이 더욱 발달할 것이 틀림없다. 또 사람들을 스포츠로 몰고 가는 약탈 기질이 사회에 만연하면, 교활함이나 무자비함이나 타인의 이익을 태연히 무시하는 행위도 개인이나 집단 양면에서 확대된다. 이러한 행위로 나아가는 것은 어떻게 말하든 간에, 또 법률이나 습관에 의해 어떻게 정당화되든 간에 협소하고 이기적인 사고 습관의 발로 이외의 다른 것이 아니다. 따라서 이러한 것의 경제적 측면을 더 이상 길게 설명할 필요는 없을 것이다.

이와 관련하여 주목해야 하는 것은 운동선수나 도박사에게 바람직한 가장 명백한 특징이 민첩성이라는 점이다. 오디세우스의 자질이나 공적은 책략을 더욱 발전시킨 점에서도, 민첩한 운동가를 동료로 받아들여 영광을 얻은 점에서도 아킬레우스에 앞서거나 뒤지지 않았다. 젊은이가 유명한 중등교육 또는 고등교육 학교에 입학한 뒤에 프로 스포츠 선수의 첫걸음으로 먼저 몸에 익히는 것은 민첩한 동작이다. 신체를 장식하는 민첩한 외관은 운동경기나 경마 등의 경쟁적 시합에 중대한 관심을 갖는 사람들에게서 언제나 진지하게 주목된다. 그들의 정신적 동류인 하층계급의 무법자들도 종종 이처럼 민첩한 모습을 현저히 보여준다. 이들에게는 운동경기에서 영광을 향하는 젊은이들에게 나타나는 과장해 꾸미는 모습도 보인다. 나아가 이처럼 민첩한 외관은 젊은이들 사이에서 거칠게 '강인함'이라고 하는 것의 현저한 특징이다. 시선을 모으는 교활한 남자같이, 다른 집단과 상대하기 위한 민첩하고 교활한 활동에 필요한 경우를 제외하고, 사회적으로는 경제적 가치가 없다고 말할 수 있다. 민첩성을 발휘해도 본래적 생활은 향상하지 않는다. 경제에 대한 직접적 영향은 집단 경제의 실체를 생활수준 향상과는 무관한 방향으로 전환시키는 정도일 것이다. 이는 마치 의학 분야에서 양성과 악성을 나누는 경계선이 불확실한 탓에 악성종양이 양성종양이라고 불리는 것과 유사하다.

야만시대의 특징인 잔인성과 민첩성은 약탈적 기질이나 정신성을 구성하는 요소다. 이는 협소하고 이기적인 사고 습관의 발로이고, 성공하여 타인에게 차이를 만들고자 하는 개인에게는 분명히 도움이 되고, 미적인 가치도 있다. 어느 것이나 금전 문화에 의해 배양되어왔으나 그 어느 것도 집단생활의 목적에는 전혀 도움이 되지 않는다.

도박 기질은 야만시대의 기질에 따르는 또 하나의 특성이다. 도박이나 스포츠 취향, 나아가 일반적으로 싸움이나 경쟁을 좋아하는 자의 대부분은 이러한 기질의 소유자다. 도박 기질도 경제에 직접 영향을 미친다. 왜냐하면 이러한 기질이 상당 정도 확대된 사회에서는 산업의 생산성 향상을 저해하는 것이 인정되기 때문이다.

도박 기질이 약탈적 유형의 인간에게만 있는 특징이라고 말할 수 있는지는 의문이다. 도박 기질의 중심이 되는 요소는 요행을 믿고 요행에 거는 것, 즉 요행을 바라는 마음이다. 그리고 이러한 요소는 분명히 인류의 진화사에서 적어도 약탈 문화 이전 단계로까지 거슬러 오를 수 있다. 요행을 바라는 마음이 도박 기질의 중요 요소로서 스포츠나 도박을 좋아하는 사람들의 기질에 현재 나타나는 형태로 발전한 것은 약탈 문화 시대로 보이고, 현재 형태로 된 것은 아마도 약탈 문화에 젖었기 때문일 것이다. 그러나 요행을 바라는 마음 자체는 약탈 문화보다 더 오래된 시대부터 존재했고, 애니미즘적 관점의 일종이라고 할 수 있다. 아마도 인류사의 초기 단

계에서 야만시대로 이어졌고, 이때 변질되어 약탈 문화의 간섭을
받는 형태로 전해졌을 것이다. 여하튼 이 기질은 상당히 오래전 시
대로부터 전해진 특성의 하나로 생각해야 하고, 현대 산업사회의
요건과는 그다지 일치하지 않으며, 집단적 경제 활동의 효율 향상
에는 다소간 장애가 된다고 할 수 있다.

요행을 바라는 마음은 도박 기질의 중요한 요소이지만, 도박 습
관에 젖게 하는 유일한 요인이라고는 할 수 없다. 체력과 기량을 놓
고 내기를 하는 것은 또 다른 동기가 있고, 그것 없이는 요행심이
스포츠나 도박의 현저한 특징이 되지 못했을 것이다. 그 다른 동기
란 스스로의 승리를 기대하는 당사자나 응원자가 패자를 희생시킴
으로써 자신들의 우위를 더욱 높이고자 하는 욕망이다. 도박의 금
전적 이득과 손실이 커짐에 따라 승리는 더욱더 빛나며 패배는 더
욱더 고통스럽고 굴욕적이 된다. 그것만으로도 상당히 중요한 조
건이기는 하지만, 더욱 중요한 동기가 있다. 누구도 입으로는 말하
지 않고 마음속에서도 인정하려 하지 않지만, 도박은 자신이 돈을
거는 쪽이 이길 확률이 높다는 신념에서 이루어진다. 즉 승리를 믿
고 많은 돈을 걸고 걱정도 하기 때문에 수포로 돌아갈 리 없다고 생
각하는 것이다. 여기서는 일하기 본능이 특수하게 얼굴을 드러내
고, 이 본능은 다음과 같은 감각으로 뒷받침된다. 그것은 당사자를
대신하여 그 정도로 정력적으로 응원하고 고무하면서 승부에 내
재하는 여러 가지 힘에 작용한 것이므로, 사물의 영적인 힘이 동조
하여 응원한 측에 승리를 초래할 것이 틀림없다고 하는 지극히 단
순한 감각이다. 그리하여 사람들은 도박을 부추기고, 이를 자기가

좋아하는 자를 응원하는 형태로 숨김없이 나타낸다. 이것이 약탈적 성질이라는 점에는 의심의 여지가 없다. 즉 요행을 바라는 마음은 엄밀한 의미에서의 약탈 본능에 부수하는 것으로 도박에 나타난다. 따라서 도박으로 달린다는 형태로 나타나는 한, 요행을 바라는 마음은 약탈 기질에서 떨어질 수 없는 하나의 요소라고 말할 수 있다. 이는 본질적으로 원시시대의 미분화된 인간성에 속하는 먼 과거의 기질이지만, 경쟁적인 약탈 본능에 자극을 받아 도박 기질이라는 특수한 형태로 분화되어 발달하면 야만시대 특징의 하나로 보는 것이 타당해진다.

요행을 바라는 마음은 연속하여 일어나는 현상에 예상할 수 없는 필연성이 있다고 믿는 감각이다. 그 표출 방법은 사람에 따라 다르지만, 그 감각이 만연한 사회에서는 경제 효율에 대해 중대한 의미를 갖는다. 그렇게 되면 그 기원이나 내용에 대해서도, 경제의 구조나 기능에 대한 복잡한 영향에 대해서도 상세한 설명이 필요해질 것이다. 또한 이러한 감각의 발달과 분화와 유지 그리고 유한계급과의 관계에 대해서도 상세한 검토가 필요해질 것이다. 야만시대의 약탈적인 사람들이나 현대사회의 스포츠 취향과 도박 취향에는 고도로 발전된 요행심의 감각이 명확하게 인정된다. 이 감각에는 애니미즘 신앙과 초자연적 힘의 신뢰라고 하는 두 가지 요소가 포함되어 있다. 그 두 가지는 동일한 기본적 사고 습관의 상이한 단계로 볼 수 있고, 동일한 심리적 요인의 연속하는 발달 단계로 볼 수도 있다. 두 가지 요소가 상이한 발전 단계에 속한다고 하여 어떤 사람의 사고 습관에 공존할 수 없다는 것은 아니다.

최초의 원초적 애니미즘 신앙은 더욱 원시적이고 오래되었으며, 모든 것에 영혼이 숨어 있다고 믿고 사물을 의인화하는 감각이다. 고대 사람들은 자신을 둘러싼 환경에서 두드러진 사물이나 중요한 사실은 모두 인간과 가까운 성질을 갖는다고 생각했다. 그러한 사물에는 의지도 있고 성격도 있으며, 그것이 사물의 인과관계의 복잡한 맥락에 불가해한 방식으로 영향을 준다는 것이다. 스포츠 취향이나 도박 취향이 요행과 혼연일체가 되는 것, 즉 예상할 수 없는 필연성을 믿는 것도 미분화된 원시적 애니미즘의 감각이라고 말할 수 있다. 이 감각은 매우 막연한 방식으로 사물에 적용되는 경우가 많다. 그러나 그 감정은 대체로 기량과 요행을 다투는 경기나 게임의 틀이나 소도구를 구성하는 대상물에 작용하여, 거기에 내재하는 성질의 발로를 억제하거나 속이거나 부추기거나, 아니면 반대로 방해하고 교란하는 능력을 의미한다고 생각된다.

나름으로 효험이 있다고 생각되는 부적이나 호신부를 몸에 지니고 다니는 습관이 없는 스포츠인은 거의 없다. 또 자신이 내기를 건 도박판이나 경기에 참가한 자들이나 경기 도구의 '불운'을 본능적으로 두려워하는 사람, 자신이 응원하고 있으므로 질 리가 없다고 믿는 사람, 자신이 키워서 요행을 부르는 동물인 마스코트에게는 진지한 의미가 있다고 생각하는 사람도 결코 드물지 않다.

요행을 바라는 마음의 가장 단순한 형태는 사물에 목적을 향한 미지의 힘이 작용한다는 본능적 감각이다. 즉 우연히 주어지든 의도적으로 추구되든 사물에는 최종적으로 어떤 목적에 귀착하는 경향이 내재되어 있다고 보는 것이다. 요행을 바라는 마음은 이 단순한 애니미즘으로부터 점차 앞에서 말한 제2의 파생물로 변하고, 초자연적 힘을 명확하게 믿는 기분으로 모습을 바꾼다. 초자연적 힘은 눈에 보이는 물체에 갖추어져 있고 그 물체를 통해 작용하지만, 그 물체와는 구별할 수 있다. 여기서 '초자연적 힘'이란 그 성질을 자연의 법칙으로는 설명할 수 없다는 의미일 뿐 그 이상은 아니다. 초자연적 힘을 믿는 것은 애니미즘 신앙의 발전 형태에 불과하다. 그 힘을 행사하는 데 인격이 있다고 생각할 필요는 없지만 모든 시도, 특히 모든 승부의 결과에 멋대로 영향을 미치는 정도로 인간적 요소를 갖는 존재라고 할 수 있다. 아이슬란드 신화나 고대 게르만 민간전승에 나오는 수호천사, 곧 하밍기아hamingia 또는 기프타gipta(gaefa, authna)에 대한 신앙이 널리 보이는 것은 사건을 이끌어가는 것에 잠재하는 초자연적 힘을 믿었다는 표현이라고 할 수 있다.

요행심이 초자연적 힘을 믿는 형태로 나타나는 경우, 그 힘의 주된 것은 다양한 개성으로 구별되지만 신격화되는 일은 거의 없으며, 도리어 주위 환경, 특히 정신적이고 신비적인 양상의 환경에는 굴복하는 경우도 있다고 생각된다. 요행심이 가장 잘 알려진 충격적인 예는 결투 재판, 즉 결투를 통해 흑백을 가리는 제도에 나타난다. 이 예는 초자연적 힘의 주인이 신격화에 가까운 인격화를 수반하는 단계에서 볼 수 있다. 결투 재판에서는 초자연적 힘이 당사자의 요청에 따라 재판관으로서 기능하고, 공평성이나 결투자 주장의 정당성이라고 하는 몇 가지 근거에 의해 바른 쪽을 승리자라고 보는 것이다. 사물에는 알 수 없는 숭고하고 필연적인 방향이 정해져 있다는 감각은 오늘날에도 사람들의 사고에 모호한 형태로 여전히 남아 있다. 가령 "자기 싸움이 옳다고 믿는 자는 세 사람 몫의 무기를 가지고 싸우는 것이다"[1]라는 잘 알려진 격언이 그러하다. 오늘의 문명사회에서도 생각이 얕은 지극히 보통 사람들은 이 격언에 가까운 믿음을 갖고 있다. 이러한 경향은 수호천사 신앙이나 보이지 않는 손이 이끈다고 하는 믿음의 현대판이라고 할 수 있다. 그러나 이 경향은 어렴풋하고 허약하며, 애니미즘 신앙과는 다른 심리 요인과도 언제나 뒤섞여 있다고 여겨진다.

우리 논의에 관한 한, 요행심에 포함된 두 가지 요소에 대해 오랜 것에서 새로운 것이 파생한 심리적 또는 민족학적 과정을 더 이상 상세히 검토할 필요는 없다. 이는 도리어 민족심리학이나 종교사 연구에서 중요한 문제일 것이다. 또 이 두 가지가 각각의 발전 과정에서 연속하는 관계에 있는가 하는 더욱 근본적이고 중요한 문제에 대해서도 마찬가지로 말할 수 있다. 그러나 여기서 이러한 문제를 짚은 것은 현재의 논의는 거기에 관심이 없다고 명시하기 위해서다. 경제학에 관한 한 요행심, 즉 사물 속 인과관계를 초월한 어떤 존재를 믿는 기분에서 이 두 가지 요소는 질적으로 마찬가지다. 그리고 무엇이든 개인의 사고 습관으로 보면 그 사람이 사물을 보는 관점에 영향을 주고, 나아가 산업에 대한 공헌도를 좌우한다는 점에서 경제적 의미가 있다. 따라서 애니미즘 신앙의 가치나 은혜와는 별도로 경제적 요소로서의 개인, 특히 생산 활동 주체로서의 개인의 유용성에 주목하여 그 경제적 의의를 논하는 이유는 충분

1　윌리엄 셰익스피어, 〈헨리 6세〉, 2부 3막 2장에 나오는 대사다.

하다고 할 수 있다.

앞에서 설명했듯이, 현대 산업의 복잡한 과정에서 개인이 최대한 공헌하려면 사물을 원인과 결과의 관계로 쉽게 이해하고 그에 개입하는 능력과 습관을 몸에 익혀야 한다. 본래 생산 공정 자체가 전체로서도 부분으로서도 정량적 인과관계가 전개되는 과정이라고 할 수 있다. 따라서 산업의 경영자에게도 노동자에게도 요구되는 '지적 능력'이란 정량적으로 결정된 인과관계를 제대로 이해하여 적응하는 능력에 불과하다. 그러나 우둔한 노동자는 그 능력을 갖지 못한다. 따라서 노동자에게 생산성을 높이기 위한 교육을 베푼다면, 그러한 능력의 개발이 목표가 된다.

태생적이든 교육에 의해서든 인과관계나 사실관계를 바탕으로 하지 않고 초자연적 힘의 작용으로 사물을 이해하는 사람의 생산성은 낮아지고, 산업에서의 유용성도 저하한다. 이러한 원인에 따른 생산성 저하는 그러한 경향을 갖는 사람들을 집단으로 볼 때 더욱 분명해진다. 애니미즘적 사고가 경제에 미치는 불이익은 다른 어떤 제도보다 현대의 대규모 공업에서 뚜렷이 나타나고, 그 결과는 광범위하게 미친다. 현대 산업사회의 공업 생산은 여러 가지 조직이나 기능이 상호작용하는 포괄적 시스템에 포함되어 있고, 그 범위는 확대일로에 있다. 따라서 공업 생산에 종사하는 사람들에게는 생산성을 높이기 위해 애니미즘적 선입관에 사로잡히지 않고 사물을 인과적으로 이해하는 것이 요구된다. 수공업 시대에는 노동자의 기량이나 근면, 완력과 인내력이라는 장점 덕분에 사고 습관의 애니미즘적 요소가 상당히 없어졌다고 생각된다.

노동자에게 요구되는 바가 수공업에 가까운 것이라는 점에서 전통적 농업도 동류라고 할 수 있다. 전통적 농업이나 수공업에서 노동자는 주로 자신에게 의존하고, 여기에 관련되는 자연의 힘은 대체로 이해하거나 예측할 수 없으므로 그 작용을 억제하거나 조작할 수 없다고 여긴다. 모든 것이 기계적 구조에 위임되는 공업 생산 과정은 인과관계를 통해 이해되어야 하고 작업이나 노동자의 움직임도 그에 맞춰야 하는 데 비해, 농업이나 수공업은 그러한 공업 생산 과정과 공통성이 거의 없다고 일반적으로 이해되고 있다. 공업이 발전함에 따라 수공업 시대 노동자의 장점은 인과적 이해가 불가능하다는 지적 능력의 결여를 메우지 못하게 된다. 공업 생산은 차차 그 자체가 하나의 장치 같은 성격을 갖게 되고, 여기서 자신의 일에 영향을 주는 자연의 힘을 식별하고 선별하는 것이 인간의 역할이 된다. 과거 스스로 생산 주체였던 노동자는 수량이나 기계 동작을 판별하고 평가하는 역할을 맡는다. 따라서 자기 주위에서 일어나는 이러한 원인을 쉽게 이해하고 애니미즘적 선입관에서 벗어나 평가하는 것의 경제적 중요성이 상대적으로 증대되어간다. 이에 비례하여 인과적 이해에 방해가 되는 감각을 사고 습관에 침입시키려는 요인은 노동자의 유용성을 저하시키는 것으로, 더욱더 간과할 수 없게 된다. 정량적 인과관계 이외의 논거로 사물을 설명하고자 하는 경향은 아무리 미미한 것이라도 누적되어 사고 습관에 영향을 주게 되고, 그 사회의 집단 생산성은 크게 저하할 가능성이 있기 때문이다.

초자연적 힘으로 사물을 설명하고자 하는 경향은 초기 단계에서 소박한 애니미즘 신앙의 형태로 나타나고, 그 뒤 고도의 단계에서 사물에 내재하는 힘을 인격화하는 의인관이라는 형태로 나타난다고 생각된다. 그러나 개인의 산업 공헌도에 미치는 영향은 어느 경우에나 마찬가지다. 단, 개인의 사고 습관에 미치는 영향은 그 사람이 주위의 것에 대처할 때 어느 정도로 그 감각에 의존하는가에 따라 다르다. 애니미즘적 사고 습관은 어떤 경우에도 인과관계의 이해를 어렵게 만들지만, 초기의 본능적이고 미분화된 애니미즘 감각 쪽이 고도 단계의 의인관보다 지적인 과정에 널리 영향을 준다고 생각해도 좋다. 애니미즘이 소박한 형태로 사고 습관에 뿌리내리면 어느 경우에나 적용된다. 따라서 생활의 여러 장면에서 물질적 생활 수단과 관련될 때는 언제나 그 사람의 사고에 작용하게 된다. 그러나 성숙한 형태로 발전하고 의인관으로 세련되어지면, 적용 대상은 멀리 떨어져 눈에 보이지 않는 것에 거의 한정되고, 일상적 사물은 초자연적 힘에 의존하지 않고 잠정적으로 설명하게 된다. 그러나 초자연적 힘, 완성된 힘은 일상의 사소한 일을 설명하기에 적합하지 않다. 그래서 현대인은 평범하거나 비근한 것을 원인과 결과로 설명하기가 쉽다. 그렇게 하여 도달한 잠정적 설명은 미세한 사항에 관한 한 최종으로 설명하는 것이 암묵적으로 용인된다. 그러나 어떤 충격이나 혼란 때문에 초자연적 힘에 의존하는 기분이 생기면 이야기는 달라진다. 사물의 전말에 완전한 설명을 붙여야 할 특별한 필요성이 생기면, 의인관을 어느 정도 가진 사람들은 만능의 해결책으로 초자연적 힘에 의존하는 경향이 있기 때문이다.

인과관계를 초월하는 힘을 상정하는 것은 경제에 아무런 도움이 되지 않지만, 사물을 설명하는 데 궁할 때는 매우 편리한 도피처다. 특히 의인관같이 일반성과 전문성에 근거할 때는 안심하고 의존하는 도피처다. 인과적으로 설명하기 어려운 것에서의 도피뿐 아니라 다른 효용도 있다. 가령 신의 의인화는 예술·윤리·정신적 효용의 관점에서도, 또 정치·군사·사회 정책이라는 비근한 관점에서도 장점이 많다. 이러한 점은 이미 명백하고 잘 알려져 있으므로 여기서 상세히 언급할 필요는 없다. 지금 문제로 삼고자 하는 것은 초자연적 힘을 믿는 것의 경제적 가치다. 그것은 예술에 비해 소박하고, 정치에 비하면 긴급하지도 않은 문제다. 그러나 여하튼 초자연적 힘을 믿는 사고 습관은 이 습관을 가진 사람들의 산업에 대한 공헌도에 어떻게 영향을 미칠까? 경제라고 하는 좁은 영역에서도 조사가 가능한 것은 사고 습관이 노동 담당자로서의 유용성에 미치는 직접적 영향에 한정되고, 간접적 경제 효과는 추적 조사가 어렵기 때문에 파악할 수 없다. 조사하고자 해도 신과 정신적으로 접촉함으로써 생활이 풍요해진다는 선입관이 방해가 되고, 결국은 무의미하게 끝난다.

애니미즘적 사고 습관이 개인의 관점 전반에 미치는 직접적 영향은 지적 능력을 저하시키는 것이다. 게다가 현대 산업에 특히 관련되는 어떤 부분의 지적 능력을 저하시킨다. 단, 그 표현 방법은 초자연적 힘을 어느 정도 믿는가에 따라 다양하다. 이는 야만시대 사람들이나 현대의 스포츠 또는 도박 취향의 요행심 경향에도 나타난다. 그들에게서 잘 볼 수 있는 사물의 신격화라고 하는, 어느 정도 발달된 감각에도 해당된다. 더욱 발전되어 신앙심이 깊은 문명인을 만드는 인격신² 신앙에도 해당된다. (그러나 이 점에 대해서는 확신이 없다.) 대중이 그러한 종교를 믿었다고 하여 산업에 도움이 되지 않는 정도는 그다지 크지 않을지 모르지만, 이 점을 간과해서도 안 된다. 서양 문명에서 이러한 종류의 고등 종교에서도 인과적 이해를 초월하는 애니미즘 감각이 완전히 없어졌다고는 말할수 없다. 게다가 이러한 애니미즘 감각은 의인관이 쇠퇴해도 남아있다. 가령 18세기의 자연법론이나 자연권의 주장이 그런 것이다. 또 그 현대판이라고 할 수 있는 진화 과정에서의 개량이라는 개념도 그런 것이다. 사물을 애니미즘으로 설명하려는 것은 논리학자가 '게으른 이성'³이라고 부르는 오류에 불과하다. 산업이나 과학의 목적에서 볼 때 게으른 이성은 사물의 이해와 평가를 방해하는존재다.

애니미즘적 사고 습관은 산업에 대한 직접적 영향이 아니더라도다음 이유에서 경제학에 중요하다. 첫째, 애니미즘적 사고에 부수하여 경제적으로 중요한 다른 오래된 특성의 존재를 보여주는 믿을 만한 지표가 된다. 존재뿐 아니라 어느 정도는 특성의 강약도 보여주는 지표가 된다. 둘째, 애니미즘 신앙에서 인격신 신앙으로 발전하는 과정에서 형성된 종교 의례는 다음 두 가지 점에서 세속적

---

2 '신인동형설'로도 번역된다. 이는 신을 의인화擬人化한 것으로 인간적 의식과 감정을 갖는 신을 일컬으며, 그리스 신화에 나오는 신 따위가 그 보기다.
3 임마누엘 칸트의《순수이성비판》(1781)에 의한다.

영향력을 갖는다. 그 하나는 이미 말했듯이 사회의 재화 소비나 미적 감각의 기준에 영향을 주는 것이고, 또 하나는 우월자와의 관계성을 습관적으로 인식시키고 이를 유지함으로써 신분이나 충성을 강하게 의식하게 하는 것이다.

이 최후의 점에 대해 좀 더 말해보자. 개인의 성격을 형성하는 사고 습관은 어떤 의미에서 유기적 통합체다. 어느 한 시점에서 일정한 방향으로 현저한 변화가 생기면 그에 호응하여 다른 방향으로도 변화가 생기고, 그것이 생활에 나타난다. 사고 습관이든 생활상의 습관이든 한 인간의 하나의 생활이 연속하는 국면에 불과하다. 그러므로 어떤 자극에 따라 형성된 습관은 필연적으로 다른 자극에 대한 반응의 성질에도 영향을 준다. 인간의 성질은 어느 한 가지가 변하면 전체가 변한다. 이러한 이유에서, 또 더욱 중요하지만 여기서는 다루지 않는 이유에서 인간 성질의 여러 가지 특성에는 복수의 변화가 동시에 발생한다. 가령 약탈적 생활양식이 발달한 야만시대 사람들에게서는 애니미즘적 습관, 사물의 신격화, 강한 신분 감각을 볼 수 있다. 한편 야만 시기 이전 시대에도, 그 뒤 시대에도 의인관이나 애니미즘 감각은 그다지 뚜렷하지 않고, 평화로운 사회에서는 신분 감각도 대체로 약하다. 그러나 약탈시대에 앞선 원시시대에는 전부는 아니라도 대부분의 사람들이 특별하게 강한 애니미즘 신앙을 갖는다. 원시인에게 애니미즘은 야만시대 사람들이나 퇴화한 원시인에게만큼 엄숙한 존재는 아니기 때문에 미신이 아니라 환상적 신화를 낳게 된다. 이어지는 야만시대 문화에는 사냥 정신, 신분 감각, 의인관이 인정된다. 현대 문명사회 사람들의 기질에도 이러한 점에 관한 유사한 변화의 흔적이 많이 발견된다. 현대인 가운데 스포츠나 도박 취향과 연결되는 야만시대의 약탈 기질이 있는 자들은 대체로 요행심의 경향을 보여준다. 적어도 그들은 사물에 영혼이 숨어 있다고 믿으며 도박을 하고, 그런 의미에서 의인관을 갖는 자들이다. 그들이 어떤 종교를 믿는다면 소박하고 인간적인 신을 믿는 경우가 많다. 그런 신이 없는 종교(유니테리언Unitarian[4]이나 유니버설리스트Universalist[5])에서 정신적 위안을 구하는 도박 취향의 사람은 그다지 볼 수 없다.

의인관과 약탈적 사고 습관의 이러한 결합은 인격신관에 근거한 신앙이 신분제에 유리한 사고 습관을 유지시킨다는 사실과 깊은 관계가 있다. 그러나 이 점에 관하여 종교의 영향과 계수된 기질의 동시 발생적인 변화의 영향을 준별하기란 불가능하다. 약탈 기질, 신분 감각, 인격신 신앙이 최고 발달 단계에 이른 것은 야만시대 문화에서다. 그리고 이러한 문화 수준의 사회에 이 세 가지가 나타나면 그 사이에 상호 관계가 생겨난다. 그것들이 서로 작용하면서 오늘의 개인과 계급의 습관이나 태도에 반복하여 나타나는 모습은 개인의 특성이나 습관으로 간주되는 심리 현상에 마찬가지로 인과적이거나 유기적인 관계가 존재한다는 것을 암시한다. 앞에서 설명했듯이, 사회구조의 한 요소로서의 신분 관계는 약탈적 생활 습관의 부산물이고, 약탈 문화의 가치관을 엄격한 형태로 표현한 것

---

4 삼위일체를 믿지 않고 유일신을 믿는 기독교파를 말한다.
5 보편구원론을 믿는 기독교파로 18세기 미국에서 생겼다.

이 신분제도라고 할 수 있다. 한편 인격신 신앙에는 만물에 초자연적이고 불가해한 힘이 숨어 있다는 이해를 바탕으로 한 신분 관계 체계가 세워져 있다. 따라서 이러한 종교를 낳은 외부적 요인을 찾아보면 고대인에게 널리 침투한 애니미즘 감각에 이르게 된다. 이러한 감각은 약탈적 생활 습관에 의해 규정되고 어느 정도 수정되면서 발전해왔다. 그리고 그 결과로 약탈 문화에 특징적인 사고 습관을 전면적으로 갖춘 인격이 초자연적 힘에 부여되었다.

여기서 경제학과 직접 관련되고, 따라서 특별히 다루어야 할 중요한 사항은 다음과 같다. 첫째, 앞 장에서 설명했듯이 이 책에서 용맹이라고 부른 약탈적이고 경쟁적인 사고 습관은 본래의 일하기 본능이 야만시대를 거치며 변한 것에 불과하다. 타인과 비교하여 차이를 두고자 하는 관습 아래서 일하기 본능은 용맹이라는 특수한 형태로 변한다. 둘째, 신분 관계는 이러한 차별화에 일반적으로 인정되는 척도를 적용하여 등급을 매기는 공적 형태로 나타난 것이다. 셋째, 인격신 신앙은 인격화된 초자연의 우월한 힘과 열등한 인간 사이의 신분 관계를 특징으로 하는 하나의 제도다. 적어도 이 종교가 번영하던 초기에는 그러했다. 이 점을 고려하면 인간의 본성과 생활에 관한 이 세 가지 현상 사이에 밀접한 관계가 있다는 것을 쉽게 이해할 수 있다. 신분제와 약탈적 생활 습관은 타인에 대해 차이를 두고자 하는 관습 아래에서의 노동 본능의 표출이고, 인격신 신앙이나 종교의식의 습관도 같은 관습 아래에서의 애니미즘 감각의 표출이다. 그러므로 타인과 경쟁하는 생활 습관과 종교의 계율을 지키는 습관은 한편으로 야만시대에서 받은 인간 본성을,

다른 한편으로는 그 현대적 변종을 보충하는 것이라고 볼 수 있다.
두 가지 습관은 모두 여러 가지 상이한 자극에 따라 거의 마찬가지
의 성질이 표출된 것에서 유래한다.

현대 생활에서 발생하는 사건을 아무렇게나 열거만 해도 인격신관에 근거한 신앙이 야만시대의 문화 및 기질과 관련된 것이 분명하게 보인다. 나아가 그러한 신앙의 유지와 효험, 일련의 종교의식의 침투가 유한계급 제도와 관련된다는 점, 또 유한계급 행동의 동기와 관련된다는 점도 분명하게 나타난다. 12장에서는 종교의식의 여러 가지 관행이나 의식을 뒷받침하는 정신적·지적 특성을 다루지만, 그것을 폄훼하거나 칭찬할 생각은 전혀 없다. 현재의 인격신 신앙에서 일상적으로 볼 수 있는 것을 어디까지나 경제학적 의의라는 점에서 설명하고 싶다. 여기서 적절하게 검토할 수 있는 것은 종교의식의 외면적 특징이지, 신앙생활의 윤리적 또는 종교적 가치가 아니다. 따라서 당연히 종교를 뒷받침하는 교의의 올바름이나 훌륭함에 대한 의심은 하지 않는다. 또 그 간접적인 경제적 의의도 다루지 않는다. 왜냐하면 그것들은 매우 심오하고 중대하기 때문에 간단히 설명할 수 없는 탓이다.

금전적 가치 기준이 금전과 무관한 기준에 근거한 가치 판단에 어떤 영향을 미치는가에 대해서는 이미 설명했는데, 그 관계는 결코 일방적이지 않다. 가치 판단의 경제적 기준이나 조건 자체도 경제 이외의 기준에 영향을 받는다. 즉 사물의 경제적 가치에 대한 판단은 경제 이외의 중요한 요소에 의해 상당히 좌우된다. 나아가 경제적 이익은 더욱 고도의 비경제적 이익에 종속된다는 관점도 있다. 따라서 12장 논의에서는 신앙의 경제적 이익이나 의의를 다른 요소로부터 분리하여 설명할 필요가 있다. 경제 이외의 관점은 버리고, 경제학과는 무관한 중요한 가치에 가능한 한 이끌리지 않고 경제적 가치 판단을 하도록 노력하고 싶다.

스포츠나 도박을 좋아하는 기질을 설명하면서, 사물에 내재하는 힘을 믿는 감각이 그러한 기질을 가진 사람들의 도박 습관을 심리적으로 뒷받침하는 점을 지적했다. 이러한 감각은 경제학의 목적에서 본다면, 애니미즘 신앙이나 인격신 신앙에 다양한 형태로 나타나는 심리적 요소와 본질적으로 같다. 경제학이 다루어야 하는 이러한 심리적 요소에 관한 한, 도박 기질은 눈에 보이지 않을 정도로 서서히 예배 등의 종교의식을 통해 만족을 느끼는 심리로 변질한다. 이를 경제학 입장에서 서술하면, 스포츠나 내기를 좋아하는 성격은 점차 종교를 열렬히 믿는 성격으로 변질한다. 도박을 좋아하는 사람들의 애니미즘 감각이 어떤 일관된 전통에 의해 지지되면, 이 감각은 초자연적이고 초물질적인 힘의 신앙으로 발전한다. 이때 초자연적 힘은 어느 정도 의인화되는 경우가 많다. 그다음에는 정해진 절차에 따라 초자연적 힘에 접근하고, 타협을 하려는 경향이 나타나는 것이 보통이다. 이러한 유화를 추구하는 자세는, 그 역사적 기원이 다르지만 조잡한 형태의 신앙과 공통된 심리적 요소가 많다. 그리하여 초자연적 힘의 신앙은 미신적 관행이나 신앙으로 서서히 변해간다. 거기에는 조잡한 형태의 인격신 신앙과의 유사성이 나타난다.

그리하여 스포츠나 도박을 좋아하는 기질에는 종교를 믿고 계율을 지키고자 하는 심리적 요소가 포함되어 있다. 왜냐하면 사물의 흐름에 잠재하는 알 수 없는 요소나 초자연적 힘을 믿는 점이 공통되기 때문이다. 그러나 초자연적 힘에 대한 신념을 명확히 체계화하여 도박에 임한다고는 할 수 없으며, 실제로도 그렇게 되지 않는다. 특히 그 신념이 반영되었어야 할 사고 습관이나 생활양식에 대해, 바꾸어 말하면 도박을 하는 사람의 도덕성이나 도박을 향한 자세에 그 신념이 어떻게 관련되는가는 명확히 인식되고 있지 않다. 한편 스포츠 취향이나 도박 취향은 행운이나 절호의 기회 또는 후두hoodoo[1]나 마스코트로 초자연적 힘이 존재함을 느끼고, 때로는 그것을 두려워하며, 그로부터 도피하고자 한다. 그러나 그러한 힘의 개별성이나 인격에 대한 그들의 관점은 역시 막연하고, 확실히 정리되어 있지 않다. 도박성 활동의 근거는 대체로 제멋대로인 초자연적 힘에 대한 직관 또는 사물에 내재하는 방향성에 대한 직관으로 대부분은 인격이 있다고 인식되지 않는 것들이다. 도박을 하는 사람들은 이러한 소박한 의미에서 요행을 바람과 동시에 어떤

---

1 부두voodoo에서 나온 말로, 행운이나 불운을 좌우하는 초월적 능력의 주술사나 주문 등을 말한다.

기성 종교의 열렬한 신자인 경우가 많다. 특히 자신이 믿는 신의 불가해한 힘이나 자의적 행위에 관한 교의는 무조건 받아들이는 경향이 있다. 이때 그 사람은 애니미즘의 발전 과정에서 두 가지 이상의 단계를 경험한다고 할 수 있다. 그뿐만 아니라 스포츠나 도박을 좋아하는 사회의 정신 구조에서는 애니미즘 신앙을 형성하는 모든 단계가 그대로 발견된다. 이러한 일련의 발전 과정에서는 한쪽 끝에 운이나 기회나 우연을 믿는 가장 원초적인 직관이, 다른 쪽 끝에 고도로 발달된 인격신관에 근거한 신앙이 위치하고, 그 사이에 다양한 단계가 있다. 초자연적 힘에 대한 이러한 신앙과 함께 한쪽에는 예측된 요행의 요구 조건에 따라 직관적으로 행동하는 자세가, 다른 한쪽에는 신이 내리는 일방적 명령에 경건하게 복종하는 자세가 동시에 생겨난다.

이 점에서 스포츠나 도박을 좋아하는 기질과 무법자의 기질 사이에는 서로 통하는 점이 있고, 둘 다 의인화된 신의 신앙에 기우는 기질과 결부되어 있다. 일반적으로 스포츠 취향이나 도박 취향을 가진 사람, 무법자는 사회의 평균적 경향 이상으로 기성 종교를 믿기 쉽고 종교의식에 빠지기도 쉽다. 나아가 그들 가운데 종교를 믿지 않는 자가 어떤 기성 종교로 개종할 확률은 불신자의 평균을 상회한다. 스포츠 옹호자들은 약탈적 성격의 운동경기를 변호하고자 할 때 특히 이러한 사실을 강조한다. 실제로도 습관적으로 운동경기를 하는 사람들이 종교를 실천하는 데 더욱더 열심이라는 점은 스포츠 활동의 찬양해야 할 가치로 주장되곤 한다. 스포츠 애호자나 무법자가 믿는 종교, 그들 가운데 불신자가 믿게 되는 종교는 대체로 고상한 것이 아니라 인격신관에 근거한 종교다. 오랜 약탈 기질의 인간에게 인격이 정량적 인과율로 치환되는 난해한 개념, 구체적으로는 기독교 세계의 추상적이고 밀교적인 교의에서 조물주, 보편지성, 세계영혼, 정신세계라는 것으로 나타나는 개념은 이해되기 어렵다. 운동선수나 하층계급 무법자의 사고 습관이 바라는 종교로는, 가령 구세군이라는 이름으로 알려진 군대 조직 같은 교회를 들 수 있다. 이 종파는 하층계급 무법자로부터 신도를 많이 모집한다. 특히 그 간부 중에는 스포츠에 관련되었던 자들이 사회 전체에서 차지하는 비율 이상으로 포함되어 있다.

대학 스포츠 경험자는 그 전형이다. 대학 생활의 종교적 측면을 옹호하는 논객에 의하면, 미국의 학생 단체에서 배출되는 바람직한 운동선수는 모두 신앙심이 깊으며, 적어도 스포츠에 흥미를 갖지 않는 학생들의 평균에 비해 종교의식에 참가하는 비율이 높다고 한다. 이 점에 대해 반론해야 할 근거는 찾을 수 없고, 이론적으로는 예상된 것이라고 할 수 있다. 게다가 관점에 따라서는 앞에서의 주장에 대학 스포츠 활동이나 경기나 그 관련자에 대한 평가를 높이려는 의도가 느껴지는 점에 주의해야 할 것이다. 사실은 대학 스포츠 경험자가 본업이나 부업으로 포교 활동에 종사하는 경우가 드물지 않다. 그런 사람들은 나중에 인격신관에 근거한 종파의 포교자가 될 가능성이 높다고 인정된다. 그리고 포교를 할 때는 신을 주인으로 삼고 인간을 종으로 삼는 주종 관계를 강조하는 경향이 있다.

경기와 종교의식의 밀접한 관계를 대학생이나 졸업생 사이에서 볼 수 있는 것은 주지의 사실이다. 거기에는 어떤 현저한 특징이 있지만, 지금까지 그다지 주목되지 않았다. 즉 대학 스포츠 경험자 대부분에게 침투하고 있는 열렬한 신앙심은 무조건적 숭배, 신의 섭리에 대한 소박하고 자기만족적인 복종이라는 형태이기 쉽다는 점 말이다. 그들의 열렬함은 기독교청년회 YMCA나 기독교소년공조회 YPSCE 같은 일반인을 위한 포교 활동에 종사하는 평신도 단체와 연결되기 쉽다. 이러한 종류의 평신도 단체는 '실천적' 종교의 보급을 목적으로 한다. 그리고 목적 실현에는 스포츠 애호 기질과 오래된 신앙심을 연결시킬 필요가 있는 것처럼, 스포츠 경기를 비롯하여 운과 기능에 의해 좌우되는 경기를 추진하는 데 상당한 힘을 쏟는다. 이러한 종류의 스포츠는 신의 은혜를 받는 수단으로 효과적이라고 생각되는 점도 있고, 개종을 촉구하거나 개종자의 신앙심을 유지하는 수단으로도 유용하다고 여겨진다. 요컨대 애니미즘 감각이나 경쟁심을 자극하는 행사나 활동은 통속적 종교에 잘 부합하는 사고 습관을 형성하고 유지하는 데 도움이 된다. 그리하여 이러한 종류의 평신도 단체에서는 스포츠 활동이 본래는 교회 구성원에게만 허용되는 충실한 정신생활을 보내기 위한 수업 기간이나 유도 수단의 역할을 하게 된다.

경쟁을 부추기는 저급한 애니미즘적 경향이 종교의 목적에 크게 유용하다는 점은 의문의 여지가 없다. 왜냐하면 많은 종파의 성직자들이 이 점에 관하여 평신도 단체를 흉내 내고 있기 때문이다. 특히 실천적 종교를 주장하는 점에서 평신도 단체에 가장 가까운 교회 조직은 전통적 종교의식과 관련하여 YMCA 등과 매우 유사한 방식을 채택하고자 한다. 젊은 신도에게 경쟁심과 신분 의식을 심고자 하는 의도에서 성직자의 허가를 받아 소년단 등의 유사 군대 조직을 설치하는 일 등이 그 보기다. 그리하여 경쟁이나 상하 관계를 가르치고, 주종 관계를 의식적으로 받아들이는 생래적 감각을 강화하는 것이다. 그 결과 신자들은 즐겁게 복종하고 체벌받도록 교육된다.

그러나 이러한 단련이나 경쟁으로 길러진 사고 습관은 인격신 신앙의 본질 중 절반을 차지할 뿐이다. 신앙생활의 나머지 절반, 즉 애니미즘적 사고 습관 역시 성직자의 허가를 얻어 행해지는 다른 행사와 활동에 의해 배양된다. 그것은 일종의 도박으로, 교회의 바자회나 자선 목적의 복권 판매가 그 대표적 보기라고 할 수 있다. 이러한 행사는 엄밀한 의미에서의 종교의식과 결부되어 있고, 신앙심이 약한 사람보다 교회 신도 쪽에 매력을 준다. 이는 바자회나 복권 당첨의 정당성을 보여주는 흥미로운 사례다.

이상의 점으로부터 사람들을 스포츠에 열중하게 하는 기질은 인격신 신앙에도 기울게 되고 또 스포츠, 특히 운동경기의 습관화는 종교의식에 의한 만족감을 느끼는 경향을 기른다고 말할 수 있다. 거꾸로 말하면, 종교의식에 익숙해짐으로써 운동경기나 기타 승부를 다투는 것을 좋아하는 경향이 강화되고, 그 결과로 타인과 차이를 만드는 습관이나 요행심에 젖기 쉽다. 이것과 본질적으로 동일한 경향은 그에 대응하는 정신 면에서도 볼 수 있다. 약탈 본능과 애니미즘 감각을 특징으로 하는 야만시대 인간의 본성에는 두 가지가 모두 있는 경우가 많다. 약탈적 사고 습관에서는 개인의 위엄이나 상대적 지위가 강하게 의식되기 때문에, 그러한 사고 습관에서 제도가 형성된 경우 신분제에 근거한 사회구조가 나타난다. 약탈적 생활양식을 갖는 사회는 우월자와 열등자, 귀족과 평민, 지배계급과 종속계급, 주인과 노예라고 하는 관계를 대전제로 한다. 인격신 신앙은 사회의 이러한 발전 단계에서 생겨나고, 같은 시기의 경제적 분화, 즉 소비자와 생산자의 분화로부터 영향을 받았다. 인격신 신앙이 주종 관계라는 원리에 의해 관철되는 것은 그 때문이다. 이러한 종교가 모시는 신은 신앙이 탄생한 당시의 경제 분화와 합치되는 사고 습관을 가지고 있다고 여겨지며, 전례가 있는 모든 것에 대해 엄격하고, 백성의 주인으로 제멋대로 힘을 휘둘러 최후의 심판자로 폭력에 호소하는 것이 보통이다.

인격신 신앙이 더욱더 성숙한 형태로 발전하면 알 수 없는 힘을 가진 공포의 존재가 된 신은 '아버지 하느님'으로 변한다. 초자연적 힘에 부여된 정신성은 신분제하에 속하던 때와 마찬가지이지만, 새로운 준평화 단계에서는 가부장제가 반영된다. 이렇게 발전한 형태가 되어도 신앙심을 보여주는 의식이 여전히 신의 영광을 찬양하고, 복종과 충성을 맹세하며, 신의 비위를 맞추려고 하는 점을 목적으로 함은 주목할 만하다. 신의 비위를 맞추거나 숭배하는 행위는 신도가 신에게 가까이 가고자 하면서도 신의 지위에 경의를 표하는 증거가 된다. 따라서 역시 스스로를 비하하는 행위에 의해 이처럼 비위를 맞추는 행위와 결부되는 것이 자주 행해진다. 고대의 특성을 갖는 신의 인격에 충성을 다하는 것은 충성을 바치는 측에도 마찬가지로 고대의 특성이 있다는 점을 말해준다. 경제학의 목적에 관한 한, 충성 관계란 상대가 살아 있는 인간이든 신이든 약탈적이고 준평화적인 생활양식의 대부분을 차지하는 주종 관계의 변형으로 볼 수 있다.

야만시대의 개념에서 신은 싸움을 좋아하고 위압적으로 지배하는 족장이었으나 오늘날에는 그런 이미지가 대폭 완화되었다. 이는 약탈 단계가 시작될 무렵부터 지금까지 다양한 문화를 통해 온화한 태도나 평온한 생활 습관의 영향을 받아왔기 때문이다. 그러나 이처럼 신에 대한 개념이 완화되고 신의 속성으로 간주된 가열한 행동이나 성격이 온화해졌어도, 신성에 대한 사람들의 이해에는 야만시대 개념의 본질적인 부분이 그대로 남아 있다. 가령 신의 것이나 인간의 영위와 신의 관계에 대해 이야기하거나 쓸 때, 전쟁이나 약탈 문화에서 빌린 어휘나 신분 차별을 상기시키는 표현을 사용하는 것이 지금도 여전히 유효하다. 현대의 청중이나 독자는 과거처럼 호전적이지 않고 온건한 종교를 믿고 있는데도 불구하고, 그러한 어휘는 효과적인 것이다. 이는 현재 세대가 여전히 야만시대 가치관의 무게를 가깝게 느끼고 있다는 증거이자, 신앙심과 약탈적 사고 습관이 관련된다는 증거라고 할 수 있다. 신이 맹렬한 복수심을 갖거나 폭력적 행동을 한다고 간주되는 것에 대해 현대의 신자가 설령 반감을 갖는다고 해도, 그것은 본능적 반감이 아니라 이성에서 온 것이다. 신을 형용하는 살벌한 말들을 대중이 고귀한 예술적 표현이라고 받아들이는 일은 흔히 볼 수 있다. 그러한 표현이 시사하는 것은 직관적으로 받아들이기 쉽다는 것이다. 가령 다음과 같은 노래가 그렇다.

나는 보았다, 이 길을 신의 영광이 나아가는 것을.
높게 쌓인 분노의 포도를 강력하게 짓밟고
섬광처럼 흩뿌리는 무서운 칼을 휘두르며
신의 정의가 행진해 가고 있다네.[2]

신앙심이 깊은 사람을 이끄는 사고 습관은 지금도 고대의 생활 양식에 속하지만, 이 양식은 오늘날 집단생활의 경제 조건에서 더는 유용하지 않다. 오늘날 집단생활의 요구를 만족시키는 경제 제도는 이미 신분제를 벗어나 있고, 신분 관계에 유리한 요소는 전혀 갖고 있지 않다. 사회의 경제 효율에 관한 한 개인의 충성 감각이나 그것을 낳은 사고 습관은 고대의 유물이며, 제도가 현실에 적응하는 것을 방해하는 요인이 되고 있다. 평화로운 산업사회의 목적에 가장 적합한 것은 중요한 사실의 가치를 기계적 연쇄의 단순한 요소로 보는 현실적 자세다. 이러한 자세라면 사물에 영혼이 내재한다고 본능적으로 믿지 않고, 불가해한 현상의 설명에 초자연적 힘을 가져오지 않으며, 사물을 인간에게 적합하도록 하기 위해 보이지 않는 손의 도움을 빌린다고 생각하지 않는다. 현대에서 경제적 효율을 최대한 높이려면 사물을 언제나 정량적이고 이성적으로 파악해야 한다.

최근의 경제 조건에서 볼 때, 신앙심이란 아마 어떤 경우에도 집

---

2   미국 남북전쟁 당시의 국민적 애창가인 〈리퍼블릭 찬가〉. 이를 베블런이 지은 것으로 짐작하는 번역서가 있지만 틀렸다.

단생활의 초기 단계 유물이고 정신적 성장이 늦은 증거로 여겨야
할 것이다. 그러나 경제 구조가 여전히 신분제에 의거하고, 개인의
행동이 대체로 신분상의 주종 관계에 의해 규정되며, 전통이나 계
승 같은 이유로 민중 전체가 종교의식에 열심인 사회에서 개인의
신앙 습관은 그 사회의 평균에서 떨어지지 않는 정도라면 매우 당
연한 생활 습관의 일부로 보아야 한다. 이러한 경우 신앙심이 깊은
사회의 신앙심이 깊은 개인은 그 사회에서 지극히 보통이므로, 그
에게만 격세유전이 나타났다고는 할 수 없다. 그러나 현대 산업사
회라는 관점에서 예외적 신앙심, 즉 사회의 평균적 신앙심을 훨씬
넘는 종교에 대한 열의는 고대적 특징의 부활이라고 말할 수 있다.

물론 이러한 현상을 다른 관점에서 볼 수도 있다. 다른 관점에서
는 같은 현상이 전혀 다른 모습을 보일 것이다. 가령 종교에 관심
이나 흥미를 갖는 입장에서 본다면, 산업사회의 생활에 따라 사람
들에게 길러진 사고 습관은 신앙심의 발달에 악영향을 줄 수 있다
는 것도 앞에서와 같은 확신을 가지고 말할 수 있다. 최근의 산업이
'물질주의'를 조장하고 신앙심을 배제한다고 산업 발전에 이의를
제기할 수도 있고, 예술의 관점에서도 역시 똑같이 말할 수 있을 것
이다. 그러나 이를 비롯한 고찰이 아무리 정당하고 의의를 가진다
해도, 오로지 경제적 관점에서 평가하는 것을 목적으로 하는 이 연
구에서는 고려의 대상이 되지 않는다.

신앙심이 깊은 미국 사회에서 신앙을 단순한 경제 현상으로 설
명하는 것은 비난받을 일이 틀림없다. 그러나 인격신 신앙에 대한
경도나 종교의식에 대한 열중은 경제에서도 중요한 의미를 갖는

다. 그러므로 이 점을 좀 더 설명해보자. 종교의식은 약탈적 사고 습관에 부수하여 생기는 기질의 추이, 나아가 산업에 무용한 특성을 분명히 보여주는 점에서 경제적으로 중요하다. 또 개인의 산업 공헌도에 영향을 준다는 점에서도 중요하다. 그러나 더욱 직접적으로 중요한 것은 종교의식이 사회의 경제 활동을 어느 정도 변화시키는 효과를 갖는다는 점이다. 특히 재화의 분배와 소비에 대해 그렇다고 할 수 있다.

종교의식의 경제적 영향은 재화나 서비스의 소비에 가장 현저하게 나타난다. 신전, 사원, 교회, 승복, 공물, 성찬, 제복 등 모든 종교에서 필요한 도구의 소비는 물질적 목적에 전혀 도움이 되지 않는다. 그러므로 나쁘다고는 할 수 없지만, 대체로 과시적 소비로 분류할 수 있다. 의식을 위해 소비되는 개인의 서비스, 가령 종교 교육, 고행, 순례, 단식, 축제일, 가정 예배 등에 대해서도 마찬가지로 말할 수 있다. 또 이러한 종류의 소비 대상이 되는 의식은 인격신관을 뒷받침하는 사고 습관의 침투를 촉진하고, 장기화되는 효과가 있다. 이는 곧 신분제에 특징적인 사고 습관을 강화하는 것에 불과하다. 이러한 의미에서 종교의식을 위한 소비는 현대 산업의 효율적 운영에 중대한 저해 요인이 되고, 나아가 오늘날의 경제 발전이 목표로 삼는 방향성에 처음부터 역행한다. 이 책의 목적에 관한 한, 이러한 종류의 소비는 직간접적으로 사회의 경제 활동을 감소시키는 작용을 한다. 즉 경제학적으로도 또 직접적 영향으로서도 신에게 바치기 위한 재화나 서비스의 소비는 사회의 활력을 저하한다고 할 수 있다. 단, 간접적이거나 윤리적인 영향은 명확히 파악할 수 있는 것이 아니기 때문에 여기서 다루지 않는다.

그러나 종교적 목적의 소비와 그 외 소비의 경제적 특성을 일반적으로 비교하는 것은 적절해 보인다. 종교적 재화 소비의 동기나 목적을 이해하면, 소비 자체나 그러한 소비를 좋다고 보는 사고 습관의 가치를 평가하는 데 유용할 것이다. 신에게 바치기 위한 소비와 야만시대 사회의 상위계급에 속한 유한 신사(구체적으로 족장이나 추장)에게 바치는 소비는 그 동기가 반드시 일치한다고는 말할 수 없어도 놀라울 정도로 유사하다. 어느 경우에나 봉사 대상을 위해 특별히 준비된 고가의 건조물이 존재한다. 이러한 건조물도, 건조물을 보완하는 설비나 도구류도 항간에서 흔히 볼 수 있는 종류나 격식이어서는 안 되고, 무엇이든 언제나 과시적 소비 품목의 특징이 뚜렷해야 한다. 또 종교 건축이 먼저 반드시 고대를 모방한 구조나 설비를 갖추는 것도 주목할 만하다. 나아가 사장에게 봉사하는 자도, 신에게 봉사하는 자도 봉사할 때는 특별히 아름다운 의상을 걸쳐야 한다. 이러한 의상의 경제적 특징은 과시적 소비를 더욱더 강조한다는 것이며, 또 하나의 특징으로 반드시 고대 양식을 모방한다는 점을 들 수 있다. 후자의 특징은 야만시대 족장의 종보다 신의 종 쪽에서 훨씬 현저하게 나타난다. 보통 사람들이 족장이나 신 앞에 나설 때도 보통 옷보다 비싼 옷을 걸쳐야 한다. 여기서도 족장의 집과 신전의 의례적 습관의 공통성을 볼 수 있다. 즉 의식을 위한 의상에는 일종의 '청결함'이 요구된다. 그 본질을 경제적 관점에서 말한다면, 그러한 옷은 생산적 직업이나 물질적 효용이 있는 직업에 종사하는 것을 전혀 상기시키지 않아야 한다.

과시적 소비나 생산 활동의 흔적을 차단한 '청결함'이라는 조건은 의상뿐 아니라 종교 축제일에 바치는 공물에도 다소간 해당된다. 종교 축제일이란 신이나 성인을 위해 바치는 특별한 날을 뜻하고, 그런 날에는 어떤 금기가 정해진다. 경제학적으로는 신이나 성인을 위해 영위되는 대행적 여가의 날이라고 해석할 수 있다. 축제일에는 신이나 성인의 이름으로 금기가 부과되고, 그 영광을 찬양하기 위해 유용한 노동을 해서는 안 된다는 것이 습관화된다. 이러한 종교적 대행 여가에 충당되는 축제일의 특징은 정도의 차가 있긴 하지만 인간에게 유용한 활동을 엄격히 금지하는 것이다. 가령 단식일에는 유용한 일이나 생활을 물질적으로 채우는 활동을 확실히 삼간다. 이러한 금기를 더욱 강화하듯이 소비자 생활의 쾌적도나 만족도를 높이는 소비도 금지된다.

덧붙이자면 세속의 축제일도 다소 우회하여 생기기는 하지만, 종교 축제일과 기원이 같다고 할 수 있다. 처음에는 참된 의미의 성스러운 축제일 뿐이었으나, 성인에 버금가는 왕이나 위인의 생일을 축하하는 어느 정도 신성한 축제일을 거쳐, 기념해야 할 사건이나 놀라운 일 등을 기억에 남기기 위해 인위적으로 고안된 축제일이 정해지게 되었다. 이때 그러한 사건이나 사실에 더 큰 명예를 부여하거나 명예를 회복시킨다는 의도로 축제일이 설정되었다. 명예를 높이는 수단으로 대행 여가를 사용하는 이러한 수법은 더욱 고도화되었는데, 그 보기로 일부 나라에서 최근 축제일로 제정된 '노동자의 날'을 들 수 있다. 이날도 대행 여가를 위한 날에 불과하다. 이 축제일은 유익한 노동의 강제 금지라고 하는 고대의 약탈적 수

법을 통해 노동자의 지위를 더욱 높이고자 정해졌다. 노동자의 날은 노동을 금지하고, 재력에 부여되어야 할 명예를 노동 전반에 준다는 사실이 더욱 강조된다.

종교적 축제일도 일반의 축제일도 대다수 국민에게 부과되는 인두세 같은 것이다. 인두세는 대행 여가의 형태로 지불되고, 그것이 축제일의 대상이 된 인물이나 사건에 명예로 바쳐진다. 대행 여가라는 이름의 세금은 성인의 특권이고, 그 명성이 결여할 수 없는 것이다. "민중이 일을 쉬도록 하지 못하는 성자"[3]는 잊힌 성인, 명예를 상실한 성인을 뜻한다.

속인에게는 대행 여가라는 세가 부과되지만, 사제나 무녀라는 특별한 계급은 시간의 전부를 대행 여가로 취한다. 그들에게는 저급한 노동, 특히 영리적인 일이나 세속의 행복에 기여하는 활동이 금지된다. 그뿐만 아니라 더욱 엄격한 금기가 부과되어, 품위를 떨어트리는 생산 활동에 종사하지 않아도 얻을 수 있는 속세의 이득을 추구하는 것도 금지된다. 사제가 물질적 이익을 추구하고 속세의 일에 몰두하는 것은 신의 종으로서 적합하지 않기 때문이다. 아니, 바르게는 그가 봉사하는 신의 존엄에 적합하지 않다. "신의 종을 가장하며 자신의 쾌락이나 야심에 봉사하는 자만큼 경멸해야 하는 자는 없다."

인간의 생활을 개선하기 위한 행동과 신의 영광에 공헌하는 행동은 별개이고, 종교의식의 소양을 가진 자가 그 둘을 구별하기란

---

3 17세기 프랑스 시인 마튀랭 레니에Mathurin Régnier의 《풍자시집》에 나오는 말.

어렵지 않다. 야만시대의 이상적 생활양식에서 사제 계급의 활동
은 모두 후자에 속했다. 경제학 범주에 속하는 전자의 활동은 훌륭
한 사제라면 생각할 수 없는 일이었다. 이러한 분류에 반하는 사례
도 물론 존재한다. 가령 중세의 수도사들은 유익한 노동에 종사했
다. 그러나 그러한 예외가 있다고 해도 분류 그 자체에 의문을 던질
여지는 없다. 본래 말단의 수도사들은 완전한 의미에서 성직자라
고 할 수 없었다. 나아가 수도사가 생활비를 벌도록 한 이처럼 이상
한 성직자 계급은 공동체 양식에 반하는 것으로 신용을 잃은 점에
도 주목해야 한다.

　사제는 관습적 생산 활동에 손을 대면 안 되지만, 소비는 많이 해
야 했다. 그러나 그 소비는 자신에게 쾌락이나 만족을 주는 것이어
서는 안 되고, 대행 소비의 항목에서 이미 서술한 규칙에 따라야 했
다. 사제들이 비대해지고 경박하게 행동하는 것은 바람직하지 않
았다. 도리어 많은 세련된 종교에서는 대행 소비를 제외한 소비가
금지되고, 나아가 금욕이 명해질 정도다. 현대 산업사회에서 새로
운 교의로 조직된 새로운 종파에서도 현세의 향락을 가볍게 열심
히 추구하는 것은 성직자에게 어울리지 않는 일이 되었다. 신에게
봉사하는 자가 주인인 신의 영광에 헌신하지 않고 자기 목적에 열
중하는 생활을 한다는 징후는 반드시 일반인의 감정에 어긋나는
것으로, 영구적이고 근본적으로 그릇된 것으로 받아들여진다. 사제
는 가장 높은 자리의 주인에게 봉사하는 자로, 주인의 위엄을 빌려
사회적으로 높은 지위를 유지하지만 여전히 종인 것이다. 따라서
그들의 소비는 대행 소비다. 그리고 세련된 종교에서는 그들의 주

인이 물질적 이익을 필요로 하지 않기 때문에, 사제의 일은 모든 의미에서 대행 여가에 불과하다. "그런즉 너희가 먹든지 마시든지 무엇을 하든지 다 하나님의 영광을 위하여 하라."[4]

나아가 평신도가 신의 종으로 사제와 동일시되는 한, 사제의 대행 행위는 평신도 생활에도 들어간다. 이는 상당히 넓은 범위에 적용될 수 있다. 특히 엄격한 금욕적 종교, 가령 사람이 신의 직접적 종으로 생사여탈권을 쥐고 있는 종교의 부흥운동이 여기에 해당된다. 즉 사제가 불필요해지거나 생활 문제에 대해 신의 존재가 직접 생생하게 느껴지는 경우, 평신도라도 신의 직접적인 종으로 여겨지고 그 생활은 신의 영광을 더욱 높이기 위한 대행 여가로 간주된다. 이러한 종교가 부활한 경우, 신앙을 지배하는 요소로서 자발적 복종 관계로의 회귀를 볼 수 있다. 이때는 소박하고 금욕적인 대행 여가가 중시되고, 은혜를 입는 수단으로서의 과시적 소비는 등한시된다.

성직자의 생활양식에 관한 이러한 설명에 대해 의문을 제기할 수 있을 것이다. 왜냐하면 현대 성직자의 생활은 많은 점에서 지금 설명한 것과 거리가 있기 때문이다. 고대에 확립된 신앙이나 의식에서 상당히 떨어진 종파의 성직자는 금욕적이라고 말하기 어렵다. 그들은 표면적으로 또는 허용된 범위 내에서 평신도의 현세 행복뿐 아니라 자신의 행복도 추구한다. 또 공적으로든 사적으로든 표면적 금욕이나 복장 및 용구의 면에서도 세속인과 그다지 다르

---

4 《신약성서》〈고린도전서〉 10장 31절.

지 않다. 이는 오래된 신앙에서 떨어진 종파일수록 잘 나타난다. 이러한 반론에 대해서는, 성직자의 생활양식이 이론상 모순을 가져온 것이 아니라 대부분의 성직자가 의식에 철저히 따르지 않기 때문이라고 답해두자. 그러나 그들은 성직자 계급을 적절히 대표하기는커녕 극히 일부에 불과하고, 성직자 전체의 생활양식을 적절히 보여준다고 생각될 수 없다. 도리어 그러한 새로운 종파는 단지 발전 단계에 있고, 그 성직자도 정식 계급에 위치되어 있지 않다고 말하는 편이 옳다. 그들이 속하는 비국교회 같은 비정통파라는 새로운 종파의 목적에는 인도와 자선 등의 애니미즘이나 신분 관계 이외의 요소가 포함되어 있고, 이질적 동기나 전통이 혼재되어 성직자 업무의 본질이 알기 어렵게 되어 있다.

이러한 문제는 성직자의 당위적 자세에 대해 적절한 판단력을 갖는 사람들에게 위임해야 할지도 모르고, 성직자에게 허용되는 행위에 대해 자유롭게 생각하고 비판할 수 있는 사회라면 성직자의 존재 방식을 둘러싼 여론에 위임해야 할지도 모른다. 그러나 지극히 세속화된 종파라고 해도, 성직자의 생활양식과 평신도의 생활양식은 다르다고 생각되는 것이 보통이다. 그러한 종파의 성직자가 전통적 관행에서 벗어나 금욕적이지 않은 행동을 하고 고풍이 아닌 의복을 입는다면, 민감한 사람들의 대부분은 그들이 이상으로부터 떨어져 있다고 느낄 것이 틀림없다. 먼저, 서양 문화권에 속하는 사회나 종파에서는 예외 없이 성직자에게 허용되는 쾌락의 범위가 평신도보다 훨씬 엄격하게 정해져 있다. 그리고 성직자가 자신에게 한도를 부과할 수 없는 감각의 소유자라면, 사회의 양식이 침묵하지 않는다. 그 성직자에게 한도를 지키게 하거나 사직하게 한다.

또 어떤 종파의 성직자든 이익을 위해 공공연히 임금의 인상을 요구하는 자는 설령 존재한다고 해도 극소수다. 성직자가 부끄러워하지 않고 그러한 요구를 한다면, 그 교회의 신도들은 그것이 양식에 반하는 짓이라고 느낄 것이다. 또 설교 중에 농담을 하면, 종교를 비웃는 사람이 아닌 한 누구나 마음속에서 본능적 혐오감을 느낄 것이고, 성직자의 생활에서 경박한 모습이 보이면, 그것이 꾸며진 연출이라는 점을 알 수 있는 경우가 아닌 한 그에 대한 존경은 상당히 사라질 것이다. 교회나 성직자에게 고유한 말투는 야비한 일상을 암시하는 것이어서는 안 되고, 현대 상공업의 어휘를 사용해서도 안 된다. 마찬가지로 산업을 비롯한 세속적 일에 대해 성직자가 너무 상세히 알거나 익숙하게 다루면, 사람들은 역시 위화감을 느끼게 된다. 설교 방법에 민감한 사람들의 입장에서 보면, 성직자가 세속사에 대해 설명할 때도 허용 한도라는 것이 엄연히 존재한다. 한도를 넘어서면 허용될 수 없다. 설교 가운데 세속인이나 세속에 대해 말할 때는 너무 상세하지 않게 극히 일반적인 내용에 머물러야 하고, 자신은 주로 대변자로 허용 범위 내의 것에만 관심이 있다는 것을 보여주어야 한다.

여기서 설명하는 것은 비정통파와 그 다양한 분파의 성직자이지만, 그들이 성직자로서의 이상적 생활양식에 따르는 정도는 종파에 따라 다른 점에 주의해야 한다. 일반적으로 이 점에서 가장 크게 불일치하는 것은 비교적 새로운 종파, 특히 중하류 계급을 주된 신도로 두는 종파다. 이러한 종파는 종교와 무관한 인도나 자선 같은 동기를 갖는 경우가 많다. 또 신도들은 학습이나 사교를 요구하는 등 현실적인 것에 관심을 갖는다. 비정통파를 비롯한 비국교도 운동의 대부분은 이러한 다양한 동기에서 출발하지만, 그중에는 종래 성직자의 신분 의식과 대립하는 것도 있다. 게다가 일부 종파의 설립 동기는 신분제에 대한 반발인 경우가 대부분이다. 이러한 종파에서는 설립 과정을 통해 성직자라는 제도의 적어도 일부가 소멸한다. 그러한 종파의 주도자는 발족 당시에 조직을 대표하는 동시에 그 조직의 종이 되며, 성직자라는 특별한 계급의 구성원이나 주인인 신의 대변자라고 보기 어렵다. 종파의 주도자가 권위를 몸에 익혀서 여가를 대행하는 금욕적이고 고풍인 생활양식을 실현함으로써 성직자로서의 지위를 굳히기까지는 여러 세대에 걸쳐 그럴듯해지는 과정을 거쳐야 한다. 신분제에 대한 반발에서 생긴 성직자 제도의 부분적 소멸과 재통합에 대해서도 거의 마찬가지로 말할 수 있다. 종교는 반드시 어떠해야 한다고 보는 인간의 감각은 뿌리 깊은 것이다. 그 감각이 강해지면 그 종파가 유복해져 유한계급의 가치관을 몸에 익히게 되고, 동시에 성직자의 일이나 생활양식, 종교의식 방식도 세부적으로 수정을 가하면서 부활하게 되지만, 그 진행은 눈에 보이지 않을 정도로 서서히 이루어질 것이다.

성직자 계급의 상위에는 성인과 그 위의 천사(민중 종교에서는 이에 상당한 존재)가 위치한다. 이러한 존재를 초인간적 대행 여가 계급이라고 불러도 좋을 것이다. 이러한 상위 계급에서는 엄밀한 신분제에 따라 순서대로 한 계급씩 오르게 된다. 신분제의 결정 방식은 인간도 초인간도 포함하여 모든 계급에 적용된다. 초인간의 계급에서도 더욱 고위의 영광을 위해 대행 소비나 대행 여가의 형태로 일정한 공물이 요구되고, 이를 위해 부하나 시종이라는 하위자에게 여가를 대행시키는 경우가 많다. 이는 가부장제에서 가장에게 부양되는 유한계급과 전적으로 같다.

종교의식 그 자체나 의식을 열심히 행하는 기질, 종교에 포함된 재화나 서비스의 소비는 현대사회의 유한계급과 어떤 관계에 있는 것일까? 또 현대의 생활양식에 나타나는 그들의 경제적 동기와 어떻게 관계되는 것일까? 이러한 물음에 답하기란 쉬운 일이 아니지만, 여기서는 그 해명에 유용하다고 생각되는 몇 가지 사실을 살펴보도록 하자.

이미 설명했듯이, 현대 집단생활의 목적, 특히 현대사회의 산업 생산성이라고 하는 점에서 볼 때 신앙심에 돈독한 기질 특성은 유용하기보다 도리어 장애가 된다고 생각된다. 따라서 현대의 산업 생활에서 이러한 특성은 생산 공정에 직접 종사하는 계급의 정신구조에서 선택적으로 배제되기 마련이다. 그리고 효율적 산업 공동체라고 불리는 사회의 구성원 사이에서는 신앙심이 약해지거나 퇴화되는 경향이 있다고 할 수 있다. 반면 사회생활의 산업 면에 직접적으로 또는 주로 관여하지 않는 계급에서는 신앙의 정신이나 습관이 더욱 강하게 존속한다고 생각된다.

산업에 종사하지 않고 산업에 의존하여 생활하는 후자의 계급은 이미 지적했듯이 대체로 다음 두 가지 범주로 구성된다. 첫째, 엄밀한 의미에서의 유한계급으로 경제적 핍박과는 무관한 계급이다.

둘째, 하층계급의 무법자를 포함하는 빈곤층으로 언제나 경제적으로 핍박을 당하는 사람들이다. 첫째는 경제적 궁핍과 무관하고 산업사회로의 이행에 사고 습관을 적응시킬 필요가 없기 때문에 고대의 사고 습관을 유지한다. 반면 둘째는 영양부족으로 적응할 수가 없다. 생산성 향상의 요구에 원활하게 응할 수 있는 에너지가 부족하다. 그래서 현대의 가치관을 몸에 익힐 기회도 없다. 두 범주 모두 선택과 적응의 과정에서는 결과가 같다.

현대 산업사회에서는 사물을 기계론적이고 정량적으로 파악해야 하는 것으로 가르쳐진다. 그러나 빈곤층에게는 그러한 관점을 포함한 최신의 과학 지식을 습득할 시간이 거의 없다. 나아가 경제적 우월자에게 의존하거나 종속되는 경우가 많아서 신분제의 고유한 사고 습관에서 벗어날 수 없다. 그 결과 그러한 사고 습관에 따르는 특징으로, 강력한 신분 의식이나 신앙심을 계속 갖게 된다.

유럽 문화권 중 오래된 사회에서는 세습의 유한계급과 다수를 차지하는 빈곤층 모두 종교의식에 열심이다. 그 열심의 정도는 생산 활동에 종사하는 중류계급(이러한 계급이 존재하는 경우의 이야기이지만)의 평균을 상회한다. 하지만 그중에는 그 두 범주가 인구의 대부분을 차지하는 나라도 있다. 그러한 나라에서는 양자의 경향이 여론을 지배해 소수의 중류계급이 다른 경향을 갖는다고 하면 억압당한다. 따라서 사회 전체에 세습의 유한계급과 빈곤층의 신앙이 강요되어간다.

그렇다고 하여 종교의식에 매우 열심인 사회나 계급이 일반적으로 신앙심과 연관되는 도덕 수칙을 철저히 지킨다고는 할 수 없다.

신앙 습관의 대부분은 십계의 준수 등을 요구하지 않고, 법률의 준수조차 요구하지 않는다. 도리어 유럽의 범죄 사회에 정통한 사람들 사이에서는 범죄자나 방랑자가 평균적 시민보다 신앙심이 깊고, 순수하게 신을 믿는다고 알려져 있다. 신앙심이 약한 사람을 찾는다면 경제적 중류계급이나 법률을 준수하는 시민 쪽으로 가야 한다. 이렇게 말하면 신앙을 높이 생각하는 사람들이 이의를 제기할지도 모른다. 즉 하층 무법자의 신앙심은 거짓이고, 기껏해야 미신에 불과하다고 주장할 것이다. 이러한 주장은 정당하고 그들의 목적과도 부합한다. 그러나 그런 주장이 아무리 옳다고 해도, 이 책의 목적에서 본다면 경제나 심리와 무관한 주장은 무시할 수밖에 없다.

실제로도 신앙 습관에서 멀어진 자들은 직공이나 노동자였다. 그 증거로 교회가 노동자 계급에 대한 영향력을 상실하고 있다고 개탄하는 성직자들을 들 수 있다. 동시에 소위 중류계급도 교회에 대한 열성이 소홀해지고 있다. 특히 중류계급 성인 남성에게 그런 경향이 강하다. 이는 현재 확인되는 현상이고, 이것만으로도 앞서 말한 가설의 증거로 충분하다. 교회에 출석하는 수나 신도 수라는 일반적 현상을 보면, 이러한 사실을 증명하는 데 충분한 설득력이 있다. 그래도 오늘날 산업사회에 정신성의 변화를 초래한 구체적 사건의 진행이나 요인을 어느 정도 상세하게 분석해둘 필요가 있다. 그렇게 하면 경제적 요인이 사람들의 신앙 이탈에 어느 정도로 작용하는지가 밝혀질 것이다. 이 점에서 미국 사회로부터 특히 유용한 사례를 발견할 수 있다. 왜냐하면 미국은 산업 면에서 마찬가지로 중요한 다른 나라들보다 외부 환경의 제약이 가장 적기 때문이다.

현시점의 미국 상황은 예외적이고 우발적인 현상을 제외하고는 대체로 다음과 같이 볼 수 있다. 경제력이나 지성 또는 그 두 가지 모두를 결여한 계급은 일반적으로 신앙심이 돈독하다. 가령 남부의 흑인, 하층계급의 이민, 농촌의 주민 말이다. 그중에서도 교육받지 못하거나, 산업 발전이 늦거나, 다른 지역 산업과의 접촉이 드물다고 하는 불리한 조건을 수반하면 특히 신앙심이 깊다. 또 빈곤에서 벗어날 수 없거나 대대로 빈곤한 사람들, 피차별 인종의 범죄자나 방랑자 일부도 그렇다. 단 후자의 신앙 습관은 확립된 종파에 정규로 입교하는 형태가 아니라 요행이나 주술 등을 믿는 소박한 애니미즘 신앙이 되기 쉽다. 반면 노동자 계급은 확립된 인격신 신앙에서도, 모든 종교의식에서도 분명히 거리를 두고 있다. 이 계급은 현대의 조직화된 산업의 지적이고 정신적인 과장에 언제나 노출되어 있고, 인간미가 없는 사실의 연속을 언제나 있는 그대로 확인해야 하며, 인과율에 무조건 복종해야 한다. 게다가 이 계급은 산업사회의 환경에 적응할 수 없을 정도로 영양이 불량하지도 않고, 과로로 에너지 부족이 될 정도로 노동을 하지도 않는다.

미국의 하위 유한계급, 즉 일반적으로는 중류계급이라고 하는 아리송한 유한계급의 사정은 상당히 특수하다. 신앙생활에서는 유럽 중류계급과 다르지만, 본질적으로 차이가 있는 것은 아니고 태도나 방법이 다를 뿐이다. 그들이 쉽게 받아들이는 종교는 인격신 신앙이 옅은 것이지만, 교회는 여전히 그 계급에게서 경제적 지원을 받고 있다. 그러나 중류계급의 실질적 신도는 대부분 여성이다. 이 계급의 성인 남성은 출생 때부터 믿어온 종교에 체면상 동의할 뿐 신앙에 대한 열의가 없다. 왜냐하면 그들의 일상생활은 정도의 차이가 있긴 해도 산업과 밀접하게 연결되어 이루어지기 때문이다.

이처럼 종교의식을 여성에게 맡기는 미국 고유의 남녀 역할 분담은 중류계급의 여성이 대행을 기대받는 유한계급이라는 점에서 비롯된다. 그보다 하층인 노동자 계급 여성도 그 정도는 낮지만 마찬가지라고 볼 수 있다. 여성들은 산업 발전의 초기 단계에서 받아들인 신분제에서 살고 있고, 전체적으로는 고대의 가치관에 가까운 정신성이나 사고 습관의 틀을 유지하고 있다. 게다가 산업 활동에 직접 관여하지 않기 때문에 현대 산업에 장애가 되는 낡은 사고 습관을 포기할 이유가 없다. 달리 말하면 문명국의 여성이 특별히 신앙심이 깊은 것은 혜택받은 경제 사정으로 인한 보수주의의 표출이다. 현대 남성에게 가부장제 신분 관계는 일상생활에서 더 이상 중요한 요소가 아니다. 그러나 여성, 특히 상위 중류계급 여성은 규범이나 경제적 사정에 의해 여성의 몫인 가정에 갇혀 있으므로 생활에서 신분 관계의 무게가 대단히 절실하다. 이로써 종교의식에 열심히 참가하게 되는 정신 구조나 사물을 신분 관계의 관점에서 해석하는 사고 습관이 생겨났다. 여성의 가정생활 논리나 사고 과정은 초자연의 영역에서 행해진다고 할 수 있다. 남자와는 대체로 무관하게 생각되는 관념의 영역에서 여성들은 편하게 만족한다.

그러나 이 계급 남성의 대부분은 열광적 신앙심은 아니라고 해도 신앙심을 완전히 상실하지는 않았다. 상위 중류계급 남성은 대체로 노동자 계급 남성보다도 더 종교에 만족한다. 이는 부분적으로 이 계급의 여성에 해당되는 내용이 남성에게도 상당히 해당되는 것으로 설명할 수 있다. 상위 중류계급은 사회 변화로부터 상당히 차단된 계급이고, 그들의 결혼 생활이나 하인을 부리는 습관 등에는 가부장제 시대의 신분 관계가 남아 있다는 점을 볼 수 있다. 그것은 낡은 사고 습관을 보존하고 종교 이탈을 방지하는 역할을 한다. 이러한 계급의 미국 남성은 경제 환경과 매우 밀접하고 긴박한 관계에 있지만, 그들의 경제 활동 자체가 대부분 가부장적이고 약탈적인 성격을 갖는다. 이 계급에서 가장 좋은 직업은 영리적 직업이고, 앞에서 말했듯이 영리적 직업은 이 계급의 사고 습관을 형성한다. 영리적 직업에는 횡포나 명령 복종 관계가 널리 퍼져 있고, 약삭빠른 행동 습관이나 약탈적 속임수의 성격도 드물지 않다. 이것들은 모두 신앙심이 돈독했던 야만시대의 약탈적 문화와 공통된다. 게다가 이 계급에서는 평판을 얻으려는 목적에서 종교의식에 참여하는 것이 바람직하게 여겨진다. 신앙을 촉구하는 요인은 그 자체로 설명할 가치가 있으므로 뒤에서 다시 언급하겠다.

미국 사회에서 나름으로 영향력이 있는 세습 유한계급은 남부에만 존재한다. 남부에서 생활하는 세습 유한계급은 종교의식에 열심이고, 그 열의는 재력이 비슷한 다른 지역 사람들보다 강하다. 잘 알려져 있듯이, 남부 신앙의 교의는 북부보다 훨씬 오래되었다. 남부는 이러한 고풍의 신앙생활에 호응하듯이 산업 발전도 뒤처져 있다. 남부의 산업은 지금도 그렇지만, 특히 최근까지 미국 전체에 비해 원시적인 성격이었다. 기계 설비가 빈약하고 조잡한 점에서 수공업에 가깝고, 도제 관계 같은 것이 많다. 이러한 남부의 독특한 경제 사정 때문에 사람들의 돈독한 신앙심이 산업 발전의 초기 단계를 연상시키는 생활양식과 결부되어 있는 점은 주목할 만하다. 이는 백인과 흑인 모두에게 해당된다. 또 그들 사이에는 결투, 말다툼, 불화와 반목, 술주정, 경마, 투계, 도박, (백인 남성과 흑인 여성 사이에 태어나는 혼혈아 수가 증명하는) 남성의 바람기 등 고대의 악행이 다른 지역보다도 빈번하게 보인다. 게다가 이들 행위가 그다지 비난받지도 않는 이러한 경향은 지금까지도 남아 있다. 명예에 민감한 것도 특징으로, 이는 사냥 정신이나 약탈 생활의 잔재라고 할 수 있다.

북부의 부유층, 즉 좋은 의미에서의 미국 유한계급에 대해서는 그들의 신앙심 전통을 말하기가 거의 불가능하다는 점부터 언급해야 한다. 왜냐하면 이 계급은 극히 최근에 대두했으므로 신앙에 대해 대대로 받아들인 습관이 존재하지 않고, 가문의 고유한 전통 같은 것도 없기 때문이다. 그러나 확립된 종교의 일부에 적어도 명목상 (외견상으로는 너무나도 진심처럼) 입교하는 경향이 인정된다. 또 결혼식이나 장례식처럼 이 계급에게 중요한 행사는 대부분 특별하게 종교적인 분위기에서 엄숙히 집행된다. 이러한 종교의 신봉이 어디까지 참된 신앙으로의 회귀인지, 아니면 외래의 이상에서 빌려 온 외면만으로도 체면을 유지하고자 하는 보신의 수단인지는 분명하지 않다. 상류계급의 신앙에서 계속 발전되어온 상당히 특수한 의식의 편중으로부터 판단하면, 어떤 본질적 신앙의 경향이 존재하는 것처럼 보인다. 상류계급에서 종교를 믿는 사람은 예배의 화려한 의식적 분위기나 도구에 마음을 빼앗기는 경향이 현저하다. 그리고 상류계급 신자들이 많은 교회에서는 종교의식의 집행이나 용구의 이론적 근거를 무시할 정도로 의식적인 면을 강조하는 경향을 볼 수 있다. 이는 그 교회가 속하는 종파가 의식이나 용구를 무시하는 경향이 있는 경우에도 마찬가지다. 의식적 요소가 이처럼 독자적으로 발달하는 것은 부분적으로 화려한 소비를 보여주고자 하기 때문임이 틀림없지만, 신앙의 면을 보여주는 것으로도 생각된다. 후자가 옳다고 한다면, 그 신앙의 습관은 상당히 오래전 시대의 습관을 답습한 것이라고 할 수 있다. 너무나 호화로워서 사람들의 이목을 집중시키는 종교의식은 거의 원시 단계의 문화에서 지성이 발달하지 못한 종교 공동체에 공통적으로 보인다. 특히 야만시대 문화가 그렇다. 이러한 단계의 문화에서는 종교의식이 오감 전부를 통하여 감정에 호소하는 경향을 거의 예외 없이 볼 수 있다. 그리고 상류계급 신도가 많은 오늘날의 교회에서는 이처럼 감각에 호소하는 소박한 방법으로 되돌아가는 경향이 뚜렷하게 인정된다. 하위 유한계급이나 상류계급을 신도로 확보하고자 하는 종파에서도 이러한 경향을 어느 정도 볼 수 있다. 여기서는 휘황찬란한 조명과 화려한 장식의 사용, 상징이나 도상, 관현악, 향료의 빈번한 사용 같은 고대로의 회귀가 인정된다. 그뿐만 아니라 입장과 퇴장 시의 행렬 찬양, 예배를 위한 여러 가지 동작 가운데 고대풍의 종교 무용 같은 가식적 행동으로 돌아가는 경향도 보인다.

화려한 종교의식으로의 회귀가 가장 현저하게 나타나고 또 가장 강조되고 있는 것은 재력이나 사회적 지위가 높은 계층이지만, 그렇다고 하여 이것이 상류계급이 믿는 종파에 한정되는 것은 아니다. 남부의 흑인이나 일부 이민자 같은 낮은 계급의 종파에도 의식의 화려한 효과나 상징의 다용으로 치달리는 경향이 인정된다. 이러한 계급의 선조나 문화 수준에서 본다면 당연한 일일지도 모른다. 그들에게는 의식이나 인격신 신앙의 보급이 과거로의 회귀가 아니라, 과거로부터 이어진 계속적 발전의 연장선상에 있다. 단 의식의 활용을 비롯하여 신앙과 관련되는 특징은 그 밖의 계급에도 확대된다. 미국 사회의 초기 단계에 유력하던 종파는 발족할 당시에는 의식도 용구도 소박하고 간단했다. 그러나 잘 알려져 있듯이, 정도의 차이는 있지만 시대가 바뀌면서 점차 화려한 방향으로, 즉 과거에 자신이 비난하던 방향으로 나아갔다. 이러한 흐름은 대체로 신자의 부가 증대하고 생활이 향상된 것과 보조를 맞추어, 부와 명성이 가장 높은 계급에서 정점에 이르렀다.

이처럼 신앙의 형태에 재력에 의한 계층화가 생겨난 이유는 이미 계급에 의한 사고 습관의 차이를 설명한 장에서 대체로 설명했다. 계급에 의한 신앙의 차이는 전체적 차이가 종파에 관련하여 특수한 형태로 나타난 것에 불과하다. 하위 중류층의 충성심 저하, 즉 종으로 신에게 봉사하는 기분의 결여를 분명히 보여주는 자들은 도시에 살면서 기계공업에 종사하는 노동자들이다. 오늘날 기술자나 기계 기사로 일하는 사람들에게서 신에게 봉사하는 기분을 볼 수는 없다. 이러한 기계공업은 현대의 산물이다. 과거의 수공업자는 현재의 기술자에 해당하지만, 오늘날의 기술자와 달리 종교로 다스려질 수 있었다. 그러나 현대의 생산 방식이 도입된 후, 기계공업에 종사하는 자가 일상적으로 행하는 업무는 지적 측면에서 대폭 변화했다. 그들이 매일 하는 업무로 접하는 규범은 업무 밖에서도 사고방식이나 가치관에 영향을 주기 마련이다. 현대의 고도로 조직화된 비인간적 생산 공정에 익숙해지면, 애니미즘적 사고 습관은 전복된다. 그리고 그들의 업무는 개인의 감정을 받아들이지 않는 기계적 과정에서 결정하고 감독하는 것에 한정된다. 이러한 과정을 움직이는 주력이 개인인 한, 또 그러한 생산 공정을 특징짓는 것이 개별 직공의 수완인 한 개인의 동기나 성질에서 사물을 해석하는 습관이 대폭 수정되거나 마침내 버려지는 경우는 있을 수 없다. 그러나 산업 발전에 의해 과정을 움직이는 주력이나 기계 장치가 비인간적이고 몰개성적인 것으로 대체되면 이야기가 달라진다. 사물을 일반화하는 관점이 언제나 노동자의 머리를 차지하게 되고, 다양한 것을 이해하는 경우에도 사실의 연속을 일념으로 인식하게 된다. 그 결과로 그들의 신앙생활에는 불경의 회의주의가 뿌리내린다.

이상과 같이 신앙심이 깊은 사고 습관은 고대 색이 농후한 문화에서 가장 잘 발전하는 것으로 보인다. 또 '신앙심이 깊다'는 말은 어디까지나 민족학적 의미로 사용하는 것으로, 종교의식에 열심이라는 사실 이상의 정신적 태도를 함의하지 않는다. 또 그러한 신앙의 자세에서, 최근에 발달한 조직적 산업에 적응하는 생활보다 약탈적 생활에 더 잘 적응하는 유형의 인간성을 부각시키는 것처럼 보인다. 나아가 신앙 습관은 고대의 신분 감각, 즉 주종 관계의 표현으로, 약탈 단계나 준평화 단계의 생산 활동에는 적합해도 현대의 산업 제도에는 적합하지 않다. 현대사회에서는 일상생활이 산업의 기계적 과정과 가장 멀리 떨어져 있는 계급에 신앙 습관이 가장 강하게 뿌리내리고 있고, 이 계급은 다른 면에서도 매우 보수적이다. 한편 현대 산업에 일상적으로 직접 접하고, 따라서 사고 습관이 기술상의 필요성에 의해 제약받는 계급에서는 종교의식 유지에 필요한 애니미즘적 이해나 신분 관계를 존중하는 자세가 약해졌다. 그리고 이 책의 설명에서 특히 중요한 의미를 갖는 것은 부와 여가가 가장 현저하게 증대하는 사회계층에서 신앙 습관이 잘 보급되고 세련의 정도를 높인다는 점이다. 최근의 산업 발전은 고대의 인간성 유형이나 고대 문화의 요소를 배제하는 경향이 있지만, 유한계급 제도는 신앙에 관해서도, 또 그 밖의 것에 대해서도 보존하고 나아가 부활시키는 방향으로 작용한다.

인격신관에 근거한 신앙도, 종교의식의 규약도 시대가 변함에 따라 경제적 조건의 압력이나 신분제 쇠퇴의 영향을 받아 점차 와해되어간다. 이에 수반하여 반드시 신앙에서 비롯되지 않는, 또 신분제도와도 무관한 동기와 자극이 사람들의 신앙 습관에 침투한다. 이러한 이질적 동기는 곧 신앙 습관으로 용해되지만 그렇다고 하여 완전히 일치하는 것은 아니고, 인격신관과도 일치하지 않는다. 본래 종교에서 유래하는 것이 아니므로 신앙생활에 대한 영향도 종교와 같지 않다. 종교의식의 전례나 교회 및 성직자 제도를 유지해온 것은 신분제나 대행 여가 또는 대행 소비를 목표로 하는 생활 규범이지만, 이질적 동기는 많은 점에서 이를 방해한다. 이러한 사회적 신분제도는 점차 해체되고, 주종 관계라는 대전제는 오랜 전통의 근거를 상실하게 된다. 신분제에 갇힌 영역에 그것과는 무관한 습관이나 기호가 침투함으로써 결국은 교회 및 성직자 제도의 일부가 신앙이 가장 번성한 시대의 종교 생활이 가지던 목적과는 별도의 것으로 향하게 된다.

종교의 이후 발전에 영향을 미치는 이러한 이질적 동기로서는 자선, 사교, 친목 등을 들 수 있다. 더욱 폭넓게는 연대감이나 공감의 표현이라고 할 수 있다. 덧붙이자면 교회 조직이 종교 이외의 이러한 목적에 활용되는 것은 신앙을 바로 버릴 수 있는 사람들 사이에서도 교회라는 이름이나 형태를 보존하는 데 크게 유용하다. 또 신앙생활의 형식적 유지에 기여해온 동기 가운데 더욱 폭넓게 보이는 특징적인 것으로서, 주위와의 감각적 조화가 있다. 이것도 신앙심과는 무관한 감각이지만, 인격신 신앙의 요소가 상실된 현대 신앙에 여전히 남아 있다. 이 동기는 신에게의 복종이라는 동기와 함께 교회 제도를 유지하는 데 공헌했다. 조화를 추구하는 것은 경제적 동기라고 하기 어렵지만, 산업 발전 이후의 단계에서는 경제 목적에 적합한 사고 습관을 형성하는 데 중요한 간접적 효과가 있다. 그중에서 뚜렷한 효과는 과거 신분제도가 견고했을 무렵부터 받아들인 이기적 경향을 완화시킨 것이다. 그러므로 주위와의 감각적 조화가 경제에 미친 영향은 인격신 신앙과는 정반대가 된다. 조화 지향은 자기와 타자 사이의 대립을 억제하고, 이기적 경향을 아예 없앤다고는 말하지 못해도 완화시킨다고 할 수 있다. 이에 대하여 인격신 신앙은 신과 인간 사이의 주종 관계를 표현하는 것이므로, 자기와 타자 사이의 대립을 강조하고 자기의 이익과 집단의 이익을 괴리시킨다.

주위와의 조화, 즉 일반적인 생활 유지와의 조화를 추구하는 감각은 타인에 대해 차이를 두고자 하는 기질과는 무관하다. 종교 생활에 남아 있는 이러한 감각에 자선이나 사교를 추구하는 동기가 더해져 경제 목적에 적합한 사고 습관을 형성하는 데 기여한다. 그 작용은 막연한 것으로 정확한 효과를 알 수는 없지만, 앞에서 서술한 유한계급의 사고 습관을 뒷받침하는 원리와 방향성이 반대라는 것은 분명하다. 유한계급 사고 습관의 토대는 문화의 발전 과정에서 이러한 계급에 뿌리내린 인격신 신앙이고, 또 타인과 비교하여 차이를 만들고자 하는 습관이다. 그리고 이 습관은 비교나 차별화를 하지 않는 습관과는 당연히 조화되지 않는다. 유한계급 생활양식의 필수 조건은 재화와 시간의 과시적 낭비, 그리고 생산 활동의 회피다. 한편 지금 설명하고 있는 감각은 경제 면에서 낭비나 무익한 생활에 대한 비판으로서, 또 경제 면을 포함하는 모든 면에서 생산 활동에 대한 참가로서 나타난다.

타인에 대해 차이를 두는 데 무관심하고 주위와의 조화를 추구하는 감각이나 그것을 촉진하고자 하는 생활 습관이 유한계급의 생활양식에 반하는 것은 분명하다. 그러나 최근의 발전 단계에서 볼 수 있는 유한계급의 생활양식이 이러한 감각을 억압하는 경향이나, 그 근거가 된 사고 습관에서 괴리되는 경향을 갖는지는 분명하지 않다. 유한계급의 생활양식은 직접적으로는 차별하지 않는 습관이나 조화를 추구하는 감각과 완전히 반대 방향으로 영향을 미친다. 그리고 강제나 선택적 배제를 통해 생활의 모든 국면에서 낭비나 차별화를 최우선으로 하도록 촉구한다. 그러나 간접적 영향 쪽은 반드시 그렇다고 할 수 없는데, 재력의 체면을 보유하기 때문에 산업 활동에 관여하는 것을 금지한다는 형태로 작용한다. 이러한 금기에 의해 유한계급의 사람들은 빈민이 노동하는 영역에

발을 딛는 것이 금지된다. 특히 여성, 그중에서도 선진 산업사회의 상류계급과 상위 중류계급 여성은 영리적 직업에 취업하는 것이 금지된다. 거의 약탈적인 방식으로 재화를 축적하는 경쟁에 참가하는 것은 무엇보다도 여성에게 허용되지 않는다.

금전 문화, 즉 유한계급의 문화는 본래 일하기 본능에 강한 경쟁 지향을 갖춘 변종으로 출현했으나, 최근 들어 능력이나 재력을 비교하여 차이를 두고자 하는 습관이 약화되어 자신의 기반을 약체화시키고 있다. 반면 유한계급에 속하는 인간은 남녀를 불문하고 생존경쟁에서 생계 수단을 구해야 할 필요성에서 어느 정도 면제된 덕분에, 경쟁에서 이길 수 있는 능력을 갖추지 않아도 살아남을 수 있는 것은 물론이거니와 제한이 붙기는 해도 좋아하는 것을 추구할 여지가 남아 있다. 달리 말하면, 유한계급이 충분히 발달된 최근에는 약탈적 성공자에게 있는 능력을 갖지 못하거나 그러한 능력을 끊임없이 발휘하지 않아도 그 계급에 속한 사람은 살아갈 수 있다. 따라서 약탈적 능력이 없는 인간은 보통 사람들처럼 경쟁 속에서 살아가야 하는 경우보다 상위의 유한계급에 속하는 경우에 살아남을 가능성이 더 높다.

고대 성질의 보존을 논하는 장에서, 유한계급에서는 문화 초기 단계에 특징적인 인간 성질의 보존에 적합한 조건이 정비되어 있다는 점을 분명히 밝혔다. 유한계급은 경제적으로 압박을 받지도 않고, 따라서 경제 상황에 적응해야 할 가혹한 충격에서 벗어나 있다. 약탈 문화를 상기시키는 특질이나 유형이 유한계급에서 보존된다는 것은 앞에서 설명한 대로이고, 약탈적 능력과 습관은 이 계급의 생활양식에 특히 익숙한 것이다. 경제적으로 보호된 입장의 유한계급에서는 현대 산업에 필요한 능력을 갖지 못한 사람도 살아남는 상황이 준비됨과 동시에, 세상의 평판을 유지하기 위해 일종의 약탈적 능력을 보여주는 것이 요구된다. 이러한 상황에서 약탈 능력을 발휘할 수 있는 직업은 부나 출신을 과시하거나 생산 활동에 종사하지 않는다는 것을 보여주는 데 유용하다. 이처럼 유한계급 문화에서는 간접적으로는 산업 활동을 기피함으로써, 직접적으로는 체면에 관한 기준을 유지함으로써 약탈 기질이 보존된다.

그러나 약탈 문화에 앞선 원시 문화의 특성을 보존하는 것에 관해서는 이야기가 달라진다. 경제적으로 보호된 유한계급 상황은 평화와 선의를 사랑하는 원시시대의 특성을 보존하는 데에도 유리한 반면, 그러한 특성의 발휘는 이 계급의 규범에서 바람직하지 않다. 평화로운 원시 문화를 상기시키는 기질을 갖는 사람은 본래라면 다른 계급에 속하기보다 유한계급에 속하는 것이 유리함이 틀림없다. 생계를 세울 필요가 없으므로 경쟁과는 무관한 생활에 적합한 그 기질을 억제하지 않아도 좋기 때문이다. 그렇지만 이 계급의 규범은 약탈 기질에 근거한 생활 습관을 강요하므로 평화를 좋아하는 기질의 소유자는 심리적 압박을 느끼게 된다. 신분제도가 남아 있는 한, 그리고 분명히 무목적의 여가 외에 해야 할 비생산적 활동이 있는 한 유한계급에 적합한 생활양식에서 크게 벗어나는 것은 바람직하지 않다. 이러한 상황에서 유한계급에 평화를 좋아하는 기질이 출현하게 되면, 그것은 돌발적 격세유전이라고 할 수 있다. 그러나 유한계급의 욕구에 대응한 그럴듯한 비생산적 활동은 경제 발전, 대형 사냥물의 절멸, 전쟁 감소, 식민 지배의 소멸, 성직의 쇠퇴 등으로 조만간 기능하지 못하게 된다. 그렇게 되었을 때 상황은 변하기 시작할 것이다. 인간의 생활은 반드시 어떤 양식을 취하게 되고, 약탈적이지 않으면 다른 형태를 취한다.

앞에서 말했듯이, 선진적 산업사회에서 유한계급 여성은 다른 어떤 집단보다 생계를 세워야 할 필요성에서 차단되어 있다. 따라서 여성이 남성보다 타인에 대해 차이를 두는 것에 더 무관심한 기질로 회귀하게 된다. 그러나 실제로는 유한계급 남성 사이에서도 자기 이익의 추구나 차별화와는 무관한 활동이 다양한 영역에서 행해진다. 가령 영리기업 경영에 종사하는 남성이 그러한 시도가 잘 진전되고 사업으로서 효과를 올리는 데 흥미를 가지며, 그 결과 이익과는 무관하게 긍지를 갖게 되는 사례가 늘고 있다. 차별대우 없이 산업계 개선을 위해 노력하는 경영자 클럽이나 제조업 단체도 잘 알려져 있다.

차별화와는 다른 목적을 추구하는 경향은 자선이나 사회 개량을 목표로 한 다양한 단체를 만들었다. 이러한 단체는 종교와 연관되는 경우가 많고, 남녀를 불문하고 참가자를 받아들인다. 그 예는 얼마든지 들 수 있지만, 지금 설명하고 있는 경향의 범위와 특징을 보여주기 위해 구체적인 예를 몇 가지 드는 것이 좋겠다. 가령 금주 같은 사회 개혁, 교도소의 개선, 교육의 보급, 악의 추방, 조정과 군비 축소 등을 호소하는 반전 운동이 있다. 또 대학의 사회봉사단, 지역의 자원봉사단, 기독교청년회 YMCA, 기독교소년공조회 YPSCE, 재봉봉사단, 사교 클럽, 미술 클럽, 나아가 상업 단체 등의 다양한 조직도 어떤 의미에서는 여기에 해당할 것이다. 자선, 교육, 오락을 목적으로 하여 개인들의 기부로 성립되는 준공공재단도 종교 단체가 아닌 한 여기에 포함될 수 있다.

물론 이러한 사업이 온전히 이타적인 동기로만 운영되고 있다고 말할 생각은 없다. 대부분은 다른 동기도 포함할 것이다. 그러나 이러한 종류의 활동을 견고한 신분제도에서보다 현대 산업사회에서 더 널리 볼 수 있는 것은 허영을 자랑하는 생활의 정당성에 대해 강한 의문이 존재함을 보여준다. 이러한 종류의 동기에 이기적 동기나 상하를 구별하여 우위에 서고자 하는 동기가 섞여 있다는 점은 주지의 사실이고, 진부한 웃음거리가 되고 있을 정도다. 겉으로는 사심 없는 공공 정신을 내세우는 사업 대부분이 사실은 발기인의 명성을 높이기 위해서라거나, 나아가 이익을 얻기 위해서라는 목적으로 운영되고 있다는 것은 틀림없는 사실이다. 이러한 종류의 상당수 단체나 기관에서는 타인에게 차이를 두어 우위에 선다는 것이 발기인이나 그 협력자의 중요한 동기가 되고 있다. 이는 대학교, 공공도서관, 미술관 설립 같은 거액의 기부를 통해 자선가의 이름을 확대하고자 하는 대규모 사업에 특히 해당되지만, 분명히 상류계급에 한정된 조직이나 운동에 참가한다고 하는 평범한 행위도 마찬가지로 해당될 것이다. 이러한 조직의 구성원이라는 점은 재력의 평판을 증명해준다기보다, 사회 개량의 대상인 하층계급과 자신을 뚜렷이 대비시키고 그 우월성을 인상 지우는 데 도움이 된다. 최근에 늘고 있는 대학교의 사회봉사 활동이 그 대표적인 보기다. 그렇다고 해도 이러한 조직이나 운동에서 이기심이나 우월감이라는 동기를 모두 제거하면 허식과는 다른 어떤 동기가 남기 마련이다. 본래 이렇게 공공에 투자하는 방법으로 타인에 대해 차이를 두어 명성을 추구하고자 하는 것 자체가, 허식이나 차별화와는 다른 동기를 옳다고 받아들이는 감각이 현대사회의 사고 습관에 뿌리내리고 있다는 증거이고, 실제로도 그러한 동기가 확실히 존재한다고 생각할 수 있다.

최근의 유한계급이 차별화나 종교와 무관한 자세로 하고 있는 이러한 활동에는 여성이 남성보다 더 열심히 꾸준하게 참가하고 있다. 그러나 여성은 경제적으로 남성에게 의존하므로 거액의 출자를 필요로 하는 활동은 불가능하다. 사회 개량 사업 전반에 관하여 현대적이거나 세속화한 종파의 성직자가 유한계급 여성과 행동을 함께하고 있다. 이는 이론적으로 맞는 일이다. 그 밖에서도 이러한 종파의 성직자는 유한계급 여성과, 같은 계급으로 경제 활동을 하는 남성 사이에서 상당히 애매한 입장이다. 성직자와 상류계급 여성은 전통이나 품위를 유지하는 데 대행을 수행하는 입장에 위치한다. 양자의 사고 습관을 형성하는 데 영향을 미치는 중요한 관계는 상하 관계다. 이 관계는 경제적 부양과 피부양 관계를 인간관계로 보는 것이라고 할 수 있다. 그 결과 무엇이든 인과관계보다 인간관계에서 사물을 해석하는 경향이 있다. 세속적 체면을 유지하기 위해 성직자와 상류계급 여성 모두 영리 추구라는 불결한 과정에 관여하는 것이 금지되므로, 오늘날 상업 활동에 참가하는 것은 절대로 있을 수가 없는 일이다. 그래서 그들은 에너지의 대부분을 자기 목적 이외의 활동에 쏟게 되었다. 계급의 불문율에서 보면, 합

목적적인 활동을 하려는 경우에 다른 선택의 여지는 없기 때문이다. 그래서 상업에 도움이 되는 활동을 언제나 금지당하는 유한계급 여성들은 영리 활동 이외의 것에 엄청난 일하기 본능을 발휘하게 된다.

이미 지적했듯이 상류계급 여성이나 성직자의 일상생활에는 일반인, 특히 현대 산업 활동에 종사하는 사람들에 비해 신분을 의식하게 되는 요소가 훨씬 많다. 그 결과 그들 사이에서는 현대사회의 평균적인 남성의 경우보다 신앙 습관이 잘 보존된다. 그러므로 그들이 에너지의 배출구를 찾으려고 하는 비영리적 활동이 결국은 종교와 관련되는 것은 당연하다고 할 수 있다. 앞 장에서 언급한 여성의 돈독한 신앙심도 그 원인의 하나가 되고 있다. 그러나 현재의 설명에서 더욱 중시해야 하는 것은 이러한 신앙 태도가 비영리 목적의 운동이나 조직에 미치는 영향이다. 즉 이른바 신앙심이 결부되면, 운동이나 조직에 경제적 목적이 있는 경우 즉각 그 효율이 저하된다. 다수의 자선단체나 사회 개량 사업에서는 은혜를 베푸는 대상인 사람들의 종교적 행복과 세속의 행복을 나누어 생각하고 있다. 만일 세속의 행복 향상에만 노력을 기울인다면, 이러한 단체나 사업의 경제 가치가 계속 클 것이 틀림없다. 오해를 두려워하지 않고 말하자면, 이러한 단체가 자주 주장하는 세속의 목적으로 방해가 되지 않으면 종교적 행복을 높이는 효율은 더욱 컸다고 말할 수도 있다.

이와 같이 공평무사한 활동의 경제적 가치에서 본다면, 종교적 이익이 관련되는 부분을 에누리해 보아야 한다. 경제 가치를 상당히 손상시키는 그 밖의 동기도 고려할 필요가 있다. 이처럼 상세히 보면, 본래의 목적인 개인이나 집단의 생활 향상이라는 점에 비추어 이러한 종류의 시도에 참으로 경제적 가치가 있는지 매우 의심스럽다고 할 수 있다. 가령 대도시 빈민의 생활 개선을 도모하는 평판이 있는 사업의 대부분은 문화를 전파하는 성격을 띤다. 이러한 방식으로 상류계급 생활의 일부를 효율적으로 하층계급에 강요하고자 하는 것이다. 또 대학교의 사회봉사 활동은 빈민에게 직업 훈련을 베푸는 손쉬운 수단의 활용을 가르치는 데 열심인 반면, 상류계급의 예의나 습관을 실제의 모범을 통해 가르치는 데도 열심이다. 그리고 그들의 습관이 갖는 경제적 의의는, 상세히 조사해보면 시간과 재화의 과시적 소비라는 것을 잘 알 수 있다. 빈민을 가르쳐 이끌고자 하는 선량한 사람들은 예의나 체면이라는 문제에 까다롭고, 암묵리에 그런 것을 강요한다. 이러한 사람들은 예외 없이 먼저 규범적으로 생활하며, 일용품에 대해서도 형식적 깔끔함을 완강하게 주장한다. 이처럼 시간과 재화의 소비에 관하여 올바른 사고 습관을 가르치는 것의 문화적 가치는 아무리 높이 평가해도 지나치지 않으며, 그러한 고상한 이상을 몸에 익히는 것의 경제적 가치도 결코 무시할 수 없다. 현재 같은 금전 문화에서는 평상시 시간과 재화의 소비를 증명하는 등의 소비 방식이 개인의 평판이나 성공을 크게 좌우하기 때문이다. 그러나 이러한 방식을 익히는 것의 경제적 의의는, 결국 실질적 결과가 경제 가치의 다과로 결정된다는 틀에서 보면, 같은 결과를 내기 위해 많은 비용이 드는 방법이나 비효율적인 방법으로 치환하는 것에 불과하다. 선량한 사람들이 행하는 문화적 선전 활동의 대부분은 상류계급의 생활에 포함된 새로운 미의식이라기보다 도리어 예의나 습관의 새로운 방식을 가르치는 데 집중된다. 새로운 방식이란 유한계급의 신분 의식이나 체면의 방식에 근거하여 만들어진 것이고, 이를 빈곤층에게 가르치고자 하는 상류계급은 산업 활동과 무관한 사람들이다. 그러므로 이처럼 밖에서 강요된 예의가 이미 빈민층에 정착해 있는 방식보다 그들의 생활 조건에 더 적합하다고는 생각되지 않는다. 강요된 예의가 현대 산업사회의 압력을 받아 형성된 방식 이상으로 빈민층에게 적합할 리가 없다.

그렇다고 하여 선량한 사람들이 강요하고자 하는 예의가 전통적인 것보다 고급이라는 데 의문을 제기할 생각은 없다. 의문을 제기하고 싶은 것은 이러한 사회 개량 사업의 경제적 유용성이다. 다시 말해 개인이 아니라 집단으로서의 생활 개선이라는 점에서 보아 효과를 어느 정도 떳떳하게 주장할 수 있는, 물질적이고 직접적인 효과라고 하는 의미에서의 경제적 유용성에 대해서는 의문이라는 것이다. 따라서 그들의 사회 개량 사업을 평가할 때, 실질적 활동 내용을 액면 그대로 받아들여서는 안 된다. 설령 그 사업이 주로 이익 추구를 목적으로 하는 경우라도, 또 이기적 동기나 타인에게 차이를 설정하고자 하는 동기와는 무관하다고 해도, 이러한 종류의 활동이 초래하는 경제적 개선이란 결국 과시적 소비의 변형을 조금씩 변화시킬 뿐이다.

금전 문화에 고유한 사고 습관에서 영향을 받는 이러한 사업에 대해 그 이기적이지 않은 동기나 운영 방법의 특징에 관하여 좀 더 살펴볼 필요가 있다. 그럼으로써 앞에서 내린 결론을 더욱 강화할 수 있을 것이다. 이미 설명했듯이, 금전 문화에서 평판이나 체면을 유지하는 필수 조건은 무의미한 것에 힘을 쏟고, 자신은 금전과 관련하여 전혀 어렵지 않다는 점을 보여주는 것이다. 그 결과 유익한 직업에 대한 경멸이 습관화된 것 말고도 생활에 필요한 세속적인 일에 통달해서는 안 된다는 전통이 생겨났다. 이 전통은 세상에서 받아들이기 좋은 것을 하려는 집단의 운영에 중대한 영향을 초래한다. 모금을 하거나 위원회를 조직하여 비천한 자들의 행복에 현실적 관심을 갖는 것은 좋은 일일지도 모른다. 비천한 자들의 미의식을 향상시키고 고상한 정신을 양성할 기회를 부여하여 그들의 문화 수준 향상에 마음을 쏟는 것은 더욱 좋은 일일 것이다. 그렇다고 하여 그러한 활동을 실제로 유익한 쪽으로 이끄는 정도로 비천한 자들의 생활이나 사고 습관에 정통하다는 것을 표출하는 일은 바람직하지 않게 여겨진다. 따라서 빈민층의 생활 상태를 잘 모르는 체하게 된다. 이러한 경향은 물론 사람들에 따라 다르지만, 지금 설명하고 있는 조직이나 단체에는 분명히 존재하며, 그 활동의 방향에 중대한 영향을 주고 있다. 빈민층의 생활에 정통하면 저급하다는 비난을 받지 않으려고 많은 사람이 그것을 회피하며, 이는 곧 관례나 선례가 된다. 그리하여 차차 그 조직의 최초 목적은 점차 무시되고 명성을 추구하는 방침으로 대체된다. 이는 결국 금전적 가치를 추구하는 것에 불과하다. 이런 식으로 오랫동안 계속되어온 조직에서는 빈곤층의 생활 개선이라는 당초의 목적이 점차 표면적인 것이 되고, 실효성이 높은 일은 곧 위축되어버린다.

공평무사한 활동을 하는 조직의 실효성에 해당되는 것은 마찬가지 동기를 갖는 개인의 활동에도 해당된다. 그러나 개인에 대해서는 더욱 많은 유보 조건을 붙여야 한다. 앞에서 말했듯이 상류계급에는 낭비를 중시하고 하층계급 생활의 생산과 소비에 대해 무지한 것을 고급이라고 보는 가치 기준이 존재하지만, 무엇인가 사람들에게 도움이 되고 싶어 하는 개인도 이 기준에 따라 가치 판단을 내리는 습관에 당연히 젖어 있다. 이러한 습관을 잊고 실리가 있는 비천한 목적을 향하여 노력하기 시작하면 상류계급의 상식, 즉 부자답게 체면을 중시하는 감각에 의해 그 시도는 즉시 거부당하고, 그 계급에게 옳은 방향으로 나아가게 될 것이다. 그 하나의 예를 유산 운용에서 볼 수 있다. 공공심이 풍부한 사람이 인간 생활의 어떤 면을 개선하고 싶다는 (적어도 표면적으로는) 단 하나의 목적으로 유산을 남겼다고 해보자. 그런 사람이 유산을 남긴 목적의 대부분은 학교, 도서관, 병원, 구빈원의 건설이고, 유증자는 사람들의 삶을 향상시키기를 원하여 그 목적을 유서에 명기한다. 그런데 실행 단계에 이르면 최초의 목적과는 모순되는 다른 동기들이 많이 나타나, 시설 건설을 위해 유산에서 취해진 자금의 대부분에 대해 멋대로 용도를 결정하는 일이 종종 발생한다. 가령 고아원이나 상이군인 요양원을 건설하기 위해 일정한 자금을 유산에서 취하고자 한다고 해보자. 이처럼 훌륭한 낭비에 자금을 투입하는 것은 드문 일이 아니므로 놀라거나 웃을 일이 아니다. 그런데 그 자금의 대부분은 예술적으로는 어떨지 모르지만 고가임이 틀림없는 돌로 표면을 장식하고 어울리지 않는 장식으로 기괴하게 뒤덮어 총안銃眼이 뚫려 있는 성벽이나 작은 탑, 거대한 성문이나 전략적으로 배치된 주차장 등 어딘가 요새를 떠올리도록 설계된 거대한 건축물에 쓰인다. 그 내부도 과시적 낭비나 약탈적 영웅 행위라고 하는 그들의 절대 조건에 적합하게 만들어진다. 여기서 더 이상 상세하게 들어가지는 않겠지만, 가령 창은 종종 통과하는 사람들에게 돈이 들었다는 모습을 보여주기 위한 목적으로 설치되고, 창 안에서 사는 사람들의 쾌적함이나 편리함 같은 당초의 외견적 목적은 거의 고려되지 않는다. 실내의 여러 가지 가구나 설비도 돈이 들고 화려해야 하고, 본래의 목적과는 다른 요건을 충족하도록 만들어진다.

그렇다고 하여 고인이 불평을 하거나, 혹시 살아서 진두지휘했다면 달라졌으리라고 생각하는 것은 옳지 않다. 본인이 직접 지시하는 경우, 즉 유증이 아니라 본인에 의한 출자와 감독이 행해지는 경우에도 같은 방식이었을 것이다. 게다가 다른 방식으로 자금을 사용했다면 기증의 수익자도, 직접 은혜를 입지 않은 국외자도 즐거워하지 않았을 것이다. 최초의 실질적 목적을 실현하기 위해 수중의 자금을 최대한 유효하게 활용할 방침으로 그 사업을 수행한다면 아무에게도 만족을 주지 못할 것이다. 관계자는 모두, 직접 자신과 관련되는 경우라도, 상상의 이익과 관련되는 경우라도 다음과 같은 점에서 의견 일치를 이루기 마련이다. 즉 예산의 상당 부분은 약탈적 영웅 행위나 낭비를 통해 차이를 보여주는 관습에 따라, 더욱 고상한 정신적 용도에 충당되어야 한다는 점이다. 그러나 이는 결국, 경쟁의 규범이나 재력 평판의 요구가 널리 침투하고 있는 사회에서는, 표면적으로는 공평무사의 정신으로 시작된 사업이라도 그 요구에서 벗어날 수 없다는 사실을 증명하고 있다.

이러한 종류의 사업이 유증자의 명성을 높이는 수단으로서 자랑해도 좋은 덕을 갖추고 있음은 이러한 공평무사의 동기가 존재하기 때문이라고 말할 수 있다. 그러나 그렇다고 하여 타인에게 차이를 보이고자 하는 동기가 예산 배분의 결정 요인이 되지 않는다고는 말할 수 없다. 이러한 종류의 사업에 과시나 차별적 동기가 존재하는 것은 지금까지 열거한 조직이나 운동과 관련하여 충분히 증명할 수 있다. 그러한 동기는 예술, 윤리, 경제 분야의 명성을 빌려 위장하는 경우가 많다. 금전 문화의 부산물이라고 할 수 있는 이러한 동기는 공평무사의 노력이 효과를 거두지 않도록 은밀하게 작용한다. 게다가 이때 당사자가 갖는 선의의 감각을 침해하지 않고, 그 사업이 본질적으로 무의미하다고 느끼게 하지도 않는다. 상류계급의 공적 생활양식을 특징짓는 과시를 위한 박애적 사회 개량 사업에서는 이러한 작용의 흔적을 여러 부분에서 인정할 수 있다. 그 이론적 증명은 이미 충분히 했으므로 더는 설명할 필요가 없다. 또한 이러한 사업 중 고등교육 기관의 설립에 대해서는 다음 장에서 상세하게 다룰 것이다.

이상과 같이 유한계급이 놓여 있는 경제적으로 보호된 상태에서는 타인에 대해 차이를 두는 것에 무관심하다고 하는 평화로운 원시 문화 특유의 기질로 회귀하는 경향을 볼 수 있다. 이 회귀를 성립시키는 것은 일하기 본능과 태만 및 친애의 정이라고 할 수 있다. 그러나 현대 생활양식에서는 재력이나 차별화를 중시하는 기준에서 그러한 기질의 발로가 방해를 받는다. 그리고 차별화와는 무관한 동기에서 시작한 사업이 금전 문화의 근거인 차별화의 방향에 의해 왜곡되기도 한다. 금전적 체면을 유지하고자 하는 조건은 이러한 사업에서 낭비나 무익함이나 완고함이라는 형태로 나타난다. 사회 개량 사업에서도 다른 활동과 마찬가지로 체면을 유지할 필요성이 엄연히 존재하고, 이 필요성이 모든 활동의 실행이나 관리의 세부에 선택적으로 작용하는 것이다. 그 결과로 공평무사의 정신에서 시작된 노력이 완전히 무의미해질 정도다. 유한계급에게는 무목적을 좋다고 하는 인간답지 않은 태만한 행동 원리가 침투하여, 일하기 본능에 속한다고 말할 수 있는 원시시대 기질의 발로를 효과적으로 방해한다. 그러나 그러한 행동 원리가 존재한다고 해서 원시시대 기질로의 회귀나 유지를 완전히 중단시키는 것은 아니다.

금전 문화가 더욱더 발전하면, 유한계급은 체면에 나쁜 일로 산업 활동에 관여하는 것을 회피하고 생산적 직업에 취업하는 것을 멀리하게 된다. 이 단계에서는 생산적 직업에 비하여 경쟁적이고 약탈적인, 즉 영리적인 직업의 가치가 평가되고, 타인에 대해 차이를 두는 것에 무관심한 기질은 불리해진다. 앞에서 지적했듯이 유용한 직업에 취업하는 것은 안 된다고 하는 불문율은 다른 어떤 계급보다 상류계급 여성에게 더 엄격히 적용된다. 그러나 성직자는 예외로, 아마도 실제 이상으로 명백하게 유용한 일을 하는 것이 금지된다. 상류계급의 남성이 아니라 여성에 대하여 무위의 생활이 강요되는 것은 대행의 역할이 위임되어 있기 때문이다. 따라서 상위 유한계급의 여성은 이중의 이유로 유용한 노동에서 멀어져 있다.

모든 사회에서 여성의 지위는 그 사회나 그 계급이 도달한 문화 수준을 보여주기 쉬운 지표가 된다. 대중적 저술가나 평론가는 사회학자의 지식을 빌려 종종 그렇게 말하고 있다. 그러나 그러한 발언은 문화보다 경제 발전의 수준에 해당될 것이다. 사회나 문화를 막론하고 어떤 생활양식에서 여성에 할당된 입장은 대부분 발전의 초기 단계에 형성된 전통의 표현이다. 그러나 이 전통은 현재의 경제 상황에 부분적으로만 적응하고, 따라서 그 구성원인 여성에게 요구되는 기질이나 사고 습관의 조건에도 부분적으로만 적응한다.

현재의 경제 상황에서 여성의 입장은 같은 계급의 남성에 비해 일하기 본능의 요구로부터 언제나 대폭 괴리되어 있다. 이는 경제 제도의 발전을 일반적으로 설명한 부분에서, 또 대행 여가나 의복을 설명한 부분에서 말한 그대로다. 일하기 본능은 평화를 좋아하고 무익한 행위를 혐오하지만, 여성의 기질에 이 본능이 상당 정도 포함되어 있는 것은 틀림없다. 따라서 현대 산업사회의 여성이 강요된 생활양식과 경제 상황에 적응할 필요성 사이에서 심한 모순을 느끼는 것은 결코 우연이 아니다.

이러한 '여성 문제'의 몇 가지 측면은 현대사회, 특히 상류계급에 속하는 여성의 생활이 경제 발전의 초기 단계에 형성된 상식에 얼마나 속박되어 있는지를 잘 보여준다. 문화와 경제와 사회의 측면에서 본 여성의 생활은 지금도 기본적으로는 대행의 역할을 수행하는 생활이라고 해도 좋다. 그 성격상 여성들의 생활에 대한 평가는 장점이든 단점이든 그 본래의 성질에서 볼 때 그녀를 소유하거나 비호하는 입장의 인물에게 속한다. 따라서 가령 아내가 세상의 행동에 반하는 행동을 하면, 즉각 그 소유자인 남편의 명예에 반영되는 것으로 생각된다. 물론 그중에는 여성을 이처럼 왜곡된 허약한 입장에 두는 것에 위화감을 느끼는 사람도 있을 것이다. 그러나 이러한 종류의 사항에 관하여 사회의 상식적 판단은 아무런 주저 없이 내려지는 것이 보통이고, 아내 때문에 남편의 입장이 난처해졌다고 느끼는 것을 누구나 당연하게 받아들였다. 한편 보호자인 남편의 행위 때문에 여성이 비난을 받는 일은 있을 수 없다.

익숙하기 때문에 올바른 생활양식은 남자의 행동에 따른다고 하는 '일'을 여성에게 할당한다. 그리고 정해진 의무의 전통에서 벗어나려고 하면 여성답지 못하다고 여겨진다. 상식, 즉 일상적인 생활양식에서 도출되는 논리적 귀결은 다음과 같다. 요컨대 시민권이나 참정권에 대해 말하자면, 여성은 국가나 법 앞에서 세대주를 통해 대표되어야 하고 스스로를 직접 대표할 수 없다. 자신의 의지로 자신의 결정에 의해 생활하는 것은 여성에게 바람직하지 않다. 시민 활동이든 산업 활동이든 사회적 활동에 여성이 직접 참여하는 것은 사회질서, 즉 금전 문화의 전통에서 형성된 사고 습관에 대한 중대한 도전이다 등등.

"여성을 남성에 대한 예속에서 해방시킨다"라는 공허한 주장은 엘리자베스 캐디 스탠턴[1]의 의미심장한 말을 거꾸로 하여 말하면

---

1   Elizabeth Cady Stanton(1815~1902). 미국 여성 참정권 운동과 노예 해방 운동의 지도자다.

'완전한 헛소리'다. 남녀의 사회관계는 자연에 의해 정해진 것이다. 우리의 문명은 모두, 즉 문명의 좋은 면은 모두 가정을 기반으로 하고 있다.[2]

'가정'이란 남자 중심의 세대를 말한다. 이러한 관점은 대체로 더 간단히 표현되는데, 여성의 신분에 관한 통설로 문명사회 남성 일반뿐 아니라 여성 사이에도 널리 퍼져 있다. 왜냐하면 여성은 세상의 규범이 자신에게 요구하는 바에 매우 민감하기 때문이다. 많은 여성이 관례라고 하는 자질구레한 준칙을 불쾌하게 느끼는 것이 사실이다. 그래도 기존의 도덕 질서라고 하는 불가침의 영향력 아래에서 여성이 필연적으로 남성에게 종속되는 입장에 있다는 점을 인정하지 않는 여성은 거의 없다. 결국 여성의 가치관이나 미적 감각에 의하면 여성의 삶은 남성의 삶을 간접적으로 표현하는 것이고, 이론적으로도 그렇다고 할 수 있다.

그러나 여성의 있어야 할 모습에 대한 이러한 견해가 퍼져 있는 가운데, 여성이 남성의 보호 아래 대행 역할을 하고 여성에 대한 평가가 모두 보호자의 것이 된다는 방식은 잘못된 것이 아닌가 하는 감정도 흐릿하지만 생겨나고 있다. 그러한 여성의 존재 방식은 그것이 출현한 시기와 장소에서는 자연스럽고 적절했으며 외견상으로도 바람직했을지 모르지만, 현대 산업사회에서는 나날의 생활

---

2   워런 새뮤얼스Warren Samuels의 《The Founding of Institutional Economics》에 따르면 의회 발언이라고 하는데, 발언자는 알 수 없다.

의 목적에 적합하다고 할 수 없다. 중상류 계급 출신으로 교양이 있고 전통적인 예절을 완전하게 몸에 익혀서 이러한 신분 관계가 본질적으로 옳다고 받아들이는 보수적인 여성의 대다수도, 현재 자신이 놓인 상황과 있어야 할 상황 사이에 어느 정도 모순을 느낀다. 젊음이나 교육이나 기질을 갖추고 야만시대 문화에서 받아들인 전통적 신분제도와 그다지 인연이 없고, 자기표현을 하고 싶은 충동이나 일하기 본능이 뜻밖에 얼굴을 내미는, 다스리기 어려운 여성들은 강한 불만을 느끼고 행동하지 않을 수 없다.

그리하여 여성에게 태고의 지위를 되돌려주고자 하는 맹목적이고 지리멸렬한 운동이 일어나 '신여성 운동'이라고 불리게 되었다. 이 운동에는 경제적 성격의 두 가지 요소나 동기를 볼 수 있는데, 그것은 '해방'과 '일'이라는 표어로 집약된다. 두 가지 모두 사회에 충만한 어떤 불만을 나타낸다고 할 수 있다. 오늘의 상황에 불만을 품을 이유는 아무것도 없다고 생각하는 사람들도 불온한 공기가 퍼져 있다는 점은 인정한다. 당연히 제거해야 할 이 불만을 가장 강하고 가장 빈번히 분출하는 것은 산업이 고도로 발달한 사회의 상류층 여성이다. 다시 말해 그러한 여성들은 신분이나 보호나 대행생활이라고 하는 모든 관계로부터의 해방을 상당히 진지하게 요구한다. 이러한 반발은 특히 신분제 시대에서 받아들인 생활양식으로부터 대행을 강요당한 계급의 여성들이나, 경제 발전으로 이러한 전통적 생활양식에서 떨어져 나온 사회의 여성들에게서 현저하게 나타난다. 체면을 유지해야 할 필요 때문에 유용한 일에서 제외되고 대행 소비나 대행 여가의 생활에 구속된 여성들이 바로 그렇다.

이러한 '신여성 운동'의 동기를 오해한 평론가는 적지 않다. 인기 높은 어느 사회 평론가는 나름으로 성실하게 미국 신여성 운동의 문제점을 최근 다음과 같이 개괄했다.

그녀는 세계에서 가장 애정이 깊고 가장 열심히 일하는 남편의 귀여움을 받고 있다. (⋯) 그리고 교육에서도, 다른 모든 것에서도 남편보다 뛰어나다. 그녀는 무한한 시중을 받고 있다. 그래도 그녀는 만족하지 않는다. (⋯) 앵글로색슨의 '신여성 운동'은 현대의 가장 어리석은 산물이고, 세기의 대실패로 끝날 것이다.[3]

이 말에 내포된 명확한 경멸을 제외한다면, 이는 문제를 더욱 혼란스럽게 할 뿐이다. 신여성 운동을 총괄한 이 전형적인 발언에서 만족할 수 있는 이유로 열거된 것이야말로 신여성들에게는 불만의 씨앗이다. 그녀가 귀여움을 받고 당연한 보호자인 남편의 대행으로 화려한 소비를 과시하는 것은 허용되어 있다기보다, 도리어 요구되고 있다. 그녀는 비천하고 유용한 일을 면제받고 있다기보다, 도리어 금지당하고 있다. 필연적인 경제적 보호자의 세속적 명성을 보호하기 위해 여가의 대행 역할을 수행해야 하기 때문이다. 과거로부터 이러한 역할은 자유를 갖지 못한 자의 상징이고, 합목적적인 행동을 하고 싶다는 인간의 본능에 반하는 것이었다. 그러나

3　막스 오레르Max O'Rell, 〈엄처시하*The Petticoat Government*〉, 1896. 오레르는 프랑스 작가 레옹 폴 브루에Léon Paul Blouet의 필명이다.

여성은 남성 이상으로 일하기 본능을 갖는다고 생각된다. 따라서 무위로 삶을 보내거나 무익한 소비를 하는 것은 분명 불쾌할 것이다. 자신이 접하는 경제 환경에서 오는 자극에 보호자를 통하지 않고 직접 반응하여 생활하고, 자신의 방식으로 자신의 인생을 살고, 더욱 직접적으로 산업 활동에 종사하고 싶다는 욕구는 남자보다 여자가 더 강하다고 생각된다.

여성이 단조롭고 반복적인 고역을 하는 입장에 일관하여 그쳐야 하는 한, 대부분 그 운명에 만족하게 된다. 해야 할 것이 구체적으로 결정된 뒤에, 자신의 일은 스스로 결정하고 싶다고 하는 천성적 욕구에 대해 깊이 생각할 시간이 없기 때문이다. 여성이 힘든 노동을 해야 하는 시대가 지나가면, 이제는 고역을 수반하지 않는 대행 여가가 상류계급 여성의 역할로 받아들여진다. 그리고 부자의 체면을 유지할 필요에 의해, 형식적으로 무목적의 행동을 하는 역할을 강요당하게 된다. 그리하여 뜻이 높은 여성들은 자기표현이나 '유용한 일'을 하고 싶다는 느낌을 오랫동안 갖지 못하게 된다. 이는 금전 문화의 초기에 특히 해당되는 이야기이지만, 이 단계에서 유한계급이 여가에서 행하는 것은 여전히 약탈적 활동이고 힘의 과시이며, 거기에는 다른 계급에 대해 차이를 둔다고 하는 구체적 목적이 분명해졌다. 따라서 누가 해도 전혀 부끄럽지 않은 일로서 당연히 여겨졌다. 이러한 상황이 일부 사회에서는 지금까지 계속되는 것이 분명하고, 신분 감각의 완고함이나 일하기 본능의 결여에 따라 정도는 다르지만, 개인 사이에서는 여전히 뿌리가 깊다. 그러나 사회의 경제 구조가 발전하고 신분제도에 근거한 생활양식이 시대에 뒤처지게 되면, 주종 관계가 더 이상 '유일하게' 자연스러운 인간관계로 받아들여지지 않고 합목적적 활동을 지향하는 고대의 습관이 부활하기 시작한다. 이러한 오래된 습관은 약탈적 금전 문화가 초래한 최근의 습관이나 가치관을 좋게 생각하지 않는 사람들에게 강하게 나타난다. 약탈적이고 준평화적인 사회의 규범에 따르는 이러한 사고 습관이나 가치관은 표면적이고 일회적이기 때문에, 발전된 경제 상황에 적응하지 못하면 사회나 계급에 대한 강제력을 즉시 상실한다. 현대사회의 노동계급을 본다면 이는 분명하다. 이제 그들은 유한계급의 생활양식으로부터 상당히 해방되어 있고, 특히 신분 감각에 속박되지 않는다. 그리고 상류계급에서도 형태는 다르지만 마찬가지 흐름을 볼 수 있다.

약탈적이고 준평화적인 문화에서 비롯된 최근의 습관은 종족의 기본적 특성이나 기질의 변종에 의한 것으로, 그다지 오래 지속되지 않는다고 생각한다. 종족의 기본적 특성이나 기질은 초기의 원시적 문화 단계에서 오랫동안 조건 지워진 가운데 확보된 것이다. 그 무렵 대체로 소박하고 변화가 결여된 물질 환경에서 미분화의 경제 활동이 평화롭게 이루어졌다. 그 뒤 경쟁적 생활로 새로운 습관이 생겨나도, 경제 조건에 합치하지 않으면 바로 쇠퇴했다. 그리하여 새롭게 발전한 종족 본래의 것이 아닌 습관은 오랜 시대의 더욱 근원적인 습관으로 바뀌었다.

그렇다면 신여성 운동은 어떤 의미에서 종족 본래의 인간성으로, 또는 인간성이 더욱 미분화된 발현 상태로의 회귀를 보여준다고 말할 수 있다. 신여성 운동은 원시인 같은 인간성, 형태는 어떻든 본질은 아직 미분화의 시기에 속하는 인간성으로의 회귀다. 지금 설명하고 있는 운동이나 진화 과정도 최근의 사회 발전 과정과 이 점에서 공통된다. 사회 발전이 초기의 미분화 경제에 특징적인 정신 구조로 회귀하는 징후를 보여줄 때 특히 그러하다. 타인에 대해 차이를 두고자 하는 성벽이 약화되는 경향을 보여주는 징후는 그다지 많지 않고 결정적이라고도 말할 수 없지만, 전혀 없는 것은 아니다. 가령 현대 산업사회에서 신분 감각이 전면적으로 약화되어온 것은 이러한 흐름을 보여준다. 또 생활에서의 무목적 활동을 다시 비판하게 된 것이나, 사회 전체나 다른 사회집단을 희생하여 개인의 이익만을 추구하는 것에 대한 비판이 부활한 것도 그러하다. 나아가 고통을 주는 것을 비난하고, 약탈적 시도를 하지 않는 풍조도 그러하다. 그러한 시도가 사회와 그 구성원에게 어떤 물질적 손해를 주지 않는다고 해도 역시 비난을 받는다. 현대 산업사회에서 살아가는 극히 보통의 냉정한 인간이 이상으로 삼는 것은 평화나 선의나 경제적 효율을 높이는 인간이며, 이기심이나 권력이나 부정이나 지배를 추구하는 인간이 아니라고 말해도 좋을 것이다.

유한계급의 영향은 이러한 인간성의 원형 부활에 일관하여 유리하거나 불리하게 작용하지 않는다. 원시시대의 공평무사 기질을 특히 많이 가진 사람이 살아남을 가능성에 대해 말하자면, 유한계급은 보호된 입장에 있고 경제적 경쟁에 관여하지 않고 끝나는 것이므로, 직접적으로는 그들에게 유리하다고 말할 수 있다. 그러나 간접적으로는 유한계급 제도가 재화나 서비스의 과시적 소비를 필수 조건으로 하기 때문에, 원시적 기질이 뚜렷한 사람이 유한계급에 속하지 않는 경우 생존은 어려워질 것이다. 체면 유지를 위해 낭비가 요구되면 사람들의 여유 에너지가 타인에 대해 차이를 두려는 경쟁으로 흡수되고, 공평무사의 정신을 발휘할 여지가 없어진다. 여기에 따르는 추상적이고 정신적이며 우회적인 효과도 마찬가지로 작용하여, 아마도 더욱 효과적으로 같은 결과를 초래할 것이다. 체면 유지라고 하는 조건은 타인과 비교하여 차이를 두려는 욕구의 세련된 형태이기 때문에, 그렇지 않은 행동을 방해하고 이기적인 행동을 촉진하는 방향으로 작용한다.

사회의 양식은 일종의 적절한 사고 습관을 다음 세대에 인계하기 위해 학문 교육이 필요하다고 간주하고, 이를 일반의 생활양식에 포함시킨다. 그리하여 교사와 학문의 전통에 의해 사고 습관이 형성되고, 개인의 유용성을 좌우하는 경제 가치를 갖게 된다. 그 가치는 나날의 생활 실천 가운데 형성되는 사고 습관의 경제 가치 못지않은 무게를 갖는다. 유한계급의 취향이나 금전적 가치 기준에 따라 행해지는 학문이나 교육의 특징은 무엇이든 그들 사고 습관의 산물이고, 이러한 교육이 어떤 가치 기준을 갖는다고 한다면 이 역시 그러한 사고 습관의 가치를 충실히 반영하는 것이 되기 때문이다. 그러므로 유한계급의 생활양식에서 비롯되는 교육 제도의 특징, 가령 교육의 목적이나 방법, 가르치는 지식의 범위와 내용 등을 여기서 열거하는 것은 결코 무용하지 않다. 유한계급의 이상이 미치는 영향이 가장 뚜렷하게 나타나는 것은 엄밀한 의미에서의 교육, 특히 고등교육에서다. 이 장의 목적은 금전 문화가 교육에 미치는 영향에 대한 방대한 자료를 검증하는 것이 아니라, 유한계급이

교육에 어떤 영향을 미치는가를 설명하는 데 있다. 따라서 여기서는 이 목적에 유용한 고등교육의 몇 가지 특징을 들어보는 것에 그치도록 한다.

학문은 그 기원이나 발전의 초기 단계에서 사회의 신앙심과 밀접하게 관련되었다. 특히 초자연적 유한계급인 신에게 봉사하는 종교의식과 관계가 깊었다. 초자연적 힘을 위무하기 위해 행해지는 원시종교의 의식은 사회의 시간과 노력을 생산적으로 활용한다고 말하기 어렵다. 따라서 그러한 의식은 대체로 초자연적 존재를 대신하여 행해지는 대행 여가라고 말할 수 있다. 이러한 존재는 기도와 복종의 맹세를 바치는 선의를 이끌어내는 교섭의 상대로 위치된다. 초기 학문의 대부분은 이러한 의식의 지식이나 수완을 확보하는 데 충당되었다. 따라서 세속의 주인에 대한 가내 봉사에 필요한 훈련과 매우 유사한 성질을 띠었다. 원시사회에서 성직자가 교사로서 가르친 지식은 대부분 종교나 의식에 관한 것이었다. 즉 초자연적 존재에 다가가 봉사하기 위해 가장 적절하고 효과적이며 바람직한 방법에 관한 지식에 불과했다. 이처럼 초월적 권력을 갖는 존재에 대해 어떻게 하면 자신을 불가결한 것으로 만들 수 있는지, 그리고 일이 무엇이든 어떻게 하면 권력자의 중개나 불개입을 요구하고 나아가 자신이 요구할 수 있는 입장을 확보하는지를 배웠다. 최대의 목적은 신을 위무하는 것으로, 이 목적을 수행하기 위해 종으로 봉사해야 할 기술을 배우는 것이 대부분을 차지했다. 그 밖의 요소가 성직자나 주술사에 의한 교육에 포함되기까지는 상당한 시간이 걸렸다.

세상 밖에서 작용하는 불가해한 권력자에게 봉사하는 성직자는 이러한 힘의 소유주와 무학의 대중 사이를 연결하는 역할을 수행하게 된다. 왜냐하면 성직자는 초자연적 존재와 교섭하기 위한 지식을 가졌으며, 지배자 앞에 직접 나서는 것이 허용되기 때문이다. 그리고 지배자가 인간이든 초자연적 존재이든 지배자와 대중 사이의 중개 역할에서 흔히 보듯이, 불가해한 지배자는 대중이 바라는 것을 무엇이나 해준다는 점을 대중에게 인식시키는 수단을 갖는다면 참으로 편리하다고 생각하게 되었다. 그리고 일종의 자연현상에 관한 지식과 교묘한 손재주 기술이 성직자의 학문에 포함되었다. 이러한 지식은 놀라운 사건을 설명하는 데 도움이 되기 때문이었다. 그런 종류의 지식은 '불가지'의 지식으로 간주되어 그 심오한 성격에 의해 성직자의 목적에 크게 공헌했다. 학문이 하나의 제도로 출현한 것은 이러한 계기에서였다고 생각된다. 종교나 마술이나 주술적 사술이라고 하는 모태에서 학문이 분리되는 과정은 완만하고, 가장 진보한 고등교육기관 분화는 아직도 완료되지 않았다.

학문의 심오함은 과거나 지금이나 무학자에게 감명을 주고 나아가 위압하는 데 사실상 매력적이고 효과적이다. 글을 읽지 못하는 사람들은 대체로 신비로운 것에 정통한가를 기준으로 하여 학자의 위대함을 판단한다. 그 전형적인 보기를 들자면, 노르웨이 농민들은 19세기 후반까지도 마틴 루터Martin Luther, 필리프 멜란히톤Philipp Melanchthon, 페테르 다스Petter Dass로부터 최근의 니콜라이 그룬트비Nikolai F. S. Grundtvig에 이르는 신학자들의 박학을 흑마술에 정통한가에 따라 직관적으로 판단했다. 그들도, 그 정도로 유명하지 않은 학자들도 모두 마술 전문가로 이름이 알려졌다. 또 선량한 사람들은 교회의 고위 성직자들도 마술의 방식이나 신비로운 지식에 정통하다고 생각했다. 즉 대중의 머릿속에서 박식이란 신비로운 지식을 갖는 것이었다. 이를 보여주는 가까운 예로, 오늘날 유한계급에서 신비학에 기운 사람들이 보통 이상으로 많은 것을 들 수 있다. 물론 신비학에 끌리는 사람들은 유한계급만이 아니지만 말이다. 이러한 사실은 유한계급의 생활이 지적 관심에 주는 편향을 보여준다고 할 수 있다. 현대 산업에 종사하지 않고 사고 습관을 형성한 사람들은 신비로운 지식이야말로 유일하다고는 말할 수 없어도 궁극적인 지식이라고 믿는다.

이처럼 학문은 어떤 의미에서 대행 여가를 행하는 성직자 계급의 부산물이었다. 그리고 고등 학문 역시 적어도 극히 최근까지 성직자 계급의 부산물이거나 부업에 그쳤다. 그러나 체계화된 지식이 늘어남에 따라 신비로운 지식과 통속적 지식이 구별되었다. 이것은 교육 역사에서 상당히 빠른 시기에 비롯되었다. 양자를 구별하는 한 전자는 경제와 산업에 어떤 영향도 주지 않는 지식, 후자는 산업이나 생활의 물질적 목적에 유용한 자연현상에 대한 지식으로 각각 구성되었다. 이 경계선은, 적어도 대중에 의하면 고급 학문과 저급 학문으로 나누는 것이었다.

원시적 사회에서 현자나 원로는 형식, 전례, 서열, 의식, 예복 등의 도구에 매우 까다로웠다. 이러한 사실은 그들이 성직자의 지식에 정통함과 동시에 그 일의 대부분이 예의나 교양으로 알려진 과시적 여가에 상당함을 보여주는 점에서 중요하다. 즉 당연히 예상되듯이 고등 학문은 초기 단계에서 유한계급의 것이었다고 말해도 좋다. 더 정확하게는 초자연적인 존재에 봉사하여 대행 여가를 행하는 계급의 것이었다. 이러한 편중은 성직자나 학자의 긴밀함 또는 겸임을 시사한다. 대체로 말해 학문도 성직자의 일과 마찬가지로 시작은 일종의 주술이었다. 따라서 필연적으로 형식이나 의식의 마술을 위한 장치 및 도구가 학문에 부수했다. 의식이나 소도구는 마술이나 주술에 신비로운 효험을 발휘한다. 그러므로 마술이나 학문의 초기 단계에서 그것은 불가결한 요소였고, 그 존재는 단지 상징으로서 바람직한 것 이상으로 실제로 유용했다.

의식이 상징으로서 갖는 유효성이나 전통적인 도구 사용의 교묘한 연출에 의해 실현되는 주술적 효과가 특히 현저하게 느껴진 것은 과학도 신비학의 영역도 아닌, 마술 실천의 장이다. 그러나 교양 있는 자들이 학문의 가치를 생각할 때, 이러한 의식적 소도구를 전적으로 무용하다고는 말하지 않는다. 서양 문명에서 학문의 역사를 회고해보면, 이러한 의식적 소도구가 그 뒤의 발전 과정에도 집요하게 남았다는 점을 알 수 있다. 학문 세계에서는 오늘날에도 학사모, 가운, 입학식, 졸업식, 그리고 사도 계승의 대학판 같은 학위, 위계, 특권의 수여가 관례적으로 행해지고 있다. 학문 세계에서 이러한 의복이나 성찬 입문식이나 안수기도에 의한 학위 수여 등이 관례화된 것은 성직자 계급의 관행에서 비롯된 게 분명하다. 그러나 그 원천은 한편으로 성직자가 마술사에서 분화하고, 다른 한편으로 현세에서 주인에게 봉사하는 비천한 종에서 분화하여 엄밀한 의미에서 성직에 특화된 시점까지 소급할 수 있다. 이러한 관례나 그것을 뒷받침하는 개념은, 그 기원이나 심리적 요소가 마술사나 기우사rainmaker 이전의 문화 단계에 속한다. 그 뒤의 종교의식이나 고등교육기관에 이러한 종류의 관례가 남은 것은 인간성의 발전 과정에서 애니미즘적 요소가 남아 있는 것에 호응한다.

현재나 가까운 과거의 교육 제도에서 의식적 성격이 주로 나타난 것은 기술이나 실천을 가르치는 하등 학교가 아니라, 자유주의적이고 고전적인 고등교육기관이라고 말할 수 있다. 이름도 없는 하등교육기관이 의식적 요소를 갖는다면, 그것은 틀림없이 고등교육기관에서 빌린 것이다. 고전적 고등교육기관이 모범을 계속 보여주지 않았더라면, 어림짐작으로도 하등 학교에서 의식이 존속할 수 있었을지 크게 의문이다. 실용 교육을 하는 학교가 고등교육기관의 관행을 도입하고 유지하는 것은 일종의 모방이다. 교육기관의 학문적 평판을 결정하는 기준은 상류 학교가 의례라는 장식의 특징을 계속 정통으로 이어오고, 하류 학교도 가능한 한 그것에 맞추고자 희망하는 것이다.

이러한 분석을 좀 더 해보자. 의식적 요소의 보존이나 부활이 무엇보다 강력하게 자발적으로 나타나는 곳은 성직자나 유한계급을 주로 교육하는 학교다. 따라서 최근 대학(종합대학과 단과대학)의 발전 상황을 조사해보면, 하층계급에 바로 유용한 지식을 가르치기 위해 세워진 학교가 고등교육기관으로 이행하는 경우, 실용적 분야에서 고도의 고전적 분야로 이행하는 것과 병행하여 의식이나 소도구를 사용한 학내 행사가 발달함을 알 수 있고, 실제로도 그렇다. 실용 학교의 설립 목적은 노동계급의 젊은이들을 노동에 적응시키는 것이고, 발전 초기 단계에 주로 가르친 것도 그것이었다. 이러한 학교도 어디나 고등의, 즉 고전적인 학교로 이행하는 것이 통례이고, 그곳의 주목적은 성직자 계급이나 유한계급(신참을 포함하여)의 젊은이들에게 소비를 준비시키는 것이다. 일반적으로 인정된 방식에 따라 평판을 확보할 수 있듯이, 유무형의 재화를 소비하는 준비 말이다. 고학생을 지원할 목적으로 '인민의 벗friends of the people' 같은 단체가 설립한 학교는 이러한 과정을 밟는 것이 보통이다. 이것이 제대로 되면 대체로 학교생활에 의식적인 요소가 늘어난다는 변화가 동시에 생겼다.

오늘날 대학 생활에서 학위 수여 등의 의식이 대체로 가장 잘 정착하는 곳은 주로 '일반교양humanities'을 가르치는 대학이다. 최근 발전한 미국 대학의 생활사를 살펴보면 양자의 관계를 분명히 볼 수 있다. 그러나 예외도 적지 않다. 특히 유명한 교회가 설립하고 처음부터 보수적이고 고전적인 형태였거나 단기간에 그렇게 된 학교 중에는 예외가 뚜렷하다. 그러나 비교적 새로운 미국 도시에서 19세기에 설립된 대학의 경우, 대체로 다음과 같이 말할 수 있다. 즉 그 지역이 빈곤한 동안, 학생의 출신 계층이 근면과 검약의 습관을 가진 동안은 주술적이거나 의식적인 요소가 학내에 받아들여지는 일이 거의 없었다. 부가 축적되기 시작하고 유한계급 출신의 학생이 증가함에 따라 의식적인 요소가 뚜렷해지고, 복장이나 식전式典에 관해서도 오래된 형식을 따르는 것이 중시되었다. 가령 중서부 대학교에서 학생 출신 계층의 부가 축적되면, 거의 같은 시기에 학내 행사나 학생 서클의 사교 시즌에 남학생은 연미복, 여학생은 옷깃 없는 야회복décolleté의 착용이 처음에는 용인되고 뒤에는 의무화로 정착했다. 부의 축적과 의식의 관계를 검증하는 것은 그러한 방대한 작업에 따르는 기술적 곤란을 제외한다면 결코 어려운 일이 아니다. 모자나 가운에 대해서도 마찬가지로 말할 수 있다.

모자나 가운은 학문을 닦는 자의 증거로, 최근 수년간 이러한 종류의 대학에서 많이 채택되어왔다. 이러한 현상은 더 이른 시기에는 생기지 않았다. 왜냐하면 유한계급의 기풍이 지역사회에서 충분히 발달하고, 교육의 정통적 목적에 관하여 오래된 관점으로 회귀하는 기운이 높아지기를 기다려야 했기 때문이다. 대학의 의식을 특징짓는 이러한 품목이 장엄한 효과를 좋아하는 회고 취미나 상징주의에 적합하다는 점에서 유한계급의 취향과 일치했을 뿐 아니라 과시적 소비로서의 특징도 뚜렷했으므로 그들의 생활양식과도 일치한 점에 주목해야 할 것이다. 모자나 가운의 회귀 현상이 생길 때, 이들이 많은 대학에 파급한 것은 전통을 지키고 체면을 중시하는 격세유전적 감각이 당시 사회에 확대된 것과 상당한 관계가 있다고 생각된다.

이처럼 기이한 회귀 현상이 생긴 것이 교육 이외의 분야에서 회고적 감정이나 전통 존중의 기운이 높아진 시기와 일치한다고 해도 그다지 잘못된 말은 아니다. 회귀의 기운을 최초로 자극한 것은 남북전쟁이 사람들의 심리에 초래한 전환이었다고 생각된다. 전쟁이 일상화되자 사고 습관은 약탈적으로 변했다. 이와 함께 연대 의식을 대신하여 배타적 당파주의가 확대되었고, 공평한 봉사의 정신도 경쟁과 차별 의식에 의해 사라졌다. 이러한 요인이 중첩된 결과 남북전쟁 이후 세대에는 사회생활에서도, 종교의식을 비롯한 상징적이고 의식적인 경우에도 신분 감각이 부활했다. 준약탈적 거래 습관, 신분에 대한 고집, 인격신관, 보수주의 풍조가 1870년대부터 서서히, 1880년대에는 분명히 뿌리내렸다. 야만시대 기질의 노골적인 표출로서 무법자의 부활, 일종의 '산업 총수'에 의한 놀라운 약탈적 사기 행위라는 현상도 나타났으나, 이는 앞선 풍조보다도 빨리 정점에 이르러 1870년대 말부터 약화되기 시작했다. 인격신관의 부활도 1880년대 말에는 극성했다. 한편 지금 문제로 삼는 대학의 의식이나 소도구는 야만시대 애니미즘 감각의 간접적 표현이기 때문에, 그것이 유행하고 세련되어가기까지는 시간이 걸렸고, 정점에 이른 것은 더욱 뒤의 일이었다. 그 정점 역시 이미 지나갔다고 해도 좋다. 새로운 전쟁 체험에 의한 자극이라도 없는 한, 또는 계속 늘어난 부유층이 낭비나 신분 차이를 과시할 수 있는 의식을 강력하게 지지하지 않는 한 최근 발달한 학문의 상징인 의식은 점차 쇠퇴할 것이다. 그러나 모자와 가운을 비롯한 대학의 예의가 더욱 엄격하게 준수되어 야만시대로의 회귀라고 하는 남북전쟁 이후의 흐름에 편승했다고 해도, 동시에 자산 계급에서 부의 축적이 진행되지 않았더라면 의식으로의 회귀가 일어나지 않았을 것이 틀림없다. 왜냐하면 부가 축적되어서야 비로소 고등교육에 대한 유한계급의 요구에 따라 미국의 대학을 정비하는 움직임에 충분한 자금이 주어졌기 때문이다. 모자나 가운의 채택은 현대 대학에서 볼 수 있는 주목해야 할 회귀 현상의 하나일 뿐만 아니라, 그런 대학이 현실의 학업이나 장래 구상에서 유한계급의 어용 기관이 되었다는 점을 보여준다.

교육 제도와 그 사회의 문화 수준 사이의 밀접한 관계를 보여주는 또 하나의 예로서, 최근 들어 고등교육기관의 장에 성직자를 대신하여 기업인을 두는 경향을 들 수 있다. 그러나 전면적 경향은 아니고, 그렇게 명백한 현상도 아니다. 그런 기관의 장에게 가장 바람직한 자는 성직자의 역할을 수행하는 동시에 경영 수완도 있는 인물이다. 또 유사한 경향으로서, 그다지 눈에 띄지 않지만 영리 재능이 있는 자를 교수로 지명하는 경향도 있다. 즉 대학에서 가르치는 자의 조건으로 사업을 운영하고 선전하는 능력이 과거보다 더욱 중시되었다. 이는 일상생활의 현상과 관련이 깊은 과학 분야나 경제가 최우선인 사회에 설립된 대학교에 특히 잘 해당된다. 성직자의 능력을 경영 수완으로 일부 바꾸는 현상은 평판을 얻는 주된 수단이 과시적 여가에서 과시적 소비로 이행한 것에 수반하여 생겼다. 이 두 가지 현상의 상관성은 분명하므로 더는 분석할 필요가 없다.

여성 교육에 대한 학교나 지식 계급의 태도를 보면, 과거 성직자와 유한계급의 특권이었던 학문의 위치가 어떻게 변했는지를 잘 알 수 있다. 또 이를 통해 현대적인 경제나 산업의 문제에 성실한 학자들이 이 문제에 어떻게 접근했는지도 알 수 있다. 고등교육기관은 아주 최근까지 여성의 입학을 금지했다. 이러한 기관은 본래 성직자와 유한계급의 교육을 목적으로 했고, 그 뒤에도 대체로 그것을 관철한 배경을 갖는다.

앞에서 말했듯이 여성은 본래 종속적 입장이었고, 특히 명목적이고 형식적인 지위에 관한 한 지금도 그렇다고 말할 수 있다. 엘레우시스의 비밀종교의례[1]와도 같은 고등교육의 특권을 여성에게 부여하는 것은 학문의 존엄을 훼손하는 일로 여겨졌다. 그래서 격이 높은 학교가 여성에게 문호를 연 것은 극히 최근의 일이고, 그것도 산업이 고도로 발전된 사회에 한정되었다. 게다가 현대 산업사회처럼 사태가 긴급을 요하는 경우에도 격조 높은 유명 대학교는 여성의 수용을 극도로 싫어했다. 계급을 중시하는 신분 의식은 지성에 우열을 설정하여 남녀를 차별하고자 하는 의식이 되었고, 학문의 특권계급을 형성하는 사람들 사이에 강력하게 살아남았다. 그리고 여성이 얻을 수 있는 지식은 다음 두 가지에 한정된다고 여겨졌다. 첫째는 가정학, 즉 가정의 영역에 즉각 유용한 지식이고, 둘째는 대행 여가로 실행할 수 있는 사이비 학문이나 사이비 예술의 기능 같은 것이었다. 학습자 자신의 삶에 유용한 지식은 여성답지 않은 것으로 여겨졌다. 또 예절을 지키기 위해서도 아니고, 학습 성과의 활용이나 과시를 통해 주인의 만족이나 평판을 높이기 위해서도 아니며, 단지 학습자 자신의 지적 관심에서 배우는 지식도 그러했다. 마찬가지로 대행이 아닌 여가를 보여주는 지식도 대부분 여성답지 않은 것으로 여겨졌다.

이러한 고등교육기관과 사회 경제 활동의 관계를 이해하는 데서

---

1   고대 그리스의 엘레우시스에서 대모신이자 곡물의 여신인 데메테르를 위해 행한 비밀종교의 의례를 말한다.

앞에서 검토한 현상은 경제학적으로 의의가 있다기보다, 어디까지나 고등교육기관의 일반적 자세를 보여주는 점에서 중요하다는 데 주목해야 한다. 이 현상은 구체적으로는 지식계급이 산업사회의 경향에 품는 본능적 감각이나 적대감을 보여주는 동시에, 고등교육기관과 지식계급이 발전의 어느 단계에 자리하는지를 나타내고 있다. 그러므로 이로써 그 계급의 학문과 생활이 사회의 경제 활동이나 생산성에 보다 직접적으로 관여하는 국면이나, 시대의 요구에 대해 생활양식을 조정하지 않을 수 없는 국면에서 이 계급이 어떻게 행동하는지를 유추할 수 있다. 지식계급에 지금까지 남아 있는 과거의 유물은 복고적이라고까지 말하지는 않더라도 보수적 사상이 곳곳에 침투해 있음을 알려준다. 이러한 경향은 전통적 학문을 가르치는 격이 높은 고등교육기관에서 특히 뚜렷이 나타난다.

고등교육기관에는 이러한 보수적 지향 말고도 같은 쪽으로 향하는 종교적 특징이 또 하나 있다. 의식이나 형식 같은 지엽 말단에 사로잡히는 것에 비해 종교적 특징의 영향이 훨씬 크다. 가령 미국의 대다수 대학은 어떤 종파와 결부되어 있으며 종교의식을 거행한다. 대학교는 과학적 방법이나 과학적 사고에 정통하므로 학교 교수단을 애니미즘적 사고 습관에서 벗어나게 할 것이 틀림없다. 그러나 많은 대학은 오랜 문화의 인격신 신앙이나 의식에 대한 애착을 보여준다. 이러한 신앙심의 표명은 학교 조직으로서는 물론 개별 교수로서도 다분히 형태뿐인 편의적인 것에 불과하더라도 고등교육기관에 신앙의 요소가 상당 정도로 존재하는 것은 틀림이 없다. 이렇게 말할 수 있는 한, 이것은 오랜 시대의 애니미즘적 사고 습관의 표현으로 생각해야 한다. 애니미즘적 사고 습관은 교육에 상당 정도 반영되고 있는 것이 분명하고, 그런 한도에서 학생의 사고 습관을 보수주의나 복고주의에 우호적인 방향으로 유도하기 마련이다. 이는 학생의 과학적 사고, 즉 산업에 가장 유용한 사고의 진보를 방해하는 결과가 된다.

유명 대학에서 오늘날 성행하는 대학 스포츠에서도 같은 경향을 볼 수 있다. 스포츠는 심리 면에서도 규율 면에서도 대학의 종교적 경향과 공통된 점이 많다. 그러나 스포츠에 나타나는 야만시대 기질은 학생 개인의 기질에 의한 것이지, 대학의 기풍에 의한 것으로 보아서는 안 된다. 그러나 종종 볼 수 있듯이 대학 당국이나 이사들이 스포츠 진흥에 적극적일 때는 달라진다. 그 취지가 상당히 다르지만, 이와 유사한 것이 대학의 사교 클럽이나 동우회 같은 학생 조직에도 해당된다. 대학 스포츠는 대체로 약탈 본능의 발휘로 일관하지만, 학생 조직 쪽은 야만시대 약탈 기질의 특징인 배타적 당파 의식이 전면에 드러난다. 또 학생 조직과 대학 스포츠 활동 사이에는 밀접한 관계가 있다. 스포츠와 도박 습관에 대해서는 이미 서술한 그대로이고, 스포츠나 학생 조직 훈련의 경제적 가치에 대해서는 더 이상 설명할 필요가 없다.

그러나 스포츠도 학생 조직도 대학에서는 부수적인 것에 불과하다. 대학은 겉으로 보아 교육과 연구를 위해 존재하는 것이므로, 스포츠 등이 불가분의 요소라고 말하기 어렵다. 그러나 거기에 나타난 징후로부터, 경제적 관점에서 본 교육과 연구의 특징에 대한 가설을 세울 수 있다. 또 대학의 비호 아래 행해지는 교육과 연구가 대학에 도피한 젊은이들에게 미치는 편향적 영향에 대해서도 가설을 세울 수 있다. 이미 설명한 것을 통해, 고등교육기관이 그 교육과 연구에서는 물론 의식적 요소에서도 보수적 경향으로 나타나는 것이 당연하다고 가정할 수 있다. 이러한 가설을 검증하기 위해 실제로 행해지고 있는 교육과 연구의 경제학적 비교나, 고등교육기관이 보존하고자 하는 학문의 검토가 필요해진다.

　보수적이라고 하는 것에 대해 말하자면, 평판이 높은 대학이 최근까지 보수적 입장을 취해온 것은 너무나 잘 알려져 있다. 그들은 무엇이든 새로운 것을 혐오한다. 새로운 관점이나 새로운 지식 체계가 대학에서 인정과 지지를 받는 경우는 대부분 그것이 대학 밖에서 인정되기 때문이다. 주된 예외는 전통적 가치관이나 생활양식에 전혀 중요한 영향을 주지 않는, 미미한 수정이나 혁신 정도일 것이다. 가령 수학이나 물리학의 지극히 사소한 문제, 고전에 대한 새로운 독서 방법이나 해석, 그것도 언어학이나 문학에만 관련되는 경우 등이다. 유명한 대학이나 학자들은 있을 수 있는 모든 혁신을 의심의 눈으로 보아왔다. 예외가 있다면 협의의 '일반교양'에 속하는 것이나, 혁신적 학설의 제창자가 일반교양의 전통적 관점을 불문에 부치는 경우에 그친다. 전적으로 새로운 학설이나 기존 학설로부터의 괴리, 특히 인간성에 관한 이론의 새로운 학설은 대학에서 환영받지 못하며 상당히 뒤늦게, 그것도 마지못해 봐주는 식으로 받아들여질 뿐이다. 지식의 지평을 확대하고자 노력하는 학자는 대체로 동시대 지식인들에게 환영받지 못한다. 유명한 대학일수록 학문의 방법이나 지식의 중대한 진보를 인정하려고 하지 않는다. 인정을 받는 때는 그것이 진부해져 사용하기에 낡아진 뒤, 즉 대학 밖에서 생긴 새로운 지식이나 관점에서 태어나 자라고 그것에 의해 사고 습관이 형성된 새로운 세대에게 지극히 당연한 지적 수단이 된 뒤다. 이것이 가까운 과거에 있었던 사실이다. 현재에 대해서도 해당되는지는 단언할 수 없다. 왜냐하면 현재의 사실은 그 상대적 중요성을 공평하게 판단할 수 있는 입장에서 볼 수 없기 때문이다.

여기서 지금까지 다루지 않은 부유층의 메세나Maecenas[2]를 언급해보자. 문화나 사회의 발전을 다루는 전문가나 평론가는 메세나에 대해 장황하게 늘어놓는다. 부유층에 의한 메세나는 당연히 고등교육기관이나 지식 및 문화의 보급에 큰 영향을 주고, 그들의 후원이 학문 진흥에 공헌한 점은 널리 알려져 있다. 메세나 활동에 정통하고 이를 확대하고자 하는 사람들은 그 활동의 문화적 중요성을 열렬히 설명해왔다. 그러나 그들의 관심은 문화나 여론에 기울었고, 경제적 측면의 관심은 결여되었다. 따라서 경제적 관점이나 산업적 유용성이라는 관점에서 부유층의 이러한 역할이나 학문에 대한 태도를 평가하는 데에는 그 나름의 의미가 있다고 생각된다.

메세나에서 후원하는 측과 후원받는 측 사이의 관계를 고찰할 때, 단순히 경제나 사업과 관련되어 파악하는 한 그것이 신분 관계라는 점을 주의해야 한다. 후원자의 보호를 받는 학자는 후원자의

---

2 베르길리우스나 호라티우스를 보호한 로마의 문예 보호자. 여기서는 문화의 후원자를 의미한다.

대행으로 학구 생활을 보내고 후원자에게 명성을 갖게 한다. 마치 주인을 위해 어떤 형태로 대행 여가를 하면 주인의 평판이 오르는 것과 같다. 또 과거를 회고해보면, 메세나에 의해 후원을 받은 교육이나 연구는 고전이나 일반교양을 장려하는 것이 가장 많았던 점에 주의할 필요가 있다. 이러한 지식은 산업의 생산성을 낮추는 방향으로 작용한다.

나아가 유한계급이 지식 습득에 직접 관련된 경우도 살펴보자. 유한계급에게는 존경할 만한 생활이 기준이므로, 유한계급은 사회의 산업 활동과 관련되는 학문보다 고전이나 박학에 지적 호기심을 기울이기 쉽다. 고전 이외에 유한계급이 관련되는 분야는 법학이나 정치학, 그중에서도 행정에 관한 학문이다. 이러한 종류의 학문은 본질적으로 유한계급이 독점적으로 통치하기에 적합한 원칙의 집합체라고 할 수 있다. 따라서 이러한 분야에 대한 흥미는 순수하게 지적인 것이 아니라, 그 계급이 직면하는 지배 관계의 필요성에 뿌리내린 실용적인 것이다. 통치란 그 기원을 살펴보면 약탈이고, 약탈 행위는 오랜 시대의 유한계급 생활양식과 결합되었다. 간단히 말해 유한계급은 하위 계급을 지배하고 강제하며 생계를 지탱했다. 따라서 통치에 관련된 학문은 그것에 내용을 부여하는 실천적 지식과 함께, 유한계급에게 여타의 학문과는 다른 매력을 갖는다. 통치라는 일을 형식적이거나 실질적으로 그들이 독점하는 경우 특히 그러하다. 또 유한계급에 의한 독점적 통치가 약화된 현대사회에서도 이러한 오래된 시대의 통치 형태가 아직 남아 있는 경우 역시 마찬가지다.

순수하게 인식적이고 지적인 관심이 우세한 학문 분야, 즉 엄밀한 의미에서의 과학 분야에 대해서는 유한계급의 태도나 금전 문화의 영향이 앞에서 본 분야와는 다르다. 지식을 위한 지식을 추구하는 사람, 즉 확실한 목적 없이 지적 능력을 발휘하고자 하는 사람은 그러한 탐구로부터 물질적 이익을 얻을 필요가 없는 사람으로 여겨진다. 유한계급은 생산 활동을 할 필요가 없으므로, 지적 탐구심을 자유롭게 발휘할 수 있다. 따라서 많은 전문가가 자신감으로 단언하듯이, 학자나 과학자나 지식인의 다수가 유한 생활의 수업을 통해 지적 탐구심을 자극받은 유한계급 출신이어도 이상할 것이 없다. 분명히 이러한 결과는 어느 정도 기대할 수 있다. 그러나 이미 몇 번이나 말했듯이, 이러한 계급의 지적 관심을 과학 연구에서 벗어나게 하는 요인이 존재한다. 먼저 유한계급의 생활을 특징짓는 사고 습관은 주종 관계를 기반으로 하고 명예, 재산, 가치, 지위 등 타인과의 차별화와 연결되는 파생적 개념에 좌우된다. 과학의 중요 요소인 인과관계를 이해하는 데에는 이러한 사고 습관이 적합하지 않다. 나아가 유익한 지식은 품위가 없다고 여겨지고 존경받지 못한다. 그 결과 유한계급의 관심은 오로지 재력 등 세상의 평판이 되는 요소로 차이를 두는 것으로 향하고, 지적 방면에는 등한시하는 경향이 생기기 쉽다. 또 지적 호기심을 발휘할 때도 과학적 지식의 탐구가 아니라 명성을 얻는 무익한 지식의 탐구로 나아가기 쉽다. 사실 밖에서 체계적 지식을 가지고 들어오지 않는 한, 성직자 계급이나 유한계급의 학문은 오랫동안 그러했다. 그러나 주종 관계가 더 이상 사회생활을 지배하는 요소가 아니게 되면

서부터 학자도 종래와는 다른 생활관과 가치관을 받아들이지 않을
수 없게 되었다.

상류 유한 신사의 세계관은 신분 관계에 근거한다고 여겨지고,
실제로도 그러하다. 이러한 신사가 지적 호기심을 갖는 경우, 그런
세계관에 근거하여 사물을 이해하고자 하기 마련이다. 유한계급의
이상에 젖은 전통적 신사가 바로 그렇고, 자손 대에도 상류계급의
장점을 계수하므로 마찬가지라고 할 수 있다. 그러나 유전은 우회
적이고, 신사의 후손이 모두 신사라고는 할 수 없다. 특히 유한계급
의 기풍에 아직 젖지 않은 자손에게 약탈적 가장의 사고 습관이 전
달될 때는 종종 정확히 전달되지 않는다. 유한계급 중에서 선천적
이든 후천적이든 지적 탐구심을 가장 잘 발휘하는 것은 조상이 하
류 또는 중류계급이었던 사람들이다. 달리 말하면, 노동계급에 고
유한 성질을 이어받은 사람들이나 산업사회에서 유용한 성질을 가
진 탓에 유한계급으로 올라간 사람들이다. 그러나 이처럼 나중에
유한계급에 진입한 사람들 이외에도 과학적 탐구로 향하는 사람들
은 적지 않다. 신분 의식이 그다지 강하지 않은 사람은 논리적 관점
을 가질 수 있고, 논리 지향이 강한 사람은 과학에 이끌리기 마련
이다.

격조 높은 학문에 과학이 포함되게 하는 하나의 원인을 만든 것
은 유한계급 변종의 자손이다. 그들은 인간관계에 대한 새로운 전
통의 영향을 받으며 자랐고, 신분 사회에 특징적인 기질과는 분명
히 다른 경향을 가졌다. 이러한 변종이 존재한 것 자체에는 다른 원
인이 있고, 그 점이 중요하다. 그것은 노동계급 가운데 유복한 환경

에서 자라면서 생계를 이어가는 것 외에 다른 관심을 기울이는 사람들이 있었다고 하는 점이다. 그들은 신분 사회 이전 시대의 가치관을 받아들이고, 학문에 종사하게 되었을 때 신분 의식이나 인격신 신앙에 사로잡히지 않았다. 과학의 진보에 크게 공헌한 것은 이 두 집단, 즉 유한계급의 변종과 유복한 노동계급에서 자란 사람들이지만, 후자의 공헌도가 더욱 높았다. 여하튼 두 집단에 대해 다음과 같이 말할 수 있다. 현대의 생활 조건이나 기계제 산업의 요구에 직면한 사회는 이론적 지식을 형성할 수 있는 사고 습관의 변용을 요구받는데, 그 매개 역할을 두 집단이 수행했다는 것이다. 그들은 지식을 생산하지 않지만 이론적 지식으로 전환시키는 역할을 수행했다.

자연현상이든 사회현상이든 그 인과율을 명확히 인식한다는 의미에서의 과학이 서양 문화의 커다란 특징이 된 것은, 서양 사회에서 산업이 발전하여 기계화가 진행되고 물리적 힘의 식별과 평가가 인간의 일이 되었기 때문이다. 산업 활동이 거의 이러한 패턴으로 진화하고 산업에 대한 관심이 사회생활의 중심이 된 것과 거의 보조를 맞추어 과학도 발전하게 되었다. 그리고 생활과 지식의 다양한 측면이 차차 산업 활동 및 경제와 결부되는 것에 호응하여 과학, 특히 과학 이론이 여기에 포함되었다. 더욱 정확하게는 생활과 지식의 여러 측면이 차차 주종 관계나 신분 의식의 영향, 그리고 인격신관과 세상의 평판이라는 신분제도에 수반되는 조건에서 벗어나는 것에 호응하여 포함되었다고 말해도 좋을 것이다.

현대 산업 활동에서는 자연현상이나 사회현상을 인과관계로 이해하는 것이 더욱더 필요해졌다. 그래서 사람들은 그러한 현상이나 자신과의 관련성을 원인과 결과로 이해하고 체계화하게 되었다고 생각된다. 그리하여 고도의 학문이 가장 번성한 스콜라철학과 고전주의가 훌륭하게 꽃핀 것이 성직자와 유한계급의 부산물이었다고 한다면, 현대 과학은 산업 발전의 부산물이었다고 말할 수 있다. 대다수는 대학의 보호를 받지 않고 눈부신 업적을 남긴 연구자, 과학자, 발명가, 사상가를 매개로 하여 현대 산업 활동에 요구되는 사고 습관이 일관하여 표현되고 체계화되어, 여러 가지 인과관계를 설명하는 이론과학의 기둥이 되었다. 그리고 대학 밖에서 행해진 이러한 과학적 사색으로부터 학문의 방법이나 목적에 변혁이 초래되었고, 그것들이 학자의 세계에 침입했다.

이와 관련하여 초중등학교에서 행해진 교육과 고등교육기관에서 행해진 교육 사이에는 그 내용이나 목적에 커다란 괴리가 있다는 점을 지적하지 않을 수 없다. 가르치는 지식의 실용성이나 습득하는 기술의 차이도 분명히 중요하고 주목할 가치가 있으며, 실제로도 주목되어왔다. 그렇지만 더욱 본질적인 차이는 초중등교육과 고등교육 각각에 의해 지도되는 정신적이고 심리적인 방향성에 있다. 이는 선진 산업사회에서 최근 발달한 초등교육에 뚜렷이 나타난다. 현대 산업사회의 초등교육에서는 과학적 사실의 인과관계를 중시하고, 그 이해와 활용에 관한 기능의 습득과 숙달에 힘을 기울이고 있다. 초등교육을 받는 것이 오로지 유한계급에게만 한정되던 무렵의 전통에서는 보통의 초등학교라도 면학을 촉구하기 위해 경쟁이 적극적으로 행해졌다. 그러나 초등교육이 종교나 군사교육의 영향을 받지 않는 사회에서는 경쟁의 이러한 편의적 활용조차 눈에 띄게 감소했다. 경쟁의 감소는 교육 제도 중에서도 특히 유치원의 방법과 이상에 직접 영향을 받는 학교의 정신적 측면에 잘 해당된다.

유치원 교육은 특히 경쟁 및 차별화와는 무관하고, 같은 경향이 유치원의 틀을 벗어나 초등교육에서도 나타난다. 이러한 경향은 이미 설명한 현대 경제 환경에서 유한계급 여성의 독특한 정신성과 관련된다고 보아야 한다. 유치원 교육은 선진 산업사회에서 가장 잘 발달하고 있다. 이는 오랜 가부장 시대 교육의 이상으로부터 가장 멀리 떨어진 것이다. 선진 산업사회에서는 여가를 가진 지적인 여성이 대세를 이루고, 산업화의 영향이나 군사적·종교적 전통에서 벗어나 있기 때문에 신분제도가 어느 정도 약화된다. 유치원 교육을 정신적으로 뒷받침하는 것은 생활의 여유를 즐기는 여성들이다. 평판이 좋은 생활을 하고 재력을 과시하는 역할에 안주할 수 없는 이러한 여성들은 유치원의 목적이나 교육 방법에 특히 끌리게 된다. 그리하여 유치원에 한하지 않고, 유치원 교육의 정신이 활성화된 교육 현장이면 어디에나 '신여성 운동'같이 무의미한 행위나 신분 차별에 대한 여성들의 반발이 반영되어 있다고 할 수 있다. 이러한 반발은 현대사회에서 유한계급의 규율에 구속되어 있는 여성들 사이에서 생기기 쉽다. 여기서도 또한 유한계급 제도는 신분의식에 등을 돌리는 정신을 간접적으로 육성한다. 그것은 장기적으로는 유한계급 제도 자체의 안정을 흔들고, 마침내 유한계급을 뒷받침하는 사유재산제를 위협할 가능성이 있다.

최근 대학 교육의 내용에 명백한 변화가 생기고 있다. 그것은 주로 인문학, 즉 전통적인 '교양'이나 인격이나 미적 감각이나 이상을 높인다고 여겨진 학문의 일부를, 사실을 다루는 학문, 즉 시민이나 산업의 효율 향상에 유용한 학문으로 바꾸고자 하는 변화이다. 다시 말해 소비를 증대하고 생산성을 저하하며 신분제도에 적합한 성격을 양성하는 학문을 억누르고, 효율 내지 생산성을 높이는 학문이 우세해졌다는 것이다. 이러한 변화에 대하여 고등교육기관은 어디에서나 본래의 보수적 자세를 바꾸지 않고, 어쩔 수 없이 양보한다는 형태로 받아들이고 있다. 그리하여 과학이 안에서가 아니라 밖에서 대학의 교과과정에 침입해왔다. 과학에 자리를 양보한 인문학이 어느 것이나 자기본위의 전통적 소비 생활에 적합한 학생을 기르는 데 기여했다는 점은 주목할 만하다. 전통적 소비 생활이란 '고귀한 여가'를 이상으로 하는 예의나 신분의 규범에 따라 진선미를 사색하고 향수하는 생활양식을 뜻한다. 인문학 옹호자가 사용하는 고대의 격조 높은 가치관에 젖은 완곡한 언어에 의하면, 그들은 '타고난 무위도식 fruges consumere nati'[3]이라는 이상을 고집하고 있다. 유한계급 문화에서 설립되고 그에 의존하는 대학교에서 이러한 태도를 볼 수 있는 것은 전혀 놀랄 일이 아니다.

전통적 문화의 기준이나 방법을 가능한 한 변화시키지 않는 것으로 여러 가지가 주장되었는데, 그 근거에도 역시 고대의 기질이나 유한계급의 생활관이 나타나 있다. 가령 고대 유한계급에 널리

3　고대 로마 시인 호라티우스의《서간집》(기원전 20년경)에 나오는 말이다.

퍼져 있던 생활, 이상, 재화와 시간의 소비 방식에서 비롯되는 즐거움이나 기호는 현대사회의 일반 대중에게 널리 퍼져 있는 생활이나 지식이나 소망에 유래하는 즐거움이나 기호보다 '고급'이고 '상등품'이며 '가치가 있다'고 여겨진다. 현재의 인간이나 사물에 관한 단순한 지식을 다루는 학문은 상대적으로 '저급'이고 '하등품'이며 '가치가 없다'고 여겨진다. '인간이 배울 가치가 없다'는 경멸의 언어가 던져지기도 한다.

인문학에 관한 한, 유한계급의 대변자가 하는 말은 본질적으로는 건전한 것처럼 보인다. 고대의 신사들은 종교나 당파 활동이나 유한의 자기만족을 위하여 일상적으로 사색을 했고, 애니미즘적 미신이나 호메로스 영웅들의 야만 행위에 정통했다. 그 결과 그들의 쾌락이나 교양, 정신 구조나 사고 습관은 심미적 기준에서 볼 때 사실에 관한 지식 또는 현대 시민이나 노동자의 능력으로 행하는 사색의 결과보다 기본적으로는 정통적인 것이라고 말할 수 있다. 전자의 사고 습관 쪽이 예술적이라거나 자만할 수 있다고 하는 점에서 유리하고, 따라서 비교 평가의 기준이 되는 '가치'에서 상회하는 것에 의문의 여지는 없다. 미의식의 기준, 특히 명예의 기준은 그 성질상 유전이나 전통에 의해 받아들인 종족의 과거 경험이나 환경에 의거한다. 과거에 오랫동안 우세했던 약탈적 유한계급의 생활양식에 근거하여 종족의 사고 습관이나 가치관이 형성되었다고 하는 사실은, 현대에도 미의식에 관한 많은 사항에 그러한 생활양식이 정통의 우월성을 유지하는 것의 충분한 근거가 된다. 이 책의 당면 문제에 관한 한, 미의식의 기준이란 오랫동안 사물의 시비나 미적 기호 판단의 습성에 물들어 얻어진 종족의 습관에 불과하다. 다른 조건이 같다면, 습성에 물드는 기간이 길고 중단이 없는 한 미의식의 기준은 정통으로 정착한다. 이상의 설명은 일반적인 미의식보다 가치나 명예에 관한 판단에 더욱 잘 적용된다.

그러나 인문학 옹호자들이 새로운 학문에 내린 부정적 판단이 아무리 심미적 정통성을 갖는다고 해도, 또 고전적 학문이 고상하며 교양과 품격을 초래한다는 주장이 아무리 본질적으로 옳다고 해도 당면 문제와는 무관하다. 당면 문제는 이러한 학문이나 교육 제도의 위치 부여가 현대 산업사회의 효율을 높이는가, 아니면 방해가 되는가 하는 것이다. 달리 말하면, 오늘의 경제 환경에 대한 원활한 적응을 촉진하는가이다. 즉 문제는 경제이지 미의식이 아니다. 따라서 유한계급의 학문에 관한 기준은 고등교육기관이 사실을 다루는 학문에 대해 부정적 태도를 보이는 현상에 여실히 나타나고 있지만, 여하튼 그 기준은 당면 목적에 관한 한 이러한 시점에서만 평가되어서는 안 된다. 그리고 이러한 목적을 위해 사용되는 '고귀함'이나 '비천함,' '고급'이나 '저급'이라는 표현은 단지 논자의 의도나 입장을 보여줄 뿐 그 밖의 의미는 없다. 어떤 표현을 사용하는가에 따라 새로운 학문의 가치를 인정할 것인가 아닌가를 보여줄 뿐이다. 지금 거론한 형용사는 어느 것이나 존경이나 경멸을 나타낸다. 즉 비교하여 차별할 때의 말로, 결국에는 좋은 평판인가 나쁜 평판인가로 나뉠 수 있다. 그러므로 이러한 말은 신분제 사회의 생활양식을 특징짓는 관념의 영역에 속하고, 본질적으로는 사냥 정신, 즉 약탈적이고 애니미즘적인 사고 습관을 표현하는 것이다. 즉 이러한 말은 고대의 가치관이나 생활관을 암시한다. 그러나 그러한 가치관은 약탈 단계의 문화나 경제 상황에 적합하다고 해도, 널리 경제적 효율의 관점에서 본다면 무용의 시대착오에 불과하다.

격조 높은 대학이 편애하는 고전과, 그것이 교육에서 차지하는 특권적 지위는 새로운 학문을 배우는 세대의 지적 방향성을 정함과 동시에 그들의 경제적 능력을 저하시키는 역할을 수행했다. 고전을 가르치는 자는 남성다운 고대의 이상을 잇는 한편, 지식을 존중할 가치가 있는 것과 없는 것으로 준별하도록 주입한다. 고전 교육은 다음 두 가지 방식으로 학습자의 경제적 능력을 저하시킨다. 첫째, 순수하게 명예로운 학문과 대비되는 오로지 실용적인 지식의 습득을 혐오하도록 가르침으로써 산업이나 사회에 무용한 학문에 지성을 발휘하는 것에만 만족하는 편향을 초심자에게 심는다. 둘째, 무용한 지식의 습득에 학습자의 시간과 노력을 소비하게 한다. 단 학자의 소양으로 필요한 학문에 고전이 관례적으로 포함되고 실용적 지식 분야에서 사용되는 용어나 어법에까지 영향을 줄 때는 이야기가 달라진다. 그러한 용어나 어법의 정착은 고전이 과거에 번성한 증거지만, 여하튼 그러한 어법상의 어려움을 야기하는 것 외에 고전에는 실용적 가치가 없다. 가령 고대어에 대한 지식은 언어학 관련 연구를 하는 학자가 아니면 전혀 유용한 것이 아니다. 그렇다고 하여 고전의 문화적 가치에 대해 이의를 제기할 생각은 전혀 없고, 고전의 교과나 고전 학습이 학생들에게 초래하는 호감을 경멸할 생각도 없다. 고전을 사랑한다는 것이 경제적으로 무용해 보이는 것은 사실이지만, 그렇다고 하여 고전 연구에서 즐거움과 용기를 얻는 행운의 혜택을 받은 사람들이 이 사실로 혼란에 빠질 필요는 없다. 격조 높은 이상의 추구를 노동 정신의 발양보다 중시하는 사람에게는, 고전을 배우는 것이 학습자의 노동 의욕을 방해하는 방향으로 작용한다는 사실이 대수롭지 않게 여겨질 것이다.

> 신뢰, 평화, 명예, 그리고 고래의 겸손이
> 지금 여기에 되돌아오네, 버려진 덕과 함께.[4]

이러한 종류의 지식 습득이 교육의 필수 조건이 되었으므로, 지금은 죽은 언어가 된 고대어를 이해하고 사용하는 능력은 그것을 보여줄 기회가 있는 자에게 자기만족의 씨앗일 뿐 아니라, 유식한 청중에게도 무식한 청중에게도 학자의 권위를 과시하는 효과가 있다. 본질적으로는 무용한 지식을 얻기 위해 엄청난 시간을 보내기 때문에, 그것을 갖지 못한 사람은 벼락치기를 통한 불완전한 학문만 할 수 있다는 추측과 함께, 학문이나 지성을 판단하는 관습적 기준에서 보면 벼락치기 학문 못지않게 혐오스럽고 비천한 학문밖에 할 수 없다는 추측을 낳게 할 것이다.

이는 재료나 기법에 그다지 정통하지 않은 구매자가 어떤 물건을 사는 경우에 생기는 일과 유사하다. 일반인 구매자는 물건의 본질적 유용성과 무관한 장식 부분을 손질하는 데 돈이 든 것처럼 보

4　호라티우스,《백년제 찬가 *Carmen Saeculare*》, 기원전 20년경, 57~59행.

이는지 아닌지로 가치를 판단한다. 본질적 가치와 구매자의 눈을 끌기 위해 부가된 장식 비용 사이에는 관련이 있다고 여겨지기 때문이다. 마찬가지로 고전과 교양의 지식이 결여된 사람은 제대로 된 학문을 하지 못한다고 보는 관점은, 지극히 평범한 학생들을 그러한 지식의 습득으로 향하게 하고 시간과 노력의 과시적 낭비를 강요한다. 이처럼 존중되는 학문의 조건으로 과시적 낭비가 관습적으로 강요되어왔다. 사람들의 미의식에 대한 기준이나 학문의 유용성에 대한 기준은 이러한 관습의 영향을 받는데, 이는 장식에 대한 과시적 낭비가 물건의 유용성 판단에 영향을 주는 것과 전적으로 같다고 할 수 있다.

세상의 평판을 얻는 수단으로 과시적 여가보다 과시적 소비가 더 유효해진 뒤로 죽은 언어의 습득이 과거처럼 필수적이지 않게 되고, 이에 따라 학식을 증명하는 증서 같은 역할이 약화된 것은 사실이다. 그러나 고전이 존경할 만한 학자의 증명서로서의 가치를 전혀 잃지 않고 있는 것도 사실이다. 학자가 존경을 얻으려면 무용하게 시간을 허비한 증거로 종래에 여겨져온 지식을 과시해야 하는데, 고전은 이러한 목적을 손쉽게 실현하기 때문이다. 실제로 고전이 고등교육에서 특권적 지위를 확보하고 가장 격조 높은 학문으로 존중되는 것은 시간과 노력의 증거가 되기 때문이 틀림없다. 고전은 다른 어떤 지식보다 장식을 가한다는 유한계급의 학문적 목적에 적합하고, 나아가 평판을 얻는 유효한 수단이 된다.

이 점과 관련하여 고전에 비할 수 있는 것은 최근까지 거의 없었다. 유럽 대륙에서 고전을 위협하는 강적은 지금까지 존재하지 않지만, 미국 대학에서는 운동경기가 학업의 공인된 분야라는 지위를 확립하고 있다. 운동경기를 학문으로 분류할 수 있다면 고전의 강적이 되고, 영미 대학교의 유한계급 교육에서 최고 우위의 자리를 다투게 된다. 유한계급의 학문 목적에서 본다면 운동경기가 고전보다 훨씬 유리하다. 왜냐하면 시간의 낭비가 될 뿐 아니라 돈의 낭비도 되기 때문이다. 게다가 운동경기에는 생산 활동에 무용한 고대의 기질이나 성격이 요구된다. 독일 대학교에서는 유한계급 학업의 일환으로 운동경기나 학생 사교 클럽의 역할이 음주 경쟁이나 형식적 결투로 일부 대체되고 있다.

대학 교육에 고전이 도입된 경위는 유한계급 그 자체나 그 계급이 금과옥조로 삼는 복고주의나 낭비와 거의 무관하다. 그러나 고등교육기관이 고전을 고집하고 고전이 지금도 엄청나게 존중되는 것은 유한계급의 금과옥조와 일치함이 틀림없다.

'고전'이라는 말에는 언제나 이러한 복고주의와 낭비의 울림이 있다. 죽은 말을 가리키는 경우는 물론이거니와 현대어로 표현되는 시대에 뒤떨어진 사상이나 표현을 가리키는 경우도, 또는 고전이라고 불리기에 적절하지 않은 학문이나 개념을 가리키는 경우도 그렇다. 영어의 낡은 관용적 표현을 '고전' 영어라고 부르는 것도 그 때문이다. 중요한 주제에 대해 말하거나 쓸 때 고전 영어를 사용하는 것이 지상명령이 되고, 고전 영어를 사용하면 평범하고 시시한 이야기도 격이 오른다. 영어의 최신 어법을 사용하여 문장을 쓰는 것은 허용되지 않는다. 가장 무식하거나 저질인 문필가조차 낡은 표현을 좋다고 하는 유한계급의 불문율을 지키며, 그러한 타락을 방지한다. 한편 고대 어법 중에서도 특히 격조가 높고 전통적이며 매우 특이한 어법은 신과 그 종 사이의 문답에서만 사용된다. 유한계급의 일상적 회화나 문학적 표현은 이러한 특이한 어법과 최신 어법의 중간에 위치한다.

글쓰기든 말하기든 고상한 언어 사용은 높은 평가를 받기 쉽다. 그러나 어떤 경우에 어느 정도로 복고주의가 요구되는지를 정확하게 아는 것이 매우 중요하다. 설교단과 시장에서 사용되는 어법은 당연히 서로 다르다. 시장에서는 아무리 까다로운 사람도 새롭고 실용적인 언어 사용을 용인할 것이다. 신기한 말을 주의 깊게 회피하는 어법이 평가를 받는 것은, 사라져가는 언어 사용을 몸에 익히기까지 시간을 낭비했을 뿐 아니라 오래된 언어를 사용하는 자와 어린 시절부터 접했다는 증거가 되기 때문이다. 이는 조상 대대로 유한계급이었다는 증거가 된다. 언어의 사용 방식이 결정적 증거가 된다고는 말할 수 없다고 해도, 새로운 말을 포함시키지 않고 언어를 사용하는 사람은 유용하고 비천한 직업과 조상 대대로 무관했다고 추정된다.

무익한 고전주의의 전형적 보기로 영어의 관습적 철자법인 정서법을 들 수 있다. 이는 극동을 제외한 지역에 침투해 있다. 정서법에 정통한 사람들의 눈으로 본다면, 위반이나 일탈은 매우 불쾌한 것이고 어떤 글쓰기도 단 하나의 잘못으로 신용을 잃게 된다. 영어 정서법은 과시적 낭비를 통해 체면을 유지해야 한다는 유한계급의 필수 조건을 멋지게 만족시킨다고 할 수 있다. 정서법이란 오래된 것으로 성가신 데다 비효율적이므로 그 습득에는 엄청난 시간과 노력이 필요하다. 게다가 철저히 습득하지 않으면 즉각 발각된다. 그래서 정서법은 학문에 종사하는 사람들에게 최초의 친근한 시금석이 된다. 이를 정확하게 지키는 것이 누구에게도 비난받지 않고 학구 생활에 매진하게 하는 필수 조건이다.

단정한 언어 사용에 관련해서도 관습을 중시하는 사람들은 본능적으로 자신의 입장을 옹호한다. 이는 그들이 금과옥조로 삼는 복고주의와 낭비에 따른 다른 관습의 경우와 같지만, 여하튼 그 주장은 다음과 같다. 고대에 확립된 어법을 정확히 사용하면, 현대의 회화 언어를 솔직히 사용할 때보다 더 적절하고 정확하게 생각을 전달할 수 있다. 오늘의 생각을 효율적으로 표현하려면 오늘의 속어가 적합하다는 것을 인정한다고 해도, 고전의 어법은 역시 품격 면에서 존중할 만하다. 고전 언어를 사용한다는 것은 생산 활동을 면제받는 증거가 되기 때문이고, 그것이야말로 유한계급의 생활양식에서 정통으로 간주되는 전달 방법이다. 따라서 듣는 사람은 주의를 기울이고 경의를 표할 것이 틀림없다. 정통 어법을 사용하면 세상의 평가를 받기도 한다. 매우 성가시고 시대에 뒤처지며, 따라서 시간을 낭비한 증거가 되기 때문이다. 또 단도직입으로 조잡한 언어를 사용할 필요가 없다는 증명도 된다.

옮긴이 해제

1. 머리말   이 책을 번역하기까지

이 책은 Thorstein Veblen, *The Theory of Leisure Class*, Houghton Mifflin, 1973의 본문 번역이다. 그 책 앞에는 갤브레이스John Kenneth Galbraith(1908~2006)의 서문이 나온다. 그 글을 쓸 당시 갤브레이스는 하버드대학교 경제학 교수이자 미국경제학회 회장으로서 미국 경제학자 중 가장 유명한 인물이었다. 그러니 책의 서문을 쓰기에 그 이상으로 믿음직한 사람은 없었을 테지만[1], 1970년대 초에 쓴 글을 저작료까지 지불하면서 번역할 필요는 없다고 생각하여 이 책에서는 번역하지 않았다.

19세기 미국 경제학자의 저술로 미국은 물론 세계적으로 읽히

---

1   그러나 그보다 더 좋은 사람을 찾아보라고 한다면, 나는 대표적인 좌파 경제학자인 하일브로너Robert Heilbroner(1919~2005)를 꼽겠다. 그는 지난 60년 동안 경제학의 베스트셀러가 된《세속의 철학자들*Worldly Philosophers*》에서 하나의 장으로 다룬 다섯 명 중 한 명으로 베블런을 설명했다. 즉 스미스, 마르크스, 케인스, 슘페터와 함께 말이다. 반면 갤브레이스가 쓴《경제학의 역사*The History of Economics*》에서는 베블런이 독립된 장으로 다루어지지 않았다. 갤브레이스가 독립된 장으로 다룬 경제학자는 스미스와 케인스뿐이다.

는 책은, 이 책과 헨리 조지Henry George(1839~1897)의《진보와 빈곤
Progress and Poverty》(1879)이라고 한 갤브레이스의 언급은 맞는 말
이다.[2] 두 책은 우리나라에서도 일찍부터 번역되었지만 내가 읽은
《유한계급론》은 1978년에 번역된 것이었다.[3] 당시 나는 군복무 중
이었는데, 소문만 듣던 그 책을 어렵게 구해 읽고 감격했던 기억을
지금도 잊을 수가 없다.[4] 그때 나는 그 책 앞부분에 "우리의 양반 계
층과 베블런의 유한계급은 어떻게 구별될까?"라고 썼고, 뒷부분에
는 한국에서 "대학 자체 그리고 유신과 함께 시작한 자유교양이라
고 하는 것도 유한계급적인 것"이라고 썼다.

앞부분은 허례를 일삼은 양반들이야말로 우리의 전형적인 유한
계급이라는 생각에서 쓴 말이었다. 그러나 나는 지금까지도 양반
을 유한계급으로 보는 사학자들의 글을 읽어본 적이 없다. 그리고
뒷부분의 말은 유신 시대의 독재가 플라톤의《국가》에 나오는 철
인정치라고 선전되면서, 그 책을 비롯하여 공자의《논어》나 이순
신의《난중일기》등이 고전 읽기 운동으로 한창 읽히던 것에 대한

---

2 Galbraith, Thorstein Veblen and The Theory of the Leisure Class, in *The Theory of the Leisure Class*, Houghton Mifflin Company, 1973, vi. 갤브레이스에 의하면 헨리 조지의《진보와 빈곤》이나 베블런의《유한계급론》이나 모두 19세기 미국 지성의 중심이었던 동부가 아닌 변경의 산물, 즉 개척민들의 반응이라는 점에서 공통된 다. 그는《경제학의 역사》에서 "19세기 말에 이르러서야 비로소 매우 미국적인 두 사람의 경제학자가 나타났다"(갤브레이스, 195쪽)라고 했다.

3 최초의《유한계급론》번역본은 1965년(심성배 옮김, 동국문화사)에 나왔다고 하 는데, 나는 본 적이 없다.

4 1970년대에는 그런 책을 읽는 것이, 특히 군인이 읽는 것이 위험시되었다.

반발이었다. 《논어》야 지금까지도 양반의 성서처럼 읽히는 책이고, 그 서양판인 《국가》도 여전히 고전이라는 이름으로 읽히고 있다. 《난중일기》를 읽는 사람들은 그다지 많아 보이지 않지만, 최근에도 〈명량〉이니 하는 소위 스펙터클한 영화들이 나와 엄청난 관객을 끄는 것을 보면 반일민족주의는 여전히 거세다.

양반뿐 아니라 지금 우리의 상류계층, 아니 이제는 모든 계층에 그대로 해당되는 이야기라고 생각하면서 이 책을 그 뒤에도 몇 번이나 다시 읽었다. 지난 40년 동안 이 책을 항상 의식하면서 내가 쓴 여러 책에서 원용했기에, 지금 이 책을 번역해 출간하는 것은 개인적으로 영광스러운 일이다. 동시에 이 책은 우리의 삶에 대한 비판으로 여전히 유용하고 사회적인 가치도 있다고 본다. 특히 내가 관심을 가진 이반 일리치Ivan Illich(1926~2002)도 베블런에 관심이 컸고, 내가 좋아한 윌리엄 모리스William Morris(1834~1896)를 베블런도 즐겨 인용했으며 직접 만나려고 런던을 방문하기도 했다.

나는 40년 전이나 지금이나 우리 사회의 고질적 문제인 지배층이 유한계급이라는 생각을 버린 적이 없다. 아니, 만인의 양반화라는 한국식 민주주의의 추세에 따라 유한계급적 흐름은 더욱 강고해지고 보편화되었다. 가령 출산율 저하가 그런 흐름의 결과라는 이 책의 지적은 바로 지금 우리의 현실이다. 그래서 나는 이 책이 한국 현실을 이해하는 데 그 어떤 경제학 서적보다 중요하다고 생각한다.

그러나 이 책의 번역을 제의받았을 때 많이 고민했다. 나는 소위 '전공 외'의 책을 상당수 '겁도 없이' 번역했지만, 그런 책들은 그래도 전공서라기보다 여러 학문 분야에 걸치는 학제적인 책들이고 일반 교양서라고 생각했기 때문에 그다지 부담되지는 않았다. 그러나 이 책을 그렇게 생각할 수 있는지는 의문이었다. 무엇보다 이 책은 경제 학자가 쓴 경제학 서적이라고 생각하는 사람들이 많기 때문이었다.[5] 그래서 이 책을 번역하면 정말 아무 책이나 함부로 번역한다는 소리 까지 들을 것 같았다. 게다가 이미 여섯 번이나 완역되었고[6] 두 권의

5   베블런을 다루는 입장은 경제학 입장에서 보는 것과 그렇지 않은 것으로 나눌 수 있을지 모른다. 가령 홍기빈은 "베블런의 본격적인 정치경제 분석을 담은 주저들 은 전혀 번역되지 않았고, 《유한계급론》만이 벌써 3종이 중복되어 번역 출간된 상 태"(홍기빈, 135쪽)라고 하면서 《유한계급론》은 그런 주저들의 서장에 불과하므 로 이를 "주객이 전도된"(홍기빈, 185쪽) 것이라고 한다. 홍기빈이 말하는 "베블런 의 본격적인 정치경제 분석을 담은 주저들"의 하나가 그 자신이 번역한 〈자본의 본성에 관하여〉 등의 논문인 듯하고, 그런 논문들이 《유한계급론》과는 무관한 듯 이 다루고 있지만, 내가 보기에 그런 논문의 내용은 이미 《유한계급론》에서 다 나 온 것이다. 그래서 《유한계급론》은 베블런의 그 뒤 저서들을 모두 포함하는 내용 이고 그 뒤 저서들은 《유한계급론》을 확장한 것에 불과하다고 보는 견해도 있고, 나도 그런 견해에 찬성한다. 게다가 《유한계급론》이 경제학에서 소비 행동에 관한 체계적 해명으로서는 최초의 저술이라는 점에서 주목할 필요도 있다. 여하튼 홍기 빈은 《유한계급론》을 그다지 중시하지 않아 국내 번역서도 전혀 읽지 않았다고 하 지만, 나는 그런 태도에 찬성하지 않는다. 어떤 학자의 사상을 논의하는 경우 그가 남긴 휴지 하나도 무시해서는 안 된다고 생각하기 때문이다. 또한 한국에서는 번 역이 무시되는 경향이 있지만, 경제학을 제대로 공부한 사람들이 베블런의 책들을 더욱 정확하게 번역하고 소개할 필요가 있다.

6   1965년(심성배 옮김, 동국문화사)에 나온 첫 번째 번역, 1995년에 나온 네 번째 번 역(이완재·최세양 옮김, 《한가로운 사람들》, 동인), 2011년에 나온 여섯 번째 번역 (한성안 옮김, 내일이비즈)은 본 적이 없다. 그러나 내가 검토한 두 번째 번역(정수 용 옮김, 광문사, 1978), 세 번째 번역(최광열 옮김, 양영각, 1983), 다섯 번째 번역 (김성균 옮김, 우물이있는집, 2005) 중 절판되거나 구입이 쉽지 않은 것도 있지만 그것만으로는 새 번역의 이유가 되지 않았다.

초역[7]까지 있다는 점에 마음이 쓰였다.[8] 그래서 그동안 읽은 몇 권의 번역 및 초역을 다시 검토했다. 어느 책에나 붉은 줄이 많이 그어져 있었고, 문단을 끊거나 번역어를 고친 부분, 그리고 무슨 말인지 몰라 물음표를 붙인 부분도 많았다. 게다가 어느 것이나 해설이 충분하지 못하다고 느꼈다. 어떤 초역판은 반이 해설인데도 그러했다. 특히 유한계급으로서의 우리 지배층에 대한 분석이 없었다. 이처럼 기존 번역에 문제가 많고 주석이 전혀 없어서 이해하기 쉽지 않아, 가능한 한 많은 주를 달고 상세한 해설을 붙일 필요도 있다고 생각했다. 직역 위주인 기존 번역과 달리 대체로 긴 베블런의 문단과 문장을 되도록 짧게 끊어 번역할 필요도 있다고 느꼈다. 이는 어렵기로 유명한 베블런의 글을 가능한 한 알기 쉽게 하기 위해서였다. 게다가 19세기 글이 아닌가? 우리나라의 19세기 글보다야 알기 쉽지만 시대 차이를 느끼는 것은 마찬가지다.

그러나 그런 번역 기술상의 문제보다 더 중요한 문제는 이 책을 경제학 전문서가 아니라 교양서라고 볼 수 있는가 하는 문제였다. 언젠가 어느 미국 박사 경제학자가 이 책을 '빨갱이' 책이라고 하며, 미국에서는 아무도 읽지 않는다고 말하는 것을 들은 적이 있

---

7 하나는 원용찬이 옮겼고(살림, 2007)고, 다른 하나는 한성안 옮김(지만지, 2011)이다.

8 이 책은 일본에서 일찍부터 소개되었으므로 일제강점기에 읽은 한국인이 있었겠지만 확인할 수는 없다. 읽었다고 해도 대부분 양반 계층, 즉 유한계급의 자제들이었을 그들이 조금이라도 의식이 있었다면 그들이 속한 계층을 비판하는 것으로 보이는 《유한계급론》에 대해 호의적이었으리라고는 상상되지 않는다.

다.[9] 게다가 '빨갱이'라는 소리를 듣는 사람들까지도 이 책을 읽지 않는다는 말을 들었다. 그렇게 베블런을 경멸하기에, 나도 스스로 경멸하는 경제학자들에게 물어볼 수도 없었다. 그러나 그 경멸 때문에 결국 나는 이 책을 번역하기로 마음먹었다. 이 책은 일부 미국 박사 경제학자들이 매년 엄청난 연구비를 받으며 대단히 난해한 수식의 논문을 집필한 대가로 장관이나 기업 회장들과 국내외 골프장을 수시로 왕래하고, 방학이면 미국 시민권을 가진 가족이 있는 미국을 오가는 탐욕의 길에서 읽는 책이 아니다.

재벌 옹호 이외에 아무것도 모르는 그런 경제학자, 아니 경제 기술자도 최소한 글자를 아는 자라면 적어도 이 책 제목이 그런 자신을 욕하는 것임을 알기 마련이지만, 이런 책이 있다는 것조차 모르는 경제학자나 경영학자가 있다는 것을 알고 놀란 적이 있다. 경제학자나 경영학자만이 아니다. 모든 학문 종사자가 여기에 해당된다. 내가 전공한 법학은 더욱 그렇다. 학자라는 자들, 언론인이라는 자들, 정치가라는 자들, 경제인이라는 자들도 물론이다. 그들은 자본주의에 대해 어떤 회의도 하지 않는 완고한 자들이다. 베블런 자신이 이 책에서 그런 비판을 한다. 가령 5장의 마지막에서 유한계급의 대표로 학자를 꼽으면서 다음과 같이 설명했다.

9 한국의 미국 유학파 교수들은 대부분 한국에서 학사나 석사를 마친 뒤 미국의 박사 과정을 밟고 논문을 쓰기 때문에, 학사 과정에서 미국 학생들이 베블런을 비롯해 폭넓은 독서를 한다는 것을 잘 모른다. 물론 안다고 해도 그들이 베블런을 인정할 것인지는 의문이다. 게다가 그들은 한국 대학에서 미국 유학을 위한 수험 영어 공부 외에는 어떤 독서도 하지 않는 것이 보통이다.

이처럼 생활수준을 유지하려면 육체적 쾌적함과 건강 유지를 위한 소비 중에서 사람들의 눈에 띄지 않는 것을 감소시키는 방법과 아이들을 적게 낳거나 아예 낳지 않는 방법이 있다. 이 두 가지 경향을 가장 잘 보여주는 것은 학자 계급이다. 학자는 그 재능이나 학문적 업적이 고상하고 희귀하게 보이기 때문에, 습관적으로 재력의 관점에서 본래 타당한 계급보다도 상위 계급에 포함된다. 그래서 학자의 체면 유지에 필요한 지출의 규모는 커지고, 그 외의 지출 여지는 극단적으로 작아진다. 그 결과 세간이 학자에게 기대하는 금전적 체면의 수준도, 학자 본인에게는 부끄럽지 않은 수준도 매우 높아진다. 명목상으로는 학자와 동등하게 여겨지는 계급에 비하여, 학자 계급의 일반적인 부와 소득의 획득 능력으로 볼 때 지출 수준이 너무 높은 것은 분명하다. 현대사회에서는 학자의 일을 성직자가 독점하지 않기 때문에 학자는 재력 면에서 자신들보다 상위 계급과 접촉하게 된다. 그래서 상위 계급에서 당연시되는 높은 금전적 체면의 수준이 거의 그대로 학자 계급에도 강제된다. 결국 학자 계급만큼 수입을 과시적 소비에 충당하는 비율이 높은 계급은 달리 찾아볼 수 없게 된다.

슘페터가 언급했듯이, 자본주의에 대한 적대감을 베블런처럼 솔직하고 거침없이 말한 사람은 다시 없었다. 또는 베블런이 존경한 퍼스Charles Sanders Peirce(1839~1914)가 말했듯이, '탐욕의 철학'인 경제학이라는 이름으로 자본주의를 옹호하는 모든 학자를 욕하는 책은 이 책 외에 다시 없었다. 그러나 베블런은 마르크스주의자는 아니었다. 그는 마르크스주의자를 "오싹할 정도로 다혈질인" 낭만주의자라고 보았다. 반면 그는 진보를 믿지 않는 허무주의자였다.

이 책에 대한 가장 정확한 평가는 아인슈타인이 한 말에서 찾을 수 있다고 생각한다. 그는 베블런에 대해 "미국뿐만 아니라 전 세계에서도 가장 주목할 만한 정치적 저술가political writer 중 한 사람"이라고 말했다. 정치적 저술가란 단순히 정치를 논의하는 자, 즉 정치평론가는 아닐 것이다. 우리는 정치적 저술가라는 말을 잘 쓰지 않는데, 그런 사람이 없기 때문은 아니다. 영국에서는 조지 오웰을 그런 사람으로 보기 때문이다. 나는 그 말을 정치적 비판가라고 이해한다. 자본주의에 대한 가장 날카로운 비판가가 베블런이라고 아인슈타인은 본 것이다. 그리고 그의 저술 중에서 이 책이 그런 비판의 대표라고 본다.

그러나 나는 베블런이 정치적 저술가 이상으로 그야말로 제너럴리스트라고 불릴 만한 사람이라고 본다. 이는 전문 분야를 전공한 사람들을 '전문가', 즉 '스페셜리스트'라고 하는 경우에 반하는 말이다. 제너럴리스트를 일반인이라고 번역할 수 있지만, 우리말에서 그것은 특정인이 아닌 보통 사람을 뜻하므로 문제가 있다. 여기서는 '전인'이라는 말을 제너럴리스트라는 뜻으로 사용하겠다. 베블런은 전인이 없는 기술적 전문화 시대인 20세기에 마지막 전인으로 살았다. 멈퍼드Lewis Mumford는 전인을 "개별적인 부분을 상세히 연구하기보다 그러한 파편들을 하나의 질서 있고 의미 있는 패턴으로 통합하는 것에 더욱 흥미를 느끼는 사람"이라고 정의한다. 즉 전문가가 좁은 전공 부분에 집중한 탓으로 완전히 무시되거나 고의로 무시한 종합적인 틀을 만들어나가는 사람이 전인이다. 세상을 일반적으로, 전반적으로, 전체적으로 보는 사람이라고 이해하면 되겠다. 그러나 이를 단순히 여러 분야에 정통한 소위 박학다식한 사람이라고 생각해서는 안 된다. 그런 의미가 아니라 모든 문제를 단편적으로 보지 않고 하나의 일관된 생각을 가지고 일반적·전반적으로 보는 사람을 말한다.

다시 말한다. 베블런은 단순한 경제학자가 아니다. 마르크스를 오로지 경제학자라고 말할 수 없는 것과 같다. 그래서 나는 그를 제너럴리스트, 전인, 르네상스적 인간, 또는 사상가라고 본다. 그리고 《유한계급론》을 경제학 서적이 아니라 사상서 내지 교양서로 다루도록 하겠다. 사회학이나 여타 학문 분야도 넘어선다는 의미다.

2. 베블런의 시대

시대적 배경

베블런은 1857년에 태어나 1929년에 죽었다. 그 시기의 미국을 우리는 잘 모른다. 우리에게 《톰 소여의 모험》이나 《허클베리 핀의 모험》으로 유명한 마크 트웨인은 1870년부터 1910년까지의 40년을 '도금 시대Gilded age'라고 불렀는데, 그가 1873년에 쓴 작품의 제목에서 비롯된 말이다. 그러나 당대에는 '황금시대'로 불렸다.

베블런의 성장기는 미국 사회의 경제적 토대가 급변한 시기였다. 이를 도프먼Joseph Dorfman(1904~1991)은 다음과 같이 설명했다.

베블런은 미국이 주로 농업사회에서 도시의 고도로 공업화되는 사회로 변화했을 때 등장했다. 그 변화는 당시까지 전혀 예상하지 못한 물질적 진보와 함께 성가신 여러 사회문제를 초래했다. 도시화와 공업화의 진척은 교대로 지식사회(특히 우리가 일반적으로 편견 없는 사회로 분류하는)에 국가의 창설과 남북전쟁 사이의 모든

시기에 우위를 차지한 사회철학 및 경제철학을 재검토하도록 강
요했다. 자유방임주의는 가장 유력한 평등주의자인 제퍼슨-잭슨
Jefferson-Jackson 이데올로기의 기초가 되었다.[10]

여기서 우리가 주의해야 할 점은, 자유방임주의라는 것은 애초
평등주의의 이데올로기였다고 하는 점이다. 즉 자유방임주의는 귀
족계급의 특권과 전제조건을 철저히 비판한 것에서 출발했다. 게
으른 소수의 귀족이 부지런한 대중을 희생시켜 부를 축적한 것에
대한 비판에서 자유방임주의가 비롯되었다는 것이다. 귀족의 특권
은 법률에 의해 확립되었고, 그 법률은 대중이 증오한 독점의 원천
으로서, 사회적 동란이나 정부의 공화제 형태를 파멸시킬 대다수
빈곤의 원인이었다. 이에 반해 자유경쟁의 원칙은 인간의 경제 활
동에 대한 자기주장의 적용이라고 여겨졌다. 그것이 근대 최초의
자유방임주의였다.

그리하여 토머스 제퍼슨Thomas Jefferson은 그가 정치적 봉건제도
의 유물을 제거하도록 요구했기 때문에, 애덤 스미스Adam Smith의
《국부론The Wealth of Nations》과 그 '단순하고 명백한 자연적 자유
의 체제'에 대한 요구의 찬양자일 수 있었고, 또 앤드루 잭슨Andrew

---

10 Joseph Dorfman, Background of Veblen's Thought, in *Thorstein Veblen: The Carleton College Veblen Seminar Essays*, ed. by Carton C. Qualey, Columbia University Press, 1968, pp. 113-114.

Jackson과 그의 신봉자들은 그들이 자유기업의 전통을 건설한다는 것을 강조했기 때문에 데이비드 리카도David Ricardo의 학설과 일치한 법안을 통과시켰다.

그러나 국가는 1870년대와 1880년대 사이에 급속한 공업화를 경험했다. 눈부신 물질적 진보는 수많은 경제적 문제와 사회적 문제를 낳았다. 처음으로 국가는 임금 취득 계급과 새로운 자본 소유 계급 사이에서 벌어진 엄청나게 격렬한 충돌을 목격했다. 농업의 급격한 기술적 진보를 수반한 서부의 철도 확장은 베블런의 청년 시대부터 알려진 비율로 자급할 수 있는 전원경제에 대해 엄청난 종국을 초래했다.[11]

과거 평균적 농민은 화폐경제 제도와 최소한으로 접촉했다. 그러나 이제는 은행이나 사채업자, 제분업자, 곡물 창고, 상품 거래소 등을 상대로 한 복잡한 거래와 계산과 운임 체계, 그리고 법률문제 등에 휘말리게 되었다. 게다가 도시에는 인구가 집중되면서 빈민굴이 생기고 범죄자 무리가 들끓었다.

경제적 배경

위에서 말했듯이 미국이 농촌 중심의 농업사회에서 도시 중심의

---

11 앞의 책, pp. 114-115.

공업사회로 옮겨 간 것이 가장 중요한 변화였지만, 1870년대에 미국이 이미 독점자본주의 시대로 변화했다는 점도 중요하다. 즉 자본주의가 상업자본주의나 산업자본주의를 거쳐 독점자본주의로 변해간다는 공식과 달리, 미국은 처음부터 독점자본주의로 출발했다. 특히 1873년부터 1884년의 공황기에도 생산과 자본의 집적 및 집중이 급속히 촉진되었다.

베블런이 대학을 졸업한 1880년의 미국 인구는 5,000만 명 정도로 지금의 남한 인구와 비슷했다. 오늘날 애리조나, 아이다호, 몬태나, 뉴멕시코, 노스다코타, 사우스다코타, 오클라호마, 유타, 워싱턴, 와이오밍 등은 아직 미국의 주로 편입되지 않은 때였다. 그러나 1849년 캘리포니아에서 금광이 발견된 뒤 미시시피강 서쪽의 광대한 지역에서 계속 지하자원이 발견되어, 대륙횡단철도가 1880년대 중반까지 건설되었다. 이와 함께 500만 명이 넘는 이민 노동자의 유입, 보호관세의 폭등, 외국자본의 도입 등에 의해 19세기 마지막 4반세기에 공업이 비약적으로 발전했다. 그 결과 1860년 영국과 프랑스에 이어 세계 3위였던 공업은 1870년 영국 다음인 2위로, 1880년에는 1위로 올라섰다.

이러한 경제 발전을 배경으로 거대 독점자본이 탄생했다. 시민은 태어나면서 밀크 트러스트가 공급하는 우유를 마시고, 소고기 트러스트의 소고기를 먹고, 석유 트러스트 덕분에 집에 등을 켜고, 죽으면 장의 트러스트에 의해 묘지로 옮겨져 묻힌다는 비판까지 있었다. 당시의 해리슨Benjamin Harrison 정부가 만든 관세법에 대해서는 "관세는 국민을 압박하지만 트러스트는 그 주머니를 빠져나

간다"는 비난이 일었다.

가령 록펠러John D. Rockefeller(1839~1937)의 '스탠더드 오일 회사'는 1870년에 100만 달러의 자본금으로 설립되었을 때 미국 전체 정유량의 4퍼센트를 지배했으나, 10년 뒤 90퍼센트 이상을 지배할 정도로 다른 경쟁자를 병합하여 1882년에는 전형적인 미국식 트러스트를 형성했다. 그 병합 수법 때문에 1890년 오하이오주 법원에 의해 스탠더드 트러스트는 해산되었고, 같은 해 셔먼 반트러스트 법Sherman Antitrust Act이 제정되었다. 그러나 셔먼 법은 독점자본에 적용되기는커녕 그것과 대립한 1894년의 풀만 파업에 적용되었고, 자본의 독점화 경향은 더욱 거세어졌다. 그 결과 1890년대 초부터 새로운 독점 형태인 지주회사가 나타났고, 트러스트는 1890년대에 더욱 증가했다.

한편 1884년의 공황은 농민과 노동자의 빈곤화를 초래했고, 그 결과 농민운동과 노동조합운동이 활발히 전개되었다. 1892년 카네기 철강회사의 홈스테드 파업이 있었고, 1894년 유진 데브스 Eugene Debs(1855~1926)[12]가 이끈 풀만 회사 파업과 콕시J. S. Coxey (1854~1951)가 이끈 실업자들의 워싱턴 데모가 일어났다.

그런 급격한 변화는 자유방임주의를 더 이상 유지하지 못하게 했다. 그러나 경제학자들은 여전히 애덤 스미스, 토머스 맬서스, 데

---

12 데브스는 미국의 노동조합 운동가로 세계산업노동자연맹의 발기인 중 한 명이었고, 다섯 차례에 걸쳐 미국 사회당의 대통령 후보로 출마했다. 대통령 선거 출마와 노동운동의 업적으로 데브스는 오늘날까지도 가장 저명한 미국 사회주의자 중 하나로 꼽히고 있다. 정치 경력 초기 데브스는 민주당원이었고, 1884년 인디애나 주 의원 민주당 후보로 출마해 당선되었다.

이비드 리카도 같은 고전파 경제학자들의 학설에서 벗어나지 못했다.

사상적 배경

베블런의 사상 형성에 결정적 역할을 한 것은 다윈Charles Robert Darwin (1809~1882)의 진화론이었다. 다윈에서 나온 스펜서Herbert Spencer (1820~1903)의 사회진화론도 베블런 사상에 영향을 미쳤다. 그런 견해들은 경제학에서 자유방임주의와 연결되었다. 그러나 진화론은 사회학에서 새로운 견해를 낳게 했다. 즉 사회진화를 진보의 과정으로 이해하면서 자연선택을 통해 의식적으로 환경을 변화시킬 수 있는 지성적 존재인 인간이 태어난다고 보았다.

또한 베블런의 학생 시절에 싹튼 인류학도 그의 사상 형성에 중요한 역할을 했다. 특히 모건Lewis Morgan (1818~1881)은 《고대사회 *Ancient Society*》(1877)에서 사유재산제도가 자연적인 것이 아니라 인류의 발전 이후에 성립했다고 주장했다. 뿐만 아니라 칸트와 헤겔의 철학, 프래그머티즘pragmatism의 철학과 심리학에서도 영향을 받았다.

그러나 가장 결정적인 영향을 끼친 것은 헨리 조지였다. 그는 지가(토지의 가격)는 사회적 소산이지 개인의 노력에서 나오는 것이 아니며, 경제개발의 진행에 따라 토지 소유자는 엄청난 부자가 되고, 그 결과 발생하는 빈부 격차는 참을 수 없는 것이라고 비난했다. 그러면서 진보라고 하는 모든 일을 부정한 뒤 불로소득인 지가 상승 차액을 전부 세금(단일세)으로 흡수해야 한다고 주장했으나, 많은 비판을 받았다. 베블런은 대학 시절 헨리 조지의 《진보와 빈곤》을 읽고 경제학으로 연구 영역을 바꾸었으나, 만년에는 그 책을 그다지 중시하지 않았다.

　베블런의 사상적 배경에는 그 밖에도 카를 마르크스를 비롯하여 많은 학자와 학설이 있었다. 마르크스에 대해서는 뒤에서 다시 살펴본다. 베블런의 유한계급이나 과시적 소비라는 개념은 오로지 베블런만의 독창적인 것이라고 할 수 없다. 동시대에 패턴Simon Nelson Patten(1852~1922) 같은 경제학자도 유사한 생각을 했고, 인디언 유한계급의 과시적 소비인 포틀래치potlatch를 발견한 프란츠 보아스Franz Boas(1858~1942)의 영향도 컸다. 더 앞 시대에는 과시적 소비론의 선구자인 존 레이John Rae(1796~1872)가 있었다.[13] 그러나 일반적 해설을 목적으로 한 이 글에서 그들에 대해 더 이상 상세히 다룰 필요는 없겠다.

13 Stephen Edgell and Rick Tilman, John Rae and Thorstein Veblen on Conspicuous Consumption: A Neglected Intellectual Relationship, *History of Political Economy*, 23:4, 1991, pp. 731-744.

3. 베블런의 삶과 공부

베블런은 누구인가?

위에서 언급한 갤브레이스의 서문은, 미국의 전설적 인물로 소설의 피츠제럴드와 연극의 배리모어 일가를 들고서, 그들에 필적한 경제학의 인물이 베블런이라는 말로 시작된다.[14] 그리고 전설이라고 할 만큼 베블런은 창조적인 사람이고, 그의 삶은 모험으로 가득 찼으며, 비정통파 학자여서 미국 제도에 대한 비판은 모두 베블런에서 시작된다고 할 정도라고 했다. 그러나 그 전설은 역시 전설로서 허구적인 부분이 많다고, 갤브레이스를 비롯한 많은 사람이 이구동성으로 말한다. 그러면서도 갤브레이스는 "금전적 이익의 추구가 사람들을 움직이게 하는 것"을 베블런만큼 정확하게 본 사람은 없었다면서, 그 점이 베블런 전설의 기초가 되었다고 본다. 그러나 우리는 베블런 전설을 들어본 적이 없으니, 그것에 신경 쓸 필요

---

14 Galbraith, 앞의 책, v.

없이 그의 삶을 살펴보는 것으로 충분하다.

한편 하일브로너는 《세속의 철학자들》에서 "베블런은 정말 괴상한 사람이었다"라고 그의 베블런 글을 시작한 뒤, 다음과 같이 묘사한다.

> 겉모습은 농부, 그것도 노르웨이의 농부처럼 보였다. (…) 날카로우면서도 명상적인 농부의 눈이 뭉툭한 코 뒤에서 내다보고 있었다. 그리고 단정치 못한 콧수염이 입을 가리고 짧고 덥수룩한 턱수염이 턱을 감싸고 있다. 다리지 않은 두꺼운 양복을 입고 있는데, 조끼에는 큼직한 안전핀이 꽂혀 있어 회중시계를 고정시켜준다. (…) 그가 가늘고 호리호리한 체격을 가졌으며, 발을 높이 올리며 사냥꾼처럼 소리 없이 걷는다는 것을 짐작할 수 있다.[15]

그러면서도 하일브로너는 베블런의 모습에서 그가 평생 당대 사회에서 소외되었음을 알 수 없다고 말한다. 그리고 스미스는 물론 마르크스도 포함하여 모든 경제학자가 그 사회의 일부였으나, 베블런은 철저히 외롭게 이방인으로 순응을 모르고 살았다고 말한다.

> 집에 전화 놓기를 거부했고, 책도 원래의 포장상자에 넣은 채 벽에다 쌓아놓았으며, 매일 침대를 정리해야 하는 이유를 이해하지

---

15 로버트 L. 하일브로너, 《세속의 철학자들》, 이마고, 2008, 287쪽.

못했다. 아침에는 이불을 걷어찼다가 저녁에는 다시 끌어당겨 덮었다. 아주 게을러서 사용한 접시를 찬장이 텅 빌 때까지 계속 쌓아두었다가 한꺼번에 호스로 물을 뿌려 닦을 정도였다. (…) 관행을 조롱하는 것을 좋아해서 학업 성과에 관계없이 모든 학생에게 같은 학점을 주었고…….[16]

그런 괴짜 타령은 더욱더 길어지지만, 여기서는 베블런이 노르웨이의 거친 농부나 사냥꾼을 닮았다는 하일브로너의 묘사를 강조할 필요가 있다. 명색이 교수인 베블런은 양복을 입어 그런 거친 농부나 사냥꾼과 어울리지 않지만, 그의 심성은 그들과 크게 다르지 않았다. 그런 모습은 비슷한 시대를 살았던 영국의 모리스를 떠올리게 한다. 모리스는 영국 출신이면서도 베블런이 특히 좋아한 북구의 신화를 사랑했다.

베블런의 삶을 이야기할 때 자주 인용되는, 그가 62세가 된 1919년에 쓴 〈유대인의 지적 우월성 The intellectual preeminence of Jews〉이라는 글을 읽어보자. 원용찬은 이 글을 유대인이 자기 출생국과 이주국에서의 소외와 불안이라는 희생의 대가로 지적 우월성을 갖는다고 베블런이 말한 것으로 이해한다.[17] 그러나 내가 보기에 그 글에서 베블런은 유대인이 자신이 성장한 유대 문화권을 벗어나 이교도 문화에 귀화할 때, 즉 문화적 혼혈에서 비롯된 회의 정신에

16 앞의 책, 288쪽.
17 원용찬, 《유한계급론》, 살림, 2007, 54쪽.

의해 지적 우월성을 갖는다고 하면서, 동시에 그 회의 정신은 지적 방랑이라는 희생을 요구한다고 했다. 그 글에서 말한 '회의 정신'과 '지적 방랑이라는 희생'은 베블런의 삶을 말해주는 두 가지 키워드다. 베블런은 유대인이 아니지만 노르웨이계 미국인이라는 점에서 성장 문화권과 사회 문화권이 다른 유대인과 같았기 때문이다.

베블런의 공부

베블런은 미네소타주의 복음주의 대학인 칼턴대학교에 입학한 17세까지 위스콘신주의 부유한[18] 노르웨이 이민자의 아들로 노르웨이 문화에 젖어 살았지만 전통에 충실한 편은 아니었다. 그의 아버지는 새로운 농업기술이나 농기구의 습득과 활용에는 적극적이었으나 영리에는 무관심해서, 그 점이 훗날 베블런으로 하여금 산업industry과 영업business을 구별하게 했다. 또한 아버지의 합리주의적 노동 정신은 베블런이 일하기 본능workmanship과 기계 과정machine process을 찬양하는 데 영향을 주었다. 한편 어머니는 신앙심이 깊고 온화해 베블런이 나중에 페미니스트가 되는 데 기여했다.

---

18   원용찬은 베블런이 "가난한 노르웨이 이민자의 아들"(원용찬, 55쪽)이라고 하지만, 그의 아버지는 36만 평 정도의 땅을 경작한 농부였으니 그렇게 보기는 어렵다(Galbraith, viii). 이러한 생각의 차이는 《유한계급론》의 집필 계기를 학대받은 이민의 복수로 볼 것인지, 아니면 지배층에 대한 경멸로 볼 것(갤브레이스)인지의 차이로도 이어질 수 있다.

그의 아버지는 베블런을 목사로 만들고자 대학에 보냈다. 칼턴 대학교는 7년제로 고등학교 교육부터 시작했다. 베블런은 노르웨이어만 쓰다가 대학에 입학한 뒤 처음 영어를 사용함으로써 언어 감각을 비롯한 문화적 혼혈이 가능해졌고, 그로부터 '회의 정신'이 나왔다. 그래서 '지적 방랑이라는 희생'의 시작인 대학 생활도 삐딱했다. 당연히 대학의 복음주의에도 반항하며 오로지 고독한 독서에만 열중했다. 그의 독서 범위는 실로 넓었다. 그것이 그의 '회의 정신'의 바탕이었다. 그러나 그것은 평생에 걸친 '지적 방랑이라는 희생'을 요구했다. '회의 정신'이 커가면서 '지적 방랑이라는 희생'도 더욱 커졌다.

1881년, 그는 철학을 공부하고자 동부의 명문인 존스홉킨스대학교 대학원에 입학했다. 그곳에서 그는 경제학을 공부했으나, 경제학의 스승들보다 더 중요한 스승인 프래그머티즘의 시조 퍼스의 강의를 들었다. 그러나 중요한 점은 퍼스도 베블런도 회의주의자였다고 하는 점이다. 그런 점에서 그들은 모두 흄David Hume(1711~1776)의 제자들이었다. 베블런이 〈현대 문명에서 과학의 위치〉에서 흄에 대해 쓴 다음 문장은 베블런 자신에게 가장 적합한 설명일지도 모른다.

시대와 보조를 잘 맞추고 있는 듯한 그의 동시대인들이 그를 완전히 이해할 수 있기에는 너무나 현대적이다. 그는 영국인을 영국적으로 앞지르고 있었다. 그리고 그는 사물에 관해 세밀하고 주의 깊은 설명을 하기 위해, 발이 아파오는 원정에서 자신의 세대로부터는 거의 위로를 받지 못했을 뿐만 아니라 실제로 부당한 대우밖에 받지 못했다. 그는 그 당시 유행하던 편견으로 똘똘 뭉쳐진 지방과 그다지 호흡이 잘 맞지는 않았다.[19]

그러나 퍼스나 베블런은 흄에 그치지 않았다. 영국의 흄은 해석이 관습에 근거한다는 것을 알고서 관습의 중요성을 역설하는 보수주의자가 된 반면, 낡은 관습이 깨지고 새로운 관습이 형성되어가는 미국에서 퍼스와 베블런은 보수주의에 머물 수 없었다. 그래서 퍼스는 가설형성의 논리에 착수하고, 베블런은 사회진화의 논리에 도전했다. 그러나 그것은 아무도 가지 않은 위험한 길이었다. 그들은 학계는 물론 세상에서도 소외되었고, 받아준다고 해도 오해를 받았다.

어디에서나 호흡이 맞지 않은 탓인지 베블런은 한 학기 만에 존스홉킨스를 떠나 예일대학교로 옮겼고, 그곳에서 박사 학위 논문을 썼다. 논문은 흄과 퍼스의 입장에서 칸트를 비판하고 스펜서의 사회진화론을 지적 진화의 문제로 보았다. 원용찬에 따르면, 베블런이 예일대학교에서 미국의 스펜서라고 할 사회적 다윈주의자인 섬너William Graham Sumner(1840~1910) 밑에서 경제학과 사회학을 공부하고, 포터Noah Porter(1811~1892) 밑에서 칸트를 공부하여 학위 논문을 썼다고 한다.[20] 그런데 그 당시 두 사람은 대립하여 논쟁을 했

---

19 니시베 스스무, 임반석 옮김, 《경제윤리학서설》, 인간사랑, 1991, 91쪽에서 재인용.
20 원용찬, 앞의 책, 58쪽.

고, 베블런의 학문에는 스펜서의 영향이 훨씬 강하게 남았지만, 나는 예일대학교에서의 논쟁이나 박사 학위 논문이 베블런의 저술에 영향을 미치지 않았다고 본 갤브레이스[21]가 옳다고 생각한다. 그래서 하일브로너는 베블런의 박사 논문에 대해 아예 언급조차 하지 않았다.[22] 이는 박사 학위 논문 하나로 평생 먹고사는 한국 학자들이 보기에는 참으로 기이한 일이지만, 베블런은 자신의 박사 학위 논문을 전혀 중시하지 않았다.

1884년 박사가 된 그는 대학에서 가르치고 싶었지만 일자리가 주어지지 않아, 아이오와주의 농장에서 7년간 오로지 독서에 열중했다. 이어 대학 동급생인 엘런 롤프Ellen Rolfe와 1888년 결혼한 뒤 에드워드 벨라미Edward Bellamy(1850~1898)의 유토피아 소설《뒤돌아보며Looking Backward》(1888)를 함께 읽었다. 그 뒤 베블런은 철학에서 경제학으로 관심을 돌렸다. 그래서 1891년 코넬대학교에 다시 학생으로 등록하여 역사학과 법학을 공부한 뒤 경제학을 공부했다.

---

21 Galbraith, 앞의 책, xi.

22 그의 박사 학위 논문은 흄과 퍼스의 관점에서 칸트 철학을 비판적으로 검토한 〈인과응보설의 윤리적 근거〉(1884)였으나, 지금은 남아 있지 않다.

4. 베블런의 시카고대학교 교수 생활

전임강사 시절

1892년 베블런은 록펠러의 자본에 의해 막 신설된 시카고대학교 경제학부의 전임강사fellow가 되었다.[23] 당시 신흥 도시였던 시카고는 19세기 말 미국 사회의 모든 사회 불안이 들끓는 용광로 같은 곳이었다. 대학이 건설된 호반의 주택가와 시카고 남부의 노동자 구역은 극단적 대조를 보였다. 후자는 유럽 이민자들의 밀집 거주지로, 당시 모든 급진적 사회운동의 온상이었다.

록펠러는 재완과 투지로 가득 찬 대자본가이면서도 교회, 병원, 학교 등 공공사업에 아낌없이 투자했다. 그는 "내가 돈을 만드는 힘은 신의 선물이라고 생각한다. 그것은 힘이 미치는 한 인류의 행복

---

23 시카고대학교를 카네기가 세웠다(원용찬, 152쪽)는 설명이 있으나, 사실이 아니다. 카네기가 세운 대학은 카네기공과대학교이고, 이는 1967년 멜론연구소와 합병하여 오늘날의 카네기멜론대학교가 되었다.

을 위해 신장되고 행사되어야 할 것이다. 나는 내가 가진 선물을 베풀기 때문에 더욱더 돈을 벌고 그 돈을 양심이 명하는 바에 따라 동포의 행복을 위해 사용하는 것이 의무라고 생각한다"[24] 라고 했다.

시카고대학교는 풍부한 자금과 36세의 초대 총장 하퍼William Rainey Harper(1856~1906)의 수완으로 설립 초부터 발전했다. 침례교 목사인 하퍼는 보수적인 사람이었으나 시카고대학교로 오기 전에 예일대학교의 셈어 교수, 예일신학교의 히브리어 교수, 예일전문대학교의 성서문학 교수, 미국히브리협회 회장, 미국성서문학회 회장 등을 거친 학계의 총아였다. 그는 시카고대학교를 총장 중심으로 운영하여 평의회university senate도 단과대학장 중심으로 조직하고 교수회를 유명무실하게 만들었다. 그리고 단과대학들과 함께 통신대학을 포함한 개방대학extension, 출판부, 도서관, 박물관 등의 기관을 두고, 교수들을 학장으로부터 수석교수, 교수, 부교수, 조교수, 그리고 강사급을 인스트럭터, 도센트, 튜터, 리더, 펠로, 렉처, 조교 등으로 복잡하게 계급화했다. 그리고 《정치경제학 저널The Journal of Political Economy》을 포함하여 13개의 유수한 학술지를 창간했다. 베블런은 자신이 그 편집에 참가한 학술지를 빼고 하퍼가 시카고대학교에서 실시한 모든 대학 행정에 불만이었으므로, 뒤에 《미국의 대학교육》에서 철저히 비판했다.

시카고대학교는 그 모태가 시카고 뱁티스트대학교인 데다가 미

---

24 Matthew Josephson, *The Robber Barons, The Great American Capitalists, 1861-1901*, 1934, p. 325.

국 대학 일반의 종교적 전통을 따른 탓에 교수 중에는 기독교인이 많았지만, 존 듀이John Dewey(1859~1952) 같은 독창적인 연구자나 진보적인 학자들도 많았다. 미국을 대표하는 철학자, 심리학자, 교육학자인 듀이는 미국인 최초로 직접 저술한 심리학 교과서를 출간했다. 그는 기능심리학을 주창했으며, 미국의 학교 제도에 막대한 영향을 준 진보주의를 이끌었고, 자유주의를 지지했다. 듀이의 교육 사상은 민주주의에 대한 확고한 신념을 바탕으로 했다. 그는 베블런에게도 깊은 영향을 주었다.

베블런은 시카고대학교에 부임해 사회주의를 강의하고[25] 많은 글을 썼다. 사용한 텍스트는 토머스 커크업Thomas Kirkup(1844~1912)의 《사회주의사History of Socialism》(1892)였다. 그리고 독일의 사회정책학파 경제학자인 구스타브 콘Gustav Cohn(1840~1919)의 《재정학System der Finanzwissenschaft》(1889)을 영어로 번역하여 1895년 출판하고(《The Science of Finance》), 경제학부의 기관지인 《정치경제학 저널》의 편집을 담당하면서 그 부임 첫해에 《정치경제학 저널》

---

25 그의 강의는 학생들에게 감동을 주는 명강의가 아니라 알아듣기도 힘들 정도로 우물쭈물 지껄이는 것이었다. 심지어 시험을 치지 않는 대신 수강생 전원에게 C 학점을 준다는 조건을 받아들이면 수강해도 좋다고 사전에 경고했다. 그러나 그에게는 소수의 유능한 제자들이 모여들었다. 그들은 베블런의 진보성과 박학다식에 매료되었다. 그들에 의하면 베블런은 초서, 윌리엄 모리스, 세르반테스를 즐겨 인용했다. 도프먼에 의하면 "베블런의 사회주의 강의를 들은 학생들은 포퓰리즘과 칼 마르크스에 관한 내용만큼이나 호피 인디언, 사무라이, 구약성서에 나오는 히브리인, 안다만 섬 주민, 그리고 북해의 통상해적에 대한 강의도 들었다."(Dorfman, 앞의 책, pp. 119-120)

에 두 편의 논문과 세 편의 서평을 발표했다.

당시 베블런은 급진적이었다. 베블런은 《정치경제학 저널》 1894년 3월호에 카를 카우츠키Karl Kautsky(1854~1938)의 《의회주의, 국민입법 및 사회민주주의Der Parlamentarismus, die Volksgesetzgebung, und die Sozialdemokratie》(1893)에 대한 서평을 발표하면서 다음과 같이 결론을 맺었다. 즉 19세기 말 독일의 사회민주주의가 초래한 변화나 성장이 사회의 보수적 구성원에게 주는 최초의 반성은, 사회주의가 사유재산제도의 대립물이라는 중요한 특징 이외에 다른 모든 주제로 더욱 합리적이 될수록 점차 자본주의의 해악에 대해 더욱 유효한 기관이 된다는 것이다.

그러나 베블런은 단순한 사회주의자가 아니었다. 그의 흥미는 언제나 인류학이나 행동심리학을 기초로 한 인간 사회의 역사적 발전의 추구를 향했다. 그 최초의 작품이 1894년 11월에 발표한 〈여성 의상의 경제이론The Economic Theory of Women's Fashion〉으로, 여성의 의상을 과시적 소비의 하나로 보고 그 사회사적 의의를 규명한 글이었다. 그에 의하면 "여성은 원래 금전적 소유물이었기 때문에 그녀의 직능은 가치 있는 재화의 과시적인 비생산적 소비에 의해 그 단위의 금전적 실력을 표시하는 것이다." 따라서 의상의 최초 원리는 '과시적 소비'이고, "의상은 의복 재료 같은 유효성의 의미에서 경제적이어서는 안 된다"라고 했다.[26]

1894년 마르크스의 《자본Das Kapital》 3권이 발표되자, 이듬해 베

---

26 *The Popular Science Monthly*, vol. 46, 1894, pp. 198-205.

블런은《정치경제학 저널》에 비판적 서평을 실었다. 즉 잉여가치설과 이자율의 일상적 사실을 어느 정도 조화시킬 필요를 느끼는 것은, 마르크스주의적인 잉여가치설을 그것과 전혀 무관한 문제에 적용하고자 하는 소박하고 선의의 잘못된 적용에 근거한다고 생각된다고 하면서, 잉여가치설은 어떤 구체적 사실과도 매우 떨어진 것으로 느낄 수밖에 없는 관계를 가질 뿐이라고 했다.

1890년대 사회와 대학

앞에서 말한 19세기 말엽의 산업사회 변화와 함께 그 절정인 풀만 파업(1894)이 터지자, 시카고대학교의 베미스Edward Webster Bemis(1860~1930) 교수가 철도회사를 비난하여 대학교를 떠나는 사태가 벌어졌다. 베미스뿐 아니라 위스콘신대학교의 엘리Richard T. Ely(1854~1943) 교수도 파업을 옹호했다는 이유로 비난을 받았다. 반면 하퍼 총장을 비롯한 시카고대학교의 여러 기부자는 진보적 교수들을 비판하고 독점자본을 옹호했다.

그러나 재벌에 대한 학자들의 비판도 거세었다. 그들은 재벌이 사회와 경쟁 자체를 없애버릴 것이므로 국가의 강력한 규제를 받아야 한다고 주장했다. 즉 현대사회에서는 자연법칙이 허영심에 고유한 활동을 통하여 물리적이거나 심리적인 세력을 발전시키는 대신, 혜택받은 계급의 사치와 태만에 의해 기생적으로 타락해가기 때문에 정부는 약자를 보호할 수 없게 되어간다고 경고했다.

그 무렵 사회학자와 인류학자들의 연구도 쏟아져 나왔다. 가령 토머스W. I. Thomas(1863~1947)는 《미국 사회학 저널America Sociology Journal》 1896년 1월호에 발표한 〈민족심리학의 범위와 방법〉에서 원시 민족의 사회제도, 기술, 애니미즘, 종교 등을 비교했다. 또 라 푸주Georges Vacher de Lapouge(1854~1936)는 사회 진보는 주로 주민의 질에 의존하고 주민의 질은 세대에서 세대에 걸친 도태의 힘에 의해 결정되는데, 그 힘은 자연적인 것이 아니라 사회적인 것이라고 주장했다.

1896년 허버트 스펜서는 《사회학 원리Principles of Sociology》 3권을 출판하여 그의 '종합사회학' 체계를 완성했다. 그는 자유직업 제도professional institution와 산업 제도industrial institution라는 두 가지 범주에서 사회진화의 과정을 구명하고자 했다. 즉 예속 상태에서 시작하여 군사 국가를 거쳐 절대적 자유 계약에 의한 산업 제도에 도달한다고 보았다. 그리고 예속 상태나 군사 국가에서 자유직업인 사제, 교사, 의사, 음악가, 배우 등이 나타난다고 했다. 한편 오늘날의 경제 제도인 산업 제도에서는 모든 산업이 상호 의존적인 부분의 전체이다. 화폐는 장식에 의해 타인을 능멸하고 복종시키고자 하는 요망에 근거하여 군사 국가에서 발생했으나, 오늘날에는 교환의 도구가 되고 산업에 불가피한 것이 되었다. 스펜서는 영국의 노동조합회의 TUC가 재산의 총괄적 국유화를 승인했다고 비난하는 등 보수적인 입장이었으나, 그의 주장은 앞에서 본 여러 견해와 함께 베블런의 사상에 영향을 주었다.

베블런은 당시 진보 측이었으므로 대학에서의 지위가 위험했지만, 도리어 승진을 하고 그의 주저가 될《유한계급론》을 집필하기 시작했다. 그리고 1896년 모리스를 만나기 위해 영국으로 갔다. 그러나 런던에서 본 모리스는 더 이상 지도적인 사회주의자가 아닌 공예가 모리스였다. 반면 영국에서는 점진적인 페이비언Fabian 사회주의가 뿌리내리고 있었다. 미국에서도 마찬가지로 1896년 이전의 독일 사회주의 아류의 사회주의 대신 미국식의 온건한 사회주의가 막 시작되었다.

1896년 대통령 선거에서는 자본 측이 지지한 공화당 후보가 당선되었다. 그러나 1897년에 미국철도노동조합은 데브스의 지도 아래 '미국 사회민주주의'로 개조되었고, 같은 해 벨라미의《평등론 Equality》도 출판되었다. 한편 1898년에는 미국과 스페인 사이에 전쟁이 터지면서 새로운 자본 집중이 생겨났고, 시카고대학교에는 군사과학과 식민지경제학 등의 강좌가 개설되었다. 1899년에는 데브스를 중심으로 한 사회민주당이 시카고에서 결성되었다.

당시 베블런은 사회주의 서적들에 대한 서평을 통해 자신의 사상 편력을 보여주었다. 가령 마르크스주의가 다원주의와 모순된다는 주장을 높이 평가하고, 산업 기구의 필연적 변화를 통한 사회주의의 불가피성에 의문을 제기했다. 또 유물사관을 비판하고 사회적 변화를 중시하며, 유물론이 인간을 단순한 사회적 법칙이나 변동 과정의 사회적 존재로 보는 것을 비판하면서 인간은 그 자신의 생활로부터 행동하는 개인이라고 주장했다.

나아가 여러 논문을 통하여 고전파 경제학을 비판했다. 즉 애니미즘적이고 쾌락주의적이며 공리주의적인 고전파 경제학은 정태적 분류학에 불과하고 인간의 경제생활에 대한 질적인 변화를 파악할 수 없다고 비판하면서, 참된 과학으로서의 경제학은 본능심리학이나 행동심리학에 근거한 다윈주의 진화론 이후의 과학으로 구축되어야 한다고 주장했다. 그는 1899년부터 '문명의 경제적 요인'이라는 제목의 강의를 시작했다.

같은 해 베블런은 첫 책《유한계급론》을 냈지만 출판사는 그 상업적 가치를 의심하여 상당한 보증금을 요구했다. 그러나 상반된 평가가 있었음에도 그 책의 명성 덕분에 다음 해 조교수가 되었다.

《유한계급론》

나는 평생 백화점에서 물건을 산 적이 거의 없지만, 고급 백화점에서는 비싸면 비쌀수록 더 많이 팔린다는 식의 예를《유한계급론》은 1,000개나 들었다. 경제학자들은 비싸면 비쌀수록 물건의 질이 더 좋기 때문에 더 많이 팔린다고 설명한다. 그리고 그것이 이성적 인간의 심리이자 행동이라고 본다. 나아가 유한계급이란 경쟁적 투쟁에서 승리한 이성적인 사람들로서 당연히 그렇게 한다고 본다. 경제학자들은 일을 지겨워하는 것이 인간의 본성이라고 하면서, 유한계급이란 그런 본성에서 나온다고 정당화한다.

그러나 베블런은 원시 사회에서 유한계급이 존재하지 않았는데 이후 야만 사회에 와서 그런 계급이 출현했고, 현대의 유한계급은 그 계승에 불과하다고 주장한다. 즉 야만 사회에서 유한계급은 전쟁을 통한 전리품 획득 같은 약탈을 목적으로 하는 일만 하고, 나머지 계급(무한계급?)은 생산 활동에 종사하는, 일에 대한 새로운 계급적 생각이 생겨났다. 물론 현대에는 야만적 전리품이 아니라 돈을 추구하고, 그런 돈의 과시가 비싼 물건을 사대고 그것을 과시하는 행태로 나타나며, 그 밑의 계급은 그 행동을 모방한다는 것이다.

여기서 베블런의 독특한 역사관을 알아둘 필요가 있다. 그는 역사를 원시시대, 야만시대, 수공업시대, 기계시대로 나누었다. 원시시대는 모성적이고 평화로우며 근면하고 평등한 시대이지만, 이와 반대로 약탈적이고 불평등한 야만시대는 약탈적인 전기와 준평화의 후기로 다시 구분된다. 그리고 수공업시대와 기계시대는 야만시대 이후 약탈적이고 불평등한 시대라는 점에서 다르지 않다고 보았다. 그는 미래에 합리적이고 공정하며 상호 부조적인 기술자의 시대가 오리라고 예상했다.

우리는 우리가 야만인이라는 소리에 화를 낼 수도 있지만, 사무직에 비해 육체노동을 경멸하는 우리의 심리는 야만인의 그것과 전혀 다르지 않다. 또한 우리는 출세한 자들은 고급 외제차에 골프채를 들고 외국의 리조트에서 유한을 즐기며, 그것이 모든 사람의 부러움을 받는다는 점도 즐긴다는 것을 잘 알고 있다.

《유한계급론》은 왜 마르크스의 계급투쟁 이론에 문제가 있는지를 잘 보여준다. 노동자 계급은 자본가 계급을 증오는커녕 부러워하고 모방하려 하며, 대부분 실패하는 줄 알면서도 그들의 지위로 오르려고 한없이 노력하기 때문에 혁명이란 있을 수 없고, 사회는 멋지게(?) 유지되어가는 것이다. 결국 혁명이 가능하려면 노동자

계급의 그런 심성을 개혁해야 하는데, 베블런은 그것이 불가능하다고 생각했다. 이 책은 1925년 일본에서 '특권계급론'이라는 제목으로 처음 번역되었는데, 지금도 어쩌면 그 번역이 더 맞을지도 모르겠다.

《기업론》

앞에서 본 자본의 집중은 20세기에 들어서도 멈추지 않았고, 학계의 찬반 논의도 그대로 이어졌다. 베블런도 1904년 두 번째 저서인 《기업론 *The Theory of Business Enterprise*》을 펴냈다.

우리 경제의 주인공인 기업이나 기업인(또는 자본가)을 욕하면 안 된다고 하는 소리도 있지만, 상식을 가진 사람이라면 그들이 하는 짓을 안다. 공장에서는 죽어라고 일하지만 기업가는 그 일에 관심이 없고 그 일을 이용하여 돈 버는 일에만 집중한다. 그런 기업인을 욕하는 노동자를 빨갱이라고 욕하며 기업인을 옹호하는 것이 경제학자라면, 베블런은 그런 경제학자와는 완전히 다른 경제학자이다.

베블런이 두 번째로 출간한 《기업론》은 기업을 비판한 책이다. 그는 기술자를 옹호하면서도 기업인은 비판했다. 현대사회를 기계가 지배하는 사회로 본 그는, 철학자나 문학인처럼 기계문명을 부정적으로 보는 것이 아니라 도리어 긍정적으로 본다는 점에서 특이했다. 적어도 기계를 만드는 기술자나 그 운용에 종사하는 노동자는 과거의 농업 노동자처럼 나쁘지 않다고 보았다.

그에 의하면 기술자가 상품을 만들어내는 기계는 가치나 이윤과 무관한 것이지만, 유한계급인 기업인은 기술직에 아무런 관심이 없고 오로지 축적만을 원하기 때문에, 상품의 정규적 흐름을 파괴하여 가치가 변하도록 하고 그 혼란을 이용하여 이윤을 거두어들인다. 이를 위해 기업인은 신용, 대부, 가공의 주식자본 같은 상부구조를 세운다. 하부에서는 기계적인 일상 작업을 계속하고, 상부에서는 금융 구조가 흔들리고 변화하여 기업인에게 엄청난 돈을 벌게 한다.

그러나 베블런에 의하면 기업인의 시대는 지나갔다. 왜냐하면 기계가 사람들에게 합리적으로 사고하도록 만들어 유한계급의 존재를 거부하기 때문이다. 그 결과 사회는 전문가 대 기업가, 기술자 대 전쟁 영웅, 과학자 대 의례주의자로 분열한다고 베블런은 보았다.

베블런은 뒤에 《기술자와 가격 체계 The Engineers and the Price System》 그리고 《부재 소유제와 최근의 기업 Absentee Ownership and Business Enterprise in Recent Times》에서 기술자들이 기업을 인수할 것이라고 예언했다. 그러나 거의 1세기가 지난 지금도 이루어지지 않고 있으므로, 베블런의 예측은 어긋난 것인지도 모른다. 또는 베블런이 상상한 이상적 기술 사회가 아직 오지 않았는지도 모른다.

그는 생산자를 찬양하고 유한계급을 경멸한 점에서 프랑스의 사회주의자인 생시몽 Saint-Simon(1760~1825)을 연상시킨다. 베블런이 생시몽의 책을 읽었는지는 알 수 없지만, 독서광 베블런이 읽었을 가능성은 충분히 있다. 여하튼 적어도 기계나 기술자에 대한 생시몽이나 베블런의 찬양에 나는 동의할 수 없다.

5. 시카고대학교 이후의 생활

시카고대학교를 사직한 베블런은 1906년 스탠퍼드대학교로 갔다. 그러나 그곳에서도 3년 만에 같은 사유인 여성 문제 등으로 쫓겨났고, 2년 뒤인 1911년에 미주리대학교로 가서 강사로 지내며 《일하기 본능과 산업적 기술의 상태 *The Instinct of the Workmanship and the State of Industrial Arts*》(1914)를 저술했다. 이 책은 앞에서 본 책들의 내용을 반복한 것이어서 특기할 만한 점이 없다.

이 책의 출판과 동시에 결혼 이후 별거와 화해를 반복한, 극성스러운 첫 부인과 이혼했다.[27] 그리고 3년 뒤인 1914년, 첫 부인과는 반대로 헌신적인 여인과 재혼했다.

미주리대학교에서는 대학을 철저히 비판한 《미국의 고등교육 *The Higher Learning in America*》을 썼다. 그 책은 본래 미주리대학교의 연구서로 간행될 예정이어서, 그 최초의 부제인 '전체적 타락의

---

27 1926년 엘런의 사후에 행해진 해부 결과, 생식기가 미성숙한 상태로 성인이 되었음이 밝혀졌다.

연구'도 제자들에 의해 '기업인의 대학 운영에 관한 메모'로 바뀌었으나, 끝내 대학 출판사에서 출판되지 못하고 1918년 뉴욕에서 출판되었다.

《미국의 고등교육》

《유한계급론》에서 가장 흥미로운 부분 중 하나는 고등교육에 대한 비판이다. 베블런은 학문이라는 것이 후기 야만시대의 애니미즘에 근거한 성직자의 역할에서 비롯되었고, 그런 신분제적 요소에 의해 죽은 고전이나 인문학을 강조하고 변화에 저항하며 가운이나 사각모 등의 허례허식이라는 유한계급적 특징을 갖는다고 보았다.

《유한계급론》에서 베블런은 산업이나 경제와 무관한 내면적 지식esoteric knowledge을 중시하지 않고 산업이나 경제와 관련된 외면적 지식exoteric knowledge만을 긍정했으나, 《미국의 고등교육》에서는 내면적 지식을 긍정하면서 자본주의의 특징인 금전 추구가 순수학문 추구에 장애를 초래한다고 보았다. 즉 대학에 영업의 논리가 침투하여 기업인이 이사회에 선임되고, 이사회가 사이비 학자 중에서 총장을 뽑으며, 총장은 대학을 일종의 기업으로 경영한다. 대학을 대외적으로 선전하기 위해 각종 통계 자료로 학교의 실적을 자랑하고, 학문과 무관한 사이비 학자들을 대거 유치함으로써 내면적 지식의 자유로운 추구를 방해한다. 그 결과 경영에 도움이 되는 학과들이 신설되고, 대학은 취업 준비 기관으로 바뀐다.

그래서 경영학과 법학이 대학에서 가장 인기 있는 학부 내지 대학원이 된다. 특히 경영학은 중간상인인 기업가가 부를 자신들에게 유리하게 분배하는 기술인 물질적 편익을 가르친다는 점에서 철저히 반사회적이다. 이는 대학의 기원이었던 중세 대학이 신학을 사회와 무관하게 오로지 신의 영광을 위한 개인의 정신적 편익을 추구하도록 가르친 것과 같다. 경영학이 기업인 교육을 하듯이 변호사 교육을 하는 법학도 마찬가지다. 즉 경영학이나 법학은 사회 전체가 아니라 특정 계급을 위해 봉사한다.

영업 논리가 침투한 대학은 외형만을 중시하여 광고나 홍보나 건물 짓기에 치중하고, 학문을 위한 내실인 도서관의 장서 확충이나 실험 장비의 구입 등에는 소극적이다. 교수들도 연구와 교육보다는 용돈을 벌기 위해 학교 밖에서 학문과 무관한 활동에 종사하게 되고, 학생들도 학점 따기에만 치중하여 학문에 대한 관심은 대학에서 사라진다. 이와 함께 직업인 양성을 위한 전문대학이나 운동부 같은 학문 외적인 기관들이 늘어나고, 대학생들의 유흥을 위한 유한계급적 동아리나 축제 등이 활기를 띤다. 이렇게 대학을 비판적으로 분석한 뒤 베블런은 대학의 이사회와 총장직을 없애야 한다고 주장한다.

《평화의 성질》

1차 세계대전이 터지자 베블런은 1915년《제국주의 독일*Imperial Germany*》을 발표하며 독일을 비난했다. 1917년에는 미주리대학교를 그만두고 워싱턴의 식량관리국에서 5개월 정도 근무했다. 그해 베블런은《평화의 성질*An Inquiry into the Nature of Peace and the Terms of its Perpetuation*》을 출간했다. 그는 이 책에서 영리기업 체제와 결탁한 제국적 애국주의가 장래 최대의 평화 파괴 요인이 될 것이라고 주장하면서, 특히 그런 요소를 전형적으로 보유한 독일과 일본이 여전히 미래 전쟁의 화약고가 될 가능성이 있다고 지적했다.

> 이 두 나라는 지배의 경향을 가지고 있다. 그리고 두 나라가 의도하는 지배는 전쟁에 의하지 않으면 얻을 수 없는 것이다. 따라서 두 나라는 어쩔 수 없이 결국 전쟁 기도에 열심일 수밖에 없다. (…) 이러한 두 개의 제국이 존재하는 한, 어떤 평화조약도 모두 불안정해질 것이다. 그중에서 한 나라나 두 나라가 그러한 조약의 당사자가 되어도, 되지 않아도 마찬가지다.[28]

베블런이 이 책을 발표한 1917년 4월 미국은 독일에 선전포고를 했고, 연합국에 대한 군수품 제공이나 재정 원조가 활발히 이루어

---

[28] Thorstein Veblen, *An Inquiry into the Nature of Peace and the Terms of its Perpetuation*, 1917, pp. 82-83.

져 1차 세계대전의 향방은 이미 결정되었다. 베블런도 독일의 패배를 믿었고, 결국 휴전을 하거나 독일의 항복으로 전쟁이 끝날 것이라고 예상했다. 그리고 평화 유지를 위해서는 현재와 같은 영리 중시의 법질서를 바꿔야 한다고 주장했다. 즉 그런 법질서를 소유권이나 투자의 모든 부속물과 함께 유지하는 것은 평화와 안전의 상태와 양립하지 않는다고 보았다. 영리 본위의 질서를 유지한다면 평화의 영속은 있을 수 없고, 평화의 영속을 바란다면 기업인은 처음부터 기득권익과 가격 체제의 후퇴 내지 궁극적 폐지를 각오해야 한다고 그는 주장했다.

베블런은 독일의 나치즘 대두나 일본의 군국주의화를 예언하지는 않았으나, 당시의 베르사유조약에 대해서는 케인스John Maynard Keynes(1883~1946) 등이 바라본 관점보다 훨씬 정확했다. 베블런은 케인스의《평화의 경제적 귀결 *The Economic Consequences of the Peace*》(1919)에 대한 서평[29]에서 다음과 같이 썼다.

> 케인스 씨는 평화조약이 이제 막 모습을 갖추어 아직 실제의 작용 상태가 명백해지기 전에 이 책을 쓴 탓인지, 평화조약을 다음에 올 교섭을 위한 전략적 출발점 내지 전쟁 기획의 계속으로서가 아니라 도리어 평화의 조건을 본격적으로 정식화하거나 결론적으

---

29 Thorstein Veblen, "The Economic Consequences of the Peace, in *The Political Science Quarterly*, September", 1920; Essays in Changing Order, The Viking Press, 1934, pp. 462-470.

로 해결한 것으로 받아들였다. (…) 그러나 사실상 평화조약은 그 본질적 내용이 국제적 질투심을 온존시키고자 하는 의도하에, '전쟁 이전의 상태'를 재건하는 것을 그 목적으로 했다. 조약은 국제연맹안과도 같이 세계평화의 해결이 아니라 이미 그 배후에서 열강의 장로정치가들이 정치적 술책이나 제국주의적 확대의 추구를 계속하기 위한 외교적 화술의 연막 이상의 아무것도 아님을 보여주고 있다.[30]

즉 베르사유조약의 의도는 독일에 대한 조치나 영구적 평화를 위한 조치가 아니라 연합국의 부재 소유자의 보호에 있었고, 그것을 위협하는 소련의 타도에 있음을 베블런은 꿰뚫어보았다. 이를 1946년 《평화의 성질》이 재판되었을 때 미국의 사회주의 경제학자인 스위지Paul Sweezy(1910~2004)가 쓴 다음 서평에서도 읽을 수 있다.

역사는 독일과 일본의 역할에 대한 베블런의 분석이 옳았음을 충분히 보여주었다. (…) 이 책에 대해 여러 가지 비판이 있다고 해도 《평화의 성질》은 위대한 책이고, 1·2차 세계대전 사이의 기간에 이 주제에 대한 저명한 권위자들이 끊임없이 집필한 무수한 논저에 비한다면 그야말로 군계일학이라고 할 수 있다. 그것은 베블런이 유명한 권위자들과는 달리, 역사를 깊이 이해하고 현대를 무질

30　같은 책, pp. 462-463.

서와 비합리의 시대로서가 아니라 장기적으로 사회변동의 한 단계로 볼 수 있었기 때문에 가능했던 것이다.[31]

만년의 베블런

베블런은 1918년 뉴욕에서 잡지《다이알*Dial*》에 글을 기고했다. 그 글들은 1919년《특권계급과 일반 시민*The Vested Interests and the Common Man*》에 묶여 나왔고, 뒤에《기술자와 가격 체제*The Engineers and the Price System*》(1921)에도 실렸다. 당시 그는 러시아 혁명이 기술자 시대를 선도하리라고 기대하기도 했으나[32] 곧 실망했다. 게다가 그런 주장은 전후 미국 경제의 번영으로 사상누각처럼 보였다.

그 책에서도 언급되었듯이, 만년의 베블런은 대학교 총장을 비롯한 다섯 가지 직업이 불필요하다고 주장했다. 즉 매춘부, 목사, 호텔 짐꾼, 그리고 소매상인이었다. 총장은 산업화된 대학교에서 자금 모금 역할을 할지 모르지만, 그 상업화 경향 자체가 대학교의

---

31 Paul Sweezy, *The New Republic*, 25 February 1946. reprinted in *The Present as History*, 1953.

32 베블런은《다이알》1919년 2월 22일자에 쓴〈볼셰비즘은 위협이라고 하지만 그것은 누구에 대해서인가?*Bolshevism is a Menace-To Whom*〉라는 글에서 "볼셰비즘이란 다수파라는 뜻으로, 기득권에 매달려 있는 소수 지배자에 대한 대중의 반항으로서, 도리어 민주주의를 위한 투쟁임을 주장한다. 볼셰비키란 요컨대 서민으로서 그들은 '자신에게 잃을 것이 있는가'라는 물음에 '없다'로 답하는 사람들이다"라고 했다.

타락을 뜻하고, 대학교 관리는 교수회에 의해서도 충분하다는 이유에서 불필요하다고 주장했다.

베블런은 1919년 뉴욕에 있는 사회과학원New School for Social Research의 강사가 되었으나 그 생활은 실패의 연속이었다. 대학에 자리를 구하지 못해 다시 잡지《프리맨Freeman》에 기고하면서 생활을 꾸렸다. 그 잡지에 기고한〈조발성 치매증Dementia Praecox〉에서 그는 다음과 같이 썼다.

> 현대 미국 국내 정세는 정신병원을 방불케 한다. 이 사태를 이해하기 위해서는 물론 여러 가지 다른 점도 고려해야 하지만, 결국 이를 올바르게 이해하려면 국민의 정신 상태가 일반적인 균형을 상실하고 거의 착란에 가까운 점을 고려할 필요가 있다. (…) 이처럼 균형을 상실한 정신 상태를 가장 보편적인 형태로 잘 보여주는 것은 현재 대다수 미국인을 사로잡고 있는 엄청나게 열병적인 가벼운 믿음이다. 전쟁 전 그들의 마음 상태와 비교해보면 그들은 '반역, 모략, 의심' 등이라고 할 근거 없는 무법 행위나 추악한 사건들이나 시도를 너무나도 가볍게 믿어버린다. 간단하게 머리로부터 불관용에 젖어버리고, 가상의 적에 대한 방위라고 주장하면서 무분별한 잔혹 행위를 감행한다. 그들의 마음을 사로잡은 문제, 그것에 대해 그들이 취하는 행동, 어느 경우에나 뚜렷하게 논리적 일관성을 상실하고 있다.[33]

1923년 그의 마지막 저서인 《부재 소유제와 최근의 기업Absentee Ownership and Business Enterprise in Recent Times》이 발표되었다.

1924년 젊은 학자들이 베블런을 미국경제학회 회장으로 추대하려고 했으나[34] 베블런은 거부했다. 또 탄생 70주년을 기념하는 논문집의 발간도 고사했다. 1926년 부인이 죽자 이듬해 스탠퍼드대학교가 있는 팰로앨토의 오두막에서 자연 가운데 혼자 살다가 2년 뒤 72세의 나이로 죽었다. 그는 다음과 같은 유서를 남겼다.

내가 죽거든 어떤 종류의 의식이나 추도식도 없이 최대한 빨리, 비용을 들이지 말고 화장해주기 바란다. 재는 바다에 뿌리거나 바다로 흘러갈 작은 시냇물에 뿌리기 바란다. 어떤 종류나 성격의 것이든 나를 회고하거나 나의 이름을 적은 비석·석판·비명·기념물을 언제 어디서나 세우지 말기 바란다. 사망기사·회고록·초상화·전기·편지들은 인쇄되거나 발간되지 않기를 바라며 또 복사해서 유통시키지 않기 바란다.[35]

유언대로 그의 시체는 화장되었고 그 재는 태평양에 뿌려졌으나, 그를 회고하는 작업은 바로 시작되어 지금까지 이어지고 있다.

33 Thorstein Veblen, *Essays in Our Changing Order*, The Viking Press, 1934, pp. 423-436.

34 "미국경제학회 회장직의 수락을 제안받았으나 거절"(원용찬, 71, 263쪽)했다고 하는데, 이는 잘못된 것이다.

35 하일브로너, 앞의 책, 322쪽.

그가 죽고 몇 달 뒤 1929년의 대공황이 닥쳐 그의 예언이 적중되는 것 같았지만 자본주의는 다시 살아남았다. 그 뒤 공황이 닥칠 때마다 그의 이름이 거론되었고, 특히 최근 소위 리먼 쇼크 위기 때 다시 거론되었지만 그가 야만이라고 한 자본주의는 여전히 건재하다.

6. 베블런의 경제학

미국 경제학과 대결한 베블런

한국의 경제학자들은 대부분 미국 경제학을 따르는 사람들이라고 하지만(내가 아는 유일한 예외는 마르크스 경제학을 연구한 김수행 교수를 비롯한 몇 사람이다), 이 책에 대해 연구한 사람들은 거의 없는 듯하다. 베블런을 미국 최초의 '토착' 경제학자라고 하는데도 말이다.[36] 유일한 예외는《유한계급론》을 쓴 원용찬이다. 그는 전북대학교 경제학 교수인데, 적어도 미국 경제학을 따르는 사람은 아닌 듯하다. 물론 나의 이런 짐작은 잘못된 것인지 모른다. 그런데 그는 베블런이 경제학자들에 대해 자본주의 종교를 믿는 개들이라고 욕한 점을 아는지 모르겠다.

원용찬에 의하면 경제학은 아직도 수요 공급의 법칙 같은 뉴턴의 기계론적 세계관을 벗어나지 못하고 있는데, 베블런은 19세기에

36　원용찬, 앞의 책, 7쪽.

이미 그것을 비판했다. 애덤 스미스와 그 후배들은 물론 마르크스도 마찬가지라고 한다. 그리고 그런 비판을 가능하게 한 것은 다윈이라고 한다. 다윈의 진화론을 거부하는 것이 기독교 창조론인데, 경제학은 여전히 창조론 속에 있다는 말일까? 여하튼 원용찬에 의하면 미국 경제학은 아직도 뉴턴을 따르고 있다고 하니, 베블런 이후에 '토착' 경제학은 더 이상 발전하지 못한 듯하다. 그러니 그런 미국 경제학을 따르는 한국 경제학도 뉴턴을 따르고 있는 셈이겠다. 오호애재라!

그런데 내가 보기에 미국 경제학은 미국 자본주의를 정당화하는 학문으로 베블런 이전에 태어났다가, 그것에 도전하는 베블런의 사상과 논리를 압도함으로써 완성되었다는 니시베 스스무의 판단이 더 옳은 것 같다.[37] 단 니시베는 19세기 말에서 1차 세계대전 전까지는 베블런 경제학이 상당한 힘을 가졌다고 보는 것 같은데, 내가 조사한 바로 그런 힘은 사실상 없었다. 그러니 미국 경제학은 처음부터 압도적이었으며, 중간에 베블런이 약간 고개를 쳐들었지만 잠시 10여 년 정도였고 그 고개 힘도 약했던 것 같다.

그러니 경제학을 미국 경제학과 반미국 경제학으로, 또는 정통파 경제학과 이단파 경제학으로 나누는 것이 옳겠다. 다시 말해 전자는 기업인의 관점에서 인간의 경제적 이해관계를 분석했고, 후자인 베블런의 경제학은 문화적 총체로서의 국가 사회라는 관점에서 집단적 측면을 중시했다고 구별하는 것이 더 적절하다.

37　니시베 스스무, 앞의 책, 93쪽.

베블런에 의하면 경제학은 가격이나 부에 대한 연구라기보다 인간 행위에 관한 과학이다. 경제학은 가격이나 부에 관한 것이지만, 그 관심의 초점은 생활의 물적 수요를 부여한다는 과제에 관하여 개인과 집단이 행하는 활동 또는 행동에 있다. 즉 경제학이 진화론적 과학이라면 경제 행동이야말로 그 과학의 주제여야 한다. 따라서 경제 현상의 해석을 위한 적절한 심리학적 이론이 필요했다.

경제 행동의 과학인 경제학은 인간관계를 문제로 삼는다. 즉 인간은 수많은 개인, 집단, 계급과의 관계를 포함한 경제적 거래를 영위한다. 특히 베블런은 개인행동을 통제하는 집단행동의 역할에 주목했다. 인간 행동에서 중요한 점은 그것이 조직의 패턴이나 체계의 범위에 포함된다는 것이다. 경제적으로 중요한 패턴이나 체계는 물적 생활 수단에 관련된다.

사람들이 경제적 문제에 대처하기 위해 집단적으로 어떻게 행동하는가? 이에 대해 정통파 경제학은 주로 개인적 기업인의 관점에서 경제적 이익을 분석했으나, 베블런은 주로 문화적 전체 또는 총체로서의 사회나 국가라는 관점에서 분석했다.

베블런은 경제학이란 인간이 그 물적 생활 수단을 취급하는 행위 체계의 연속성 및 변화를 다루는 것이라고 생각했다. 즉 경제학을 인간 문화의 경제적 측면에 관한 연구라고 보았다. 그러므로 베블런은 보편적 타당성을 갖는 추상적 경제학의 존재를 부정했다. 그런 점에서 그는 정통파 경제학인 고전파 경제학을 비판했다. 대신 그는 이분법 내지 양극성의 개념을 도입했다. 그것은 인간의 두 가지 정신적 경향에 대응한다. 하나는 이기적인 것이고, 다른 하나는 이타적인 것이다. 이는 경제적으로 산업적 직업과 금전적 직업의 대립으로 나타난다.

사회주의자 베블런과 마르크스

경제학적으로 보면 베블런과 마르크스는 모두 소위 '비정통 경제학파'에 속한다. '비정통 경제학파'에 속하는 것은 그 밖에도 많다. 생태학적 경제학이라는 것도 그 하나다. 니시베는 베블런과 마르크스가 "철학에서 출발하여 경제학과 관계하고, 그 후에 경제학 비판을 통하여 비즈니스 문명에 대한 근본적인 회의를 표명했다는 점에서" 유사하다고 말한다.[38] 그들이 자본주의가 아니라 '비즈니스 문명'을 비판했다고 하는 점에 의문이 없는 것은 아니지만, 니시베의 말을 따라도 좋을 것이다. 니시베에 의하면 베블런은 마르크스를 낭만적인 헤겔주의자이자 낙관주의자로 보고 마음에 들어 하지 않았고, 사회주의자들을 "오싹할 정도로 다혈질인 사람들"이라고도 했다. 반면 니시베는 베블런을 쇼펜하우어에 가까운 허무주의자이자 반진보주의자로 본다.[39] 그러나 이러한 니시베의 주장은 좀 더 엄밀히 검토되어야 한다.

베블런이 언제부터 마르크스를 읽었는지는 분명하지 않지만,

38 앞의 책, 118쪽.
39 앞의 책, 119쪽.

《현대 문명에서 과학의 위치 The Place of Science in Modern Civilization and Other Essays》(1919)에 수록된 〈카를 마르크스와 그 추종자들의 사회주의 경제학 The Socialist Economics of Karl Marx and His Followers〉에서, 헤겔 철학의 변증법을 전도하여 강력한 진화의 사상을 전개한 점에서 마르크스를 높이 평가했다.

그러나 베블런의 자본주의론과 마르크스의 자본주의론에는 차이가 있고, 베블런의 그것에는 문제점이 있음이 분명하다. 베블런은 가령 자본가가 소비보다 저축 성향을 기본적으로 더 갖는다는 점을 경시했다. 게다가 그 축적은 생산수단의 부단한 확장과 개량, 그리고 고용의 증가를 통해서만 실현될 수 있다는 점을 경시했다. 자본가 자체가 기술자의 존재를 가능하게 하고 그들에게 보수를 주어 그 일을 하게 한다는 점을 경시했다. 따라서 기술자와 자본가의 관계를, 실제로는 전자가 후자에 의존함에도 불구하고 일종의 대립 관계로 보았다. 이 점에 대해 갤브레이스는 베블런의 개념을 발전시켜 《새로운 산업국가 The New Industrial State》에서, 교육자 및 과학자층과 테크노스트럭처 technostructure라는 개념을 도입하여 새로운 사회 변혁의 가능성을 시사했다.

그러나 베블런의 자본주의론에는 마르크스의 그것과 유사한 점도 있다. 베블런 탄생 100주년 기념 논문집[40]에서 폴 스위지는, 베블런이 기계화 과정은 자본주의 발전을 뒷받침한 요인으로 비즈니

---

40 Douglas F. Dowd, *Thorstein Veblen : A Critical Reappraisal*, Cornell University Press, 1958.

스의 의사와 행동과는 독립하여 누적적으로 발전한다고 보았음을 지적했다. 그런데 기계화 과정은 가격을 인하시키고, 제도적 변화를 강요하며, 만성적 불황을 초래한다. 이어 독점화 경향을 불가피하게 낳는데, 이는 인적 및 물적 자원의 불완전 이용의 희생으로 이윤 확보를 도모하기 위한 것이다. 그리고 그 결과 산업과 영업이라는 대립이 생기고, 계급 대립이 격화한다. 그래서 18세기적인 영리 기업 사회의 뿌리가 흔들리고 이에 대항하여 민족주의를 고취하는 대외 침략 정책이 나온다. 한편 만성적 불황에 대한 대책으로 비생산적인 공적 소비 확대가 생겨난다.

베블런의 자본주의론은 대체로 이상과 같은 것으로서, 마지막 결론 부분과 관련하여 그가 1904년 《기업론》에서 다음과 같이 대공황을 예언한 것은 놀라운 점이라고 할 수 있다.

생산업의 입장에서 본다면 무의미 이외의 아무것도 아닌 생산 활동 외의 지출에 의해 재화나 서비스가 흡수된다고 하는 사태는, 그 규모가 더욱더 커지지 않을 수 없다. 만일 이러한 무의미한 지출이 감소된다면 그 논리적 귀결은 상공업 분야에 상당한 동요를 일으켜 결국은 불황을 초래할 것이다. 만일 전쟁이나 식민지 개척이나 변경 투자 같은 종류의 무의미한 일이 급히 없어진다면, 다른 상계 요인이 존재하지 않는 한, 그 논리적 귀결은 상당한 암흑을 수반한 공황 상태가 되지 않을 수 없다.[41]

---

41   Thorstein Veblen, *The Theory of Business Enterprise*, Mentor Book, 1904, pp. 120-121.

20세기 초에 쓴 글치고는 너무나도 신선한 고찰이지만, 불황이 나 공황이 독점 체제의 강화를 초래한다고 하면서도 그런 경쟁 질 서의 쇠퇴와 함께 만성적 불황도 극복될 수 있다고 한 점에 그의 한 계가 있다고 볼 수 있다. 만년의 그는 직업 양극론보다 계급 대립론 에 기울어 "물적 이해관계의 새로운 배열에서는 실질적인 분열이 부재 소유자와 하층 서민이라는 계급적 상위의 선에 따라 명료하 게 생기고 있다"[42]라고 썼지만, 계급적 이해의 대립을 마르크스처 럼 임금 대 잉여가치라는 형태로 생각하지는 않았다. 그는 도리어 "하층 서민의 물적 이익은 저비용에 의한 최대한의 산출을 통해 가 장 잘 충족됨에 대해, 산업 소유자 등의 영리는 가격을 높여 적당한 생산에 의해 충족된다"[43] 라고 보았다.

그럼에도 마르크스처럼 베블런도 자본주의 사회가 그 모순에 의 해 결국 사회주의로 이행한다고 보았지만, 마르크스와 다른 점이 그 밖에도 많았다. 설령 기계문명의 진전이 불가피하게 사회주의 를 지향한다고 해도, 지배계급의 권익 옹호 의식이 강력하게 민족 주의에 호소하여 전 국민적 이해관계의 단결이라는 환상을 조작하 고, 사회에 대해 군대나 경찰국가의 반동적 규율을 강요할 가능성 이 있다고 베블런은 생각했다. 이처럼 기계문명과 정치반동화 중 어느 쪽이 승리할 것인가에 대해 베블런은 《기업론》을 쓴 뒤부터

---

42 Thorstein Veblen, *Absentee Ownership and Business Enterprise in Recent Times*, Huebsch, 1923, p. 6.

43 앞의 책, p. 10.

고민했지만 충분한 결론을 내리지는 못했다. 죽기 직전 그가 공산주의에 기대를 걸었다고 하는 증언[44]도 있지만, 그 근거에 대해서는 알 수 없다.

베블런은 만년에 쓴 《부재 소유제와 최근의 기업》에서, 제국주의와 전쟁과 광신적 애국주의 그리고 미국노동조합의 이익집단적 변화를 목격한 탓인지, 과거보다 더욱 비관적으로 변했다. 다음과 같은 그 책의 서두에서 그런 사실을 엿볼 수 있다.

> 물론 장기적으로 보면, 물적 상황의 변화가 초래할 압력이 인간 행동의 방향을 형성할 것이다. 그렇지 않으면 사회는 없어질 수밖에 없기 때문이다. (…) 그러나 그렇다고 하여 사회의 사형 판결을 강요할 물적 필연성의 압력이 우리 국민을 그 판결로부터 구해주는 법적·도덕적 구조의 변화를 보증한다고는 볼 수 없다.[45]

도리어 베블런은 1920년대 이후 미국에서 "영리주의가 모든 것의 기초가 된다"[46]고 예상했다. 그리고 그로부터 생기는 모순에도 불구하고 영리주의의 계속적 추구에 의해 물적 생산량 전체의 부족을 더욱 확대하고 이용할 수 있는 재화는 더욱더 축소된다고 보아 1929년의 대공황을 예언했다.

44　Dorfman, 앞의 책, p. 500.
45　Veblen, 앞의 책, p. 17.
46　앞의 책, p. 445.

제도학파와 신제도학파

베블런을 제도학파Institutional School 또는 제도경제학Institutional Economics의 창시자라고 한다.[47] 제도학파 학자들로는 1920년대에 컬럼비아대학교의 코먼스John Rogers Commons(1862~1945)와 미첼 Wesley Clair Mitchell(1874~1948), 그리고 그들을 따르는 위스콘신대학교의 학자들이 있다. 터그웰Rexford G. Tugwell(1891~1979)의 편집을 통해 1920년 출간된《경제학의 동향The Trend of Economics》은 일반적으로 '제도학파적 저술'로 여겨진다.

1930년대에 제도학파 학자들은 뉴딜 정책의 입안과 실시에 공헌했다. 당시 루스벨트 대통령의 참모로 농무부 장관을 역임한 데 이어 부통령과 상무부 장관을 지낸 월리스Henry A. Wallace(1888~1965)와 그를 도와 농무부 차관보와 차관을 지낸 터그웰, 루빈Isador Lubin(1896~1978) 등이 대표적이다. 1930년대 후반기는 케인스의 시대라고 하지만, 케인스는 사실상 베블런의 매력을 자신의 것으로 만들었다는 평가를 받기도 한다.[48] 2차 세계대전 이후 뮈르달Karl Gunnar Myrdal(1898~1987)이나 갤브레이스 등이 베블런의 이론을 계승 및 발전시켰다.

베블런이 1929년에 죽은 뒤 반세기가 지난 1980년 이후 신제도

---

47 해밀턴Walton H. Hamilton(1881~1958)은《정치경제학 저널》1916년 11월호에 발표한 논문에서 제도학파라는 이름을 처음으로 사용했다.

48 John S. Gambs, *Beyond Supply and Demand: A Reappraisal of Institutional Economics*, Greenwood Press, 1976, p. 86.

학파New Institutional School가 대두했지만, 신제도학파는 현존 경제 체제나 지배적 경제 이론에 비판적이지 않다는 점에서 베블런의 제도학파와는 근본적으로 다르다. 반면 제도학파는 경제 체제나 경제 이론 모두에 비판적이었다. 따라서 제도학파를 비판적 제도학파로 부르고, 신제도주의는 무비판적 제도학파로 구별할 필요가 있다는 이야기가 나올 정도다.[49]

---

49 원용찬(72쪽)은 이 점에 주의하지 않는다.

7. 맺음말

베블런이 《유한계급론》에서 말한 바는 보드리야르Jean Baudrillard (1929~2007)의 《소비의 사회: 그 신화와 구조La société de consommation》, 그리고 부르디외Pierre Bourdieu(1930~2002)의 《구별짓기La Distinction》 로 이어졌다. 특히 부르디외는 아비투스habitus라는 개념을 통해 베블런의 유한계급론을 확대했다고 평가된다. 아비투스란 여러 가지 성향의 체계로, 어떤 계급이나 집단에 특유한 행동과 지각 양식을 생산하는 규범 체계를 말한다.

여기서는 더 이상 그런 학문적 논의를 되풀이하지 말고[50] 베블런이 《유한계급론》에서 우리에게 말하고자 한 것이 과연 무엇

---

50 그 밖에도 엘리아스Norbert Elias(1897~1990)나 아도르노 등과의 비교도 가능하다. 가령 베블런이 예법과 세련된 화법을 야만 문화의 특징이라고 본 것과 반대로, 엘리아스는 《문명화과정》에서 이를 상류층의 문명화 현상으로 보았다(노르베르트 엘리아스, 박미애 옮김, 《문명화과정》, 2권, 한길사, 2006, 362쪽). 한편 아도르노는 베블런의 야만문화론을 천교도적 관점이자 우울증의 모티브라고 비판했으나, 베블런과 마찬가지로 현대사회의 야만성을 비판했다.

인지를 검토하면서 이 글의 결론을 맺도록 하자. 앞에서 말했듯이, 지금 우리 문제는 사치가 이제 유한계급에 한정된 것이 아니라 인간 보편의 것이 되었다고 하는 점이다. 이를 가장 적확하게 보여주는 글은 '독일어의 교황'이라고 불리는 볼프 슈나이더Wolf Schneider(1925~2022)가 쓴 《인간이력서Der Mensch -Eine Karriere》다. '사치하는 유일한 동물, 인간'이라는 그 책의 5장은 다음과 같이 시작한다.

> 로마의 특권층, 러시아 귀족, 영국의 상류층 같은 일부 소수파가 사치에 빠져 흥청거리는 동안 지구는 흠집이 나지 않았다. 문제가 된 것은 사치가 민주화된 다음의 일이다. 보잘것없는 인간이 안락함과 풍요를 누리게 된 것은 멋진 성취였다. 하지만 엄청나게 많은 보잘것없는 사람들이 누리는 사치는 평온함을 깨뜨리고, 도로를 막고, 공기를 더럽히고, 아름다운 풍경을 짓밟도록 만들었다.[51]

슈나이더가 말한 "로마의 특권층, 러시아 귀족, 영국의 상류층"과 비교할 바 못 될지 모르지만 우리의 전통적인 양반 지배 계층도 사치에 빠졌었고, "사치의 민주화" 이후에 생긴 문제도 현대 한국의 경우 이 세상 어떤 다른 나라보다 심각하다. 그래서 '사치공화국'이라는 말도 나온다. 민주화라는 말이 아직까지도 신성하게 회자되는 한국이어서인지 '사치의 민주화'라는 말이 제대로 실감

---

51 볼프 슈나이더, 이정모 옮김, 《인간 이력서》, 을유문화사, 2013, 239쪽.

나지 않지만, 사실 그것은 1970년대 '민주화'와 함께 벌어진 일이었다.

슈나이더는 세계적 차원의 '사치 민주화'의 출발점을 1913년 자동차의 대량 생산과 보급으로 잡는다. 그때 최초로 시도된 컨베이어 벨트를 통해 자동차는 부자의 사치품에서 중산층을 위한 대량 생산품으로 바뀌었다. 슈나이더의 책이 우리나라에서 출간된 2013년, 즉 1913년에서 100년이 지난 때 지구상에는 10억 대 정도의 차가 굴러다니고 2120년에는 14억 대로 늘어날 것으로 추산된다.

자동차가 주는 엄청난 편리함과 즐거움에도 불구하고 "일반 독일인들은 평생 중 반년 정도를 교통 체증에 갇혀 지내고, 이로 인한 경제적 손실은 연간 3백억 유로에 달한다."[52] 한국도 마찬가지다. 아니 인구밀도가 세계 최고이고 차도가 좁은 한국에서는 문제가 더욱 심각하다. 문제는 교통 체증만이 아니다. 자동차로 인한 소음과 매연 등으로 도시 거주 환경은 이미 파괴된 지 오래고, 교통사고에 의한 부상자와 사망자도 계속 늘고 있다. 세계의 연간 교통사고 사망자 수 120만 명은 히로시마 원폭 투하에 따른 사망자 수의 몇 배에 이른다. 특히 소위 개발도상국에서 그 숫자는 급증하고 있다. 슈나이더의 결론은 명확하다. "다 부질없는 짓이다. 인간과 자동차의 관계는 지극히 비합리적"이다.[53]

---

52 앞의 책, 241쪽.
53 앞의 책, 243쪽.

자동차 이상으로 심각한 것은 여행이나 관광이다. 그것도 소음과 매연으로 다른 사람들과 자연에 피해를 주는 것이기 때문이다. 관광은 최근에 가장 큰 규모의 산업이자 가장 심각한 환경 문제다. 괴테나 바이런처럼 다른 나라를 여행한다는 것은 상류층의 특권이었다가 대영 제국주의의 산물로 보편화되기 시작했고, 지금도 여전히 제국주의적이다. 즉 부자 나라 사람들이 가난한 나라에 쳐들어가 자기들의 생활양식을 퍼뜨리고, 형편없는 헐값으로 가난한 사람들의 시중을 받으며 가난한 나라의 환경을 더럽힌다. 슈나이더는 자연을 예찬한 루소를 관광산업의 아버지로 지탄한다.

슈나이더가 세 번째로 문제 삼는 사치는 "잔혹하기까지 한 고도의 낭비"[54]인 고기다. 슈나이더는 자연의 먹이사슬에서 육식을 해온 인간이 육식 자체를 거부할 수는 없지만 일주일에 두세 번 정도로 하되 어떤 동물실험도 금지해야 한다고 주장한다.

나도 그의 주장에 찬성한다. 나는 자동차를 가진 적이 없고, 운전면허증도 받은 적이 없다. 도시의 호화 아파트가 아니라 시골의 소규모 단독주택에 살면서 내가 먹을 것은 자급자족한다. 나는 휴대전화를 사용하지 않고, SNS는커녕 인터넷도 거의 사용하지 않으며, 컴퓨터 게임을 한 적도 없다. 골프를 친 적도 없고, 관광 여행도 극력 자제한다. 텔레비전도 거의 보지 않으며, 본다고 해도 선전은 무조건 피한다. 특히 '얼짱'과 '몸짱' 스타 중심의 소비 문화에 대해서는 극단적으로 반발한다. 학연, 지연, 혈연 등의 배타적인 집단적

---

54 앞의 책, 256쪽.

이기주의에서 벗어나기 위해 동창회를 비롯한 각종 집단에 소속되거나 거기서 활동하는 것을 극력 경계한다. 권위주의적 수직 문화에서 벗어나 평등한 사회를 이루기 위해 필요한 여러 가지 활동을 한다. 경제적으로 여유가 있는 한 장애인 단체나 가난한 외국의 빈민을 돕기 위한 운동 등에 돈을 낸다.

그런 나는 원시인이니 반문명인이니 하는 소리를 자주 듣지만, 도리어 최신의 고급 자동차와 스마트폰과 골프채와 골프 외국 여행 등을 즐기는 그들에게 야만인이라는 이름을 붙여주고 싶다. 그리고 지금 대한민국에 베블런이 살아 있다면 나와 똑같았으리라고 믿는다. 앞에서 보았듯이, 그는 젊어서부터 미국식 출세와는 무관하게 살다가 죽었다.

베블런이 과시적 소비나 유한계급을 비난하는 데 그쳤다면 단순한 사회 비평가나 풍자가에 머물렀을 텐데, 그렇지 않고 유한계급의 계보를 야만 문화에서 찾고 그것이 현대에 어떻게 발현되는지를 추적하여 새로운 진화경제학을 창조했기에 위대하다는 평가가 있다.[55] 맞는 말이다. 그러나 나는 그 말을 거꾸로 하여, 베블런이 과시적 소비나 유한계급을 철저히 학문적인 뒷받침으로 비판하고 그런 것이 없는 원시사회 같은 건강한 현대사회를 지향한 사회 비판가로서, 역사가로서 위대하다고 본다.

헌트E. K. Hunt가 말했듯이, 베블런은 중립적 관찰자로 보이지만 실제로는 "'기득권 집단'에 맞서서 '보통 사람'을, '약탈적인 위업'에

---

55 원용찬, 앞의 책, 6쪽.

맞서서 이성적이고 평화적인 인간관계를, 부당이득을 취하는 '비지니스의 사보타주'에 맞서서 땀 흘려 건설적인 일을 즐겨 떠맡는 일꾼 근성을 근본적으로 옹호했던 정열적인 작가였다."[56] '일꾼 근성'이란 내가 '일하기'로 번역한 workmanship을 말한다.

---

56 E. K. 헌트·마크 하우첸하이저, 홍기빈 옮김, 《E. K. 헌트의 경제사상사》, 시대의창, 2015, 645쪽.

옮긴이 해제 참고 문헌

Douglas F. Dowd, *Thorstein Veblen : A Critical Reappraisal*, Cornell University
Press, 1958.

Galbraith, "Thorstein Veblen and The Theory of the Leisure Class", in The *Theory
of the Leisure Class*, Houghton Mifflin Company, 1973.

John S. Gambs, *Beyond Supply and Demand : A Reappraisal of Institutional
Economics*, Greenwood Press, 1976.

Joseph Dorfman, *Thorstein Veblen and His America*, The Viking Press, 1934.

Joseph Dorfman, "Background of Veblen's Thought", in Thorstein Veblen: *The
Carleton College Veblen Seminar Essays*, ed. by Carton C. Qualey, Columbia
University Press, 1968.

Matthew Josephson, *The Robber Barons*, The Great American Capitalists, 1861–
1901, 1934.

Stephen Edgell and Rick Tilman, "John Rae and Thorstein Veblen on
Conspicuous Consumption: A Neglected Intellectual Relationship", *History
of Political Economy*, 23:4, 1991.

Thorstein Veblen, *Absentee Ownership and Business Enterprise in Recent Times*, Huebsch, 1923.

Thorstein Veblen, *An Inquiry into the Nature of Peace and the Terms of its Perpetuation*, 1917.

Thorstein Veblen, "The Economic Consequences of the Peace", in *The Political Science Quarterly, September, 1920; Essays in Changing Order*, The Viking Press, 1934.

Thorstein Veblen, *Essays in Our Changing Order*, The Viking Press, 1934.

Thorstein Veblen, *The Theory of Business Enterprise*, Mentor Book, 1904.

Paul Sweezy, *The New Republic, 25 February 1946*. reprinted in The Present as History, 1953.

존 케네스 갤브레이스, 장상환 옮김,《경제학의 역사》, 책벌레, 2002.

노르베르트 엘리아스, 박미애 옮김,《문명화과정》, 2권, 한길사, 2006.

니시베 스스무, 임반석 옮김,《경제윤리학서설》, 인간사랑, 1991.

로버트 L. 하일브로너, 장상환 옮김,《세속의 철학자들》, 이마고, 2008.

볼프 슈나이더, 이정모 옮김,《인간 이력서》, 을유문화사, 2013.

소스타인 베블런, 홍기빈 옮김,《자본의 본성에 관하여 외》, 책세상, 2009.

원용찬,《유한계급론》, 살림, 2007.

한성안,《유한계급론》, 지만지, 2011.

홍훈,《인간을 위한 경제학》, 길, 2008.

E. K. 헌트·마크 하우첸하이저, 홍기빈 옮김,《E. K. 헌트의 경제사상사》, 시대의창, 2015.

옮긴이 박홍규

영남대학교 법학과와 같은 대학원을 졸업하고 오사카시립대학교에서 법학 박사 학위를 받았다. 오사카대학교, 고베대학교, 리츠메이칸대학교에서 강의했으며, 영남대학교 교양학부 교수로 재직했다. 지은 책으로는《윌리엄 모리스 평전》,《내 친구 빈센트》,《자유인 루쉰》,《꽃으로도 아이를 때리지 말라》,《플라톤 다시 보기》,《인디언 아나키 민주주의》,《세상을 바꾼 자본》,《리더의 철학》,《인문학의 거짓말》,《왜 다시 마키아벨리인가》등이 있으며, 옮긴 책으로는《간디 자서전》,《간디, 비폭력 저항운동》,《간디의 삶과 메시지》,《자유론》,《인간의 전환》,《오리엔탈리즘》,《문화와 제국주의》,《신의 나라는 네 안에 있다》,《법과 권리를 위한 투쟁》등이 있다.《법은 무죄인가》로 백상출판문화상을 받았다.

유한계급론
제도 진화의 경제적 연구

제1판 1쇄 발행	2019년 2월 20일
제2판 1쇄 발행	2024년 7월 30일

지은이	소스타인 베블런
옮긴이	박홍규
펴낸곳	(주)문예출판사
펴낸이	전준배
출판등록	2004.02.11. 제 2013-000357호
	(1966.12.2. 제 1-134호)
주소	04001 서울시 마포구 월드컵북로 21
전화	393-5681
팩스	393-5685
홈페이지	www.moonye.com
블로그	blog.naver.com/imoonye
페이스북	www.facebook.com/moonyepublishing
이메일	info@moonye.com
ISBN	978-89-310-2363-3 04080
	978-89-310-2274-2 (세트)

잘못 만든 책은 구입하신 서점에서 바꿔드립니다.

ふ문예출판사® 　　상표등록 제 40-0833187호, 제 41-0200044호